W0071474

Klaus Kleinmann

**Verstehen, Beobachten und gezieltes
Fördern von LRS-Schülern**

Klaus Kleinmann

Verstehen, Beobachten und gezieltes Fördern von LRS-Schülern

Ein Leitfaden für die Praxis von Einzelförderung, LRS-Kleingruppenarbeit und Prävention im differenzierenden Erstlese- und Schreibunterricht

Mit einem Beitrag von Barbara von Ende und Reinhild Fincke-Samland

borgmann

© 1999 *borgmann publishing* *GmbH,* 44139 Dortmund

Gesamtherstellung: Löer Druck GmbH, Dortmund

Titelfoto: TCL/Bavaria

Bestell-Nr. 8015   ISBN 3-86145-168-9

Urheberrecht beachten!
Alle Rechte der Wiedergabe, auch auszugsweise und in jeder Form, liegen beim Verlag. Mit der Zahlung des Kaufpreises verpflichtet sich der Eigentümer des Werkes, unter Ausschluß des § 53, 1-3, UrhG., keine Vervielfältigungen, Fotokopien, Übersetzungen, Mikroverfilmungen und keine elektronische, optische Speicherung und Verarbeitung, auch für den privaten Gebrauch oder Zwecke der Unterrichtsgestaltung, ohne schriftliche Genehmigung durch den Verlag anzufertigen. Er hat auch dafür Sorge zu tragen, daß dies nicht durch Dritte geschieht.

Zuwiderhandlungen werden strafrechtlich verfolgt und berechtigen den Verlag zu Schadenersatzforderungen. (Die Kopiervorlagen auf den Seiten 41-51, 54-57, 332, 334-342, 344-347 stehen dem Käufer dieses Buches für den *nichtgewerblichen* Gebrauch zur Verfügung.)

Inhalt

Einleitung

Lese-rechtschreibschwache und teilleistungsgestörte Schüler verdienen unsere besondere Beachtung. Sie sind „Kinder mit besonderen Bedürfnissen" (M. FROSTIG), die in der Schule oft massive Schwierigkeiten haben, weil die Informationen und die Mittel fehlen, ihnen so weit wie möglich gerecht zu werden. Mancher Schulabrecher im 7. Hauptschuljahr, über dessen bisherigem und weiterem Lebensweg dunkle Wolken hängen, hätte ein Stück weiterkommen können, wenn seine Schwierigkeiten rechtzeitig erkannt worden wären und er mehr Verständnis und Hilfe bekommen hätte. Andere quälen sich von Tag zu Tag durch die Schule und können von Glück reden, wenn sie keine seelischen Schäden davontragen, von den Sorgen ihrer Eltern gar nicht zu sprechen.

Im diesem Buch werden Möglichkeiten der förderdiagnostischen Beobachtung von LRS-Kindern vorgestellt. Es enthält detaillierte Vorschläge zu einem anamnetischen Elterngespräch und zur Einzelbeobachtung des Schülers. Daraus läßt sich ein Förderplan erarbeiten. Es werden Möglichkeiten des gezielten Eingehens auf die jeweiligen Schwierigkeiten der Kinder aufgezeigt, und zwar im Bereich des eher sprachfern-spielerischen Funktionstrainings sowie im Bereich des Lese- und Rechtschreibtrainings selber. Sie können im schulischen LRS-Kurs und in der außerschulischen Einzelförderung angewendet werden. Sie verstehen sich auch als Hinweise zu Prävention und Integration im Regelunterricht. Natürlich lassen sich die vorgeschlagenen Übungsformen unabhängig von einer intensiven Einzelbeobachtung einsetzen, bekommen aber ihre volle Bedeutung erst als individualisiertes Programm.

Sicher wäre die Schule mit einer globalen Therapie aller bei einem Kind zusammenwirkender Störgrößen überfordert. Ein ganz wichtiger Effekt der Diagnose wird es daher sein, den Eltern gezielte Hinweise zu geben, welche außerschulischen Instanzen (Ärzte, Therapeuten, Hilfsorganisationen) sie aufsuchen können, um dort noch umfassender an die Ursachen der Störung heranzukommen. Die genaue Kenntnis der Stärken und Schwächen eines Kindes ist auch für eine solche Beratung unerläßlich.

Allen am Zustandekommen dieses Buches Beteiligten sei an dieser Stelle herzlich gedankt. Förderlich waren vor allem die Diskussionen mit Fachkollegen, den Teilnehmern meiner Lehrerfortbildungsseminare und die Arbeit mit den Kindern meiner LRS-Gruppen und ihren Eltern. Ein besonderes Dankeschön sage ich für die moralische Unterstützung aus dem Kreis meiner Familie und meiner Bekannten sowie an Frau Dr. Milz für wegweisende Informationen und fachkundige Supervision.

Das Buch ist aus der Praxis heraus entstanden. Es wurde darüber hinaus (ohne Vollständigkeit anstreben zu können) mit vielen Vorschlägen anderer Autoren angereichert, um eine möglichst breite Übersicht und eine große Palette von Auswahlmöglichkeiten zu geben. Es will Mut machen, sich erneut in die Thematik zu vertiefen und mit Energie und Freude an die Sache heranzugehen. Wenn es dadurch gelingt, den Schulalltag für Kinder, Eltern und Pädagogen sinnvoller zu gestalten, dann hat es seinen Zweck erfüllt.

0.

Dennis: ein „Kind mit besonderen Bedürfnissen"

Dennis (Name geänd., Anm. d. Autors) besucht, als ich ihm zuerst begegne, das 3. Schuljahr. Er ist deutlich lese- rechtschreibschwach. Darüber hinaus zeigt er eine Reihe erheblicher Verhaltensauffälligkeiten. Seine Stellung in der Klasse gibt zu großen Sorgen Anlaß, denn es besteht die Gefahr, daß er auf eine Außenseiterposition gedrängt wird, die ihm kaum eine Chance läßt, aus dem Teufelskreis von Lernversagen und negativem sozialen Feedback auszubrechen.

Lautes Lesen gelingt ihm nur stockend und mit vielen Fehlern, so daß die Sinnentnahme deutlich erschwert ist. Leises Lesen bereitet Dennis hingegen keine massiven Schwierigkeiten. Beim Schreiben verstößt er noch häufig gegen das Prinzip der Lauttreue und entstellt Wörter durch Auslassungen nicht selten bis zu Wortruinen. Seine Merkfähigkeit für Wortbilder ist sehr begrenzt. Außerhalb der Rechtschreibung überrascht er aber zuweilen durch gute Gedächtnisleistungen und spontane Einfälle sowie sachkundliches Interesse. Gelegentlich zeigt er Arbeitsschübe und übernimmt Fleißaufgaben, für die er dann besonders gelobt sein will. Er rechnet gerne und vertieft sich zuweilen sehr in seine Aufgaben.

Das Fach Deutsch lehnt er hingegen rundweg ab. Bei Schreibarbeiten braucht er sehr viel Zeit, bis er anfängt. Meist beginnt er erst, wenn andere bereits fertig sind. Dann arbeitet er überhastet und macht viele Fehler, die er nicht kontrolliert. Er ist Linkshänder mit verkrampfter Hand-, Stift- und Sitzhaltung. Sein Schriftbild wirkt ungelenk durch eckige Formen und unorganische Rundungen. Er verwischt Buchstaben mit der Hand, drückt viel zu stark auf und bricht immer wieder Stifte ab. Er malt und bastelt ungern und ungeschickt. Auf seinem Tisch herrscht oft schlimme Unordnung. Seine Hefte sind zerknittert und fleckig. Häufig vergißt er Teile seiner Schulsachen zu Hause.

Er ist außerdem dicklich, träge, ungeschickt und unsportlich. Seine rechte Körperseite scheint etwas herabzuhängen, der ganze Körper wirkt weich und schwammig. Er läuft ungelenk und stampft beim Treppensteigen hörbar auf. Nicht selten fällt er hin oder stößt sich. An seinem Platz angekommen, läßt er sich auf den Stuhl fallen, anstatt sich zu setzen. Sein Äußeres wirkt oft schmuddelig, er ißt unästhetisch.

Dennis spricht kleinkindhaft und verwaschen mit einer Tendenz zum Lispeln. Zwischen harten und weichen Konsonanten hört man kaum Unterschiede.

Er wirkt unaufmerksam und reagiert nicht auf allgemeine Aufträge, sondern muß persönlich angesprochen werden. Häufig schaut er aus dem Fenster oder starrt auf die Landkarte neben der Tafel (statt nach letzterer zu sehen).

Bei Konflikten neigt er zu heftigen Überreaktionen, gerät leicht in Wut und schlägt um sich oder leistet sich verbale Entgleisungen. Er muß (und will) alleine sitzen, weil es sonst zu ständigen Reibereien kommt. Auch in den Pausen entstehen dauernd Probleme. Dennis ist ein Außenseiter und Einzelgänger, der seine Freizeit meist allein mit Game-Boy und Video verbringt. Dem Lehrer gegenüber zeigt er sich häufig anhänglich bis zur Distanzlosigkeit, verhält sich nach Mißerfolgen oder Tadel aber abwehrend und ist lange nicht ansprechbar.

Dennis ist ein Einzelkind aus materiell geordneten Verhältnissen. Die Mutter zeigt sich den Problemen gegenüber jedoch hilflos und überfordert, der Vater neigt zu punktuellen Strafaktionen. Da beide Eltern berufstätig sind, wird Dennis oft von den Großeltern betreut, die zu einer recht permissiven Erziehungshaltung neigen und den Jungen verwöhnen.

Dennis' rechnerische und sachkundliche Fähigkeiten deuten auf eine gute Begabung hin. Wenn aber Hilfe ausbleibt, scheint eine ausgesprochen ungünstige schulische und emotionale Entwicklung fast unausweichlich.

I.

Welchen technischen Stand hat ein Kind im Schreib-Leseprozeß erreicht?

Hilfe für Dennis muß sich zu einem wichtigen Teil auf den technischen Aspekt des Lese- und Schreibvorgangs konzentrieren, obwohl schon bei flüchtiger Betrachtung klar wird, daß Dennis' Legasthenie nicht die Ursache seiner Probleme sein kann. Nachhaltige Unterstützung beim Lesen und Schreiben ermöglicht ihm aber bessere Lernerfolge und festigt seine emotionale und soziale Situation.

Um ein LRS-Kind wirksam fördern zu können, ist es von zentraler Bedeutung, seinen aktuellen Stand im Lernprozeß festzustellen. Für das Lesen und Schreiben sind von verschiedenen Autoren eine Reihe hierarchischer Basisstrategien erarbeitet worden, die in der Realität sicher auch simultan und in Spiralen ablaufen. Die Ergebnisse lassen sich zumindest näherungsweise in Hauptkategorien einteilen, die im folgenden zusammengefaßt und stark vereinfacht und auf Schule reduziert dargestellt werden sollen. Sie können als eine Art Abhakliste für die informelle Beobachtung dienen, die es ermöglicht, den Lernstand des einzelnen Kindes zu überprüfen und dadurch festzustellen, bis zu welcher Leistungsebene es fortgeschritten ist bzw. ab welcher Stufe es gefördert werden muß.

Für diese Beobachtung können – und sollen! – natürlich auch standardisierte Tests eingesetzt werden, die möglichst objektive Aussagen über Lernstand und Förderbedarf zulassen. Sie werden ebenfalls aufgeführt, wobei nur erprobte Verfahren Erwähnung finden.

1. Teilstrategien des Lesens und Schreibens und ihre Beobachtung

a) Lesen

1. Einsicht in die Funktion von Schrift

Kinder, die am Leseanfang noch gar nicht verstanden haben, was man mit der Schrift überhaupt anfangen kann, werden dem Lesenlernen aufgrund fehlender Motivation kaum zugänglich sein. Die entsprechende Disposition findet man heraus, indem man das Kind fragt, für was denn Schrift seiner Meinung nach gut sei und was es sich davon verspreche, Lesen (und Schreiben) zu lernen.

2. Buchstabenkenntnis

3. Analysefähigkeit

a) Analyse von Wörtern in einzelne Grapheme/Phoneme
b) Analyse von Konsonantengruppen in einzelne Grapheme/Phoneme
c) Analyse längerer Wörter in einzelne Silben

4. Synthesefähigkeit

a) Lautsynthese
b) Silbensynthese

5. Automatisierung und Speicherung

Wiedererkennen als Ganzheiten gespeicherter Signalgruppen, Morpheme und Wortbilder aus dem Grundwortschatz, z.B. anhand von Anlauten und Buchstabenkombinationen, charakteristischen Wortumrissen, Wortlänge usw.

6. Kontextstrategien

Einbindung grammatischer und semantischer Kenntnisse und Erwartungen mit dem Ziel a) des vorausschauenden Lesens b) der retrospektiven Korrektur von Lesefehlern

Testverfahren:

MÜLLER, Rudolf: DLF 1-2 - Diagnostischer Lesetest zur Frühdiagnose von Lesestörungen. Weinheim 1984

Einzeltest, Zeitdauer 2 – 6 min. Die Leseleistung wird hinsichtlich Lesezeit und Lesefehlern quantitativ überprüft. Eine qualitative Analyse ermöglicht Aussagen über die Beherrschung der Strategien 2 – 5. Der Einsatz des Tests ist möglich
a) informell ab Mitte des 1. Schuljahres
b) als standardisiertes Verfahren Ende 1. – Mitte 2. Schuljahr

c) informell bei älteren Kindern (ohne Altersbegrenzung) zur Feindiagnose der technischen Beherrschung der Lesestrategien 2 – 5. Dies ist m. E. der interessanteste Aspekt des Verfahrens.

BEIER, Harriet et al.: Limburger Leseprobe (LLP). Fuldatal 1994[3] (=HILF-Bericht, Best. Nr. 2428/0391 B). Screening-Verfahren ohne Eichung. Einzeltest. Differenziertere Erfassung der Teilfertigkeiten des Lesens als im DLF 1-2, daher auch größerer Zeitaufwand bei der Durchführung, aber individualisierte Bearbeitung von Items.

b) Schreiben

1. Die phonematische Strategie

Sie beruht auf der Tatsache, daß jede Buchstabenschrift im Prinzip eine Lautschrift ist, wo Phoneme der Sprache durch Grapheme der Schrift repräsentiert werden. Da dies die Grundlage unseres Schriftsystems ist, kann es auch nicht verwundern, wenn Kinder „auf dem Weg zur Schrift" nach gewissen Vorstufen (BRÜGELMANN 1986[2], SCHEERER-NEUMANN 1993, HACKETHAL 1995 u. v. a.) sich zuerst mit diesem Prinzip auseinandersetzen. Fehler, die Schreibanfänger oder LRS-Schüler auf diesem Sektor machen können, sind:

Fehler der Phonem/Graphemkorrespondenz (mangelnde akustische Differenzierung, mangelnde Buchstabenkenntnis)

Fehler der Wahrnehmungsdurchgliederung (Auslassungen oder Hinzufügungen von „hörbaren" Buchstaben oder Wortteilen)

Fehler der Wahrnehmungsrichtung (falsche Anordnung der Buchstaben, Verdrehung oder Spiegelung einzelner Buchstaben)

Fehler der Wahrnehmungstrennschärfe (Verwechslung von klangähnlichen Buchstaben, Verstöße gegen die Unterscheidung lang/kurz)

Anwendung von „Regeln" bei Wörtern, die lauttreu geschrieben werden müssen (Übergeneralisierung, z.B. „er kahm" nach der „Regel": Nach langem Vokal Dehnungs -h).

2. Die orthographische Strategie

Sie beruht auf der Tatsache, daß es neben dem Prinzip der Lauttreue eine Reihe von Regeln gibt, nach denen geschrieben werden muß, wobei sich Abweichungen von der Lauttreue ergeben können. Damit wird das Grundprinzip der Lauttreue verlassen.

Als Regelfehler fallen auf:

Verstöße gegen die Groß/Kleinschreibung (z.B. aus mangelnder Kenntnis der Wortarten)

Verstöße gegen das Prinzip der Ableitungen, z.B. Tag – täglich, rennen – er rennt

Verstöße gegen Verlängerungsregel (Hund – Hunde, lebt – leben) und st/sp-Schreibung, mangelnde Beherrschung von Qu/qu

3. Die Strategie der Speicherung und Automatisierung

Dies ist die nächsthöhere (und teilweise parallel verlaufende) Stufe im Schriftspracherwerb. Mit der Zeit eignen sich die Kinder ein ganzheitlich gespeichertes Inventar von Wörtern aus dem Grundwortschatz an, vor allem aber eine Fülle von Klangbausteinen, Morphemen (eigenständigen Sinnbausteinen), Präfixen und Suffixen (unselbständigen Sinnbausteinen und grammatikalischen Elementen). Diese Elemente sind beim störungsfrei lernenden Kind akustisch und optisch gespeichert, jeweils als Ganzheit abrufbar und vielfältig kombinierbar. Da die meisten Rechtschreibregeln im Deutschen unzuverlässig oder sehr kompliziert sind, ist die Speicherung von Ganzheiten die nach der Lauttreue wichtigste Schreibstrategie, denn nur durch sie lassen sich Wörter wie „Schwan" und „Kahn" richtig schreiben (die Dehnungs„regel" versagt wegen Nichtexistenz). Bei „die Wende" und „die Wände" versagt die phonematische Strategie und die orthographische Ableitungsregel (die auch im ersten Fall ein „ä" über die Stammformen „wenden – wand – gewunden" ermöglichte). Kurz: Jeder braucht gespeicherte Ganzheiten, sozusagen als Machete und Kompaß im Dschungel der Rechtschreibung.

Bei genauerer Betrachtung lassen sich die meisten scheinbar orthographischen Fehler als falsche oder unsichere Speicherung von Ganzheiten deuten. Zu nennen wären:

– Die generell falsche Speicherung von Ganzheiten (konsequente Schreibung von „*fieleicht" statt „vielleicht").

– Falsche Dehnung oder Doppelung aufgrund falscher oder fehlender ganzheitlicher Speicherung (denn wirklich verläßliche Regeln gibt es nicht).

– Falsche Ableitung (weil von der falschen Ganzheit ausgehend), was sich meines Erachtens sehr oft als Verstrickung in Oppositionen deuten läßt: der „*Vernseher" wird fälschlich von „ver-" abgeleitet, bei „*follkende" oder „*volgende" (statt „folgende") mischen sich „folg", „volk" und „voll".

- Falsche Schreibung der s-Laute, für die es zwar ein verläßliches Regelsystem gibt, das aber auch in der reformierten Rechtschreibung so kompliziert ist, daß Kinder es kaum beherrschen. Ähnliches gilt z.B. für die Getrennt/Zusammenschreibung.

- Inkonstante Schreibungen wegen unsicherer oder fehlender Speicherung: heute " *fieleicht", morgen „*vieleicht", übermorgen „*villeicht" usw.

4. Die Kontextstrategie

Viele Schreibweisen erklären sich nur aus dem Sinnzusammenhang. Fehler beruhen z.T. auf dessen Mißachtung: Die Äpfel wachsen *aufbäumen.- Die Äpfel *vielen von den Bäumen.

Testverfahren:

BREUER, Helmut u. WEUFFEN, Maria: Die Differenzierungsproben DP I und DP II, in: BREUER/WEUFFEN 1997[4].

Die **DP I:** für 5 – 6jährige, d.h. für Kinder im letzten Vorschuljahr bis hin zu ca. sechs Wochen nach der Einschulung. Sehr sinnvoll auch als Teil eines Einschulungsverfahrens. Einzelverfahren, Durchführungszeit 10 – 12 min. Erfaßt die Beherrschung wichtiger Vorläuferfunktionen des Lesens und Schreibens und ermöglicht die **Prognose evtl. Lernversagens** auf diesen Gebieten.

Die **DP II:** für 6 – 7jährige Kinder, Folgeverfahren der DP I nach dem ersten Schulhalbjahr.

DUMMER-SMOCH, Lisa: Diagnostische Bilderliste F (Frühform). (in: DUMMER-SMOCH 1993) Einzel- oder Gruppentest, Zeitbedarf ca. 30 min. Einsatz: Mitte 1. Schuljahr. Erfaßt die Beherrschung der 1. (phonematischen) Strategie und untergliedert sie hinsichtlich Wahrnehmungstrennschärfe, -durchgliederung und -richtung.

Die DBL liegt außer als Frühform noch in zwei weiteren Formen für spätere Altersstufen vor. Diese sind aber m. E. nicht mehr so aussagekräftig, weil dann im Rechtschreibunterricht verstärkt Regelschreibweisen verlangt werden, so daß ein Schreibversagen nicht mehr nur auf dem Gebiet der Lauttreue überprüft werden sollte.

Umfangreichere Aussagen, nämlich auch über die Beherrschung von Regelwissen, liefert:

SCHULD, H. et al.: Limburger Grundwortschatztest 1 – 4 (LGT 1 – 4). Fuldatal und Limburg 1995. In vier getrennten Lückentests für die Jahrgänge 1 – 4 werden charakteristische Wörter des jeweiligen Grundwortschatzes geprüft. Für jedes Schuljahr liegen zwei Parallelformen vor. Einzel- oder Gruppentest. Einsatz jeweils in den letzten 6 Wochen des jeweiligen Schuljahres sowie in den ersten 6 Wochen des folgenden. Die Eichung ermöglicht die ungefähre (nur quantitative) Zuordnung jedes Schülers zu fünf Leistungsgruppen der gleichaltrigen Population. Einfache Durchführung und Auswertung, billige Anschaffung.

MAY, Peter: Hamburger Schreibprobe (HSP) zur Erfassung der grundlegenden Rechtschreibstrategien. Hamburg 1998[2].

Testserie für die Jahrgänge 1, 2, 3, 4 – 5, 5 – 9. Die Testmappe über das gesamte Verfahren muß nicht angeschafft werden, da sie v.a. die statistischen Hintergründe der Testkonstruktion enthält. Testanweisungen und -auswertung sind jeweils nach Jahrgängen getrennt erhältlich (pro Heft ca. 10.- DM).

Einzel- oder Gruppentest, Zeitbedarf unter 45 min. Quantitative Erfassung der Rechtschreibleistung. Qualitative Auswertung hinsichtlich der Strategien 1 – 4 (in der Grundschule 1 – 3), dabei differenzierte Aussagen über die Beherrschung von Teilaspekten dieser Strategien. Beim Untertest 4-5 wird dringend empfohlen, in Haupt- und Realschule die Skala „Gesamtwerte für alle Schulformen" zu verwenden, weil die Tabelle für „Haupt- und Gesamtschulen" zu günstige Werte liefert und Probleme eher verschleiert. Eine Neueichung ist geplant (BALHORN 1998 mdl.). Die Auswertung ist etwas zeitaufwendig und gewöhnungsbedürftig. Es wird im allgemeinen genügen, den Gesamtprozentrang zu berechnen und auf die Bestimmung der weiteren Teilstrategien zu verzichten. Zur Vereinfachung wurde in der Neuauflage eine Auswertung hinsichtlich richtig geschriebener Ganzwörter angefügt. Der Vorteil des Verfahrens liegt darin, daß man damit über ein einheitliches Analyseinstrument für die Zeit von der ersten bis zur neunten Klasse verfügt.

RATHENOW et al.: WRT 6+. Wer vorwiegend ältere Schüler (Ende 5. bis Anfang 8. Schuljahr) überprüfen will, ist gut bedient mit dem Westermann Rechtschreibtest 6+. Er bietet eine schnelle Durchführung und Auswertung und ermöglicht quantitative Aussagen über die Leistungen in verschiedenen Jahrgangsstufen und Schultypen. Für den Übergang 4./5. Klasse gibt es den WRT 4/5.

Die Analyse von Fehlerprofilen als Grundlage gezielter Intervention

Ein Screening-Verfahren zur Untersuchung von Lese- und Rechtschreibleistungen schlägt vor:

RAMACHER-FAASEN, Nicole: Lese-Rechtschreibschwierigkeiten frühzeitig erkennen, gezielt helfen. Heinsberg (Dieck) 1997

Neben der Abklärung der sozialen Situation bemüht sich RAMACHER-FAA-SEN (viel differenzierter als MAY in der HSP), die Fehlertypen beim Lesen und Schreiben zu erfassen, die beim Kind jeweils auffallen, um daraus einen Förderplan zu entwickeln und dann Materialien vorzuschlagen, die ihm gezielt helfen könnten. Hierzu dient eine Liste verschiedener Fördermaterialien und Lernspiele, die bei diversen Verlagen bezogen werden können.

Die Autorin greift damit implizit eine Idee auf, die vor einer Reihe von Jahren schon diskutiert wurde, und zwar angeregt durch

MÜLLER, Rudolf: Material für gezieltes Rechtschreibtraining. Weinheim und Basel 1969

Nach Durchführung eines diagnostischen Rechtschreibtests (Beltz-Serie DRT 1 – 4) wurden Arbeitsblätter angeboten, die sich gezielt auf das festgestellte Fehlerprofil des einzelnen Kindes bezogen und so eine möglichst direkte, individualisierte Förderung ermöglichen sollten.

Wenn auch die Aussagekraft von Fehlerprofilen angezweifelt wurde (RATHENOW 1982), weil sie sich in Re-Tests als inkonstant erwiesen, so wäre im direkten Vergleich dem – leider vergriffenen! – Material von MÜLLER ohne jedes Zögern der Vorzug zu geben. Es beschäftigt sich tatsächlich präzise mit den beobachteten Fehlertypen, während die Vorschläge von RAMACHER-FAASEN recht nebulös bleiben.

Eine Konsequenz der MÜLLERschen Kategorisierung ist die bei allen späteren Autoren im wesentlichen unbestrittene Dichotomie der „Wahrnehmungs-" und der „Regelfehler", wobei erstere sich durch Verstöße gegen die Lauttreue auszeichnen und daher als das deutlich gravierendere Störungsbild gelten, während die „Regelfehler" auf einer fehlerhaften Speicherung orthographischer Kategorien beruhen sollen.

Die Aussagen über die Schwere der Störung gehen mir nicht ganz so leicht von der Hand. So leiden Kinder mit einer Häufung beim „Regelfehler" Dehnung/Doppelung möglicherweise an einer auditiven Wahrnehmungsschwäche, etwa der Fehlhörigkeit, so daß auch diesem „Regel" - Problem Wahrnehmungsschwierigkeiten zugrunde liegen können. Mit dieser und ähnlichen Einschränkungen für den Bereich der s-Laute sei jedoch auch hier im Prinzip an der Dichotomie „Wahrnehmungsfehler-Regelfehler" festgehalten.

Weil die Fehlerprofile, die man in mühevoller Arbeit erstellen kann, aber um so unsicherer werden, je feiner man sie ausfeilt, unterbleibt hier der Versuch einer detaillierten Klassifizierung, zumal sie in Unterricht und Förderung aller Erfahrung nach nicht besonders relevant ist. Wer es dennoch genauer wissen möchte, befrage die eben erwähnten Autoren.

2. Konsequenzen für die LRS-Förderung

a) Aufbau und Festigung der phonematischen Strategie

Wenn die informelle Beobachtung und/oder ein standardisiertes Verfahren belegen, daß ein Kind in massiver Form phonematische (auch: Wahrnehmungs-)Fehler macht, muß natürlich zuerst auf dieser Ebene gearbeitet werden. Da die Beherrschung der Lauttreue als Basis für das orthographisch richtige Schreiben angesehen werden muß, gilt es zunächst, diese Strategie aufzubauen und zu festigen. Dazu gehört ohne Frage, daß die Vorläuferfunktionen der (Sprach-)Wahrnehmung stabilisiert werden müssen (s. Kap. V), denn ein Kind, das ab einem gewissen Alter nur unzureichend in der Lage ist, lauttreu zu schreiben, hat offensichtlich (Sprach-)Wahrnehmungsdefizite, die es genau daran hindern. Bevor das lauttreue Schreiben nicht weitgehend gesichert ist, hat die orthographische Schreibstrategie *keinen* Raum in der Förderarbeit, die Strategie der Automatisierung *nur* im lauttreuen Bereich. Das Training wendet sich schwerpunktmäßig an den auditiven Wahrnehmungskanal.

Im Unterricht der Anfangsklassen sollte dabei dem freien Schreiben ein möglichst breiter Raum zur Verfügung stehen. So lernen die Kinder den spielerischen und lustvollen Umgang mit eigenen und fremden Texten. Sie werden sich dabei zunächst auf der Ebene der Lauttreue bewegen und viele Verstöße gegen orthographische Regeln und Konventionen begehen, sich jedoch um so intensiver mit der phonologischen Schreibstrategie befassen und sie sich immer sicherer aneignen. Auf dieser Basis ist es dann möglich, allmählich zu Orthographie und Automatisierung überzugehen. Ein weiterer unschätzbarer Vorteil dieser Methode ist, daß die Kinder sich durch die Menge der selbst geschriebenen Texte auch mit einer großen Menge an Wortmaterial auseinandersetzen, das sich dadurch auch auf der Ebene der Begrifflichkeit viel besser speichern und wieder abrufen läßt, als es bei reinen Rechtschreibübungen der Fall wäre.

Wird jedoch ein Kind, das das Prinzip der Lauttreue noch nicht beherrscht, zu früh mit den vielen Regelproblemen unserer Schriftsprache konfrontiert, gerät es leicht in ein heilloses Chaos widerstreitender Schreibstrategien, das sich in den Heften der LRS-Schüler höherer Jahrgänge spiegelt und möglicherweise auch daher kommt, daß in den Grundschul-Fibeln viel zu früh mit nicht lautgetreuem Material gearbeitet wird. Verstöße gegen die Lauttreue mischen sich bei älteren LRS-Kindern nämlich mit regelwidrigen, aber lauttreuen Schreibungen. Dazu kommen Regelfehler, die z.T. darauf beruhen, daß Regeln nicht angewendet werden, wo sie nötig wären und z.T. darauf, daß Regeln angewendet werden, wo sie nicht am Platze sind (Übergeneralisierung). Oppositionsfehler beruhen auf nicht genügend trennscharfer Speicherung ähnlicher Rechtschreibphänomene (s. o.: *volgende/*folkende). Das ist das Vollbild der LRS, aus dem es kaum noch ein Entrinnen gibt, zumal die heillose Verstrickung in nicht verarbeitetes Regelwissen sich auch noch negativ auf die Basalstrategie der Lautanalyse auswirken dürfte: Die krampfhafte Suche nach irgendwelchen Regeln verleitet sicher in vielen Fällen dazu, noch schlechter zu schreiben.

b) Aufbau und Festigung von Speicherung und Automatisierung

Da sich das Regelsystem der deutschen Rechtschreibung als zu unsicher erweist, müssen die von der Lauttreue *abweichenden* Schreibungen hauptsächlich über ein Automatisierungstraining gelernt werden. Es wird sich – ohne andere Sinne zu vernachlässigen!- vor allem an den visuellen Wahrnehmungskanal wenden, da die auditive Analyse bei Regelschreibweisen bekanntlich versagt (-ck- hört sich genauso an wie -k-). Für LRS-Schüler ist die Automatisierung doppelt wichtig, weil ihre verbreitete sprachliche Unsicherheit die analytischen und metasprachlichen, abstrakten und widersprüchlichen Denkoperationen nicht zuläßt, die ein Regellernen erforderte.

Die Förderung läßt sich sehr gut als Wortbildtraining durchführen. Eine weitere Möglichkeit ist ein kombiniertes Morphem- und Signalgruppentraining, das die häufigsten Morpheme in den Vordergrund der Arbeit rückt. Der Vorteil dieser Methode besteht darin, daß jedes Morphem zwar in einer Vielzahl von Wörtern auftauchen kann, aber im Grunde nur einmal gelernt werden muß, um in allen Kombinationen richtig geschrieben zu werden. Da diese Trainingsform vor allem am Sinn der Sprachbausteine anknüpft, ist sie eher für ältere, weniger stark gestörte Kinder zu empfehlen.

3. Die Grundsatzentscheidung für ein Förderkonzept

3.1 Lautgetreues Frühtraining

LRS-Kinder im ersten und zweiten Schuljahr brauchen ohne Frage ein phonologisch orientiertes Grundtraining, das ihnen die basale Strategie des Schreibens vermittelt. Für Kinder, die noch prinzipielle Schwierigkeiten mit der Buchstabenkenntnis haben, gibt es ein methodisch fast fraglos gutes Übungsprogramm, und zwar

> KOSSOW, H.-J.: Leitfaden zur Bekämpfung der Lese-Rechtschreibschwäche. 2 Bde., Deutscher Verlag der Wissenschaften Berlin 1991[2] (ca. DM 40.-).

Über seine methodische Stringenz hinaus bietet es so detaillierte Arbeitsvorschläge für die einzelnen Trainingsschritte, daß auch zu Hause daran gearbeitet werden könnte. Leider sind einige Seiten aber noch in penetranter und prohibitiver Art von DDR-(Un)Geist geprägt, so daß es unmöglich wäre, das Werk als Ganzes in Schülerhände zu geben. Als Grundlage für Kursleiter auf der allerersten Trainingsstufe kann es aber trotzdem empfohlen werden. Da es sich allerdings auf den rein sprachlichen Aspekt der Förderung beschränkt, müßte man es durch Funktionsübungen ergänzen, um Vorläuferfunktionen des Lesens und Schreibens zu stabilisieren.

Trotz des hohen Anschaffungspreises erscheint nach wie vor empfehlenswert:

> DUMMER-SMOCH, Lisa u. HACKETHAL, Renate: Kieler Leseaufbau. Kiel 1984

Außerdem sei auf eigenes Trainingsmaterial hingewiesen, das im Unterschied zum vorigen Titel sehr stark mit Elementen der Psychomotorik arbeitet:

> KLEINMANN, Klaus: Lauttreue Basisförderung. Frankfurt 1995 (Unveröff. Manuskript)

Ältere Kinder, die ein solches Training benötigen, erkennt man daran, daß sich in der Gesamtzahl ihrer Fehler ein Anteil von ca. 50% (oder mehr) an massiven Wahrnehmungsfehlern, d. h. Verstößen gegen die Lauttreue befindet und daß die Gesamtfehlerzahl sehr hoch ist (Prozentrang im Rechtschreibtest unter 3). Ein zusätzliches Kriterium liegt in einer auffälligen Wahrnehmungsstruktur. Wenn genügend Geld für die Anschaffung vorhanden ist und entsprechender Förderbedarf vorliegt, empfiehlt sich etwa ab Klasse 4:

REUTER-LIEHR, Carola: Lautgetreue Rechtschreibförderung. Bochum 1992

3.2 Ganzheitliches Training im Regelbereich

Kinder etwa ab Ende 3./Anfang 4. Schuljahr, die im Rechtschreibtest einen Prozentrang von 12 und mehr erreichen und vorwiegend Regelfehler machen, wären mit einem rein lauttreuen Training natürlich unterfordert. Ein vorrangiges Insistieren auf der auditiven Teilstrategie würde möglicherweise sogar zu einer Verschlechterung der Leistungen führen, denn im Deutschunterricht der Klasse werden die Kinder vor allem mit „Regel"-Problemen konfrontiert, bei denen die auditive Analyse zwangsläufig versagt. Würde ihnen diese in der LRS-Förderung aber immer wieder in erster Linie angeboten, so würde man ihnen ein untaugliches Werkzeug zur Verfügung stellen.

Außerdem sollte man bedenken, daß Kinder, die auf höheren Klassenstufen nach wie vor bei der phonologischen Analyse versagen, vermutlich hartnäckige Defizite im Bereich des auditiv – sprechmotorischen Sektors haben. Man sollte daher möglichst andere Wahrnehmungskanäle als Ausweichmöglichkeiten anbieten.

Von wenigen, schwerstbetroffenen Kindern abgesehen gilt es auf diesem Lernniveau, exemplarisch ausgewählte Ganzheiten zu speichern. Wichtigster (aber keineswegs einziger) Wahrnehmungskanal ist jetzt der visuelle!

Ein am Grundwortschatz orientiertes Wortbildtraining liegt z.B. vor als

GRAMSAMER, G. u. HOLZNER, F.: Sicher zum Grundwortschatz (Klassenstufen 1 – 4). Stuttgart 1985 (Klett)

BALHORN, H. u. HARRIES, B: Wortlisten-Trainingsprogramm (wlt). (Klasse 1 – 6). Hamburg 1996 (vpm)

Beide Materialien sind nicht primär als LRS-Training gedacht und bedürfen zusätzlicher methodischer Maßnahmen und systematischer Wiederholungen, um in diesem Rahmen sinnvoll zu sein und der Forderung nach „wortspezifischem" Arbeiten zu genügen (SCHEERER-NEUMANN 1985) zu genügen. Außerdem sollte man LRS-Schüler der geringeren Schwierigkeit wegen immer mit dem Heft für die nächstuntere Jahrgangsstufe trainieren. Eine ganze Reihe anderer Verlage bietet ebenfalls ein Worttraining zum Grundwortschatz an.

Eine Kombination von Wortbildtraining und sinnvollen Abschreibübungen vor allem für das häusliche Einzeltraining in der SEK I bietet

> JACOBS, August-Bernhard: Abschreiben erwünscht. Berlin 1996 (Cornelsen); erhältlich sind die Teilbände 5/6, 7/8, 9/10.

Vor allem bei älteren Schülern (ab 5. Klasse) lohnt der Versuch, auch den semantischen Zugang zu aktivieren. Hierzu erarbeitete ich den Umriß eines kombinierten Klanggruppen- und Morphemtrainings, das versucht, für Regelklasse und LRS-Förderung ein differenziertes, aber an gleichen Schwerpunkten orientiertes Material bereitzustellen, das sich auch als Teil einer Lernwerkstatt einsetzen läßt:

> KLEINMANN, Klaus: Morphem- und Klanggruppentraining mit der Wortbaustelle. Paralleles Übungsangebot für Regelklasse und LRS-Gruppe. Frankfurt 1997 (Unveröff. Manuskript)

II.

Überlegungen zur Untersuchung von Vorläuferfunktionen des Lesens und Schreibens

Bei kaum einem Kind mit ernsthaften Lese-Rechtschreibschwierigkeiten liegen die Probleme allein in der Beherrschung der Orthographie und der Lesetechnik. Hierfür ist auch Dennis (s. S. 13f.) ein einleuchtendes Beispiel. In der Schule wird jedoch häufig der Fehler gemacht, diese Leistungsmängel bei der Beurteilung von Schülern zu stark in den Vordergrund zu rücken oder gar zu isolieren. Das geschieht wohl, weil Schule nun einmal die Aufgabe hat, das Lesen und Schreiben zu vermitteln, und es jeden Lehrer sehr hellhörig macht, wenn er genau dies bei einzelnen Kindern nicht erreicht.

Auch in der Diskussion um die richtige Art und Weise der LRS-Förderung scheint sich eine „pragmatische" Richtung bei einer Reihe von Autoren wieder durchzusetzen. Dem liegt sicher zumindest unbewußt die Erkenntnis zugrunde, daß die Ursachen der LRS in der Schule ohnehin kaum therapeutisch angegangen werden können. Daraus leitet man die Devise ab, es folglich gar nicht mehr oder nur noch feigenblattmäßig zu versuchen.

Offenbar ist mancherorts immer noch nicht deutlich genug, daß jede LRS ihre Ursachen hat und damit letztlich nur ein Symptom für darunterliegende Leistungsschwächen anderer Art ist. Die Ursachen liegen oft in der Entwicklung der Kinder, so daß man LRS auch verstehen muß als (vorläufigen?) Endpunkt einer zeitlichen Entwicklung. **LRS erscheint aus dieser Sicht als Endglied einer vertikalen Verursachungskette.** Um diese Mechanismen bei einem Kind besser zu verstehen, muß man Auskunft über frühere Stadien erhalten. Das geschieht am besten durch ein ausführliches Elterngespräch. Anregungen und Hinweise finden Sie in Kap. III.2.2 und IV.2.2.

Darüber hinaus muß man sich aber auch klarmachen, daß Lese-Rechtschreibschwierigkeiten auf der aktuellen Zeitebene kaum je isoliert stehen. Neben diesen haben die allermeisten LRS- Kinder nämlich auch andere Auffälligkeiten, die es ihnen schwer machen, erfolgreich zu lernen und mit Gleichaltrigen oder Erwachsenen harmonisch zusammenzuarbeiten. **LRS erscheint aus dieser Sicht als nur ein Teilglied in einer horizontalen Kette synchroner Schwierigkeiten,** über die man dem Kind möglichst gleichermaßen hinweghelfen sollte, um es insgesamt zu stabilisieren. Dafür sollte man es zunächst genau beobachten, um herauszufinden, welcher Natur seine Schwächen (und seine Stärken!) sind. Der Beobachtungsbogen (s. III.3 und IV.3) ermöglicht genauere Aussagen über die Ursachenkombination und den Förderbedarf des einzelnen Kindes (oder einer Schülergruppe). Daraus läßt sich ein Förderplan erstellen (S. 54). Vorschläge für ein darauf abgestimmtes Funktions- und Schreib-Lesetraining schließen sich an (Kap. V und VI).

1. Was fehlt Dennis, was braucht Dennis?

Dennis (Kap. 0) braucht viel mehr als ein Lese- und Schreibtraining, denn Dennis' LRS ist offenbar ein Symptom tieferliegender Ursachen. Psychologische oder erziehungsberaterische Betreuung ist sicher ein möglicher Hilfsansatz. Die Familiensituation und sein soziales Verhalten lassen das vermuten. Eine genauere Beobachtung läßt jedoch darauf schließen, daß Interventionen im psychosozialen Bereich als Fundament einer dauerhaften Therapie zu schmal wären.

Fakt ist, daß Dennis nicht besser arbeiten *kann:* Er hat Seitigkeitsprobleme und erkennbare grob- und feinmotorische Störungen. Eine Tonusanomalie (Hypotonie) fällt auf und könnte im Zusammenhang mit den schreibmotorischen Eigenheiten stehen. Die Sprache ist nicht altergemäß. Seine Unaufmerksamkeit legt den Verdacht auf Hör- und evtl. auch Sehprobleme nahe. Eine taktile Abwehr könnte vorliegen, worauf seine aggressive Scheu vor Sozialkontakten hindeutet.

Der Junge leidet ganz offensichtlich an einer multiplen Kombination von Teilleistungsschwächen, deren Auswirkungen durch Erziehungsfehler verstärkt werden. Seine Sprach- und Sprechstörung deutet evtl. (wie andere Symptome auch) auf eine Reifungsverzögerung, evtl. aber auch auf eine minimale zerebrale Bewegungsstörung hin. Es sollte versucht werden, ihm – nach einer genauen Diagnose – mit psychomotorischen und/oder ergotherapeutischen Methoden bzw. einer Sensorischen Integrationstherapie zu helfen.

Wie es mit Dennis weiterging

Obwohl ich den Eltern von Dennis den hier beschriebenen Diagnose- und Behandlungsweg wärmstens ans Herz gelegt habe, entschlossen sie sich zu einem anderen Vorgehen. Sie vereinbarten mit Dennis ein Belohnungssystem, wie es in V.4.7.3 (S. 159f.) beschrieben wird. Entgegen meinen Befürchtungen hielten sie dieses System über mehrere Jahre hinweg konsequent durch – und Dennis spielte mit. Außerdem gab die Mutter ihre Arbeit für eine Zeitlang auf, so daß Dennis nicht mehr so oft bei seinen erzieherisch überforderten Großeltern war. Auch sein Vater kümmerte sich konsequenter um den Jungen. Sie achteten darauf, daß er regelmäßig den schulischen LRS-Kurs besuchte. Weitere Intervention im oben beschriebenen Sinne lehnten sie als zu zeitraubend und kostenträchtig ab.

Damit nahmen sie aber – wozu Eltern nur selten fähig sind – weitgehend in eigener Regie eine Reihe grundlegender Veränderungen in Dennis' Umfeld vor, so daß sich seine Situation durchgreifend und nachhaltig änderte. Er geht jetzt – ohne Glanz und Gloria, aber auch ohne massive LRS oder sonstige Auffälligkeiten – in eine neunte Klasse. Man sieht: Teilleistungsstörungen sind häufig mit Beziehungsstörungen verknüpft. Noch umfassendere Hilfen in seiner Grundschulzeit hätten ihn allerdings vermutlich vor allem hinsichtlich seiner motorischen Fertigkeiten (einschließlich Graphomotorik und Rechtschreibsicherheit) noch deutlich weitergebracht.

2. Multikausale Verursachung der Lese-Rechtschreibschwäche – ein Überblick

Der folgende schlaglichtartige Überblick gibt allgemeine Hinweise über mögliche Störeinflüsse, die dem vornehmlich an der Praxis von Beobachtung und Förderung interessierten Leser zunächst genügen dürften. Genauere Informationen gibt das Kapitel VII. 1.

Selten läßt sich eine Lese-Rechtschreibschwäche auf eine einzige auslösende Einflußgröße zurückführen. Bei den meisten LRS-Kindern stellt man mehrere Ursachen gleichzeitig fest, die in einem Verhältnis der Wechselwirkung stehen. Daher erfolgt die Zuordnung einzelner Störfaktoren notgedrungen hier z.T. recht willkürlich.

Milieunahe Faktoren
Erbfaktor für LRS
Anregungsarmes Milieu
Mangelnde Sprachkultur, Dialekt
Zweisprachiges Elternhaus
Beziehungsprobleme in der Familie
Erziehungsfehler, z.B. mangelndes Regelbewußtsein
Geschwisterrivalität; Geschwisterreihe problematisch
Überhöhte Leistungsanforderungen
Zu frühe Einschulung
Schulwechsel, evtl. mehrfach
Lange Fehlzeiten (v. a. im 1. Schuljahr)
Übertriebener Medienkonsum; Freizeitstreß
Sensomotorische Anregungsarmut

Schulische Faktoren
Zu hohe Klassenfrequenzen
Lehrerwechsel, evtl. mehrfach
Unterrichtsausfall
Methodische Fehler im Anfangsunterricht
Beziehungsprobleme zw. Eltern/Lehrer/Kind
Hoher Leistungswettbewerb in der Klasse
Herausbildung von negativen Rollen (Außenseiter, Stars)

Ganz oder teilweise psychosozial bedingte Auffälligkeiten
Mangelndes Regelbewußtsein
Konzentrationsprobleme
Motivationsprobleme
Angst; Impulsivität
geringe Frustrationstoleranz
Kleinkindhaftigkeit
Depressivität, Hyperaktivität
Gedächtnismängel

Perinatale Einflüsse
Ungewollte oder „aufregende"
Schwangerschaft
Toxische Einflüsse in der
Schwangerschaft
Risikoschwangerschaft
Extrem langer
Geburtsvorgang
Frühgeburt (Brutkasten)
Zu späte Geburt
Sauerstoffmangel bei der Geburt
Hepatitis u. a. Krankheiten
Steißlage, Zangengeburt
Trennung von Mutter und Kind

Entwicklungsfaktoren
Verzögerte/überhastete Entwicklung
Überspringen der Krabbelphase
Verspätetes Sprechenlernen
Defizitäre Sprachbeherrschung
Artikulationsmängel
Auffälligkeiten der Grob- u. Feinmotorik
Mit acht Jahren noch keine klare
Seitenpräferenz

Wahrnehmungsauffälligkeiten
Periphere od. zentrale Störungen,
z.B. Hyper- oder Hyposensibilität
und andere Defizite bei
- Gleichgewichtswahrnehmung
  Tastsinn, Propriozeption
- Sehen (auch: gestörte Augenmotorik)
- Hören (auch: Fehlhörigkeit)
gestörte Seitigkeitswahrnehmung,
Raum-Lage-Labilität

III.

Die gezielte Einzelbeobachtung

1. Vorbemerkung

Um der horizontalen und der vertikalen Verursachungskette von Lese-Rechtschreibschwächen des einzelnen Kindes auf die Spur zu kommen, werden im folgenden detaillierte Beobachtungen im Sinne eines Screening-Verfahrens vorgeschlagen, die je nach Lage des Einzelfalls insgesamt oder in einer Auswahl durchgeführt werden können.

Hier finden Sie zunächst die Kopiervorlagen des Beobachtungsbogens, den Sie für jedes Kind je nach Bedarf ganz oder teilweise vervielfältigen sollten, um sie bearbeiten und für spätere Einsichtnahme aufheben zu können. Der Einfachheit halber empfehle ich Ihnen, die Seiten des Beobachtungsbogens auch jetzt schon für sich selber zu kopieren. Sie können sie dann immer neben die jeweilige Erklärung in Kapitel IV legen und müssen nicht dauernd hin- und herblättern. Das sollte allerdings nicht dazu führen, daß Sie das Buch nun für lange Zeit zur Seite legen nach dem Motto: Ich kann ja erst weiterlesen, wenn ich die Kopien habe. Nutzen Sie lieber Ihren momentanen Schwung aus und blättern Sie zunächst hin und her. Die Kopien können Sie dann immer noch herstellen.

Die Durchführungszeit für das Einzelverfahren dauert mit Elterngespräch etwa zwei Stunden, die natürlich auch auf mehrere Abschnitte verteilt werden können. Vor allem Schulanfänger stehen die ganze Prozedur sicher nur mit Mühe durch. Ab dem 3. Schuljahr ist dies aber – vor allem in märchenhafter Verkleidung (IV.5) und in gestraffter Form – durchaus machbar. Je intensiver Sie sich in die Materie einarbeiten, desto mehr schult sich Ihr Blick. Sie werden offener für die Informationen, die Ihnen die informelle Beobachtung des Kindes im Unterricht und in den Pause etc. liefert. So können Sie bei der gezielten Einzelbeobachtung Ihr Augenmerk stärker auf bestimmte Bereiche zentrieren und andere zunächst hintanstellen. Der Aufwand für die gezielte Einzelbeobachtung reduziert sich, wenn Sie die informelle Beobachtung möglichst intensiv verwerten.

Bei der gezielten Einzelbeobachtung sollte ein Elternteil anwesend sein, damit es die Verhaltensweisen seines Kindes selber sieht. Das macht Ihre Erklärungen über Ihr Vorgehen und über die Ergebnisse ungleich plausibler und wirkt dem sonst möglicherweise entstehenden Eindruck entgegen, das Kind würde in einer Hexenküche mit dubiosen Praktiken konfrontiert. Außerdem bekommen Sie dadurch ja automatisch wichtige Informationen über die Interaktion zwischen Mutter (seltener Vater) und Kind.

Vermeiden Sie nach aller Möglichkeit durch ihr warmherziges, freundliches und kindgerechtes Auftreten den „Weiße-Kittel-Effekt", der bekanntlich dazu führt, daß das Kind aus Scheu unter seinem Leistungsvermögen abschneidet. Die Einkleidung der Untersuchung in eine Märchenhandlung sei dringend empfohlen.

Die fett gedruckten Items bieten besonders aussagekräftige Beobachtungsmöglichkeiten und können Bestandteil eines gestrafften Verfahrens sein. Die informelle Verhaltensbeobachtung, die Seitigkeitsprüfung und die Untersuchung der Augenmotorik sollten ungekürzt bleiben. Auch das anamnetische Gespräch liefert essentielle Hinweise für die Diagnose, die gleichfalls in den Beobachtungsbogen einfließen.

Zweifeln Sie nicht an den vorgegebenen Normen, wenn Sie bei Ihren LRS-Kindern häufig Störungen in den überprüften Bereichen antreffen. Dies dürfte vor allem in den Teilen der Fall sein, in denen die Seitigkeit, die Augenmotorik, die Handmotorik und die Sprachverarbeitung unter die Lupe genommen werden. Die Normen sind für Normallerner entwickelt, bei LRS-Kindern sind Störungen hingegen zu erwarten! Die Überprüfung ermöglicht Ihnen recht genaue Aussagen darüber, was beim einzelnen Kind zur LRS beiträgt.

Fassen Sie, besonders wenn Sie Einzel- oder Kleinstgruppenförderung betreiben, Ihre Beobachtungen am Ende in dem Formular „Förderplan" zusammen (S. 54). Sie können damit aus dem „Funktionstraining "(V) und dem „Lese- und Schreibtraining nach dem Förderplan" (VI) eine weitgehend individualisierte Förderung ableiten.

Wenn Sie keine Einzelförderung betreiben, sollten Sie ihre Beobachtungsergebnisse für die einzelnen Kinder in den „Gruppenförderplan" (S. 55) übertragen. So bekommen Sie Informationen darüber, welche Trainingsformen evtl. bei mehreren Kindern der Gruppe angebracht sind. Daraus können sich Anregungen für eine differenziertere Gruppenförderung ergeben. Wenn es zwei oder mehr parallele Gruppen an Ihrer Schule gibt, bekommen Sie dadurch Entscheidungshilfen für eine Einteilung der Kinder mit dem Ziel, möglichst homogene Gruppen zu schaffen.

2. Verhalten und anamnetischer Hintergrund

Auf den beiden folgenden Seiten finden Sie die Formulare für eine informelle Verhaltensbeobachtung und für ein anamnetisches Elterngespräch. Beides sollten der gezielten Einzelbeobachtung des Kindes vorausgehen, um wichtige Hintergrundinformationen zu bekommen.

2.1 Informelle Verhaltensbeobachtung

Name: _____ Klasse: _____ Datum: _____

Kreuzen Sie bitte „nein" an, wenn der fragliche Bereich unauffällig ist. Bei gelegentlicher Auffälligkeit markieren Sie bitte „±", bei deutlicher Auffälligkeit „ja". Die Formulierungen in der Mitte sind als Beobachtungshilfen gedacht. Markieren Sie auch dann „ja", wenn nur einzelne Teilbereiche stark auffällig sind. Kennzeichnen Sie diese in der Klammer. Ergänzen Sie fehlende Teilbereiche, wenn nötig.

1. **Verbale Unruhe** (Schwätzen, Zwischenrufe)   nein ± ja

2. **Bewegungsunruhe** (überaktiv, umtriebig)   nein ± ja

3. **Bewegungsverarmung** (ausdrucksarm, schwächlich)   nein ± ja

4. **Schwerfälligkeit** (tapsig, plump, schlaff)   nein ± ja

5. **Verkrampfung** (steif, starr, verspannt)   nein ± ja

6. **Mängel in der Körperkoordination**   nein ± ja

7. **Selbststimulation** (kratzt od. leckt sich, spielt, lutscht, kaut)   nein ± ja

8. **Raumlagestörung** (verw. re, li, o, u, am Körper, im Raum; beim   nein ± ja
   Schreiben: Fehler in der Buchstabenfolge)

9. **Handmotorikstörung** (auffällige Handhaltung, Verkrampfung,   nein ± ja
   ausfahrende, zittrige Schrift, manuell ungeschickt)

10. **Unzuverlässigkeit** (schlampig, vergeßlich, mangelnde Sorgfalt mit   nein ± ja
    Material)

11. **Visuelle Auffälligkeiten** (Blinzeln, Kopfschmerzen, Augenermüdung,   nein ± ja
    Reiben, auffälliger Leseabstand, will vorne sitzen, äußert Sehprobleme)

12. **Hörschwäche** (versteht schlecht, sprachlich passiv, unmusikalisch,   nein ± ja
    akust. ablenkbar, kann Geräusche schlecht orten, reagiert verlangsamt)

13. **Artikulationsmängel, sprachl. Mängel** (verwaschene Aussprache,   nein ± ja
    Sprachfehler, stereotype Wortwahl, grammat. Schwächen, Dialekt,
    zweisprachiger Hintergrund)

14. **Ablenkbarkeit** (geringe Konzentrationsspanne)   nein ± ja

15. **Geringe Gedächtnisspanne** (vergißt schnell, lernt schlecht auswendig) nein ± ja

16. **Selbstwertstörung, Kontaktarmut, Angst** (fühlt sich minderwertig,   nein ± ja
    entmutigt, kapselt sich ab, zeigt Angstsymptome)

17. **Aggressivität** (arbeitet und reagiert überhastet, planlos, unkontrolliert) nein ± ja

19. **Verlangsamung** (trödelt, wird nicht fertig)   nein ± ja

20. **Leistungsflucht** (weicht Anforderungen aus, kein Willenseinsatz,   nein ± ja
    ihm ist alles egal, Verweigerung)

© 1999 borgmann publishing GmbH, Dortmund • aus: Kleinmann, Bestell-Nr. 8015

Weitere Beobachtungen und Anmerkungen:

_____

_____

_____

_____

_____

_____

_____

_____

_____

_____

_____

_____

2.2 Leitfaden für ein anamnetisches Elterngespräch

Gespräch mit _____ am _____

Verlauf von Schwangerschaft und Geburt: _____

_____

_____

Körperliche Entwicklung, evtl. Behinderungen: _____

_____

_____

_____

Krankheiten: _____

_____

_____

Hörtest und Hörfunktion: _____

Sehtest und Sehfunktion: _____

Entwicklungspsychologische Besonderheiten: _____

_____

Sprachliche Entwicklung, Sprachbehinderung? _____

_____

Entwicklung im Kindergarten, beim Schreib-Leselehrgang und in der Schule _____

_____

_____

Gibt es andere Familienmitglieder mit LRS? _____

Situation in der Familie: _____

_____

Aktivitäten in der Freizeit: _____

_____

© 1999 borgmann publishing GmbH, Dortmund • aus: Kleinmann, Bestell-Nr. 8015

Folgende Vereinbarungen wurden getroffen:

_____

_____

_____

_____

_____

_____

_____

_____

_____

_____

_____

_____

_____

_____

LRS-Beobachtungsbogen

für _____ Datum _____

© 1999 borgmann publishing GmbH, Dortmund • aus: Kleinmann, Bestell-Nr. 8015

3.1 Gleichgewichtsempfinden

(Diese Items evtl. zur Entlastung der Beobachtungssituation informell im Sportunterricht durchführen)

Stand auf Zehenspitzen, Augen zu	+	±	−	_____
Einbeinstand	+	±	−	**Beginn re/li?**
Einbeinhüpfen re	+	±	−	Beginn re/li?
li	+	±	−	_____
Rückwärts balancieren	+	±	−	_____
Bewegungsunruhe beobachtet?	**nein**	±	**ja**	_____
Sehleistung fern schwächer?	nein	±	ja	_____

3.2 Koordination, Körperschema und Tonus

3.2.1 Koordination

Hampelmann	+	±	−	_____
Seilspringen	+	±	−	_____
Nase berühren	+	±	−	_____
Werfen	+	±	−	_____
Koordinationsmängel informell beobachtet?	+	±	−	_____
Kann Schwimmen	+	±	−	_____

Anamnetische Besonderheiten? _____

3.2.2 Körperschema

Menschl. Figur zeichnen	+	±	−	_____
Körperposition (verb. Anw.)	+	±	−	_____
Körperposition nachahmen	+	±	−	Seitigkeit?
Erkennt berührte Körperstelle	+	±	−	_____
Überkreuzen der Mittellinie	+	±	−	_____

3.2.3 Tonus

	Hyperton	Normal	Hypoton
Hals	•	•	•
Schultern	•	•	•
Arm rechts	•	•	•
Arm links	•	•	•
Beine	•	•	•
Gesamttonus	•	•	•

Ergebnisse der informellen Beobachtung, bes. Items 2 – 6, 16 – 19?

© 1999 borgmann publishing GmbH, Dortmund • aus: Kleinmann, Bestell-Nr. 8015

3.3 Seitigkeit (möglichst ganz durchführen!)

3.3.1 Hand	links	unklar	rechts
Schreibhand	•	•	•
Präferenzdominanz (drei Proben) (z.B. Licht, Reißverschluß, Ball prellen)	•	•	•
Fangen	•	•	•

3.3.2 Wahrnehmungsrichtung

Zweistellige Zahlen: mit Zehnern beginnend	nein	•	ja
Ziffern 5, 7, 1 korrekt ausgeführt	nein	•	ja
Striche am Lineal links —> rechts	nein	•	ja
Verdreher in Mottier-Probe?	ja	•	nein
Raumlageprobleme beobachtet?	ja	•	nein
Gegenläufigkeiten im Schriftbild	ja	•	nein

3.3.3 Auge

Fern: 1. Versuch	•	•	•
2. Versuch	•	•	•
3. Versuch	•	•	•
Nah: 1. Lupe	•	•	•
2. Blick durchs Schlüsselloch	•	•	•
3. Visieren über Bleistift	•	•	•
Stereoskopisches Springen fehlt	•	•	•

3.3.4 Ohr

Lauschen an der Tür	•	•	•
Muschel: Rauschen hören	•	•	•
Uhr auf Ticken prüfen	•	•	•
Kopfdrehen nach Zuruf	•	•	•

Anamnet. Besonderheiten zur Seitigkeit: _____

_____

© 1999 borgmann publishing GmbH, Dortmund • aus: Kleinmann, Bestell-Nr. 8015

3.4. Augenfunktion:

3.4.1 Augenmotorik und Sehwinkel (möglichst ganz durchführen!)

Liegende Acht:

a) dominantes Auge	+	±	−	_____
b) subdominantes Auge	+	±	−	_____
c) beide Augen	+	±	−	_____
Blinzelt nicht bei der Prüfung	+	±	−	_____
Nahpunktkonvergenz re	+	±	−	_____
Nahpunktkonvergenz li	+	±	−	_____
Fixation re/li	+	±	−	_____
o/u	+	±	−	_____
nah/fern	+	±	−	_____
Sehwinkel	+	±	−	_____

3.4.2 Sehschärfe und Farbtüchtigkeit

Sehschärfe nah	+	±	−	_____
Sehschärfe fern	+	±	−	_____
Farbtüchtigkeit	+	±	−	_____
Lidfunktion beidseitig o. B.?	nein	±	ja	

Anamnetische Besonderheiten _____

_____

3.4.3 Auge/Hand-Koordination

Fangen (welche Hand?)	+	±	−	_____
Kreis ausschneiden	+	±	−	_____
Stab balancieren	+	±	−	_____
Eindruck der Handschrift	+	±	−	_____
Handmotorikstörung informell beobachtet?	nein	±	ja	_____

Anamnetische Besonderheiten _____

_____

48

© 1999 borgmann publishing GmbH, Dortmund • aus: Kleinmann, Bestell-Nr. 8015

3.5 Taktiles Empfinden, Hand-, Finger- und Graphomotorik

3.5.1 Taktile Wahrnehmung

Taktile Sensibilität: weich?	+	±	–	_____
Selbststimulation informell beobachtet?	nein	±	ja	_____
Erkennt auf Rücken gemaltes Symbol	+	±	–	_____
Erkennt in Handfläche gemaltes Symbol	+	±	–	_____

3.5.2 Hand-, Finger- und Graphomotorik

Kann Finger auf Anweisung zeigen	+	±	–	_____
Erkennt bei geschl. Augen berührten Finger	+	±	–	_____
li Zeigefinger an re Daumen, re Zeigefinger an li Daumen: Ein Durchgang gelungen?	+	±	–	_____
Reihe Münzen einsammeln	+	±	–	_____
Kann Schleife binden	+	±	–	_____
Eindruck der Handschrift	+	±	–	_____
Individuelle Schriftgröße	_____	cm		

Hypo-, Hypertonie in Hals/Schulter Arm/Ellenbogen Hand/Finger?

Handseitigkeit?	rechts	unklar	links
Handhaltung unauffällig?	ja	±	nein	_____
Stiftdruck unauffällig?	ja	±	nein	_____
Handmotorikstörung informell beobachtet?	nein	±	ja	_____
Unzuverlässigkeit informell beobachtet?	nein	±	ja	_____

Läßt das Ergebnis der Augenfunktions-Prüfung einen visuellen Anteil von Handmotorikstörungen erkennen?

	nein	±	ja	_____

Anamnetische Besonderheiten _____

_____

_____

_____

© 1999 borgmann publishing GmbH, Dortmund • aus: Kleinmann, Bestell-Nr. 8015

3.6 Hinweise, die ein Entspannungs- bzw. Konzentrations- oder Gedächtnistraining sinnvoll erscheinen lassen (ganz bearbeiten)

Übernahme von Erkenntnissen aus der informellen Verhaltensbeobachtung:

Unruhe beobachtet	nein	±	ja	_____
Verkrampfung beobachtet	nein	±	ja	_____
Aggressivität beobachtet	nein	±	ja	_____
Impulsivität beobachtet	nein	±	ja	_____
Angst beobachtet	nein	±	ja	_____
Ablenkbarkeit beobachtet	nein	±	ja	_____
Geringe Gedächtnisspanne beobachtet	nein	±	ja	_____
Sprachgedächtnis: Mottier-Probe negativ?	nein	±	ja	_____
Hypo- od. Hypertonie beobachtet	nein	±	ja	_____

Anamnetische Besonderheiten _____

_____

_____

_____

3.7 Rhythmusgefühl, Zeitempfinden, und Selbststeuerung

Kann Rhythmus nachklatschen	+	±	–	_____
Hampelmann mit Taktvorgabe	+	±	–	_____
Verlangsamung informell beobachtet	nein	±	ja	_____
Impulsivität informell beobachtet	nein	±	ja	_____
Bewegungsunruhe informell beobachtet	nein	±	ja	_____
Aggressivität informell beobachtet	nein	±	ja	_____

Anamnetische Besonderheiten _____

_____

_____

_____

© 1999 borgmann publishing GmbH, Dortmund • aus: Kleinmann, Bestell-Nr. 8015

3.8 Auditive Wahrnehmung und Sprachfunktionen

3.8.1 Akustische Wahrnehmung

Richtungshören	+	±	−	_____
Ablenkbarkeit beobachtet?	+	±	−	_____

**Weitere Indizien für mögl.
Fehlhörigkeit beobachtet?** _____

3.8.2 Mund- und Sprechmotorik

Informeller Eindruck	+	±	−	_____
Zungenbrecher nachsprechen	+	±	−	_____
Artikulationsmängel, sprachl. Mängel informell beobachtet?	nein	±	ja	_____

3.8.3 Sprache

Sprachgedächtnis: Mottier-Probe	+	±	−	_____
Laute verbinden	+	±	−	_____
Laute ergänzen	+	±	−	_____
Verbale Unruhe beobachtet?	nein	±	ja	_____
Sprachliche Mängel beobachtet?	nein	±	ja	_____
Geringe Gedächtnisspanne beobachtet?	nein	±	ja	_____

Anamnetische Besonderheiten _____

_____

_____

_____

© 1999 borgmann publishing GmbH, Dortmund • aus: Kleinmann, Bestell-Nr. 8015

Die Mottier-Probe: Modifizierte Form nach WARNKE 1997

li - ko - na - ti - pu - de - bo - gu - wa - ri - to - me - ku - fa - si - pe - gi - ba - no - fe - do -
ru - le - ki - mo - fi - sa - le - nu - ho - ki - pa - se - mu - ti - bo - ra - fe - go - na - su - li - ko
- na - ti - pu - de - bo - gu - wa - ri - to - me - ku - fa - si - pe - gi - ba - no - fe - do - ru - le -
ki - mo - fi - sa - le - nu - ho - ki - pa - se - mu - ti - bo - ra - fe - go - na - su - li - ko - na - ti
- pu - de - bo - gu - wa - ri - to - me - ku - fa - si - pe

Durchführung: Von einer beliebigen Stelle der Silbensammlung ausgehend werden Un-
sinnswörter vorgelesen. Beginnend mit „pu" entstünde so z.B. „pudeboguwa". Das Wortgebilde wird langsam und sehr deutlich artikuliert (3-4 Silben pro Sekunde). Das Kind darf dabei
nicht von den Lippen ablesen: der Beobachter sitzt neben dem Kind auf der Seite seines
dominanten Ohres. Das Kind spricht jedes Wortgeblde nach.
Drei bis vier Vorversuche mit Viersilbern zum Einhören, dabei Rückmeldung über evtl. Fehler.
Dann Start mit Fünfsilbern. Keine Rückmeldungen mehr über Richtigkeit oder Fehler. Bei
Fehlern in drei Versuchen wird auf vier Silben reduziert, wenn das nicht gelingt, auf drei
Silben. Diese Länge wird auch von sprachauffälligen Kindern meist erfaßt. Unterstreichen Sie
während des Vorsprechens die verwendeten Kombinationen zur Kontrolle. Markieren Sie
Verdreher oder andere Fehler.

Auswertung: Abweichend von WARNKE sollte das fehlerfreie Nachsprechen von Fünfer-
kombinationen als Norm für alle Kinder gelten, die sieben Jahre und älter sind. Auch von
einem 13- oder 14jährigen werden also Fünfsilber erwartet. Als sicher beherrscht kann ein
Silbenumfang gewertet werden, wenn bei sieben Versuchen sechs Wortgebilde entsprechender Länge fehlerfrei waren. Notieren Sie im Beobachtungsbogen bei sechs korrekten Fünfsilbern „+", bei vier bis fünf korrekten Fünfsilbern „±", darunter „-".

Ergebnis für_____

Es wurden ____silbige Wortgebilde sicher beherrscht. Es waren _____ (Anzahl) Verdreher
von Silben oder Lauten zu beobachten.

Bemerkungen zum Beobachtungsbogen:

_____

_____

_____

_____

_____

_____

_____

_____

_____

4. Förderplan für_____ **, Klasse** _____

		Trainings- und Behandlungsbedarf		Schulexterne Hilfen
1.	**Gleichgewichtsempfinden**	nein	ja	Mototherapie Neurologe
2.	**Koordination, Körperschema und Tonus**			
2.1	Koordination	nein	ja	Mototherapie Krankengymn.
2.2	Körperschema	nein	ja	Neurologe Sensor. Inte-
2.3	Tonus	nein	ja	grationsther.
3.	**Seitigkeit, Wahrnehmungsrichtung**	nein	ja	Mototherapie/ Ergotherapie
4.	**Augenfunktionen**			Neurologe
4.1	Augenmotorik	nein	ja	Augenarzt/ Sehschule
4.2	Sehschärfe und Farbtüchtigkeit	nein	ja	Augenarzt
4.3	Auge/Hand-Koordination	nein	ja	Ergotherapie
5.	**Taktile Wahrnehmung, Hand-, Finger- und Graphomotorik**			
5.1	Taktile Wahrnehmung	nein	ja	Ergotherapie
5.2	Hand-, Finger- und Graphomotorik	nein	ja	Ergotherapie
6.	**Entspannungstraining**	nein	ja	Yoga, Autog. Training
7.	**Training von Rhythmusgefühl, Zeitempfinden, und Selbststeuerung**	nein	ja	Mototherapie, Rhythmik, Gymnastik; psych. Interventionen
8.	**Sprachliche Basisfunktionen**			Logopädie,Sprachtherapie Hörtraining n.
8.1	Mund- und Sprechmotorik	nein	ja	TOMATIS/VOLF/ WARNKE et al.
8.2	Sprachverarbeitung	nein	ja	Sensor. Integrationstherapie o.ä.
9.	**Leistungen im Lesen und Schreiben**			

9. **Leistungen im Lesen und Schreiben**

9.1 Leseleistung: _____
_____

gemessen mit: _____
_____

9.2 Rechtschreibleistung: _____
_____

gemessen mit: _____

Förderung:

_____
_____
_____
_____

_____
_____
_____

© 1999 borgmann publishing GmbH, Dortmund • aus: Kleinmann, Bestell-Nr. 8015

5. Förderplan für Gruppe_____

Trainingsbedarf bei folgenden Schülern:

											N a m e

1. Gleichgewicht

2. Koordination, Körperschema und Tonus

2.1 Koordination

2.2 Körperschema

2.3 Tonus

3. Seitigkeit, Wahrnehmungsrichtung

4. Augenfunktionen

4.1 Augenmotorik

4.2 Sehschärfe und Farbtüchtigkeit

4.3 Auge/Hand-Koordination

5. Taktile Wahrnehmung, Hand-, Finger- und Graphomotorik

5.1 Taktile Wahrnehmung

5.2 Hand-, Finger- und Graphomotorik

6. Entspannungstraining

7. Training von Rhythmusgefühl, Zeitempfinden und Selbststeuerung

8. Sprachliche Basisfunktionen

8.1 Mund- u. Sprechmotorik

8.2 Sprachverarbeitung

© 1999 borgmann publishing GmbH, Dortmund • aus: Kleinmann, Bestell-Nr. 8015

6. Hilfsstellen und -adressen

Hier können nur wenige Hilfsstellen mit überregionaler Bedeutung angegeben werden. Die Liste versteht sich als Anregung für jeden Pädagogen, in seiner Umgebung auf die Suche nach geeigneten Anlaufstellen zu gehen.

Augen: **Berufsverband der Orthoptistinnen Deutschlands,** Josephsplatz 20, 90403 Nürnberg, Tel. 0911/22001

Prof. Dr. Schäfer, Uni Würzburg, Tel. 0931 /2012351

Regionale Betreuung durch Augenärzte mit Kenntnissen über Legasthenie und mit angegliederter Sehschule:

_____

_____

Ohren: **Audiologische Kliniken der Stadt Düsseldorf,** Gräutlingerstr. 120, 40625 Düsseldorf, Tel. über 0211 /28001

Deutsche Tinnitus-Liga, Postfach 349, Am Lohsiepen 18, 42353 Wuppertal (Ronsdorf) Tel. 0202/246520

Pädaudiologische Abteilung der nächsten Universität:

_____

_____

Regionale Betreuung durch Ohrenärzte mit Kenntnissen über Legasthenie und Fehlhörigkeit:

_____

Logopädie: Regionale Angebote (evtl. im Branchen-Telefonbuch nachsehen):

_____

_____

Stotterer-Selbsthilfe, Tel. 0221/1391106-07 (nennt Adressen)

Deutsche Gesellschaft für Sprachheilpädagogik, Tel. 030/ 6 61 60 04, FAX 030 / 6 61 60 24

Sprachheilbeauftragte: Adressen beim zuständigen Schulamt erfragen:

_____

Mototherapie: **Aktionskreis Psychomotorik, Tel. 05261/970970:**

_____

_____

Laden für Psychomotorische Materialien: Tel 06171/51390

© 1999 borgmann publishing GmbH, Dortmund • aus: Kleinmann, Bestell-Nr. 8015

Krankengymnastik: Regionale Angebote (evtl. im Branchen-Telefonbuch
                               nachsehen):

                               _____

                               _____

Ergotherapie: **Dt. Verband der Ergotherapeuten: Tel.: 0728/91810** (nennt
                               örtliche Adressen)
                               Weitere Adressen (evtl. im Branchen-Telefonbuch nachsehen):

                               _____

**Psychologische
Beratung:**   **Schulpsychologen bei den Schulämtern:**

                               _____

                               Erziehungsberatungsstellen:

                               _____

**Interessenverbände,
Selbsthilfegruppen:**   **Bundesverband Legasthenie**, Königstr. 32, 30174 Hannover,
                               Tel. 0511/318738; nennt Adressen der Landesverbände. Dort
                               erfährt man Adressen von örtlichen Selbsthilfegruppen:

                               _____

                               Österreich: Österreichischer Bundesverband Legasthenie, c/o
                               Mag. Klein-Strasser, Rosentalgasse 13/11, A-1140 Wien,
                               Tel. 0222/911277

                               Schweiz: Verband Dyslexie Schweiz, Postfach 998, CH-8021
                               Zürich; Tel. und Fax 052/2021707

**Diagnose von
Legasthenikern:**   Kinder- und Jugendpsychiatrische Abteilung der nächsten Uni-
                               Kliniken:

                               _____

                               Kinderärzte: Regionale Betreuung durch Kinderärzte mit
                               Kenntnissen über Teilleistungsschwächen und Hyperaktivität;
                               evtl. über Ritalin:

                               _____

                               Risikosprechstunde mit diagnostischer Befähigung in einem
                               örtlichen Krankenhaus:

                               _____

                               _____

**Freie LRS-Therapeuten,
LRS-Institute:**   _____

© 1999 borgmann publishing GmbH, Dortmund • aus: Kleinmann, Bestell-Nr. 8015

IV.

Die Durchführung des Beobachtungsverfahrens

1. Vorbemerkungen

1.1 Schwächen und Stärken erkennen!

Natürlich ist es wichtig zu wissen, bei welchen Teilfunktionen ein Kind Schwierigkeiten hat. Genauso wichtig ist aber auch zu erkennen, wo seine Stärken liegen. Denn es ist nötig, Schwächen durch Training auszugleichen, dabei muß aber auch bei den Stärken angesetzt werden, um blockierte Wahrnehmungskanäle möglichst zu umgehen. Eine ausführliche Darstellung findet sich in EGGERT 1998[3].

Der differenzierende Unterricht, der z.B. beim Stationslernen Angebote macht, die verschiedene Wahrnehmungsebenen ansprechen, ist hervorragend dazu geeignet, den Kindern durch Wahlmöglichkeit die Chance zu geben, diejenigen Aufgaben zu bevorzugen, bei denen ihre Stärken am besten zur Geltung kommen. Dabei kann die Lehrerin erkennen, welche Wahrnehmungskanäle ein Kind bevorzugt und diese durch ein verstärktes Angebot aktivieren (HELLDÖRFER 1998 mdl.). Auch bei der LRS-Betreuung sollte diese Möglichkeit genutzt werden!

1.2 Hinweis zur Intelligenzmessung

Lese-Rechtschreibleistungen korrelieren nur schwach mit der Leistung in Intelligenztests (RATHENOWNÖGE 1982, s. VII.1). Die Feststellung des IQ ist daher im Zusammenhang einer LRS-Feindiagnose wenig aussagekräftig. Außerdem sind LRS-Kinder bei den meisten Intelligenz-Gruppentests von vorneherein benachteiligt, weil dort Aufgaben im Vordergrund stehen, die an schriftsprachliche und visuelle Teilleistungen (z.B. durch visuelle Raum-Lage-Aufgaben) gebunden sind (vgl. MILZ 1980). Konsequenterweise steht auch in den schulrechtlichen Verordnungen zur LRS die Intelligenzmessung nicht mehr im Vordergrund.

Von förderdiagnostischer Bedeutung ist dagegen ein Intelligenzprofil, wie es der HAWIK-R auswirft, denn hier werden Stärken und Schwächen der Begabungsstruktur deutlich und lassen Ansatzpunkte für therapeutische Interventionen erkennen (TITZE/TEWES 1987[2], MILZ 1998[2]), wobei der Gesamt-IQ wiederum von untergeordneter Bedeutung ist. Wer sich zur Durchführung des Tests in der Lage sieht, sollte den HAWIK-R durchaus benutzen. Schulrechtliche Vorgaben schränken dies an der Regelschule jedoch ein.

2. Verhalten und anamnetischer Hintergrund

2.1 Die informelle Verhaltensbeobachtung

Mit dem Formular „Informelle Verhaltensbeobachtung" können Sie zunächst Ihre Wahrnehmung für die spezifische Situation des einzelnen Kindes auf eine genauere und umfassendere Grundlage stellen. Erfahrungsgemäß entgehen einem manchmal Teilbereiche des Verhaltens einzelner Schüler, die man in der Klasse nicht immer so deutlich wahrnimmt. Besonders stille und zurückgezogene Kinder gehen da leicht „unter", obwohl auch sie unser spezielles Augenmerk verdienen.

Wichtig ist dieser Bogen vor allem für diejenigen LRS-Kursleiter, die Kinder ihres Kurses nicht aus dem Regelunterricht kennen. Der Klassenlehrer sollte dann den Bogen ausfüllen und ihn dem LRS-Kursleiter vor dem Elterngespräch als Vorinformation zur Verfügung stellen. Eine Reihe von Erkenntnissen aus diesem Formular wird in verschiedenen Unterpunkten der Einzelbeobachtung aufgenommen.

Der Beobachtungsbogen gibt erste, näherungsweise Auskünfte über **das Sozialverhalten** (kontaktfreudig/einzelgängerisch, kooperativ/aggressiv, egoistisch/altruistisch); Items 2, 3, 1 6, 1 7; evtl. 7, 1 2, 1 3, 20
die sprachlichen Eigenheiten (Hochsprache/Dialekt, nuanciert/stereotyp, präzise artikuliert/fehlerhaft, kommunikativ/verschlossen usw.); Items 1, 13; evtl. 12, 14 – 17.
die Fähigkeit zur Selbstreflexion (überlegtes/planloses Vorgehen, überhastetes/effektives/trödelndes Arbeiten, Mangel an/Fähigkeit zur Selbstkritik); Items 1, 2, 7, 10, 14, 18- 20
Konzentration und Gedächtnis (kurze/lange Aufmerksamkeitsspanne bei verbal-kognitivem Arbeiten, kurze/lange Aufmerksamkeitsspanne bei manuell-motorischen Tätigkeiten); Items 14, 1 5; evtl. 10
die Motivations- und Stimmungslage, seine Selbstattribuierung (Leistungsflucht/Übermotivation, negative Leistungserwartung/Überschätzung des eigenen Potentials, ängstlich/über-mutig, umtriebig/gedämpft); Items 16 – 20; evtl. 10
die Arbeitsorganisation (geordnet/ungeordnet, zuverlässig/unzuverlässig) Items 9, 10, 14, 15, 18-20
die feinmotorischen Fähigkeiten (manuelles Geschick/Ungeschick, saubere/gestörte Handschrift, Pinzettengriff/andere Handhaltung beim Schreiben); Items 9 – 10
die visuelle Wahrnehmung (liest gern/nicht gern, Lesefähigkeit gut/ schlecht, verliert beim lesen die Zeile oder das Wort/tut das nicht, Auffällig-

keiten wie Augenreiben und Blinzeln, Kopfschmerzen, visuelle Ermüdung, trägt eine Brille/trägt keine, will ganz vorne sitzen/will das nicht); Item 11; evtl. 14, 20

die akustische Wahrnehmung; Items 12, 13; evtl. 1, 14 – 16, 20

die Wahrnehmung der Raumlage (Klare Handseitigkeit? Sicherheit bei der Orientierung hinsichtlich rechts/links, oben/unten im Raum und am eigenen Körper? Spiegelung von Zahlen oder Buchstaben? Vertauschungen der Reihenfolge? Verwechslungen bei Rechenoperationen +/-, x/:?); Item 8

den Körpertonus (überspannt/schlaff); Items 4 – 6

die Ganzkörpermotorik (gelenkig/ungelenkig, koordiniert/unkoordiniert); Item 6

Ähnliche Checklisten finden sich z.B. in KIPHARD 1990a und 1990b, SCHYDLO 1994, BUSCHMANN 1995, MILZ 1980 und 1998[2].

2.2 Die Durchführung des anamnetischen Elterngesprächs

Ziel des Gesprächs soll sein, Informationen über den Werdegang des Kindes zu erhalten, um seine Situation besser zu verstehen und seine individuelle Störung besser einordnen zu können. Im allgemeinen lassen sich daraus Erkenntnisse gewinnen über das Ausmaß der Störung und die Erfolgschancen der Förderung. Mit diesen Informationen kann man auch den Eltern ein besseres Verständnis ihres Kindes vermitteln und sie vor allem auf außerschulische Hilfsstellen hinweisen, die zwecks Diagnose oder Therapie angelaufen werden können (im folgenden z.T. nach DELACATO 1970, MILZ 1980 u. 1991[2], IFFLAND/KLEINMANN 1991).

Planen Sie etwa eine Stunde Zeit für das Gespräch ein. Teilen Sie den Eltern bei der Terminabsprache schon diesen Zeitrahmen mit, damit sie nicht unter Zeitdruck geraten. Wenn Sie nicht selbst Klassen- oder Deutschlehrer sind, bitten Sie die Eltern, Schreib- und Arbeitshefte des Kindes mitzubringen, um genauere Einblicke in Arbeitsweise und Fähigkeiten zu erhalten. Wenn Sie – was sehr sinnvoll ist – die Schülerbeobachtung an das Gespräch anschließen wollen, erhöht sich der Zeitbedarf auf mindestens zwei Stunden.

Informieren Sie sich vor dem Gespräch schon möglichst weitgehend über das Kind, z.B. durch Studium der Schulakte oder durch Gespräche mit anderen beteiligten Lehrern. Selbst dem geschicktesten Diagnostiker entgehen sonst bei der Schülerbeobachtung u. U. wichtige Tatsachen. Außerdem ist es durchaus interessant, die Darstellung der Eltern mit der aus anderen Quellen zu vergleichen.

Führen Sie das Gespräch in einem ruhigen, angenehmen Raum, wo Sie nicht gestört werden. Stellen Sie von Beginn an eine herzliche Atmosphäre her. Bieten Sie ein Getränk an.

Begründen Sie das Gespräch, z.B. indem Sie sagen, es sei für Sie als Lehrer/in wichtig, möglichst gut über das Kind Bescheid zu wissen, um es zu verstehen und ihm angemessen helfen zu können. Stellen Sie auch genauere Hinweise für die Eltern in Aussicht, die sich aus dem Gespräch ergeben können. Die Bereitschaft zu Auskünften wächst natürlich mit der Motivation. Versuchen Sie also, eine „Ja"- oder „Wir"-Haltung entstehen zu lassen.

Sichern Sie Vertraulichkeit zu, indem Sie möglichst glaubhaft machen, daß Informationen aus dem Gespräch nicht an Dritte weitergegeben werden. Lassen Sie sich die Erlaubnis zum Mitschreiben für persönliche Zwecke geben. Gestehen Sie den Eltern das Recht zu, im Notfall auch Antworten zu verweigern.

Lassen Sie, bevor Sie Fragen stellen, die Eltern selber über die Situation und ihre Vorerfahrungen berichten. Machen Sie sich aber unter den entsprechenden Rubriken des Formulars schon Notizen, um die Dinge nicht wiederholen zu müssen.

Die Frage nach Schwangerschaft und Geburt steht der Sachlogik halber am Anfang des Formulars. Wenn Sie das Gefühl haben, sie sei als Eröffnungsfrage wegen des sehr privaten Charakters nicht geeignet, so beginnen Sie an einer anderen Stelle des Fragebogens.

Zeigen Sie Verständnis, wenn Frustration oder Überforderungsgefühle artikuliert werden. Entwickeln Sie Gespür dafür, wann es sinnvoll ist, Eltern dazu zu raten, sich partiell aus der Problematik auszuklinken, um wieder zu sich selber zu kommen, anstatt dauernd und zwanghaft gegen Windmühlen zu kämpfen. Versuchen Sie dann zu beruhigen und Hilfe in Aussicht zu stellen. Wenn Kollegenschelte artikuliert wird, zeigen Sie Ihre Distanz dazu. Raten Sie den Eltern, sich möglichst keine zusätzlichen Fronten aufzubauen, sondern die Belange ihres Kindes behutsam, aber zielstrebig in die eigenen Hände zu nehmen.

Es folgen Hinweise zur inhaltlichen Gestaltung des Gesprächs. Sicher wird niemand auf die Idee kommen, die einzelnen Punkte wie eine Abhakliste herunterzubeten. Vielmehr sollte man vorher wissen, was man fragen will und das Gespräch so organisch und harmonisch wie möglich gestalten, so daß die Eltern nicht das Gefühl bekommen, sie würden ausgefragt oder gar angeklagt. Vermitteln Sie ihnen vor allem den Eindruck, verstanden zu werden. Bei Eltern, die unentwegt und ohne rechte Struktur reden, wird man allerdings gewisse Leitlinien setzen und behutsam auf der Beantwortung der Fragen bestehen müssen.

Schwangerschaft und Geburt

Gab es Besonderheiten während der Schwangerschaft, z.B. Krankheiten oder Medikamenteneinnahme der Mutter, handelte es sich um eine Risikoschwangerschaft, war es schwierig, die Schwangerschaft aufrecht zu erhalten? Kam das Kind zum vorgesehenen Zeitpunkt zur Welt? Dauerte die Geburt ungewöhnlich lange oder ging sie ungewöhnlich schnell? Wurde ein Kaiserschnitt durchgeführt, wurden Saugglocke oder Zange verwendet?

War das Baby gesund? Wie hoch war das Geburtsgewicht? Wie waren die APGAR-Werte? Hat sich der Geburtsschrei verzögert, hatte es eine auffällige Hautverfärbung oder gab es andere Hinweise auf einen Sauerstoffmangel bei der Geburt? Kam es ins Sauerstoffzelt oder auf die Intensivstation? Warum? Waren Mutter und Kind aus anderen Gründen getrennt?

Körperliche Entwicklung

Wurde das Kind gestillt? War es auffallend ruhig oder auffallend lebhaft? Gab es Deformationen von Körperteilen, von Kopf oder Augen? Was wurde dagegen getan? Verlief die motorische Entwicklung in der Abfolge: Kriechen, Krabbeln, Stehen, Gehen? Hat es die Krabbelphase übersprungen? (In der Krabbelphase werden basale Lernerfahrungen in der Koordination der Körperseiten und der verschiedenen Wahrnehmungsbereiche gemacht. Eine schwach differenzierte oder gekreuzte Seitigkeit geht oft mit einer übersprungenen Krabbelphase Hand in Hand. Vor diesem Hintergrund sollte das Kind u. U. bei einem Neurologen und/oder einem Motologen vorgestellt werden, vor allem, wenn es darüber hinaus bewegungsauffällig ist.) War es auffallend langsam oder auffallend schnell in der Entwicklung? War es auffallend ungeschickt? War es täglich über längere Zeit im Ställchen? Wann war es sauber? Seit wann bevorzugt es *eine* Hand?

Krankheiten

Hatte das Kind im Laufe der Entwicklung andere als die üblichen Krankheiten? Hatte es – vor allem im Frühstadium – besonders hohes Fieber? Hatte es Verdauungsprobleme? Hatte es häufige Mittelohrentzündungen? Hatte es (oder hat es noch) Allergien oder Neurodermitis? Hatte es Hirnhautentzündung? Leidet es an Epilepsie? Gab es Kopfverletzungen, andere Unfälle oder Operationen? Welche Medikamente nimmt es? Wurde ein EEG durchgeführt?

Hörtest und Hörfunktion

Gab es oder gibt es manifeste Probleme mit den Ohren? Wurde eine Mandel- oder Polypenoperation durchgeführt oder steht eine solche an? Wann wurde die letzte Höruntersuchung durchgeführt? Mit welchem Ergebnis? Wurde das Kind auf Fehlhörigkeit untersucht? (Die Routineuntersuchungen der Gesundheitsämter in den Grundschulen ermöglichen keine differenzierte Hördiagnose. LRS-Kinder brauchen mindestens noch ein Sprachaudiogramm und einen dichotischen Hörtest zur Bestimmung der Hörseitigkeit. Besonders dringend ist das, wenn über häufige Mittelohrentzündungen berichtet wird und das Kind gleichzeitig Wahrnehmungsfehler beim Schreiben macht, also gegen die Lauttreue verstößt. Dann ist ein Hochtonverlust oder eine Fehlhörigkeit nicht auszuschließen. Auch hat das Kind vermutlich ein Defizit an Hörerfahrungen, wenn die Ohren häufig vereitert waren, s. IV.3.8.3).

Sehtest und Sehfunktion

Gab es oder gibt es Probleme mit den Augen? Trägt oder trug das Kind eine Brille? Welche Art? Finden regelmäßige Kontrollen statt? Waren Größenunterschiede der Augen festzustellen? Wurde ein Wegkippen eines Auges beobachtet? Schielte das Kind? Wurde zeitweise ein Auge zugeklebt? Wann und mit welchem Ergebnis wurde die letzte Augenuntersuchung durchgeführt? Gibt es andere Familienmitglieder mit defizienten Augenfunktionen (Hinweis auf Erbkomponente)? (Auch hier gilt: Die Gesundheitsämter untersuchen in den Grundschulen für LRS-Kinder nicht differenziert genug. Genauere Empfehlungen können zurückgestellt werden, bis die informelle Beobachtung der Augenfunktion von Ihnen durchgeführt wurde.)

Entwicklungspsychologische Besonderheiten

Hat das Kind persönliche oder familiäre Krisen durchlaufen? Gab es Todesfälle oder Fälle von Trennung von wichtigen Mitmenschen? Mußte die Familie (vielleicht sogar mehrmals) umziehen? Wie verhielt es sich im Kindergarten? War es zeitweise Bettnässer oder ist es das noch? Hat es auffällig an den Eltern geklammert oder war es auffällig früh selbständig?

Sprachliche Entwicklung

Hat das Kind eine ausgeprägte Lallphase durchlaufen? Wann begann es zu sprechen? Sprach es lange in „Babysprache", die nur in der Familie verständlich war? Zeigte es andere Sprachauffälligkeiten? Was wurde bereits dagegen unternommen? Sitzt es oft mit offenem Mund da, spricht es starken Dialekt, undeutlich, neigt es zum Lispeln? Gibt es Hinweise auf

Hörverluste? Auch zu spätes Sprechen und eine schwach ausgeprägte Lallphase können mit Hörverlusten korrespondieren. Ein Logopäde sollte im Zweifelsfall genauso zu Rate gezogen werden wie ein Ohrenarzt, am besten in der pädaudiologischen Abteilung einer UNI-Klinik.

Als ungefähre Anhaltspunkte für eine altersgemäße Sprachentwicklung können folgende Eckdaten gelten: Zweiwortsätze sollten (ohne grammatische Korrektheit) mit zwei Jahren gesprochen werden, Dreiwortsätze mit drei Jahren. Mit vier Jahren sollte ein Kind für Außenstehende verständlich sprechen können, wiederum ohne grammatische Korrektheit zu verlangen (AMOROSA 1998 mdl.).

Entwicklung im Kindergarten, beim Schreib-Leselehrgang und in der Schule

Ging das Kind in den Kindergarten? Ist über Besonderheiten aus dieser Zeit zu berichten (Kontakt mit Kindern und Betreuern, Entwicklung der motorischen und kognitiven Fertigkeiten, der emotionalen Beziehungen)? Freute das Kind sich auf die Schule oder hatte es Angst davor? Wurde es als Kann-Kind eingeschult oder war es war es gerade eben noch ein Muß-Kind (mit Geburtstag im Mai/Juni)? Wurde es als voll schulreif eingestuft? Welche Ergebnisse aus der schulärztlichen Untersuchung und dem Einschulungs-Schnuppertag sind bekannt? Wurde es zurückgestellt? Hat es eine Vorklasse besucht? Wie verlief das erste Schuljahr? Wie gestaltete sich der Kontakt von Kind und Eltern zur Lehrerin und den Klassenkameraden? Hatte es Erfolge im Lese- und Schreiblehrgang? Wann tauchten erste Probleme mit Lesen und Schreiben auf? Wie waren und wie sind die Leistungen in anderen Fächern? Gab es – vor allem im ersten Schuljahr – eine kontinuierliche Entwicklung oder Brüche durch Umzug, lange Krankheit, Lehrerwechsel usw. (IV.4)? Gab es familiäre oder sonstige Krisen? Hat das Kind eine Klasse wiederholt? Wenn ja: welche, warum und mit welchem Erfolg? Geht das Kind gerne in die Schule oder klagt es über Unlust oder Angst, Schlafstörungen, Alpträume? Wie ist seine Motivation hinsichtlich Lesen, Schreiben und anderen Aspekten des Deutschunterrichts? Wie war und wie ist die Handschrift? (Bei erkennbar gestörter Hand- und Schreibmotorik ist die Vorstellung bei einem Ergotherapeuten ratsam.)

Gibt es andere Familienmitglieder mit LRS?

Wenn ja: Welche? Wird die Frage mit „ja" beantwortet, so liegt der Verdacht auf eine erbliche Komponente nahe, um so mehr, je enger der Verwandtschaftsgrad ist. Meist lassen sich dann auch Anomalien bei Geburt und Schwangerschaft, in der körperlichen Entwicklung oder anderen Bereichen erkennen. Bei Nachfragen hört man oft, daß die anderen von

LRS betroffenen Familienmitglieder ähnliche Entwicklungsprobleme hatten. Ist die LRS bei dem betreffenden Kind stark ausgeprägt, so läßt dies auf einen ernsten Fall mit schlechter Prognose schließen. Neurologische und mototherapeutische Interventionen sind oft ratsam. Dabei gibt es natürlich jede Form der Erbkomponente – von der globalen Schwerstlegasthenie bis zur Vererbung von „nur" einer Teilleistungsschwäche, z.B. auf visuellem, akustischem, motorischem oder verbalem Sektor (VII.1.6).

Situation der Familie

Hat das Kind Geschwister? Wie steht es in der Geschwisterreihe? Wie ist das Verhältnis der Geschwister untereinander? Gibt es Rivalitäten, z.B. nach dem Muster, daß ein jüngeres Geschwister dem älteren den Rang abläuft? Werden die Geschwister von allen Erwachsenen gleich behandelt oder gibt es verdeckte Bevorzugungen? Akzeptieren alle Erwachsenen das Kind wie es ist, oder wird an ihm „herumerzogen"? Wie gehen die Eltern mit der Lese-Rechtschreibschwäche um? Ist sie Anlaß zu ständiger Sorge, Ermahnung und Übung, oder wird sie als Schicksal tatenlos in Kauf genommen? Wird das Kind zeitweise von den Großeltern oder anderen Personen außerhalb der Familie betreut? Ist es wegen Berufstätigkeit oft allein zu Hause? Welchen Einfluß haben andere Erwachsene außer Vater und Mutter (z.B. Großeltern, Verwandte, Nachbarn)?

Kann das Kind ruhig arbeiten oder wird es ständig gestört? Wer kann bei Lernproblemen helfen? Wie reagiert es auf elterliche Erziehungsmaßnahmen? Hat es Verhaltensauffälligkeiten? Gibt es Probleme mit dem Essen oder dem Schlafen? Wie ist die Familie in das soziale Gefüge der Nachbarschaft und des Ortes einbezogen? Herrscht Isolation oder dauernder Fest- und Vereinsbetrieb? Wie wichtig nehmen die Eltern ihre Erziehungsaufgabe? Sind sie emotional, intellektuell, finanziell oder beruflich überfordert? Gibt es divergente Erziehungsstile zwischen Mutter und Vater? (Letzteres kann man am besten bei einem Hausbesuch beobachten). Wie harmonieren Mutter und Kind? (Dem wachen Blick zeigt sich hier sehr viel während der Arbeit am Beobachtungsbogen III.3) Wie reagiert das Kind, wenn es zusätzliche Übungen machen soll? (In geeigneten Fällen kann die Einführung eines Belohnungssystems (S. 159f.) vorgeschlagen werden. Andere Eltern sollte man – vor allem, wenn sie selber das Bedürfnis verspüren – auf Erziehungsberatungsstellen verweisen. Ansonsten sind Vorschläge zu einer veränderten Lebensführung natürlich mit äußerster Sensibilität zu behandeln.)

Vor allen Empfehlungen gilt es auszuloten, wieviel Zeit die Eltern wirklich jeden Tag mit den Kindern zubringen und welche Maßnahmen in dieser Zeit realistischerweise durchführbar sind.

Aktivitäten in der Freizeit

Wie verbringt das Kind seine Freizeit? Welche Rolle spielen dabei Freunde, Bewegungsdrang, Computer, Spielsachen wie Lego oder Playmobil? Bastelt es? Liest es? Macht es Musik? Betreibt es eine Sache regelmäßig, z.B. in einem Verein? Leidet es unter Freizeitstreß mit dauernden Nachmittagsterminen? Hat es genügend, zu wenig oder zu viel Ruhe? Ist es sozial integriert oder isoliert? Fehlt körperlicher Ausgleich? Welche häuslichen Pflichten hat das Kind? Kann es sich einer Sache längere Zeit widmen? Ist es geschickt, hat es Erfolge in außerschulischen Dingen? (Für LRS-Kinder sind außerschulische, sozusagen „legastheniefreie" Räume besonders wichtig. Mindestens eine regelmäßige Betätigung ist sehr wünschenswert, genauso die Übernahme regelmäßiger häuslicher Pflichten. Freizeitstreß ist natürlich nicht sinnvoll, zumal die Mütter durch Fahrdienste davon mitbetroffen sind.)

Wenn Sie Empfehlungen aussprechen, so tun Sie dies auf sehr behutsame Weise. Völlig ungeeignet sind Formulierungen wie „... da müssen Sie aber unbedingt..., sonst...", „...jetzt wird es aber höchste Zeit, daß ...", „Warum haben Sie denn nicht schon längst..." usw. Vermeiden Sie das Modalverb „müssen" möglichst ganz. Suchen Sie eher Formulierungen wie „Haben Sie schon mal überlegt, ob nicht vielleicht...?" „Es wäre wohl gut, wenn...", „Mir kommt es so vor, als ob..." „Ich würde Ihnen empfehlen..." Nur selten brauchen Eltern deutliche Worte. Sollten Sie diesen Eindruck haben, dann scheuen Sie allerdings nicht davor zurück.

Notieren Sie auf der Rückseite des Befragungsbogens, welche Vereinbarungen Sie mit den Eltern getroffen haben, und kommen Sie gelegentlich darauf zurück.

Bedanken Sie sich am Schluß für das Gespräch und signalisieren Sie Ihr Interesse an der weiteren Entwicklung. Äußern Sie den Wunsch, in Kontakt zu bleiben (es sei denn, dies wäre in einem extremen Ausnahmefall wirklich nicht so). Erkundigen Sie sich bei Gelegenheit telefonisch nach dem Stand der Dinge, vor allem, wenn Sie die Empfehlung gegeben haben, eine außerschulische Hilfsstelle zu Rate zu ziehen (s.S. 56f.). Vereinbaren Sie bei Bedarf ein weiteres Gespräch. Gehen Sie allerdings sachte und einfühlsam auf Distanz, wenn Sie den Eindruck haben, vereinnahmt und über Gebühr in häusliche oder schulische Konflikte hineingezogen zu werden. Verweisen Sie dann auch auf außerschulische Hilfsstellen wie den schulpsychologischen Dienst oder die Erziehungsberatung.

3. Durchführungshinweise zur gezielten Einzelbeobachtung

3.1 Gleichgewichtsempfinden

Stand auf Zehenspitzen: Nach LOS/KF: Arme hängen locker seitlich herunter, werden nicht zum Balancieren benutzt. Hacken dürfen den Boden nicht berühren, Füße nicht verschoben werden. Sonst sind Körperbewegungen wie Kniebeugen oder geringe Bewegungen der Fußknöchel erlaubt, desgl. auch Spontankorrekturen der Arme. Volle Leistung: 15 sec gestanden, ohne daß die Fersen den Boden berühren, ohne daß die Füße verschoben wurden, ohne daß die Arme zum Balancieren benutzt oder die Augen geöffnet wurden. Ist offensichtlich schwieriger als der Einbeinstand.

Einbeinstand: Nach LOS/KF: 10 sec mit geschlossenen Augen. Sohle des anderen Fußes berührt Innenseite des Standbeinknies. Arme hängen am Körper herunter (wenn zur Balance benutzt: Fehler; Korrekturen nur bis zur fehlerlosen Einnahme der Haltung erlaubt. Erfüllt, wenn a) Zeitspanne eingehalten oder überschritten, b) der andere Fuß nicht den Boden berührt, c) die Arme nicht zum Balancieren benutzt werden.

Anweisung: Du sollst jetzt mit geschlossenen Augen eine Zeitlang ruhig auf einem Bein stehen (VL demonstriert). Stell die Fußsohle des anderen Beines so gegen dein Knie (VL demonstriert), dann mach die Augen zu. Arme locker hängen lassen. In dieser Haltung sollst du so lange ganz ruhig stehen, bis ich „Halt" sage (zit. n. LOS/KF).

Nach TÜLÜK: Einbeinstand ab ca. 5 Jahren beherrscht; sagt auch über die Beinigkeit etwas aus. Achten Sie auf konstante Belastung des Standbeines, symmetrische Rumpfhaltung. Pathologisch: asymmetrische Rumpfneigung, assoziierte Reaktionen der Arme (z.B. Beugung oder Faustschluß, Zehenkrallen), Balancebewegungen. Nach TOUWEN: Voll entwickelte Leistung = 20 sec auf jedem Bein. Beide Beine werden nacheinander untersucht, es steht dem Kind frei, mit welchem Bein es beginnen möchte. Mit sechs Jahren sind 13 – 16 sec eine normale Leistung. Kontinuierliche Balancereaktionen können ab 7 Jahren als Zeichen einer verlangsamten Gleichgewichtsentwicklung gesehen werden. Auffällig sind auch plötzliche Zuckungen, durch die das Kind fast das Gleichgewicht verliert. Unterdurchschnittliche Zeitdauer kann als auffällig gewertet werden. Sie kann z.B. auf hypotoner Muskelspannung beruhen (vor allem, wenn ein Zusammensacken zu beobachten ist); das wäre evtl. unter 2.3 Tonus – Beine zu vermerken. Asymmetrische Leistungen sind vorsichtig zu

interpretieren, lassen aber im Extremfall auf Lateralitätsprobleme schließen.

Einbeinhüpfen: Nach TOUWEN (1982) 20mal (= volle Leistung) auf jedem Bein, bevorzugt auf der Stelle. Aufforderung, auf Zehen (nicht auf
dem ganzen Fuß) zu hüpfen. Mit 6 Jahren sind 13-16 Hüpfer ein normaler
Wert. Die Mehrzahl der Kinder kann ab 7-8 Jahren 20mal mit jedem Fuß
hüpfen. Kontinuierliche Balancereaktionen ab ca. 7 Jahren Hinweis auf
Gleichgewichtsprobleme. Auffällig sind auch abrupte und ruckartige Störungen des Ablaufs. Asymmetrien der Armhaltung evtl. Zeichen für Lateralitätsprobleme. Gleiches gilt für extreme Leistungsunterschiede der beiden
Beine. Generell schwache Leistung deutet auf Reifungsverzögerung. Mädchen sind besser als Jungen. Die Übung ermöglicht auch die Beobachtung
des Muskeltonus. Hüpfen auf ganzem Fuß bei Kindern ab 7 meist Hinweis
auf Hypotonie. Stampft das Kind mit dem ganzen Fuß hörbar auf und
sackt es dabei in den Knien und mit dem Oberkörper etwas in sich zusammen, liegt ebenfalls eine eher hypotone Schlaffheit vor. Hüpft das Kind
steif und kommt vorzugsweise nur mit dem vorderen Teil des Fußes auf,
liegt eher Hypertonie vor. Vermerken Sie Ihre Beobachtungen auch unter
III.3.2.3 Gesamttonus.

Rückwärts balancieren: nach LOS 1,80 m im Tip-Topschritt rückwärts
gehen; Anweisung, die Arme nicht zum Balancieren zu benutzen. Abweichung von max. 30 cm nach rechts oder links von der geraden Linie
erlaubt. Erfüllt, wenn die Abweichung nicht größer als 30 cm war, die Arme
nicht zum Balancieren benutzt wurden, die Füße sauber hintereinander
standen und die Zehenspitzen bei jedem Schritt die Ferse berührten. Achten Sie darauf, daß keine Linien im Fußboden vorhanden sind (von Teppichfliesen o. ä.), die die Orientierung erleichtern. (Eine ähnliche Aufgabenstellung bietet der MOT 4-6; vgl. auch CÁRDENAS 1998[6], dort erschwert durch Richtungswechsel um 180°).

**„Bewegungsunruhe" bei der informellen Verhaltensbeobachtung
festgestellt:** Hyperaktive Verhaltensformen können neben anderen Ursachen auch auf ungenügender Sensibilität für Gleichgewichtsreize beruhen
und die Kinder animieren, sich immer wieder solche Reize zuzuführen,
indem sie sich motorisch betätigen.

Wenn die **Sehleistung in der Fernüberprüfung** (Punkt III.3.4.2) mittels
entsprechender Normtafeln überprüft werden kann, ist es interessant, ob
die Sicht in die Ferne schwächer ausfällt als bei der Nahüberprüfung. Dies
kann mit Gleichgewichtsproblemen zu tun haben, die sich in einem unsicheren Stand (und dadurch in verminderter Sehleistung) niederschlagen.
Die Erkenntnis aus III.3.4.2 sollte also auch hier festgehalten werden.

3.2 Körperkoordination, Körperschema, Tonus

3.2.1 Koordination

Hampelmann: Nach MOT 4-6: Das Kind soll 10 sec lang abwechselnd in die Grätschstellung und wieder zurück in die Schlußstellung springen. Im selben Rhythmus sollen dabei die Hände an die Oberschenkel schlagen und über dem Kopf zusammenklatschen. Es ist unerheblich, ob die Hände bei gegrätschten oder bei geschlossenen Beinen zusammenklatschen. Die Bewegungen der Arme und Beine sollen in gleichmäßigem Tempo und Rhythmus erfolgen. Zwischen den einzelnen Sprüngen dürfen keine Pausen (durch Verharren in einer Position) entstehen. Der Versuchsleiter demonstriert die Bewegung.

Signieren Sie „-", wenn das Kind nicht zum Hampelmannsprung in der Lage ist. „±" wird markiert, wenn die Bewegung zwar beherrscht, aber keine 10 sec durchgehalten wird, wenn der Rhythmus unterbrochen wird, wenn der Rhythmus zwar stimmt, aber die Koordination nicht. „+" wird bei völlig korrekter Durchführung markiert. Nach TÜLÜK: ab 6 Jahren zeitweise möglich, von 7 – 10 Jahren verbesserte Leistungen; bis 12 Jahre Unterschiede zwischen gesunden und hirngeschädigten Kindern sichtbar.

Seilspringen: Diese Überprüfung entfällt bei Schulanfängern. Als auffällig („-") ist in jedem Fall zu werten, wenn ein Kind im Alter von 10 Jahren den Vorgang nicht wenigstens fünfmal ohne Pause zwischen den Sprüngen durchführen kann. Ist es immerhin dazu in der Lage, so kreuzen Sie „±" an. Gleiches gilt bei mehr Sprüngen, aber Steifheit oder Plumpheit, Ansätzen von Stolpern u.ä. 10 und mehr sauber ausgeführte Sprünge bekommen ein „+". Nebenbeobachtungen: Asymmetrien, Mitbewegungen, Muskeltonus (Steifheit, Schlaffheit).

Nase berühren: nach LOS: Das Kind steht. Beide Arme werden mit horizontal ausgestreckten Zeigefingern ausgebreitet. Dann werden die Augen geschlossen. Abwechselnd mit dem ausgestreckten Zeigefinger jeder Hand wird dreimal die Nase berührt. Anweisung: Bewegung langsam ausführen, Kopf nicht bewegen. Werten Sie „-", wenn die Nase mit jedem Zeigefinger weniger als zweimal getroffen oder wenn die Augen zwischendurch geöffnet wurden, „±" bei zwei und mehr Berührungen und geschlossenen Augen, aber Suchbewegungen mit dem Kopf oder ungenauen Treffern (bis Zeigefingermitte), „+" bei bei drei und mehr Berührungen mit jedem Zeigefinger in korrekter Form. Eine etwas abgewandelte Form dieser Überprüfung findet sich auch in TOUWEN 1982. Sie wird dort für Kinder ab 4 Jahren empfohlen.

Werfen: (nach DELACATO 1970) In geschlossenen Räumen wird nur die Ausgangssituation des Wurfes beobachtet. Der Ball verläßt also die Hand nicht. Das Kind sollte ihn aber in der Hand halten (am besten eignet sich ein Tennisball). Anweisung: „Du tust jetzt einmal so, als ob du einen Ball werfen wolltest." In korrekter Stellung ist der Wurfarm angewinkelt und nach hinten gedreht, die Schulter ebenfalls. Der gegenseitige Arm greift nach vorne, die gegenseitige Schulter ist nach vorne gedreht, so daß der Oberkörper in einem Winkel von ca. 45° zu Kopf und Hüfte steht. Er beugt sich zum Schwungnehmen nach hinten. Der Blick ist geradeaus auf das Ziel gerichtet. Das Standbein ist auf der Seite des Wurfarms, das andere Bein ist vorgestreckt und im Knie leicht angewinkelt. Beim Abwurf bewegen sich Wurfarm und -schulter nach vorne, Schulter und Arm der anderen Seite zurück. Der Blick bleibt geradeaus gerichtet. Fehlerhaft ist eine gespiegelte Beinstellung und ein Blickkontakt mit dem Ball. Probleme mit der Seitigkeitsorganisation und Reste frühkindlicher Reflexe können die Ursache sein.

Schwimmen: Wenn keine eigene Beobachtung möglich ist, befragt man Mutter und Kind.

Als **„Anamnetische Besonderheiten"** sollten Sie Auffälligkeiten der motorischen Entwicklung vermerken. Das kann eine allgemeine Bewegungsarmut oder -unruhe, aber auch das Überspringen der Krabbelphase, insgesamt verzögerte oder überhastete Entwicklung sowie frühkindliche Schlaf-, Eß- oder Verdauungsstörung sein.

Zusätzlich ist hier die **Beobachtung des „seitlichen Hin- und Herspringens"** möglich (nach KTK von KIPHARD/SCHILLING 1974): Eine Linie wird auf dem Boden markiert (Kreidestrich, Tesakrepp; im Original wird eine ca. 60 cm lange Holzleiste verwendet). Die Linie befindet sich in der Mitte eines Feldes von ca. 80 x 100 cm. Das Kind soll so schnell wie möglich innerhalb von 15 sec über die Linie hin- und herspringen. Der VL demonstriert das, dann sind 5 Sprünge als Vorübung vorgeschrieben. Beide Beine müssen jeweils über den Stab gebracht werden. Der Stab darf nicht berührt und das Feld nicht verlassen werden. Es gibt zwei Durchgänge à 15 sec, dann werden die gültigen Sprünge zusammengezählt (hin 1, zurück 2 usw.). Mittlere Leistung mit 6 Jahren: ca. 5 Sprünge, mit 7 Jahren ca. 10 Sprünge usw., pro Lebensjahr etwa 5 Sprünge mehr. Mädchen erzielen etwas geringere Leistungen.

3.2.2 Körperschema

Menschliche Figur zeichnen: Die Qualität der gezeichneten Figur läßt Rückschlüsse über die Körperbewußtheit zu. Auffällig sind im Schulalter extreme Verzerrungen der Proportionen, Fehlen wichtiger Körperteile wie Arme, Beine, Teile des Gesichts, allgemeine Merkmalsarmut (Strichmännchen). Bewertungsvorschlag für Schulanfänger z.B. in KLEINERT o. J.: Kopffüßler: O Punkte; Kopf, Rumpf, Beine 1 Punkt; Kopf, Rumpf, Beine, Arme, ferner mindestens 2 Merkmale am Kopf (Augen, Nase, Mund, Zähne, Haare, Ohren): 2 Punkte; Kopf, Rumpf, Beine, Arme, Augen, Nase, Mund, unrichtige Fingerzahl: 3 Punkte; Kopf, Rumpf, Beine, Arme, Augen, Nase, Mund, Ohren, richtige Fingerzahl, Füße: 4 Punkte.

Bei älteren Kindern sind natürlich entsprechend höhere Anforderungen zu stellen. Fehlen wichtige Merkmale wie Arme, Beine oder Teile des Gesichts bzw. sind einzelne Körperteile grotesk vergrößert oder verkleinert, so läßt das die Vermutung zugrundeliegender Wahrnehmungsschwächen zu. Interessant ist dabei vor allem auch, welche Körperregionen betroffen sind. Für sie hat das Kind offensichtlich kein Bewußtsein! Allerdings sei davor gewarnt, die Ergebnisse unreflektiert überzubewerten: Eine mißlungene Zeichnung kann auch Resultat von graphomotorischen und/oder visuellen Teilleistungsstörungen sein. Kinder, denen ihre Zeichnung nicht gelingt, obwohl sie eine deutlichere Vorstellung im Kopf haben, werden Unzufriedenheit mit ihrer Darstellung äußern. Ist ein Kind aber mit einer defizienten Zeichnung zufrieden, so kann man eher vermuten, daß auch sein inneres Abbild unpräzise, seine Körperwahrnehmung also unvollständig ist (CÁRDENAS 1998[6]).

Eine Alternative zu KLEINERT o. J. ist KOPPITZ 1972 (dargestellt in BUSCHMANN 1995). Dort wird auch der Vorschlag gemacht, den Mensch-Zeichentest im Verlauf der Behandlung gelegentlich zu wiederholen, um Entwicklungen ablesen und dokumentieren zu können.

Körperposition nach verbaler Anweisung (linke Hand ans rechte Ohr, rechte Hand auf den Bauch), Körperpositionen nachahmen, berührte Stellen erkennen: Kinder, die hierzu in extremer Weise nicht in der Lage sind, sollten dem Kinderneurologen vorgestellt werden (besonders, wenn andere motorische Funktionen auch gestört sind). Das **Nachahmen von Körperpositionen** verlangt deren spiegelbildliche Umsetzung, weil der Beobachter ja frontal vor dem Kind steht.– Jedes Kind sollte **Körperstellen benennen** können, die bei verschlossenen Augen berührt wurde. Führen Sie drei bis fünf Versuche durch. Notieren Sie nur dann „+", wenn alle Proben bewältigt wurden.

Das **Überkreuzen der Mittellinie** läßt Rückschlüsse auf eine erfolgreich ausgebildete Seitenpräferenz und eine gute Kooperation der Kortexhemisphären zu. Eindeutig rechtsdominante Kinder greifen z.B. auch dann mit der rechten Hand zu, wenn der betreffende Gegenstand links liegt. Die Fähigkeit zum Überkreuzen der Mittellinie erkennt man z.B. bei folgenden Überprüfungen in anderen untersuchten Bereichen:

III.3.4.1 Augenmotorik; bei Kindern mit visuellen Problemen beim Überkreuzen der Körpermittellinie folgen die Augen der vorgegebenen Bewegung nur in einer Art Tunnel, d.h. bis etwa 20 – 30° neben der Sehachse, während sie die Folge aufgeben, wenn die Bewegung weiter von der Sehachse abweicht;

III.3.5.2 Reihe Münzen einsammeln: Die meisten Fehler passieren in den am weitesten seitlich abgewandten Bereichen und/oder in der Mitte (beim direkten Kreuzen der Mittellinie). Auch ein Handwechsel beim Überkreuzen der Mittellinie deutet auf eine Vermeidung des Überkreuzens und damit auf eine beeinträchtigte Bilateralintegration hin (CÁRDENAS 1998[6]). Auch die Überprüfung des seitlichen Hin- und Herspringens (s. o.) läßt Rückschlüsse auf die Fähigkeit zum Überkreuzen der Körpermittellinie zu.

Wenn man bei einem Kind ein unzureichendes Körperschema beobachtet, so kann das eine Erklärung für aggressives, unangepaßtes Sozialverhalten sein. Wer nämlich nicht genau weiß, wie weit sein Körper genau geht, wird öfters im Wortsinne „anecken". Ein solches Kind sollte auf jeden Fall einem Mototherapeuten vorgestellt werden.

3.2.3 Tonus

Die richtige Muskelspannung ist Voraussetzung für effektive Bewegungsplanung, zielgerichtete Motorik und sinnvolle Kraftdosierung. Dies gilt für die Grobmotorik, aber auch für feinmotorische Leistungen wie die Graphomotorik. Die Überprüfung findet in Bauchlage (am besten auf einer Matte) statt. Das Kind soll eine entspannte Haltung einnehmen.

Man befühlt nacheinander Hals, Schultern, Arme, Hüften und Beine und achtet auf Verspannungen oder auffällige Schlaffheit. Danach soll das Kind die Yogastellung „Kobra" einnehmen (Oberkörper mit den Armen hochdrücken, wobei diese leicht gewinkelt bleiben und das Becken Kontakt mit dem Boden behält). Sodann soll sich das Kind wieder auf den Bauch legen, und man befühlt die genannten Stellen noch einmal. Wenn jetzt noch Verspannungen zu spüren sind, ist das als besonders auffällig zu werten. Ihre Lokalisierung ist besonders wichtig für den richtigen Ansatz eines graphomotorischen Trainings. Wenn Sie lokale Verspannungen feststellen, sollten Sie abklären, ob es sich dabei um ein akutes Problem handelt (z.B. nach einer Prellung). Der Gesamttonus ist gut beim Einbeinhüpfen zu sehen (s. III.3.1 Gleichgewichtsempfinden).

3.3 Seitigkeit und Wahrnehmungsrichtung (volle Relevanz nur ab ca. 8 Jahren!)

Kinder sollten am Schulanfang eine klar ausgeprägte Handseitigkeit entwickelt haben. Wenn dies nicht der Fall ist, liegt sicher eine gewisse Reifungsverzögerung vor, die sich jedoch noch im Normbereich befindet. Auffällig sind aber auf jeden Fall Kinder, die mit 8 Jahren z.B. noch immer beidhändig arbeiten. Seitigkeitsanomalien sind auch bei älteren LRS-Kindern so häufig, daß sie zu den „normalen" LRS-Begleitsymptomen gezählt werden müssen.

3.3.1 Handseitigkeit

Die Schreibhand (Leistungsdominanz) ist meistens eindeutig. Sollte sie das bei einem älteren Kind nicht sein, ist das als Vorliegen einer ernsten Störung zu werten, die einem Ergotherapeuten oder einem Neurologen vorgestellt werden muß. Unter Präferenzdominanz versteht man die spontane Handbevorzugung in Alltagssituationen, die weder besondere Kraft noch besondere Präzision erfordern. Das Kind soll einen Lichtschalter betätigen, einen (auch imaginären) Reißverschluß öffnen und schließen und einen Ball prellen. Kreuzen Sie die benutzte Hand an und notieren Sie „unklar", wenn sich Wechsel ergaben.

Weitere Aussagen über die **Präferenzdominanz der Hand** sind möglich durch pantomimisch oder mit echten Geräten ausgeführte Bewegungen wie: Blumen gießen, Nähen, Würfeln, Kämmen, Hämmern, Korken ziehen, Peitsche knallen, Ball mit einer Hand fangen, Wecker aufziehen, Waschbeckenstöpsel herausziehen etc; Bürstenprobe: Das Kind bekommt eine Nagelbürste und soll so tun, als bürste es sich die Fingernägel beider Hände. Bewegt wird immer die dominante Hand.

Wenn Sie das **Fangen** in III.3.4.3 überprüfen, notieren Sie hier zusätzlich, mit welcher Hand das Kind gearbeitet hat.

3.3.2 Wahrnehmungsrichtung

Diktieren Sie mehrere **zweistellige Zahlen** und beobachten Sie die Abfolge beim Schreiben. Ein Beginn mit den Einern kann ein Indiz sein für gegensinnige Wahrnehmung von rechts nach links. Gleiches gilt für einzelne Zahlen, wenn sie von rechts nach links (bzw. von unten nach oben) geschrieben werden, was vor allem bei 5, 7 und 1 öfters vorkommt. Bei der 5 wird dann mit dem Querbalken oben rechts angefangen und die ganze Zahl in einem Stück von rechts nach links geschrieben. „Korrekt ausgeführt" bedeutet „richtige" Strichführung bei den Zahlen; bei der „1" also mit dem kleinen Aufstrich von links nach rechts beginnend, dann den senkrechten Strich ausführen (nicht: den senkrechten von unten nach oben und den schrägen dann von rechts nach links). Für „5" und „7" beobachte man analog.

Erbitten Sie desgleichen **mehrere Striche am Lineal,** auch solche, die schräg über das Blatt laufen. Beobachten Sie, ob die Linie von links nach rechts oder von rechts nach links gezogen wird (HABERLAND 1994).

Wenn Sie die **Mottier-Probe** in III.3.8.3 durchgeführt haben, notieren Sie hier, ob das Kind mehrere Fehler gemacht hat, indem es Silben oder Laute in der Reihenfolge vertauschte (z.B. „katepo" statt „kapeto" sagte). Vermerken Sie auch, wenn **Raumlage-Probleme bei der „informellen Verhaltensbeobachtung" erwähnt** wurden.

Gegenläufigkeiten im Schriftbild: Eine Feinbeobachtung der Handschrift gibt möglicherweise auch Hinweise auf eine gegensinnige Wahrnehmung. Das ist der Fall, wenn Detailbewegungen von rechts nach links (statt von links nach rechts) ausgeführt werden. Auch ein Fehlen von Details, die von links nach rechts verlaufen, etwa der Schleife beim kleinen „o" oder der Abschwunghaken von „l", „t", „i" etc. kann in diese Richtung deuten. Eine genauere Beobachtung verdienen auch die Kinder, die auf höherer Altersstufe noch in einer unverbundenen Druckschrift schreiben.

3.3.3 Visuelle Seitigkeit

Für die Augenseitigkeitsprüfung fern nimmt das Kind ein längs gerolltes DIN A4 – Blatt mit einer etwa 5 DM – Stück großen Öffnung *in beide Hände* (um eine Verfälschung durch die Handpräferenz auszuschließen) und visiert ein Ziel im Raum so an, daß es *mit beiden Augen* durch die Öffnung gesehen wird. Das „Fernrohr" wird dann *mit beiden Händen* an *ein* Auge bewegt (MILZ 1991[2]). Das gewählte Auge ist dominant. Mehrere Versuche sollten zum gleichen Ergebnis führen. Ist das nicht der Fall, muß dieser Teil der Prüfung als insgesamt unklar gewertet werden. Ein solches Ergebnis ist bedenklich.

Für die Prüfung der **Augenseitigkeit „nah"** untersucht das Kind kleine Details auf dem Tisch oder Buchstaben auf dem Schreibblatt mit einer echten oder improvisierten Lupe. Diese wird ihm vom VL vorgehalten (um wieder die Handpräferenz des Kindes als Fehlerquelle auszuschalten), das Kind visiert das Ziel mit beiden Augen an und führt dann ein Auge heran. Außerdem wird es animiert, durchs Schlüsselloch zu schauen (oder durch ein Loch zu peilen, das mit dem Bleistift in ein Papier gebohrt wurde). Sodann läßt man es über einen Bleistift, der ihm vorgehalten wird, einen bestimmten Punkt im Raum anvisieren (ROSENKÖTTER 1997). Wie oben sollte bei den Prüfungen jeweils das gleiche Auge benutzt werden.

Feststellen des stereoskopischen Springens: Das Kind wird gebeten, mit Daumen und Zeigefinger einer Hand (zusätzliche Aussage über die Präferenzdominanz) einen Ring zu bilden und ihn im Leseabstand vor die Nase zu halten. Es soll dadurch einen Punkt an der gegenüberliegenden Wand mit beiden Augen anvisieren. Decken Sie nun (hinter dem Kind stehend) erst ein Auge mit einer Hand oder einer Pappe ab, dann das andere. In einem Fall springt der anvisierte Punkt aus dem Fingerkreis, im anderen bleibt er sichtbar. Letzteres ist ein deutlicher Hinweis auf das dominante Auge (HABERLAND 1994).

3.3.4 Auditive Seitigkeit

Bei der **Überprüfung der Ohrseitigkeit** soll das Kind an einer Muschel lauschen, die ihm vom Beobachter vor das Gesicht gehalten wird. Das der Muschel zugewandte Ohr ist das dominante. Genauso verfährt man beim Horchen auf das Ticken einer Uhr. Beim Lauschen an der Tür wird das Kind animiert, nach Geräuschen zu lauschen, die angeblich draußen zu hören waren. Auch hier ist das verwendete Ohr das dominante. Danach soll das Kind mit dem Rücken zum Prüfer sitzen (oder stehen). Rufen Sie es nun mit seinem Namen an und notieren Sie, welches Ohr (d.h. welche Seite) es Ihnen zuwandte.

Eine linksseitige Ohrpräferenz ist ungünstig, weil der Schall von dort zuerst auf die rechte Kortexseite geleitet wird und danach auf die linke Hälfte „überspielt" werden muß, wo die Sprachzentren zu vermuten sind. Dadurch hat das Kind beim Hören von Sprache einen Zeitverlust von etwa einer Sprechsilbe, es hört also langsamer als ein rechtsohriges. Eine derart gekreuzte bzw. unklare Seitigkeit wirkt sicher desorientierend. Hier ist ein pschychomotorisches Training mit Übungen aus der der Bewegungs- und Wahrnehmungsförderung ratsam, das ebenfalls von einem Ergotherapeuten durchgeführt werden kann.

Unter **„Anamnetische Besonderheiten"** ist vor allem zu vermerken, wenn berichtet wird, das Kind habe die Krabbelphase übersprungen.

3.3.5 Zusammenfassende Beurteilung:

Für Lesen und Schreiben ist es wünschenswert, wenn alle überprüften Dominanzbereiche auf einer Seite liegen (z.B. auf der rechten). Ungünstig ist in jedem Fall eine gekreuzte Dominanz (z.B. Hand rechts, Auge links usw.). Dies kann zu Richtungsproblemen beim Lesen und Schreiben führen und sich z.B. in Buchstabenauslassungen oder -verdrehungen zeigen. Besonders ungünstig ist auch eine linksseitige Ohrdominanz. Weil die Sprachverarbeitung zerebral allgemein auf der linken Hirnhälfte organisiert ist, nimmt das Kind Höreindrücke bei linker Ohrdominanz erst mit einer

zeitlichen Verzögerung von ca. einer Sprechsilbe auf, denn der Hörein-
druck des linken Ohres wird auf die rechte Hirnhälfte geleitet, von wo er
erst zu den linksseitigen Sprachzentren übertragen werden muß. Rezeptive Sprachstörungen und mangelndes Sprachgedächtnis können die Folge
sein (VII. 1.1.4, VII. 1.1.5). Therapierelevanten Charakter haben auch Unsicherheiten in der Wahrnehmungsrichtung, unabhängig von gekreuzter Dominanz. Treten sie mit Kreuzdominanzen zusammen auf, so verstärkt sich
der Eindruck, daß ein wichtiger Teil der LRS-Problematik aus diesem Bereich kommt. **Therapeutische Interventionen sind nur bei Dominanzun-
sicherheiten einzelner (oder mehrerer) Wahrnehmungsmodalitäten
sinnvoll** (z.B. mal rechte, mal linke Hand bevorzugt). An Kreuzdominanzen soll *nicht* herumtherapiert werden, wenn jede einzelne Modalität *fest*
auf einer Seite liegt! Es besteht sonst die Gefahr, das Kind restlos zu
verwirren.

Auf die Überprüfung der Fähigkeit zum **Überkreuzen der Mittellinie,** die
Kindern mit Seitigkeitsanomalien öfter fehlt, wurde unter IV.3.2.2 (Körperschema) bereits hingewiesen.

**Die Präferenz einer Hirnhemisphäre und ihr Einfluß auf das Lernver-
halten:** Es ist bekannt, daß die beiden Kortexhemisphären unterschiedliche Schwerpunkte bei der Wahrnehmungsverarbeitung haben. So gilt die
linke Hemisphäre als Raum des mehr analytischen, logischen, an Einzel-
heiten orientierten Denkens, während die rechte eher ganzheitlich-emo-
tional wahrnimmt. Bei rechtshirniger Unterfunktion neigt der Mensch
dazu, vor lauter einzelnen Bäumen den (ganzen) Wald nicht mehr zu
sehen, bei linkshirniger Unterfunktion sieht er eher den (ganzen) Wald,
nicht aber die einzelnen Bäume (nach MILZ 1998[2]). Es ist immer wieder
versucht worden, Lernstörungen auch unter diesem Gesichtspunkt zu
klassifizieren, um dann dem eher linkshirnig beeinträchtigten Kind
schwerpunktmäßig ein analytisches, dem rechtshirnig gestörten ein mehr
ganzheitlich-emotionales Training angedeihen zu lassen (z.B. MILZ
1998[2], KAPPERS 1994).

Von einer möglicherweise rechtsseitigen Beeinträchtigung wäre im klassischen Sinne vor allem dann auszugehen, wenn ein Kind in Details verhaftet ist, Ganzheiten aber schwer überblickt, sich die einzelnen „Bäume" also
mühsam zusammenklabüstert, sie aber nicht zum Bild des „Waldes" integrieren kann. Es wird stockend und synthetisierend gelesen. Räumlich-
bildhaftes Denken ist unterrepräsentiert, linksseitige Präferenzen herr-
schen vor. Ein eher still- zurückgezogenes Wesen kann damit koinzidieren.

Der lehrbuchhaft linksseitig Beeinträchtige wird Durchgliederungsprobleme
haben, impulsiv-planlos handeln, möglicherweise durch überschießende

Kreativität, Emotionaliät und Motorik auffallen. Das Lesen geht schnell, enthält aber viele, auch sinnentstellende Fehler durch Raten.

Eine solche Zuordnung ist vom Grundsatz her sicher nicht verkehrt und für einzelne Kinder tendenziell erfolgversprechend. Einschränkungen müssen aber gemacht werden, weil die Störung in vielen Fällen einem Mischtyp zuzuordnen ist (KAPPERS 1994) und außerdem denkbar ist, daß zumindest beim Normallerner die Bevorzugung der Hirnhälften mit dem Stand im Schreib-Lese-Lernprozeß wechselt (KAPPERS, ebd.). Zudem leitet sich aus theoretischen Erkenntnissen (VII.1.2.) ab, daß bei einer legasthenen Störung generell eher eine linkshirnige Unterfunktion anzunehmen ist (linksseitige Schädigung durch Testosteron bei Jungen, vornehmlich linksseitiger Sitz der Sprachverarbeitung, linksseitige Auffälligkeiten des Corpus genicularis).

Schauen Sie also bei Ihren LRS-Kindern, ob sich eine solche Klassifizierung anbietet und richten Sie dann Ihr Training nach Möglichkeit darauf ein. Verfallen Sie aber nicht in holzschnitthafte Schematisierungen. Eine klare Zuordnung dürfte eher die Ausnahme sein.

3.4 Augenfunktion

Viele lese-rechtschreibschwache Kinder haben eine unzureichend kontrollierte Augenmotorik. Die Augen können bewegten Gegenständen nicht in einer ruckfreien, harmonischen Bewegung folgen. Auch beim Lesen und Schreiben kommt es dann zu ungewollten Augensprüngen. Der Bewegungsfluß von links nach rechts ist gestört, es kommt zu unkontrollierten (z.B. *zu* großen und *zu* kleinen) Vor- und Rückbewegungen, die auch als „Festhaken" des Blickes an Anfangsbuchstaben in Erscheinung treten können. Unkontrollierte vertikale Bewegungen oder Rücksprünge in der Zeile treten auf, die oft zu Zeilen- und Sinnverlust führen. Die beidäugige Bewegungskoordination der Augen ist nicht immer gegeben (VII. 1.3).

Die Erfahrung gibt allen Grund zu der Annahme, daß diese Problematik eine wesentliche Teil-Ursache für viele Lese-Rechtschreibschwächen ist!

Die Augenmotorik wird nicht immer bei Augenärzten systematisch untersucht, weil der Zusammenhang zwischen dieser Funktion und Lernstörungen nicht bekannt genug zu sein scheint. Der Lehrer kann sich relativ leicht selbst einen Eindruck davon verschaffen. Folgende einfache Untersuchungen sind sinnvoll:

3.4.1 Augenmotorik und Sehwinkel

Liegende Acht: Im Abstand von ca. 60 – 70 cm wird vor den Augen des Kindes mit einem Gegenstand (oder der erhobenen Daumenspitze) die Bewegung einer liegenden Acht vollführt. Dabei wird ohne Kopfbewegungen zuerst nur mit einem einzelnen Auge verfolgt (das jeweils andere ist locker abgedeckt), dann mit beiden Augen gemeinsam. Die Folgebewegung der Augen muß immer völlig geschmeidig und rund sein. *Zittern, Springen und häufiges Blinzeln sind auch schon in schwacher Form mögliche Indizien für Störungen.* Gleiches gilt für die nur eingeschränkte Beweglichkeit der Augen um die Körpermittellinie herum (TOUWEN 1982). Nach jedem Durchgang (a – c) lassen Sie eine Pause einlegen, in der das Kind die Augen zur Entspannung reibt und blinzelt.

Nahpunkt-Konvergenz: Ein Kugelschreiber (oder eine kleine Taschenlampe) wird im Abstand von etwa einem halben Meter etwas unterhalb der Augenlinie gehalten. Das Kind wird gebeten, den Gegenstand zu fixieren und weiterhin scharf im Blick zu behalten. Nun hält der Beobachter eine Hand senkrecht vor die Nase, nähert den Gegenstand langsam seiner Handkante und beobachtet die Bewegung eines Auges. Er stellt fest, ob es *gleichmäßig nach innen wandert*, je weiter sich der Gegenstand nähert. Dies soll bis zu einer Entfernung von 10 cm vor den Augen möglich sein (TOUWEN 1982). Abweichungen wie Blinzeln, Zittern, seitliches Abwandern sind als auffällig zu werten. Die Prozedur wird wiederholt und dabei das andere Auge beobachtet.

Fixation: Zwei waagerechte kleine Gegenstände werden ca. einen halben Meter auseinandergehalten. Erst mit dem einen, dann mit dem anderen Auge sollen sie abwechselnd fixiert werden. Danach werden diese Objekte senkrecht übereinander gehalten und abwechselnd einäugig fixiert. Nach einer Pause sollen zwei ca. 6 Meter entfernte Bilder oder Gegenstände abwechselnd fixiert werden. Das eine hält das Kind in Leseabstand vor den Augen, das andere befindet sich an einer mind. 6 m entfernten Wand. Erst wird der nahe Gegenstand fixiert, dann der ferne, dann wieder der nahe. Besonders das Zurückspringen auf die Nahdistanz bereitet oft Schwierigkeiten. In allen Fällen müssen die Augen einen Gegenstand für eine Zeit ohne Schwanken festhalten und den anderen dann schnell und treffsicher erfassen können.

Feststellung des Sehwinkels: Das Kind sitzt mit geradeaus gerichtetem Blick. Man nähert sich ihm seitlich von hinten mit ausgestreckter Zeigefingerspitze. Diese führt man ca. 15 cm neben seinem Kopf vorbei. Es soll sagen, wann es den ersten (vage verschwommenen) Teil davon wahrnimmt. Diese Prüfung wird auch auf der anderen Seite durchgeführt. Der

Punkt des ersten Sehens soll in einem Winkel von etwa 90° zur Sehachse stehen. Verengungen des Gesichtsfeldes um etwa 5° sind im Bereich des Normalen, besonders auf der Seite des subdominanten Auges. Weitere Einschränkungen des Sehwinkels sollten vom Augenarzt überprüft werden. Eine genaue augenärztliche Diagnose, möglichst in einer Sehschule, ist auch bei allen anderen Auffälligkeiten ratsam. Die beobachteten Befunde sollten dem Augenarzt mitgeteilt werden.

3.4.2 Hinweise auf Sehschärfe und Farbtüchtigkeit

Die **Sehschärfe** wird mit Normtabellen gemessen. Dabei werden die Augen erst jeweils einzeln, dann gemeinsam überprüft. Für den Nahbereich kann man die Nahleseprobe nach REINER verwenden, die über die Firma OCULUS in Wetzlar (Tel. 0641/20050) zu beziehen ist. Auch für den Fernbereich liefert OCULUS entsprechende Tafeln. Wenn die Leistungen im Sehen aus der Entfernung schlechter sind als aus der Nähe, kann dies auf eine Kurzsichtigkeit deuten. Das ist wahrscheinlich, wenn ab einer bestimmten Symbolgröße kein einziges Bild mehr erkannt werden kann. Schlechtere Leistungen in der Entfernungsprüfung könnten aber auch an einer mangelnden Gleichgewichtsverarbeitung und daraus resultierendem unsicherem Stand liegen. Hierauf würde möglicherweise hindeuten, daß ein Kind einzelne Symbole in jeder Reihe erkennen kann, andere aber nicht. Bei Auffälligkeiten ist unbedingt eine augenärztliche Untersuchung angesagt!

Die Überprüfung des Farbsehens erfolgt mit Hilfe entsprechender Farbtafeln. Eine Störung kann auf Krankheiten der Netzhaut oder auf zentralen visuellen Verarbeitungsproblemen beruhen. Wenn die Farbtafeln nicht greifbar sind, kann die Überprüfung entfallen, zumal starke Farbuntüchtigkeit auch informell beobachtbar ist. Achten Sie im Schulalltag auch auf die Fähigkeit des Kindes zum Kontrastsehen. Manche Kinder können keine Schleife binden, wenn sie schwarze Schnürbänder in dunklen Schuhen haben. Tauscht man sie gegen weiße Schnürbänder aus, gelingt die Schleife dann. Mangelndes Farb- und Kontrastsehen ist u. U. ein Zeichen für eine zentrale visuelle Verarbeitungsschwäche.

Überprüfung der Lidfunktion: Das Kind blickt geradeaus und soll abwechselnd das rechte und das linke Auge schließen. Ist das nur einseitig möglich, liegt vermutlich eine Lidschlußstörung vor. Sie kann dazu führen, daß das dominante Auge die „zweite Wahl" beim Fernrohr- und Lupenversuch bleibt, dann nämlich, wenn nur es verschließbar ist. Visuelle Wahrnehmungsstörungen sind dann um so wahrscheinlicher. Der Besuch eines qualifizierten Augenarztes ist dringend anzuraten.

3.4.3 Auge-Handkoordination:

Fangen: Nach LOS: Tennisball aus drei Meter Entfernung mit einer Hand fangen. Fünf Versuche. Vor jedem Versuch: Arme locker nach unten hängen lassen. Der Ball soll nicht am Körper, sondern mit frei vom Körper weggestreckter Hand gefangen werden. Bei drei geglückten Versuchen: Erfüllt. (Nach TÜLÜK ist diese Probe ab 6 Jahren gut möglich. Probleme deuten hin auf gestörte Auge-Hand-Koordination, visuelle Wahrnehmungsstörungen, zentralnervöse Störungen. Nach MOT: Tennisring soll aus 4 m Entfernung mit beiden Händen gefangen werden. Ein Vorversuch, dann drei Testversuche. 1 Punkt bei einem Fangen, 2 Punkte bei mehr als einem Fangen.)

Kreis ausschneiden: Zwei konzentrische Kreise mit den Radien 5 cm und 5,3 cm sollen im freien Bereich ausgeschnitten werden. Beobachtung: Exaktheit, Handhaltung, Mitbewegungen. Bei älteren Kindern (4./5. Klasse) müssen schon kleinste Abweichungen als signifikant gewertet werden.

Stab balancieren: Ein Stab von ca. 1 m Länge und 3 cm Durchmesser wird auf der Handfläche balanciert. Erfüllt, wenn der Stab 10 sec und länger senkrecht balanciert werden kann, wobei eine Schrägneigung rechtzeitig erkannt und durch eine Gegenbewegung ausgeglichen werden kann. Notieren Sie ±, wenn der Stab nur ca. 5 sec in senkrechter Stellung gehalten werden kann und Ausgleichsbewegungen spät und ungelenk erfolgen. Ist die Leistung noch schlechter, so notieren Sie „-". Stäbe erhalten sie im Baumarkt oder im Elektrogeschäft unter der Bezeichnung „Typ PG-16", dort allerdings meist in 2 m Länge, so daß sie halbiert werden müssen (WARNKE 1997). Leider macht WARNKE keine Angaben über die Einsetzbarkeit dieser Aufgabe in den verschiedenen Altersstufen. Für Schulanfänger erscheint sie mir zu schwer, dürfte aber spätestens ab dem 3. Schuljahr lösbar sein.

Notieren Sie bitte auch den informellen **Eindruck der Handschrift**, weil eine gestörte Schrift auf schlechter Führung durch defizitäre Visusfunktionen (z.B. Augenmotorik) beruhen kann.

Vermerken sie daher auch, wenn eine **Handmotorikstörung informell beobachtet** wurde.

Vermerken Sie als „**Anamnetische Besonderheiten**", wenn von Schwierigkeiten beim Ballspielen oder Ungeschick bzw. Vermeidungsstrategien bei Bastelarbeiten, Malen u. ä. berichtet wird, desgleichen alle früheren oder aktuellen Auffälligkeiten im visuellen Bereich, z.B. frühkindliches Schielen, Ergebnisse von Augenuntersuchungen, Brillenkorrekturen oder chirurgische Eingriffe.

3.4.4 Weitere Hinweise

Verdachtsmomente für mögliche Sehprobleme können sein:
- Augenreiben, Blinzeln
- Klagen über Kopfschmerzen
- Klagen über Doppeltsehen und andere visuelle Unzulänglichkeiten
- Beanspruchung eines vorderen Sitzplatzes
- unzulängliches Lesevermögen, z.B. Überspringen von Wörtern oder Zeilen
- Unlust oder rasche Ermüdung beim Lesen und Schreiben
- auffällige Kopfhaltung: Schrägneigung, Kopfwackeln oder -vorstrecken
- auffälliger Leseabstand: sehr groß, sehr gering, wechselnd
- Geringes visuelles Gedächtnis
- Grob- oder feinmotorisches Ungeschick, gestörte Handschrift
- mangelndes räumliches Vorstellungsvermögen
- Häufige Bindehautentzündungen
- Nervenschmerzen im Gesichts-, Hals- oder Schulterbereich
- auffällige Klagen über mangelnde Beleuchtung
- Bevorzugung greller Farben
- visuelle Ablenkbarkeit
- Abschattung der Augen durch langen Pony oder häufiges Tragen einer Schirmmütze
- unterschiedliche Form und Stellung der Augen
- starrer, leerer Blick
- Angst, Fahrigkeit, Nervosität

Ein Augenarzt sollte in jedem Fall das Kind untersuchen, und zwar besonders hinsichtlich (SCHÄFER 1995):
- Weitsichtigkeit (natürlich auch Kurzsichtigkeit, aber die bleibt seltener unentdeckt)
- Astigmatismus
- Winkelfehlsichtigkeit, auch: verdecktes Schielen, bes. Exophorie (Außenschielen)
- Augenmotilität und Konvergenz
- Akkomodation (Fähigkeit des Auges, auf die Nähe scharf zu stellen)
- Fusion (Fähigkeit des Gehirns, beide Augenbilder in eines zu verschmelzen)
- Fähigkeit zum stereoskopen Sehen
- Funktion des Augenhintergrundes
- Messung des Augeninnendruckes
- Kontrolle der Lidfunktion
- Tränendrüsenfunktion
- Farbtüchtigkeit

Auch bei kleinsten Sehfehlern sollte dem LRS-Kind eine geeignete Brille verschrieben werden, denn ihm muß jeder nur denkbare Stolperstein aus dem Weg geräumt werden (während der Normalschreiber und -leser keine „Bagatellbrille" bekommen sollte, weil sie oft doch nicht getragen wird und das Auge darüber hinaus eine begrenzte Fähigkeit zur Selbstkorrektur besitzt, vgl. VII.1.3).

3.5 Taktile Wahrnehmung, Hand-, Finger- und Graphomotorik

3.5.1 Taktile Wahrnehmung

Taktile Sensibilität: Aus einer Serie von Bürsten und Pinseln verschiedener Härte (von der Wurzelbürste bis zum weichen Schminkpinsel) soll das Kind den Gegenstand auswählen, mit dem es sich am liebsten auf der Haut berührt. Die Wahl eines besonders rauhen Gegenstandes kann ein Indiz für taktile Untersensibilität sein, die Wahl eines besonders weichen für Übersensibilität. Fragen nach Vorlieben für bestimmte Kleidungsstoffe und Gewohnheiten können den Eindruck vertiefen. Taktil übersensible Kinder klagen leicht darüber, daß ein Stoff kratzt, sie duschen nicht gerne heiß oder kalt (bzw. sind überhaupt wasserscheu), schmusen nicht gerne (VII. 1.1). Derlei wäre unter „Anamnetische Besonderheiten" zu vermerken.

Vermerken Sie bitte, ob bei der informellen Beobachtung **Selbststimulation beobachtet** wurde. Das kann ein Hinweis auf psychischen Druck oder auf taktile Untersensibilität sein.

Taktiles Erkennen von auf den Rücken oder in die Hand gemalten Buchstaben: Zeichnen Sie dem Kind mit dem Finger auf den Rücken bzw. mit einem Wattestäbchen in die Hand ein einfaches Symbol, wie z.B. Kreis, Kreuz, Quadrat, Sternchen, Herz, Haus, Smile-Gesicht. Das Kind soll die Figur erkennen und benennen. Arbeiten Sie mit mindestens je drei Figuren auf Rücken und Hand. Schreiten Sie von einfacheren zu komplizierteren Formen fort. Bei sehr jungen Kindern (Schulanfängern) können Sie zur Erleichterung die o. g. Serie optisch präsentieren mit dem Hinweis, das Zeichen, das es zu erkennen gilt, sei eines der vorgegebenen. Um eine möglichst gute Streuung der Ergebnisse zu erzielen, sei aber empfohlen, mit der Aufgabenstellung ohne optische Unterstützung zu beginnen und die Vorlage nur dann zu verwenden, wenn das Kind ohne die visuelle Zusatzinformation scheitert. Ein Scheitern auch bei optischer Vorgabe läßt in jedem Fall auf gravierende Wahrnehmungsschwierigkeiten der untersuchten Modalität schließen.

3.5.2 Hand-, Finger- und Graphomotorik

Finger auf Anweisung zeigen: Es wird gesagt: Zeige deinen rechten Daumen, deinen linken kleinen Finger usw.

Bei geschlossenen Augen berührten Finger erkennen: Das Kind hat die Augen geschlossen (oder verbunden) und legt seine Hände flach auf den Tisch. Ein Finger wird mit einem Wattestäbchen berührt. Das Kind zeigt den Finger in einem ersten Beobachtungsdurchgang (ca. drei Proben), in einem zweiten benennt es ihn. Teilweises oder völliges Unvermögen läßt nach TÜLÜK Rückschlüsse auf ein unterentwickeltes Körperschema, vor allem aber auf eine mangelnde Kontrolle der Handmotorik schließen.

Linker Zeigefinger an rechten Daumen, dann rechter Zeigefinger an linken Daumen usw. im Wechsel. Nach LOS: Durchführung a) 10 sec mit geöffneten und b) 10 sec mit geschlossenen Augen. Die Formen a und b gehen ineinander über und gelten zusammen als ein Durchgang. Drei solche Durchgänge werden gemacht. Die Aufgabe gilt als erfüllt, wenn in einem Durchgang keine Störung auftauchte. Das wird selten gelingen. Ein partielles Versagen ist daher nicht überzubewerten.

Münzen einsammeln (vgl. CÁRDENAS 1998[6]): Ca. 12 Münzen (bei Erstklässern ca. Markstückgröße, bei Fünftklässern Pfennigstücke), werden in einer waagerechten Reihe so vor dem Kind auf den Tisch gelegt, daß die erste weit links von ihm, die letzte weit rechts von ihm liegt. Das Kind soll sie nun alle mit einer Hand einsammeln. Kleine Kinder legen jede einzelne Münze in eine Dose, größere (10 – 11 Jahre) behalten alle in der Hand.

Beobachtungsmöglichkeiten: Präferenzdominanz und Wahrnehmungsrichtung: Sammelt es z.B. mit der rechten Hand von links nach rechts (=Schreibrichtung) oder z.B. mit der rechten Hand von rechts nach links? Fingerstellung: Pinzettengriff? andere Stellung? Allgemeine Beobachtungen zur Handgeschicklichkeit: Gelingt der Bewegungsablauf ohne, fast ohne oder nur mit vielen Fehlern? Überkreuzen der Körpermittellinie: Fehler bevorzugt im Mittelbereich? Wechsel der Hand in der Mitte? Notieren Sie ihre Beobachtung bitte auch unter III.3.2.2. zeigten sich Mitbewegungen des Mundes oder anderer Körperbereiche? Sie ergäben Hinweise auf Mängel der Körperkoordination (hier: fehlende Trennung von Reizen).

Schleife binden: a) Aussage der Mutter über generelle Beherrschung; b) evtl. informelle Beobachtung im Schulalltag.

Eindruck der Handhaltung, des Stiftdrucks und der Handschrift: Schauen Sie, ob das Kind den Stift zwischen den Fingerspitzen von Zeige-

und Mittelfinger in Opposition mit dem Daumen hält. Achten Sie auf Verkrampfungen oder Abweichungen von dieser Haltung. Drückt es übertrieben stark oder nur ganz wenig auf? Es sollten Ihnen möglichst viele Schriftproben vorliegen. Das ist vor allem dann wichtig, wenn Sie das Kind noch nicht kennen. Lassen Sie sich von der Mutter mehrere Hefte mitbringen, auch Klassenarbeitshefte. Stellen Sie sicher, daß Sie mindestens eine Schriftprobe vorliegen haben, bei der das Kind unter Streß gearbeitet hat. Dann zeigen sich die Probleme naturgemäß am deutlichsten.

Wenn in der Beobachtungssituation selber eine Schriftprobe (z.B. nach Diktat oder Abschreiben) erstellen lassen, so machen Sie sich bewußt, daß diese (hoffentlich!) in einer entspannten Situation zustande gekommen ist und über das Schreibvermögen unter Streß noch nichts aussagt. Ich habe selbst einmal eine peinliche Fehldiagnose gestellt, weil ich mich auf eine ohne Zeit- und Leistungsdruck entstandene Schriftprobe verließ und die Graphomotorik für unauffällig erklärte, was sie in der normalen Unterrichtssituation aber keinesfalls war. Unter Streß zeigte sich nämlich ein deutlich gestörtes Schriftbild (hier vermutlich aufgrund minimaler zerebraler Bewegungsstörungen), das einem Ergotherapeuten vorgestellt werden mußte.

Achten Sie bei Handschriften auf folgende Merkmale (z.T. nach STEHN 1993):

Störungen der Bewegung:	Knicke, Dellen, Verzitterungen, Kleckse, Anstückelungen, fehlende Verbindungen, Druck- und Größenschwankungen, Hineinverbesserungen, rechts- statt linksläufige Bewegungstendenzen, Ober- bzw. Unterlängen verkürzt oder vergrößert
Störungen der Formgebung:	nicht altersgemäßer Duktus, evtl. aufgrund einer motorischen oder generellen Entwicklungsverzögerung
Störung der Raumverteilung:	Schwankungen im Neigungswinkel, im Wortabstand, Rand wird nicht eingehalten, Zeile wird nicht eingehalten
Mängel in Feindetails:	i-Punkte, t-Striche, Oberzeichen fehlen oder sitzen falsch
Verkrampfung/Überschießen:	Verkrampfte Schriften wirken eng und eckig, der Schriftdruck ist oft überhöht; überschießende Schriften wirken breit,

gedehnt, blasig, „a" und „o" sind nicht geschlossen, vernachlässigen einzelne Buchstaben oder tendieren zu mehr oder weniger ungegliederten Strichen, fallen evtl. am Zeilenende unter die Linie. Verkrampfung kann auf Hypertonie, Überschießen auf Hypotonie beruhen. Die Neigung zum Überschießen kann aber auch zu einer Verkrampfung führen, wenn das Kind versucht, dagegen anzukämpfen.

Die **individuelle Schriftgröße** stellen Sie fest, indem Sie das Kind auf unliniert weißes Papier schreiben lassen. Es wird dann ohne Linienvorgabe spontan so groß schreiben, wie es „will". Messen Sie die Buchstabengröße mit dem Zentimetermaß nach und überlegen Sie, ob es für dieses Kind im Sinne einer graphomotorischen Entlastung nicht vorteilhaft wäre, zu einer größeren Lineatur (und zu größeren Rechenkaros) zurückzukehren. Stellen Sie für die Förderung dann ein Blatt her, auf dem Sie Linien mit dem für das Kind richtigen Abstand vorzeichnen, und kopieren Sie es immer wieder (ROSENKÖTTER 1997). Das ist ein wichtiger Beitrag zur schreibmotorischen Entlastung (s. VI. 5.4).

Vermerken Sie bitte auch hier, welchen informellen Eindruck die Handschrift macht und ob eine **Handmotorikstörung** oder **Unzuverlässigkeit** informell beobachtet worden sind. All dies kann auf fehlendem Handgeschick beruhen. Lokalisieren Sie bitte auch auffällige **Muskelspannungen** in den für die Schreibmotorik wichtigen Bereichen Hals/Schultern/Arm (III.3.2.3, S. 46). **Visuelle Auffälligkeiten** (z.B. bei Augenmotorik und Auge/Hand-Koordination können an einer gestörten Handschrift beteiligt sein, u. U. sogar als alleinige Ursache. Gleichen Sie bitte mit III.3.4 (S. 48) ab.

Halten sie als „**Anamnetische Besonderheiten**" fest, wenn zu Hause Probleme in den angesprochenen Bereichen beobachtet werden. Anzeichen für taktile Hyper- oder Hyposensibilität (s. VII. 1.1) können die Eltern oft viel besser beobachten als Lehrer. Auch manuelles Ungeschick wird zu Hause u. U. prägnanter zu Tage treten als in der Schule (z.B. bei häuslichen Tätigkeiten).

Ergänzend sei auf das Untersuchungsverfahren von HERMSDÖRFER et al. (1994) hingewiesen.

3.6 Hinweise, die ein Entspannungs- bzw. Konzentrations- oder Gedächtnistraining sinnvoll erscheinen lassen

Die Angaben aus der informellen Verhaltensbeobachtung werden übernommen, wobei „**Unruhe**" für verbale und motorische Unruhe steht. Wenn eine Hypo- oder Hypertonie festgestellt wurde, wird dies hier noch einmal vermerkt.

Als „**Anamnetische Besonderheit**" hat z.B. zu gelten, wenn auch von zu Hause und von früher über Symptome berichtet wird, die den schulischen Auffälligkeiten entsprechen.

Für die **Gedächtnisspanne** entnehmen Sie ebenfalls den Befund aus der informellen Verhaltensbeobachtung. Dazu ist es dienlich, die Fähigkeit zum Auswendiglernen zu beobachten. Wenn Sie die **Mottier-Probe** (III.3.8.3, S. 52) durchgeführt haben, vermerken Sie das Ergebnis auch hier unter „Sprachgedächtnis".

3. 7 Rhythmusgefühl, Zeitempfinden und Selbststeuerung

Rhythmus nachklatschen (vereinfacht nach BREUER-WEUFFEN 1997[4]): Nach einer Probeaufgabe bekommt das Kind zwei Rhythmen vorgeklatscht, die es nachklatschen muß. „+" wenn jeweils beim ersten Versuch richtig geklatscht wird, „±" wenn nach einer Wiederholung durch den Versuchsleiter richtig geklatscht wird, „-" wenn auch das nicht gelingt. BREUER-WEUFFEN schlagen für Schulanfänger vor: „-.." und „.-.."; ab ca. 10 Jahren empfiehlt sich „-..- -" und „..-..-"

Hampelmann mit Taktvorgabe: Je fünf Sprünge mit langsamer und mit schneller Taktvorgabe durch Klatschen oder Tamburin sollten möglich sein. Der Beobachter gibt erst das jeweilige Tempo vor, dann wird dazu gesprungen.

Verlangsamung oder Impulsivität informell beobachtet: Beide Verhaltensformen können Ausdruck einer mangelnden serialen Wahrnehmungsintegration sein. Die Kinder haben dann ihren „Lebens- und Arbeitsrhythmus" noch nicht gefunden.

Nach BREUER-WEUFFEN ist Rhythmusgefühl eine Vorläuferfunktion für Sprechen und Schreiben. Sie ist z.B. für flüssiges Sprechen und für die Silbengliederung sowie die Synchronisation von Sprechen und Schreiben nötig, wobei die Silbengliederung Vorstufe der Phonemanalyse ist (MANN 1994[3]). Mängel lassen evtl. auf Sprachverarbeitungsprobleme schließen und sind bei Schulanfängern möglicherweise ein Frühindikator für spätere LRS.

Bewegungsunruhe und **Aggressivität** deutet auf mangelnde Selbst-steuerung hin. (Dahinter können soziale Probleme stecken, aber auch propriozeptive bzw. taktile Hyposensibilität oder ein unklares Körperschema.)

„**Anamnetische Besonderheiten**" sind ähnliche Beobachtungen zu Hause wie in der Schule.

3.8 Auditive Wahrnehmung und Sprachfunktionen

Die auditive Wahrnehmung wird hier den sprachlichen Basisfunktionen zugeordnet, weil akustische Wahrnehmung und Sprechmotorik einen „sensomotorischen Regelkreis" darstellen (KIPHARD 1990[4]). Hören ist nicht nur die Basis von Sprachverstehen, sondern durch seine Kontrollfunktion auch unverzichtbarer Teil der Sprachproduktion. Die auditive Analyse ist zudem eine Basisfunktion des Schreibens.

3.8.1 Auditive Wahrnehmung

Akustisches Richtungshören (horizontal/vertikal) (WARNKE 1997): Das Kind sitzt mit verbundenen Augen frei im Raum, so daß Sie ohne Schwierigkeiten um es herumgehen können. Sie erzeugen nun ein Geräusch, auf das das Kind mit dem ausgestreckten Arm zeigen soll. Sie ändern die Position, aus der Sie das Geräusch produzieren, mehrfach und beobachten die Genauigkeit, mit der das Kind auf die Schallquelle zeigt. Als Geräuschquelle empfiehlt WARNKE einen Rauschgenerator (weißes Rauschen). Wenn ein solcher nicht vorhanden ist, kann informell auch eine Gummifigur verwendet werden, die einen Quietschton abgibt (z.B. ein Quietsche-Entchen). Hier wird nicht das gesamte Frequenzspektrum des grauen Rauschens erzeugt, doch dürfte das die Ergebnisse kaum beeinflussen. Allerdings erzeugt die Figur auf „Druck" einen etwas anderen Ton als auf „Loslassen". Das kann irritieren. Man gewöhne sich daher an, für ein Signal entweder nur zu drücken (und den Druck dann stabil zu halten), für das nächste Signal nur loszulassen usw. Als Alternative kann man einen Knack-Frosch verwenden.

Vermeiden Sie jedes Nebengeräusch peinlich, gehen Sie auf Strümpfen. Da das Kind Ihre Position trotzdem – auch bei perfekt abgedeckten Augen – ahnen wird, halten Sie die Geräuschquelle variierend in allen Richtungen am weit ausgestreckten Arm von sich, damit sie sich woanders befindet, als das Zentrum Ihres Körpers. Wechseln Sie außerdem die Hand, um möglichst großräumig variieren zu können. Halten Sie sie aber auch gelegentlich vor Ihren Körper. Demonstrieren Sie das dem Kind vor dem Versuch und weisen Sie es an, wirklich auf die Geräuschquelle zu deuten, nicht auf Sie. Nur durch eine solch genaue Instruktion vermeiden Sie Fehler, die nicht auf Wahrnehmungsschwächen beruhen.

Am besten erscheint es mir, wenn man die Überprüfung in zwei Phasen (ca. je fünf Töne) vornimmt: a) Nur in Ohrhöhe des Kindes, möglichst geräuschlos rings um das Kind herumgehend, b) wieder um das Kind herumgehend, dabei aber die Höhe variierend (in der Hocke – stehend – stehend mit ausgestrecktem Arm).

Gut hörende Kinder können sich in der Horizontalen auf 5° und in der Vertikalen auf 10° genau orientieren (WARNKE 1997). Bei größeren Abweichungen notieren Sie je nach dem Fehler + oder – in einer oder in beiden Kategorien.- Ein weniger differenziertes Verfahren beschreibt EGGERT 1996[2]. Er bewertet für Grundschulkinder die Ortung als gelungen, wenn die seitliche Abweichung der angezeigten von der tatsächlichen Geräuschquelle nicht mehr als 1 Meter beträgt. Das ist ein etwas (aber nicht sehr viel) großzügigerer und durchaus realistischer Spielraum.

Kinder, die hier versagen (und z.B. auch bei der Mottier-Probe unter III.3.8.3 auffallen) leiden vermutlich an Defiziten der auditiven Wahrnehmung, evtl. einer zentralen Fehlhörigkeit. Dies muß von einem dafür spezialisierten Ohrenarzt (z.B. an einem Pädaudiologischen Zentrum) überprüft werden

Auch **Ablenkbarkeit (geringe Konzentrationsspanne)** kann auf einer Fehlhörigkeit beruhen. Darauf würde evtl. die Beobachtung schließen lassen, daß ein Kind gut hört, aber nicht zuhört. Auch **sprachliche Mängel** lassen einen Verdacht dieser Art zu.

Weitere informelle Indizien für eine mögliche zentrale Fehlhörigkeit sind etwa (MILZ 1980, CRAMER 1996, ROSENKÖTTER/MINNICH 1997, WARNKE 1997):

- das Kind hört gut, hört aber nicht zu oder versteht oft falsch, verwechselt ähnlich klingende Wörter
- reagiert nicht auf allgemeine Ansprache, braucht persönliche Aufforderung
- muß erst beobachten, was die anderen tun, um zu verstehen, was zu tun ist
- die Aussprache ist verwaschen, Laute werden verwechselt oder vertauscht

- es ist leicht durch Nebengeräusche ablenkbar, Konzentrationsprobleme auf auditivem (sprachlichem) Sektor
- Vermeidungsreaktionen oder Angst bei plötzlichen Geräuschen
- Vermeidung von Menschenansammlungen, auch Kindergeburtstagen
- akustische Hyper- oder Hyposensibilität
- spricht langsam, versteht nicht, wenn schnell gesprochen wird
- sprachliche Passivität; allgemeine Passivität, Desinteresse
- sprachliche Überaktivtät, ständige Geräuschproduktion
- Probleme der Laut-/Buchstabenzuordnung und der auditiven Analyse; „Wahrnehmungsfehler"
- das Kind wirkt „unmusikalisch", singt falsch, hat kein Rhythmusgefühl
- Schwierigkeiten beim Orten von Geräuschen
- Klagen über objektiv nicht vorhandene Störgeräusche (Verdacht auf Tinnitus)

Da eine verläßliche Untersuchung von Hörleistungen an komplexe Apparaturen gebunden ist, wird dieser Bereich ansonsten aus der Beobachtung ausgeklammert und Phoniatern oder HNO-Ärzten (am besten in einem pädaudiologischen Zentrum, s. III.6 „Hilfsstellen und -adressen", S. 56f.) übertragen. Den Eltern wird nachdrücklich empfohlen, dort – vor dem Hintergrund LRS – folgende Untersuchungen durchführen zu lassen (MILZ 1980, ROSENKÖTTER 1997):

Tonschwellenaudiogramm
Knochenleitung
Tympanometrie

Darüber hinaus wären zum Ausschließen einer zentralen Fehlhörigkeit wichtig:

Sprachaudiogramm; Sprachaudiogramm mit Störschall; BILD-Test (Überprüfung der akustischen Figur/Hintergrund-Unterscheidung (Abstand Störschall/Nutzschall)
Sprachstatus (Stammlerbogen, HSET, PET-Subtests „Wörter ergänzen" und „Laute verbinden", Bremer Hilfen)
Stapedius-Reflex-Audiometrie
Dichotischer Hörtest
BERA- oder CERA-Verfahren (akustisches EEG)
Überprüfung der Ordnungsschwelle
Überprüfung des auditiven Kurzzeitgedächtnisses und des Gedächtnisses für rhythmische Abfolgen
Richtungshören; Tonhöhendifferenzierung; Erkennen auditiver Sequenzen

3.8.2 Mund- und Sprechmotorik

Beim **informellen Eindruck** unterscheide man, ob die Artikulation sauber, klar und normgerecht wirkt ("+„), oder ob sie Mängel aufweist. Wenn letzteres der Fall ist, notiere man die Art der Probleme auf der Kurzzeile.

Als **Zungenbrecher** könnten dienen: „Fischers Fritz fischt frische Fische", oder „Die Katze tritt die Treppe krumm", „Blaukraut bleibt Blaukraut und Brautkleid bleibt Brautkleid"

Die Aussage der „informellen Verhaltensbeobachtung" über **Artikulationsmängel** wird hier übernommen.

3.8.3 Sprache

Mottierprobe: Die Mottierprobe ist ein sehr sensibles Untersuchungsinstrument, das in besonderem Maße auf die Fähigkeiten zur auditiven Analyse und die Qualität des Sprachgedächtnisses schließen läßt, weil die Stütze durch das Verständnis des Wortsinns fehlt. Das Verfahren ist Bestandteil des Zürcher Lesetests (ZLT) von LINDER/GRISSEMANN (Bern 1996^2, Huber Verlag). Wer auf die Überprüfung im Original zurückgreifen möchte, sei auf diese Quelle verwiesen. Auf Seite 52 wird – mit freundlicher Genehmigung des Verfassers – die vereinfachte Abwandlung von WARNKE 1997 wiedergegeben. Dabei wird die Bewertung allerdings milder gehandhabt, weil die Vorgaben von WARNKE sogar noch strenger sind, als die in der Original-Mottierprobe.

Wenn mehrere Fehler vorkamen, in denen Laute oder Sprechsilben in der falschen Reihenfolge wiedergegeben wurden, notiere man dies auch unter III.3.3.2 („Wahrnehmungsrichtung: Verdreher in der Mottier-Probe", S. 47). Ein negatives Ergebnis wird auch unter III.3.6 „Sprachgedächtnis" (S. 50) dokumentiert.

Laute verbinden: Wörter werden lautierend buchstabenweise gesprochen. Ein Kind soll das ganze Wort nachsprechen, z.B. F-i-sch (Kind: „Fisch").

Laute ergänzen: Es werden Wörter vorgesprochen, aus denen einzelne Laute weggelassen werden. Das Kind soll den Laut ergänzen und das Wort als Ganzes sprechen: Au.o, Ka.ender. Später werden zwei Laute weggelassen: Bi.der.uch, Au.o.lüssel. Besonders schwer wird es, wenn der Anfangslaut fehlt: .ild, .ade.anne usw. Wortmaterial für beide Übungen selber erfinden oder dem Psycholinguistischen Entwicklungstest (PET) von ANGERMAIER entnehmen.

Informelle Indizien für eine Sprachstörung können sein (z. T. nach AMOROSA 1998 mdl.):

– Auffälligkeiten der Mundmotorik (Sprech- und Eßmotorik), evtl. mit Korrespondenz in einer auffälligen Fingermotorik

– manifeste Sprachstörungen (Lispeln, Stammeln, Stottern usw.)

– Dysgrammatismus (falsche Wortstellung, Auslassungen, morphematische Fehler)

– geringer Wortschatz, eingeschränktes Sprachrepertoire; kurze, einfache, floskelhafte Äußerungen

– Probleme, Inhalte zu versprachlichen

– gestörtes Sprachverständnis, inhaltlich inkorrekte Antworten, häufige Antwort „ja" ohne Bezug zur Frage, Echolalie, Pausen vor Antworten

– langsames Sprechen, Unverständnis, wenn schnell gesprochen wird

– häufige Bitten um nochmalige Erklärung und Hilfe, häufige Artikulation von Unverständnis

– in der Gruppe häufiges Gucken, wie es die anderen machen (weil man es selbst nicht verstanden hat), auch taktil/motorische Suche nach Vorbildern

– keine oder unzuverlässige Reaktion auf verbale Zuwendung

– Schwierigkeiten, sich Dinge, Namen, Wörter zu merken; schlechtes Auswendiglernen (reduziertes Kurzzeitgedächtnis, reduziertes Sprachgedächtnis)

– Wortfindestörungen

– Lesestörungen; Probleme bei der Laut-Buchstaben-Zuordnung; Produktion von „Wahrnehmungsfehlern" beim Schreiben

– verbale Passivität, allgemeine Passivität, Desinteresse

– besondere verbale Unruhe (um nicht auf Sprache reagieren zu müssen und durch die eigene Stimme eine „akustische Leitlinie" zu haben)

– Kommunikations- und Verhaltensstörungen, die sich äußern können in: sozialem Rückzug, Abkapselung, Angst, Zwanghaftigkeit, Unruhe, Aggressivität.

Verbale Unruhe kann von einer akustischen Untersensibilität herrühren, die das Kind dazu veranlaßt, laute Geräusche zu produzieren. Ständiges Geplapper kann aber auch der Versuch sein, bei akustischer Übersensibilität unangenehme Fremdgeräusche durch die vertraute eigene Stimme zu maskieren.

„Anamnetische Besonderheiten" sind zunächst alle Auffälligkeiten in der Sprachentwicklung. Ein spätes Sprechenlernen (erste Wörter ab dem dritten Lebensjahr, erste Sätze ab dem vierten Lebensjahr) hat besonderen Hinweischarakter, ebenso langes Sprechen in individuellem Kauderwelsch, das für Außenstehende nicht verständlich ist. Ähnliches gilt für ein Überspringen der Lallphase und für häufige Erkrankungen im HNO-Bereich. Marksteine für die Sprachentwicklung sind (vgl. IV.2.2): Zweiwortsätze mit zwei Jahren, Dreiwortsätze mit drei Jahren (jeweils ohne grammatische Korrektheit, z. B. Papa fährt Auto geäußert als: „Papa Auto"); mit vier Jahren soll ein Kind so sprechen, daß Außenstehende es verstehen.

Die **zusammenfassende Beurteilung** ist jeweils nur im Einzelfall möglich, weil sich hinter den hier überprüften Auffälligkeiten verschiedene Ursachen (einzeln oder in Kombination) verbergen können. Eine wie auch immer geartete Hörstörung muß von einem kundigen Ohrenarzt ausgeschlossen werden. **Sprachstörungen sind aber auch ohne Hörstörungen denkbar!** Soziale Faktoren (z.B. spracharmes oder zweisprachiges Milieu) sind in Erwägung zu ziehen. Man vergleiche die Ergebnisse hier mit denen bei Augen- und Handmotorik und überlege, ob nicht eventuell auch zerebrale Bewegungsstörungen als (Teil-)Erklärung in Betracht kommen. Neben einem Sprachtherapeuten sollte dann evtl. auch ein Ergotherapeut eingeschaltet werden. Möglicherweise ist eine Mototherapie oder eine Sensorische Integrationstherapie sinnvoll.

4. Die Bewertung psychosozialer Einflüsse

Die meisten LRS-Schüler werden auf mindestens einem der hier unter-suchten Gebiete auffallen. Häufig werden sich in ganz individueller Aus-prägung Kombinationen von mehreren mutmaßlichen Ursachen zeigen. Diese können oft als Entwicklungsstörungen und/oder als zerebral beding-te Teilleistungsschwächen interpretiert werden und bedürfen dann einer entsprechenden Behandlung. Sie haben nicht selten ein Korrelat in auffälli-gen Verhaltensweisen, weil die Wahrnehmungsstruktur den Kindern kein angepaßtes Verhalten ermöglicht (VII.1). Das wird durch die Umweit des Kindes verstärkt, sicher auch durch die Schule, die dem Kind negative Lernerfahrungen vermittelt.

Aus negativen Lernerfahrungen kann sich mit zunehmendem Alter eine negative Selbstdefinition entwickeln. Das Kind sieht es dann aufgrund dau-ernden negativen Feedbacks als seine Grundeigenschaft an, Fehler zu machen und neigt dazu, dies vorbewußt auch aktiv zu tun, weil dies einem erlernten Verhaltensmuster entspricht (VII.1.7). Hilfe für teilleistungsschwa-che Kinder muß daher eine Erkundung ihres sozialen Klimas genauso umfassen wie den behutsamen Versuch, darauf verändernd einzuwirken. Es gilt bei jedem Kind zu überlegen, welche psychosozialen Einflußgrößen an seiner individuellen Ursachenkombination beteiligt sind und wie man ihm auf diesem Sektor Erleichterung verschaffen kann.

Ein anregungsarmes Milieu wird einem Kind eine Fülle sensomotorischer und sprachlicher Erfahrungen vorenthalten. Es hat daher Lernrückstände, die sich auf seine Leistungsfähigkeit auch im schriftsprachlichen Bereich auswir-ken. Es wird also Sinnes- und Spracherfahrungen nachholen müssen.

Lernausfälle können aber auch durch längere Fehlzeiten entstehen, die sich besonders negativ auswirken, wenn sie in die Zeit des Anfangsunter-richts im Lesen und Schreiben fallen. Mußte ein Kind – z.B. wegen eines gebrochenen Beines – in einer sensiblen Lernphase ins Krankenhaus, gelang es ihm möglicherweise nie mehr, den Lernrückstand aufzuholen, so daß es einen Berg von Fehlern wie eine Bugwelle durch seine bisherige Schulzeit vor sich herschiebt, mit allen negativen emotionalen Konsequen-zen für die Einstellung zum Lesen und Schreiben überhaupt. Auch ein Umzug mit entsprechendem Schul-, Lehrer- und Methodenwechsel wird sich um so ungünstiger auswirken, je früher er stattfindet. Wenn Kinder mit einer derartigen Problematik keine weiteren Wahrnehmungsprobleme ha-ben, dürfte ihnen im allgemeinen aber relativ leicht zu helfen sein.

Übertriebener Medienkonsum wird genauso wie übermäßiger Freizeitstreß dazu führen, daß das Kind einer Flut von Reizen ausgesetzt ist, die es von ihrer Menge und von ihrer Art her nicht verarbeiten kann. Solche Kinder gewöhnen sich eine Art „Durchschiebestrategie" an, die sie befähigt, eine Fülle von Stimulationen einfach wegzublenden, weil sie sich innerlich nicht davon erreichen lassen können. Als bedeutsam werden dann nur noch starke emotionale Reize registriert, die der Schulstoff nicht immer bieten kann. Daß darunter die Entdecker- und Lernfreude leidet, kann nicht verwundern. Eine deutliche Verringerung der Reizbelastung wäre hier zu empfehlen.

Durch übertriebene mediale Genüsse werden darüber hinaus die Fern-Sinne Hören und Sehen überproportional stimuliert, während Nah-Sinne wie Gleichgewichtssinn, Propriozeption und taktiles Empfinden und darauf aufbauende motorische Fertigkeiten tendenziell verkümmern. Daher haben sie in früheren Entwicklungsphasen oft unzureichende Erfahrungen als Basis des kognitiven und sprachlichen Lernens geliefert und stehen in der aktuellen Situation kaum noch als Parameter für die Wahrnehmung zur Verfügung (VII.1.7).

Viele Mütter sind berufstätig (als Alleinerziehende sowieso) und haben oft entsprechend weniger Energie für die Erziehung. Auch Eltern, die sich in hohem Maße der Spaßkultur und der Ziselierung ihres Egos verpflichtet fühlen, werden ihren Sprößlingen eher einen gesunden Wildwuchs als eine systematische Erziehung bieten. Dies wird zu gesteigerter Spontaneität und verstärktem Egozentrismus führen. Bei immer mehr Kindern lassen sich daher Erziehungsmängel in der Form beobachten, daß sie kaum in der Lage sind, Regeln zu beachten, vermutlich, weil sie gar nicht so genau wissen, was Regeln sind. Dies gilt für Regeln aller Art, z.B. Verhaltensregeln, Spielregeln, aber auch für Rechtschreibregeln. Sie schreiben dann oft nach dem Motto: „Hauptsache ich kann's lesen, soll der Rest der Welt doch sehen, wie er damit klarkommt." Solchen Kindern muß ein entsprechendes Verhaltensrepertoire vermittelt werden. Das kann durch Elternarbeit und stringente Vorgaben versucht werden. Möglicherweise hilft eine Spieltherapie.

Andere Eltern überfordern ihre Kinder mit zu hohen Leistungsansprüchen, die sich nicht selten in zu früher Einschulung und in zu hoher Einstufung im gegliederten Schulsystem nach der Grundschule manifestieren. Daß Kinder darauf mit einem ganzen Kanon von Symptomen reagieren können (Angst, Abwehr, Isolation, Vermeidungsstrategien), liegt auf der Hand.

Ungünstige Familienkonstellationen sind immer wieder im Zusammenhang mit LRS zu beobachten. Eine Form davon sind widerstreitende Erziehungsstile der Eltern, eine andere ist dauernde Disharmonie und als deren Folge dann evtl. Trennung und Scheidung.

Auch eine ungünstige Stellung in der Geschwisterreihe kann einem LRS-Kind das Leben schwermachen. Hat es nämlich einen Bruder, oder, für Jungen vielleicht besonders schmerzlich, eine Schwester, die in allem fixer und geschickter ist und es schafft, sich dauernd in den Vordergrund zu spielen und einem selbst die Schau zu stehlen, so gibt man über kurz oder lang vermutlich die Konkurrenz mit dieser Übermacht auf. Dies akzentuiert sich mit Sicherheit noch, wenn das fragliche Geschwisterkind jünger ist als man selber. Eine sehr verständliche Reaktion ist dann Leistungsverweigerung, die als Kontrast-Identität gebraucht wird.

Als negativ kann sich auch eine Stellung als extremer Nachkömmling in einer Familie erweisen. Nicht selten wird das Kleinste dann von allen Seiten, auch von den halb erwachsenen Geschwistern, nach allen Regeln der Kunst verwöhnt. Man wird sich an seiner Kleinkindhaftigkeit ergötzen und es unglaublich süß finden. Natürlich merkt das Kind, daß es immer dann besondere Zuwendung erfährt, wenn es betont auf „klein" macht und auch später auf einem nicht altersgemäßen Stand verharrt. Dazu kann durchaus gehören, daß es sich unterschwellig sagt, kleine Kinder könnten eben nicht Lesen und Schreiben, bzw. brauchten die Mama dabei als Unterstützung. Es wäre im Gegenteil in einer solchen Situation von Nachteil, wenn man selbständig wäre: Die Mama würde sich ja nicht um einen kümmern. Je mehr Fehler man macht, desto besser ist es also.

5. Die Einkleidung der Beobachtung in eine Märchenhandlung

CÁRDENAS 1998[6] schlägt für Kindergartenkinder und Schulanfänger eine sehr umfassende Screenig-Beobachtung vor, die in eine Märchenhandlung mit Rittern, Hexen u. ä. eingekleidet ist. Sie soll von den Kindern als Spiel, nicht als „Test" verstanden werden. So sollte auch auf höherer Altersstufe vorgegangen werden.

Die hier vorgeschlagene Beobachtung ist für ältere Kinder mit LRS-Hintergrund gedacht (ab ca. 3/4. Klasse), hat daher einen tendenziell anderen Fragehorizont und kann v. a. aus schulpraktischen Erwägungen nicht so umfangreich sein wie bei CÁRDENAS 1998[6]. Die Handlung kann nach Situation und Bedarf umstrukturiert bzw. gekürzt oder erweitert werden. Der Nachteil, daß man die Items des Beobachtungsbogens dann nicht mehr der Reihe nach durcharbeiten kann, relativiert sich bei einiger Übung.

Zu Beginn wird mit dem Kind vereinbart, daß wir uns jetzt spaßhalber in ein Märchen begeben, von dem wir durchaus wissen, daß es nicht der Realität entspricht. Sodann wird das Kind gebeten, sich vorzustellen, es habe in einem ganz tollen Preisausschreiben eine lange Reise auf einem Segelschiff zu traumhaften Inseln gewonnen. Zur Verdeutlichung hängen Plakate von den Seychellen, Fidschi o. ä. an der Wand (die in Reisebüros zu bekommen sind). Auch das Bild eines Windjammers sollte vorhanden sein.

Zur Vorbereitung der Reise muß allerdings die Schiffs- und Tropentauglichkeit des Kindes festgestellt werden (mit dem augenzwinkernden Hinweis des Beobachters, er wisse schon, daß das Kind geeignet sei).

Nun werden die Punkte III.3.3.1 (Handseitigkeit S. 47) und III.3.4.1 sowie III.3.4.2 (Augenfunktion S. 48) durchgeführt, dazu auch das stereoskopische Springen und „Visieren über den Bleistift" aus III.3.3.3, S. 47.

Nun schauen wir, wohin die Reise gehen soll. Durchführung von III.3.3.3: Augenseitigkeit nah: Mit der Lupe vorgegebene Stellen im Atlas (Zielgebiete der Reise, z.B. Karibik) suchen.

Dann geht die Reise los. Das Kind steht auf der Kommandobrücke des Schiffes. Es ist etwas neblig, und der „Kapitän" will sich mit einem Fernrohr vergewissern, ob kein Riff naht. Durchführung der Augenseitigkeitsprobe „fern", III.3.3.3.

Da die Fahrt ruhig verläuft, vertreibt man sich die Zeit an Bord mit einigen Spielen. Durchführung von III.3.1 (Gleichgewichtsempfinden, S. 46) und

III.3.2.1 (Koordination) sowie III.3.5 (S. 49: Taktiles Empfinden etc., aber noch nicht: Reihe Münzen einsammeln) und III.3.7: Rhythmus nachklatschen, S. 50.

Die Reise hat ihr Ziel glücklich erreicht. Das Kind hat hat am Strand seiner Trauminsel ausgiebig gebadet und ruht sich auf einer Matte liegend aus. Nun wird die Überprüfung des Tonus durchgeführt (III.3.2.3, S. 46).

Beim Baden ist seine Uhr naß geworden. Sie wird auf ihre Funktion geprüft, d. h. behorcht, ob sie noch tickt (III.3.3.4 Ohrseitigkeit, S. 47), er/sie lauscht an einer gefundenen Muschel, hört unbekannte Geräusche außerhalb der Hütte, die er/sie dort bewohnt, lauscht daher an der Tür und späht durch das Schlüsselloch (III.3.3.3). Eine Stimme ruft seinen Namen (III.3.3.4). Woher kommen die fremden Geräusche? Durchführen von III.3.8.1: Richtungshören (S. 51). Das Kind spielt mit Kindern von der Insel: III.3.4.3 Fangen und Stab balancieren (S. 48).

Die Insel ist nämlich nicht unbewohnt. Freundliche Eingeborene kommen bald öfter zu Besuch. Er/sie versucht, ihre Sprache zu lernen. Durchführung der Mottier-Probe III.3.8.3 (S. 52), die als Insel-Dialekt dargestellt wird. Die Eingeborenen versuchen, Deutsch zu lernen. Das gelingt ihnen schon ganz gut, und sie machen Sprachspiele miteinander (III.3.8.2 Zungenbrecher nachsprechen, III.3.8.3 Laute verbinden und ergänzen, S. 51).

Wenn man eine Überprüfung des Schreibens einschalten will, kann man dem Kind jetzt einen „Brief nach Hause" diktieren.

Allmählich wird es Zeit, sich mit dem Kurs für die Rückfahrt vertraut zu machen. Durchführung von III.3.3.2 Wahrnehmungsrichtung: Zweistellige Zahlen (die als Kurskoordinaten o. ä. erklärt werden können) und Striche am Lineal (das Schiff muß gefährliche Riffe umfahren, der „Kurs" wird durch Kreuze auf dem Papier vorbestimmt, die verbunden werden sollen, S. 47).

Obwohl es ihm/ihr auf der Insel gut gefällt, möchte er/sie natürlich gerne die Heimat wiedersehen. Da erscheint eine gute Fee, legt eine Reihe Münzen aus und sagt: „Wenn du sie mit einer Hand einsammeln kannst, zaubere ich dich nach Hause zurück." Durchführung von III.3.5.2: Reihe Münzen einsammeln (S. 49).

Am Ende hat das Kind die Probe natürlich in jedem Fall bestanden und darf heimkehren. Als Andenken an die Reise bekommt es eine Münze geschenkt.

Diese Aufstellung enthält nicht alle Stationen des Beobachtungsbogens. Werten Sie das durchaus als Hinweis darauf, daß es sich dabei um ein Angebot handelt, aus dem Sie auswählen können. In dieser Märchenhandlung nicht aufgenommene Beobachtungsformen können Sie sicher ohne Schwierigkeiten an einer Ihnen passenden Stelle integrieren, indem Sie die Handlung entsprechend verändern.

6. Praxiserfahrungen

6.1 Allgemeine Hinweise

Aller Anfang beim Diagnostizieren scheint schwer. Er ist es aber nicht wirklich. Auch wenn Sie keine Erfahrungen mit dieser Form der Diagnose besitzen, sollte Sie das in keiner Weise davon abhalten, damit zu beginnen. Im Gegenteil: Nur wenn Sie es ganz einfach riskieren, wird es Ihnen gelingen, sich in die Materie einzuarbeiten. Vertrauen Sie auf die Anweisungen und die als Norm aufgestellten Werte. Fangen Sie zumindest mit einem Teilbereich an. Sie werden überrascht sein, wie einfach es letztlich geht.

Die Schulpraxis zwingt allerdings zu einigen einschränkenden Bemerkungen, die der normativen Kraft des Faktischen zuzuschreiben sind und nicht überbewertet werden sollten.

Zunächst gilt es für den betreffenden LRS-Kursleiter, in den sauren Apfel zu beißen und die zeitliche Mehrbelastung durch Elterngespräch und Schülerdiagnose in Kauf zu nehmen. Bei entsprechender Motivation sollte diese Hürde nicht unüberwindlich sein, zumal Sie den Vorgang ja in Teile zerlegen oder kürzen können. Die fett gedruckten Items sind besonders aussagekräftig; notfalls lassen Sie die Punkte 1 und 2 des Beobachtungsbogens ganz weg und beobachten das Kind diesbezüglich im Sportunterricht. Viele andere Nennungen des informellen Beobachtungsbogens fragen außerdem nach dem spontanen Eindruck des Kindes (z.B. im Klassenverband), so daß kein zeitlicher Mehraufwand damit verbunden ist, zumal ja auch die Kinder nicht überlastet werden dürfen.

In jedem Falle bin ich auch nach mehrjähriger Praxis immer noch – und eher mehr als früher – davon überzeugt, daß sich der Aufwand lohnt, zumal diese Tätigkeit ausgesprochen interessant ist und *bei jedem einzelnen Kind* zu neuen Überraschungen, unerwarteten Erfahrungen und Erkenntnissen führt.

Nicht alle Eltern sind jedoch der gleichen Meinung. Wenn zwei Drittel der Angesprochenen auch tatsächlich erscheinen und sich der Prozedur unterziehen, ist das eine „Ausbeute", mit der man leider zufrieden sein muß. Außerdem gilt es, die bittere Wahrheit zur Kenntnis zu nehmen, daß lange nicht alle Eltern die Ratschläge beherzigen, die sich aus der Beobachtungssituation ergeben. Nur bei gut einem Drittel der beobachteten Schüler gehen die Eltern dann tatsächlich zu den vorgeschlagenen Spezialisten zwecks weiterer Diagnose oder gar gezielter Therapie. Nur wenige sind bereit, ihre Erziehungspraxis dauerhaft umzustellen. Das ist, gemessen an den eigenen Ansprüchen und an der objektiven Notwendigkeit, erschreckend wenig. Aber für die Kinder, deren Eltern positiv reagieren, hat sich der Aufwand gelohnt!

Das unvollständige Erscheinen der Eltern zu Anamnese und Beobachtung führt dazu, daß man nicht von allen Schülern des Kurses entsprechende Beobachtungsdaten kennt. Ein kompletter Gruppenförderplan wird damit zu einem kaum erreichbaren Ideal (dem nachzustreben man gleichwohl nicht müde werden sollte).

Die Aussagekraft des Gruppenförderplans wird durch die Tatsache relativiert, daß die beobachteten Probleme wegen enormer Divergenzen bei den einzelnen Schülern recht gleichmäßig über die Gruppen verstreut sind. Ihre volle Relevanz hat die Schülerdiagnose daher erst bei Einzelförderung, denn für das einzelne Kind (oder eine homogenisierte Kleingruppe von bis zu drei Kindern) kann und sollte man einen spezifischen Förderplan zusammenstellen. In der Schule aber, wo bekanntlich bis zu zehn (und gelegentlich noch mehr!) Kinder in einer Gruppe sitzen, wird man bei der Auswahl der sprachlichen oder sprachfreien Funktionsübungen letztlich doch wieder auf das Gießkannenprinzip zurückgeworfen, zumal ohnehin die Zeit für ein vertieftes Arbeiten fehlt. Wie bereits angedeutet, ist es aber bei parallel stattfindenden Kursen möglich, diese nach den Erkenntnissen der Diagnose stärker zu homogenisieren, wodurch ein gezielteres Vorgehen möglich wird.

Der enorme Vorteil liegt außerdem in den Erkenntnissen, die man für sich selber über das betreffende Kind gewinnt. Man lernt es verstehen und wird sich daher auf emotionaler Ebene *ganz anders* mit ihm beschäftigen, als wenn man nicht wüßte, was mit ihm los ist. Die Beobachtung hebt nämlich das einzelne Kind ein enormes Stück weit aus der sonst üblichen Distanziertheit oder gar Anonymität. Die Kinder im LRS-Kurs sind allesamt „Kinder mit besonderen Bedürfnissen", wie M. FROSTIG das so einfühlsam formuliert. Wie wird man auf diese Bedürfnisse eingehen können, wenn man nicht möglichst jedes einzelne Kind und seine ganz persönliche Bedürfnislage kennt?

Außerdem merkt das Kind dadurch, daß man sich eingehend mit ihm beschäftigt, daß es ernst- und angenommen wird. Es wird sich verstanden fühlen und den Eindruck bekommen, daß man ihm wirklich helfen will. Das ist am Anfang der Förderung ein unschätzbarer Gewinn, und es liegt am Gruppenleiter, diesen Sympathie-Bonus über längere Frist aufrecht und tragfähig zu erhalten. Ein geglückter Start ist aber für das weitere Gruppenleben bekanntlich schon die halbe Miete.

Die Eltern, die man zum Kommen bewegen kann, sind darüber hinaus im allgemeinen sehr angetan von dem Einsatz, den man für ihr Kind leistet. Sie werden daher die LRS-Förderung gleichfalls in positivem Lichte sehen. Fast immer sind sie dankbar dafür, daß sie mit ihren Sorgen um den eigenen Sprößling ernst genommen werden und sie mit jemandem teilen können, der ihnen fundierte Ratschläge für die Weiterarbeit gibt und ihnen das Gefühl nimmt, selbst an den Problemen der Kinder „schuld" zu sein. Dieses Gefühl ist um so stärker, je drängender die Schulprobleme geworden sind – und die verstärken sich mit zunehmendem Alter der Kinder. Daher sollten sich nicht zuletzt SEK I – Lehrer zu diesem Vorgehen ermutigt fühlen, wobei natürlich für Grundschulkollegen immer noch die Maxime gilt, daß eine frühe Förderung (auch bei außerschulischen Spezialisten) ungleich wirksamer ist als alle erst in SEK I anlaufenden Maßnahmen. Auf jeden Fall wird man mit dem beschriebenen Vorgehen bei den Eltern auf emotionaler Ebene einen positiven Effekt erreichen, und das lohnt sich ohne Frage (zumal ein Teil davon auf das Image der Schule insgesamt abfärben wird). Die zögerliche Akzeptanz von Empfehlungen zur Eigeninitiative der Eltern sollte einen eher dazu motivieren, sich gelegentlich nach dem Stand der Dinge zu erkundigen und die Vorschläge zu wiederholen, anstatt ganz auf eine fundierte Beratung zu verzichten.

Obwohl die Bäume also gewiß nicht von selbst in den Siebten Himmel der Förderglückseligkeit wachsen, sei Ihnen die Sache mit gutem Grund aufs Wärmste empfohlen. Gehen Sie ohne Illusionen, aber mit Neugier und frischem Mut ans Werk. Sie werden es nicht bereuen.

6.2 Beispiele für ein gestrafftes Vorgehen auf der SEK I

Die Beobachtung von Teilleistungsschwächen ist auch auf der SEK I von großer Bedeutung, zumal manche Kinder während der Grundschulzeit noch nicht untersucht oder gefördert wurden. Zudem bietet sich auf der im 5. Schuljahr erreichten Altersstufe im Grunde die letzte Möglichkeit, auf eine Reihe von Auffälligkeiten therapeutisch zu reagieren, bevor sie in der Pubertät therapieresistent zu werden drohen.

Auffällige Kinder landen zumeist in der Hauptschule, obwohl viele von ihnen, gemessen an ihrem geistigen Potential, dort falsch eingestuft sind. Ihre wenig erfreuliche Schulkarriere endet nicht selten nach dem 7. Schuljahr ohne Schulabschluß und mit entsprechend düsteren Perspektiven. Viele von ihnen weisen Leistungsmängel wie eine LRS oder Rechenschwäche auf, und wie diese, so haben auch manche als „Verhaltensstö-rungen" etikettierten Auffälligkeiten ihre primäre Ursache in meist uner-kannten Wahrnehmungsstörungen, mit denen soziale Probleme Hand in Hand gehen.

Die im folgenden dargestellte Form des förderdiagnostischen Vorgehens stützt sich zu einem wichtigen Teil auf die informelle Verhaltensbeobachtung und das anamnetische Elterngespräch. Der Einsatz des individuellen Beob-achtungsbogens erfolgt hier ausschnitthaft in besonders klärungsbedürftigen Teilbereichen. Dies führt bei einiger Routine zur Entlastung aller Beteiligten und liefert näherungsweise Ergebnisse, die für den Unterricht auf der SEK I (leider) oft schon als ausreichend gelten müssen, da für noch gezieltere Maßnahmen zwar Bedarf, aber wenig Raum vorhanden ist. Es gilt aber, das Ideal einer gezielten und differenzierten förderdiagnostischen Beobachtung mit dem Blick für das in der Schule Mögliche zu verbinden.

6.2.1 Fünf weitere Kinder mit besonderen Bedürfnissen

Da ist z.B. Petra*, die zwar recht schön und erstaunlich fehlerarm schreibt, die aber kaum lesen kann und daher in allen Fächern ernsthaft benachtei-ligt ist, weil sie immer dann zu versagen droht, wenn eine Aufgabenstel-lung in schriftlicher Form erfolgt. Dafür malt und zeichnet sie auffallend gut. Sie bastelt, stickt und strickt gerne und kann sogar klöppeln.

In einer anderen Klasse sitzt Holger, der ausgezeichnete spontane Ideen hat und wunderbar fabulieren kann, der aber in fast allen Fächern versagt, weil er ein völlig chaotisches Lern- und Arbeitsverhalten an den Tag legt und den Unterricht häufig sehr massiv stört. Er tritt als rauher Bursche auf, der hart im Nehmen, aber auch flink im Austeilen ist, und zwar verbal wie körperlich.

Carlo fällt demgegenüber kaum auf. Er wirkt ständig schläfrig und unauf-merksam und ist ein verschüchterter Einzelgänger. Zu Hause liest er aber sehr viel und schreibt hübsche Aufsätze, die wegen der vielen Schreibfeh-ler und einer stark gestörten Schrift jedoch schwer lesbar sind.

Linda macht den meisten ihrer Klassenkameraden im Rechnen etwas vor. Sprachliche Aufgabenstellungen sind dagegen nicht ihre Stärke. Sie hat eine blasige, nachlässige Handschrift und eine ziemlich verwaschene Aus-sprache. Ihre Ausdrucksfähigkeit ist begrenzt. Auch ist sie übergewichtig und unsportlich, was ihr manchen Spott einträgt, für den sie sich mit klei-nen Gemeinheiten rächt. Diese Reibereien rauben ihr einen großen Teil ihrer Energie.

---

* Anm. d. Autors: alle Namen geändert

Birgit dagegen schwimmt wie eine zukünftige Weltmeisterin und ist auch im Turnen ein echtes As. Sie kann wunderschön singen und hat erstaunliches schauspielerisches Talent. Sie versagt allerdings im Lesen und Schreiben genauso kläglich wie in Mathematik, wo sie die Rechenarten verwechselt und ständig mit dem Stellenwert der Zahlen durcheinanderkommt. Geübte Stücke liest sie mit hervorragender Betonung, fremde Texte mißlingen jedoch, zumal ihre Nervosität ihr den Blick nach kurzer Zeit restlos verstellt. Wenn sie als Tafeldienst Kreide holen soll, gerät sie in spürbare Unruhe und nimmt lieber eine Freundin mit, als wäre sie alleine nicht sicher, den (tatsächlich etwas komplizierten, aber längst bekannten) Weg zu finden. Mißerfolge und Konflikte stürzen sie schnell in emotionales Chaos und verleiten sie zu exzessivem Weinen. In einer solchen Situation fragte sie einmal unter haltlosem Schluchzen, ob man denn an Legasthenie nicht sogar sterben könnte. Leider wird sie von einigen Klassenkameraden bewußt auf derlei „gehoben".

So haben viele Kinder auf ganz individuelle Art neben erstaunlichen Stärken auch gravierende Leistungsmängel, die sie oft in die Nähe des schulischen Scheiterns führen. Das ist fast unausweichlich, wenn soziale Auffälligkeiten hinzutreten.

6.2.2 Die informelle Verhaltensbeobachtung

Will man hinter die Natur dieser Probleme kommen, so wird man das Verhalten des einzelnen, betroffenen Kindes zunächst informell, aber möglichst differenziert beobachten. Dabei kann das Formular III.2.1 (Informelle Verhaltensbeobachtung, S. 41) helfen. Weil der individuelle Kontakt zu den Schülern in der Sekundarstufe wegen des Fachlehrersystems lange nicht mehr so intensiv ist wie in der Grundschule, sollten möglichst mehrere Kollegen in die Beobachtung einbezogen werden. Besonders für den motorischen Bereich sollte auch der Sportlehrer befragt werden. Diese Beobachtung läßt erste diagnostische Vermutungen und Feststellungen zu und wirft weitere, gezieltere Fragen auf.

Sie ergibt für Petra eine außergewöhnliche feinmotorische Begabung, die wohl die Basis ihres Erfolges beim Schreiben ist. Ihr Versagen beim Lesen könnte an Defiziten bei der visuellen Wahrnehmung liegen.

Holgers verbale Stärke liegt genauso auf der Hand wie seine unreflektierte, unorganisierte und überaktive Konstellation. Die Gründe hierfür wären zu suchen.

Carlos verbale Stärken fallen ebenfalls auf, wenn sie auch eher in stiller und passiver Form zum Tragen kommen. Da er gerne liest, dürfte seine visuelle Wahrnehmung in Ordnung sein. Seine gestörte Handmotorik –

ablesbar an seiner Schrift – dürfte ein Grund für sein Versagen bei der Rechtschreibung sein. Gründe für seine Unaufmerksamkeit und seine Schüchternheit wären zu suchen.

Lindas Hypotonie (Muskelschlaffheit) ist unübersehbar. Dadurch muß sich das Mädchen zu aufrechter Körperhaltung zwingen, was sie nicht lange durchhalten kann, so daß sie schnell wieder in Lethargie verfällt. Die auffällige Handschrift beruht wohl auf dem gleichen Phänomen, ebenso natürlich ihre sportlichen Mißerfolge. Das daraus resultierende soziale Spannungsfeld verstärkt Lindas Lernprobleme, die durch ihre rechnerische Begabung kaum gemildert werden. Ihre Spracharmut wurde bereits erwähnt.

Birgit ist sportlich, also körpermotorisch begabt. Das läßt auch vermuten, daß ihre visuelle Wahrnehmung in Ordnung ist. Das Versagen im Lesen, Schreiben und Rechnen dürfte auf einer unzureichenden Seitigkeitswahrnehmung beruhen, worauf vor allem ihre Fehler im Rechnen deuten. Ihre auffällige Handhaltung beim Schreiben deutet auf zusätzliche Probleme hin. Daher zeichnet sie wohl auch nicht gerne, obwohl sie offenbar künstlerisch begabt ist, denn neben ihrem sängerischen und schauspielerischen Talent hat sie Gespür für Farben und modelliert gerne mit Ton.

6.2.3 Das anamnetische Elterngespräch

Mit diesen Beobachtungen im Hintergrund führt man das anamnetische Gespräch, das eine weitere Klärung bringen kann, evtl. aber auch wiederum neue Fragen ergibt.

Petras Mutter berichtet, daß ihre Tochter an einem augenärztlich festgestellten Astigmatismus leidet, sich aber seit langem weigert, die Brille zu tragen. Während Petra (wie üblich schlecht) vorliest, verbessert die Mutter sie in ungeduldiger, ja fast aggressiver Weise und ermahnt sie ständig, doch genau hinzugucken und immer daran zu denken, daß sie eigentlich statt auf die Hauptschule doch „auf Real" gehen sollte. Es entsteht der Verdacht, daß das Nicht-Lesen-Können (neben den Augenproblemen) z. T. auch ein Nicht-Lesen-Wollen als Widerstand gegen die mütterliche Impertinenz zu sehen ist. Der Hinweis auf bestehende Augenprobleme erhärtet die entsprechende Vermutung und sollte bei der Beobachtung aufgegriffen werden.

Holgers Mutter stammt aus der Tschechei und ist des Deutschen nur approximativ mächtig. An die Entwicklung ihres Sohnes hat sie keine allzu präzisen Erinnerungen mehr. Holger sei aber schon als kleines Kind „sehr böse" gewesen, habe viel geschrien und kaputt gemacht und im Kindergarten öfters geschlagen. Er sei auch zu Hause nach wie vor sehr rüpelhaft, laut und „ein schwieriges Kind", das sich nichts sagen lasse. Allerdings macht die Mutter einen eher hilflosen und willensschwachen Eindruck. Es scheint, als sei sie von der Situation sprachlich und menschlich überfordert.

Carlo war eine Frühgeburt. Er hat den Entwicklungsrückstand auf seine Altersgenossen nie ganz aufgeholt. Als kleines Kind war er häufig krank, vor allem litt er dauernd an Mittelohrentzündungen und anderen Erkältungskrankheiten. Es liegt nahe zu vermuten, daß Carlo daher ein Defizit an Hörerfahrungen hat (weil man während solcher Krankheiten nicht richtig hören kann). Man kann annehmen, daß seine Unaufmerksamkeit z.T. auf eine Hörverarbeitungsschwäche (gestörtes Richtungshören? gestörte akustische Figur/Grundwahrnehmung?) zurückzuführen ist. Nachdem Carlos Vater vor zwei Jahren auszog, ist die Mutter alleinerziehend und muß ganztags arbeiten. Nachmittags ist Carlo meist allein, kann sich jedoch bei Nachbarn melden, wenn es Schwierigkeiten gibt. Er schafft es aber ganz gut ohne Hilfe, vor allem, weil er seine Bücher hat. Die Geburtsproblematik und das häusliche Klima erklären wohl sehr viel.

Linda ist das letzte von drei Geschwistern. Sie hat zum nächstälteren gut neun Jahre Abstand (während diese zwei Jahre auseinanderliegen). Diese extreme Nachzüglerposition legt den Verdacht nahe, daß Lindas unangepaßtes Verhalten genauso wie ihre wenig strukturierte Lernhaltung zumindest teilweise auf Kleinkindhaftigkeit beruht, die ihrer Nachzüglerposition wegen anscheinend von der Mutter unterschwellig gefördert wird, zumal diese immer wieder betont, wie sehr sie sich doch gefreut habe, nochmal „was Kleines" zu bekommen, und wie süß sie doch gewesen sei. Linda schweigt dazu, lächelt aber schelmisch, als wisse sie, daß sie sich kleinkindhaft benehmen muß, damit ihre Mutter sie goldig findet.

Linda war außerdem schon immer übergewichtig. Das hat sie wohl vom Vater, der obendrein gerne nascht und Linda teilhaben läßt. Ihre Entwicklung vollzog sich so, daß sie mit allen motorischen Leistungen (Sitzen, Krabbeln, Stehen, Laufen) eher spät dran war. Das gilt auch für das Sprechen, das sie erst mit knapp drei Jahren lernte. Sie war als Kind immer auffallend ruhig. Es ist zu vermuten, daß sie daher in früher Kindheit wenig sensomotorische Erfahrungen gemacht hat, die als Grundlage für Sprechen und Schreiben angesehen werden müssen. Probleme gab es seit dem Kindergarten – den sie ungern besuchte – mit ihren Alterskameraden. Das lag gewiß auch daran, daß sie in der Gruppe ihre Prinzeßchen-Rolle nicht mehr ohne Konkurrenz spielen konnte.

Birgit kam nach einer Risikoschwangerschaft und einer extrem langen Geburt mit Hepatitis zur Welt. Sie mußte von der Mutter getrennt werden und war eine Zeitlang sogar in einem anderen Krankenhaus. Hieraus dürften sich Birgits Probleme also z.T. erklären, zumal die Mutter auch meint, von einem Arzt auf Sauerstoffmangel bei der Geburt hingewiesen worden zu sein. Birgits Mutter war und ist genau wie ihre beiden Zwillingsbrüder, also Birgits Onkel, deutlich von einer Legasthenie betroffen. Die beiden Onkel galten außerdem als verhaltensauffällig. Als die Mutter ihren Mädchennamen nennt, kann sich der beobachtende Lehrer lebhaft an die Knaben als Schüler erinnern und den Eindruck recht prägnanter Eigenheiten durchaus bestätigen. Eine Erbkomponente für Birgits Probleme ist offenkundig. Im Zusammenhang mit den Geburtskomplikationen ist daher die Prognose für eine Besserung ihrer Lernschwierigkeiten nicht sehr gut.

6.2.4 Die gezielte Beobachtung von Vorläuferfunktionen des Lesens und Schreibens und die Beratung der Eltern

Nachdem die Situation der einzelnen Kinder nun erheblich klarer geworden ist, scheint es angezeigt, nach einzelnen, möglicherweise problematischen Wahrnehmungsbereichen zu schauen und hier konkrete Beobachtungen anzustellen. Das muß natürlich von vorneherein vereinbart und von allem Beteiligten gewollt sein. Dafür sollte unbedingt eine möglichst kindgerechte, spielerische Form gefunden werden (IV.5). Ein Elternteil sollte dabei unbedingt zugegen sein, um die Art der Überprüfung und deren Ergebnis direkt mitzuerleben. So offenbaren sich auch Interaktionsmuster.

Da bei Petra offenbar eine Visusproblematik vorhanden ist, wird die Augenmotorik untersucht. Ihre Fehlfunktion ist ein häufiger Störfaktor, der nicht selten bei LRS gefunden wird. Petra war nicht in der Lage, der Bewegung des Daumens bei der liegenden Acht zu folgen (III.3.4.1, S. 48). Die Augen ruckten dabei so intensiv, daß es den Anschein hatte, als habe sie kaum Einfluß auf deren Bewegung. Daß dies beim Lesen äußerst hinderlich ist, liegt auf der Hand, denn es ist dann sicher so gut wie unmöglich, eine Zeile sukzessive abzutasten oder ein Wort für einen Moment festzuhalten. Auch das Fixieren eines Punktes (Referenznummer s. o.) gelang ihr nur unzureichend. Bei diesem Störungsbild ist es höchst erstaunlich, daß Petras handmotorische Leistungen trotzdem so hervorragend funktionieren. Offenbar gelingt es ihr, den Visus hier weitgehend auszuschalten und diese Tätigkeiten quasi blind auszuführen.

Petras Mutter wurde geraten, einen Augenarzt mit Sehschule aufzusuchen, dort von der schulischen Beobachtung zu berichten und sie in einen vermuteten Zusammenhang mit dem Leseversagen zu stellen. Dabei sollte auch die ältere Astigmatismus-Diagnose thematisiert werden, in der Hoffnung, daß eine Brille so angepaßt werden kann, daß Petra sie auch trägt. Eine Therapie in der Sehschule dürfte die Beweglichkeit der Augenmuskeln verbessern. Gleichzeitig wurde auf behutsame Art versucht, die zwischenmenschlichen Verspannungen hinsichtlich des Lesens anzusprechen und die Mutter zu einer geduldigen, verstärkenden Haltung Petra gegenüber anzuregen. Sie sollte die manuellen Tätigkeiten Petras loben, anstatt sie als Firlefanz abzutun.

Holgers Verhaltensbild lenkte das Augenmerk auf seine Körperkoordination. Unkontrollierte Verhaltensweisen können ihren Ursprung in einer mangelnden Körperbeherrschung und -bewußtheit haben. Wer nämlich nicht weiß und nicht spürt, wie weit sein Körper reicht, und wer nicht in der Lage ist, seine Bewegungen ausreichend zu koordinieren, der „eckt" im Wortsinne leicht an. Bei Holger wurde daher die Körperkoordination durch den Hampelmannsprung überprüft. Holger war hierzu nicht ausreichend in der Lage. Auch traf er bei geschlossenen Augen die Nase mit der Fingerspitze in sechs Versuchen nur zweimal, was nicht als gelungen gelten kann. Ich ließ ihn eine menschliche Figur zeichnen und mußte feststellen, daß die Arme und Hände auffallend kurz gerieten, die Beine hingegen deutlich länger. Der Ausgangsverdacht schien sich also zu bestätigen und wurde mit der Mutter erörtert. Die Empfehlung lautete, die Risikosprechstunde eines für seine treffenden Diagnosen bekannten Kinderarztes aufzusuchen. Dieser bestätigte später die Vermutungen und empfahl eine psychomotorische Förderung. Ich riskierte den Hinweis darauf, daß Holger offenbar mit Abläufen wie der Erledigung der Hausaufgaben und dem Packen des Schulranzens überfordert ist und empfahl kontinuierliche Hilfen in diesem Bereich. Dazu gehört auch, daß er ein Aufgabenheft führen sollte, welches er sich nach jeder Stunde vom Lehrer abzeichnen läßt. So kann zu Hause kontrolliert werden, was aufgegeben wurde. Stringenz in der Erziehung und die Einhaltung von häuslichen Regeln wären für Holger dringend nötig, nach Lage der Dinge aber kaum im nötigen Maße zu erreichen.

Der Verdacht auf Carlos auditive Wahrnehmungsschwäche erhärtete sich durch die Mottier- Probe (III.3.8.3, S. 52), in der das Nachsprechen sinnloser Silbenkombinationen verlangt wird. Carlos Fehlerzahl lag weit über der Altersnorm. Auch sein auditives Richtungsempfinden (IV.3.8.1) war unscharf. Er ortete die Töne des Quietsch-Entchens bei weitem nicht genau genug. Die Ohrpräferenz lag allerdings rechts (IV.3.3.4, S. 47). Eine Abklärung im Pädaudiologischen Zentrum der Uniklinik Frankfurt oder Heidelberg lehnte die Mutter als zu aufwendig ab. Immerhin war ihr einsichtig zu machen, daß die gestörte Schreibmotorik von Carlo ein ernstes Lernhemmnis sei, das bei einem Ergotherapeuten genauer untersucht und behandelt werden sollte. Wenn ein Kind nämlich einen ständigen, kräfteraubenden Kampf mit seiner Handmotorik ausführt, die der Steuerung scheinbar mit großem Widerwillen folgt, kann es sich nicht in gleichem

113

Maße auf das Schreiben konzentrieren wie andere Kinder. Sonst aber signalisierte Carlos Mutter recht offen ihre Überforderung, so daß ich weitere Ratschläge bezüglich des sozialen Umfeldes (Erziehungsbeistand, Spielgruppe) zwar noch am Rande ansprach, aber ohne Hoffnung auf Akzeptanz. So riet ich denn wenigstens, die verbleibende gemeinsame Zeit von Mutter und Sohn möglichst entspannt und spielerisch zu verbringen, wozu sie bereit schien.

Daß Lindas Probleme aus der Erziehung einerseits sowie aus ihrem Übergewicht und ihrer hypotonen Muskelspannung anderseits resultieren, lag nach dem anamnetischen Gespräch und der informellen Beobachtung so offen auf der Hand, daß auf weitere Überprüfungen verzichtet wurde. Die Empfehlung lautete auf Änderung des Erziehungsverhaltens (auch hier wurde auf behutsamste Wortwahl geachtet), eine möglichst ärztlich kontrollierte Diät sowie auf eine Krankengymnastik, die die Muskelspannung korrigieren hilft. Ich ging von der Hoffnung aus, daß durch diese Interventionen auch ein positiver Einfluß auf Lindas Sprache (hypoton? kleinkindhaft?) und auf ihre schlaffe, ungebremste Graphomotorik zu erzielen sei. Tätigkeiten, die handmotorische Präzision verlangen, können das unterstützen.

Bei Birgit erscheint eine Überprüfung der Seitigkeit (III.3.3, S. 47) sinnvoll, weil sie – vor allem im Rechnen – offenbar Raumlageprobleme hat. Sie schreibt rechts; wie sich aber zeigt, ist ihre Präferenzdominanz unklar: Sie benutzt dabei mal die rechte, mal die linke Hand. Auch die Wahrnehmungsrichtung weist Gegenläufigkeiten auf. So schreibt sie zweistellige Zahlen von rechts nach links (mit der Einerstelle beginnend) und zieht Striche am Lineal ebenfalls von rechts nach links in supinaler Handhaltung (die Handfläche weist nach oben). Es scheint, als wolle Birgit insgeheim lieber von rechts nach links arbeiten, so daß Positionsvertauschungen kein Wunder sind. Birgit bevorzugt das rechte Auge beim Blick in die Ferne (Fernrohrversuch). Bei der Sicht in die Nähe (Lupenversuch) benutzt sie mal die eine, mal die andere Seite. Ihre Ohrpräferenz ist vorwiegend, wenn auch nicht eindeutig, links. (Muschel, Uhr, Lauschen an der Tür, von hinten beim Namen rufen).

Eine gekreuzte bzw. unklare Seitigkeit wie bei Birgit wirkt sicher in hohem Maße desorientierend und erklärt zu einem großen Teil ihre Auffälligkeiten. Hier ist ein psychomotorisches Training ratsam. Es könnte evtl. von einem Ergotherapeuten durchgeführt werden, der sich auch um die Graphomotorik kümmern sollte. Eine Überprüfung von Birgits Augenfunktionen nach III.3.4 ergab nämlich, wie vermutet, daß diese weitgehend unauffällig sind, so daß diese Probleme offenbar keinen vorwiegend visuellen Hintergrund haben.

114

6.2.5 Konsequenzen

Petra braucht einen hellen Sitzplatz frontal zur Tafel. Sie sollte ungeübte Texte nicht mehr laut vorlesen müssen, damit sie sich nicht vor der Klasse blamiert. Nur geübte Texte sollten laut vorgetragen werden, aber auch nur auf Petras eigenen Wunsch hin. Lesehausaufgaben braucht sie nur zum Teil zu erledigen, wird aber zur Sorgfalt angehalten. Sie sollte in allen Fächern das Recht haben, beim Lesen von Aufgaben (z.B. auch von Textaufgaben in Mathematik) durch ein diskretes Zeichen Hilfe zu erbitten. Optimal gedruckte Vorlagen und ein Lesezeiger sollten selbstverständlich sein. Für sie kann es eine große Hilfe sein, Lesetexte in vergrößerter Form zu bekommen. Lob und Bestätigung muß Petra für ihre motorischen Leistungen erhalten. Möglichst in Absprache mit einem Augenarzt kann sie die Übungen zum Training der Augenmotorik (V.4.4.1, S. 142ff.) durchführen. Auch Suchbilder oder Spiele vom Typ „Original und Fälschung", Tangram u. ä. können ihr längerfristig helfen. Petra verließ allerdings wenige Wochen nach dieser Beobachtung die Schule, weil die Familie umzog. So kann über ihre weitere Entwicklung nichts gesagt werden.

Für Holger und Linda, aber auch für alle anderen Kinder in der Klasse ist es sicher hilfreich, wenn ein motorisches Angebot von Zeit zu Zeit den Unterricht auflockert. Unterrichtsformen, die über lange Phasen hinweg Aufmerksamkeit unter Ausschaltung der Motorik verlangen („Sei ruhig, sitz still – sieh her, hör zu") sind für sie ungünstig. Offene Unterrichtsformen mit Freiarbeits- und Lernwerkstattangeboten führen sicher zu besseren Ergebnissen und zu lustvollerem Arbeiten, wobei bei Holger allerdings besonders darauf geachtet werden muß, daß er sich an Regeln und Absprachen hält. Holger sollte in lehrerzentrierten Unterrichtsphasen einen Einzelplatz haben. Im LRS-Kurs zeigt es sich, daß er Übungen aus der Kinästhetik (V.4.2, S. 136f.) als „Quatsch" tituliert und verkaspert. Aufs Pedalo (V.4.1, S. 133f.) lasse ich ihn nur, wenn er meine Hand hält, sonst gefährdet er sich und andere. Dagegen reagiert er gut auf Entspannungsübungen (ebenfalls V.4.2 sowie V.4.6, S. 154ff.). Silbenschwingübungen mit dem Leuchtbesen (VI.7.1, S. 214) im Dunkelraum faszinieren ihn genauso wie Gedankenreisen, bei denen er sich über seine phantastischen Einfälle freut.

Da sich Holgers Verhalten insgesamt aber nicht merklich besserte, wurden die Eltern nach einiger Zeit noch einmal gemeinsam bestellt, um ihnen nahezulegen, sie sollten einen Erziehungsbeistand vom Jugendamt hinzuziehen. Dazu erklärten sie sich bereit, denn sie spürten ihre Hilflosigkeit und gaben dies auch offen zu. Eine Sozialarbeiterin betreut Holger nun zweimal in der Woche. Es finden regelmäßige Gespräche zwischen ihr und dem Klassenlehrer statt. Seine Einstellung zur Schule, seine Leistungen und auch seine Rechtschreibsicherheit bessern sich merklich, ebenso sein Verhalten. Er ist in die Basketballmannschaft eines Sportvereins eingetreten. Das ist zwar keine psychomotorische Förderung (die wäre mit langen Fahrzeiten verbunden), aber die Einbindung in eine Gruppe tut Holger bestimmt gut. Hoffentlich hält er durch.

Lindas Eltern zeigten sich zwar verbal einsichtig und kooperationsbereit, halten das aber im Alltag trotz gelegentlicher Erinnerung nicht konsequent aufrecht. Linda hat sich nach einigen Monaten persönlich etwas stabilisiert und nascht nicht mehr ganz so viel. Ein wirklicher Durchbruch wurde aber leider bislang nicht erzielt.

Carlo sollte seine Fähigkeiten als Vorleser unter Beweis stellen dürfen. Auch er muß einen zentralen Sitzplatz haben, von dem aus er möglichst gut hört. Bei einer Hufeisen-Sitzform ist das ein mittlerer, seitlicher Platz: der Lehrerstimme wegen nicht zu weit hinten, aber mit direktem Blickkontakt zu möglichst vielen Klassenkameraden, um die Hörleistungen durch Mundablesen zu unterstützen. Das Lehrerpult sollte sich wegen seiner rechtsseitigen Ohrdominanz von ihm aus rechts befinden (ein seitlicher Blick zur Tafel kann wegen anscheinend intakter Visusfunktionen in Kauf genommen werden). Wenn er das möchte, sollte er mit Bleistift schreiben dürfen, was die Schreibmotorik ein wenig entlastet. Das nimmt er an. Den Vorschlag, zur Druckschrift zurückzukehren, lehnt er als „babyhaft" ab. Man schlug ihm vor, Hausaufsätze nicht zu verschriftlichen, sondern auf Kassette zu sprechen – in der Hoffnung, daß er dabei nicht zu sehr in umgangssprachliche Darstellungsformen und -sprechmuster abgleitet. Dazu wird ihm auferlegt, vor der Aufnahme eine stichwortartige Skizze der Handlung anzufertigen. Nach einiger Übung geht das recht gut. Er lernt außerdem die Nutzung eines Computers zum Schreiben und darf auch Hausaufgaben daran erledigen, wenn er geübt genug ist. Carlo wird ein apparatives Lateraltraining empfohlen (V.4.8.2, S. 168ff.), zumal er gerne liest und die Schule ein solches Gerät besitzt. Die Beobachtung zeigt, daß er sich gerne damit beschäftigt und daher deutlich länger daran trainiert, als vom Hersteller vorgeschlagen. Ein Erfolg ist danach allerdings zumindest an seinen Rechtschreibleistungen nicht abzulesen. Graphomotorische Lockerungsübungen (V.4.5.2, S. 152) werden im LRS-Kurs angeboten. Außerdem tut es ihm gut, wenn man versucht, ihn durch lustvolle, großmotorische Bewegungen, z.B. auf dem Pedalo (V.4.1), mit MB-Twister (V.4.2, S. 136) u. ä. aus der Reserve zu locken. Dies gelingt tatsächlich ganz allmählich, was sicher zu einem wichtigen Teil darauf beruht, daß er sich als Individuum beachtet und betreut fühlt. Auch sein Schreiben wird langsam etwas besser. Unter Medizinern wird so etwas meist als „Placebo-Effekt" bezeichnet. Alle Schüler sollten solche Placebos bekommen.

Birgit wird aufgefordert, ihre Schreibhand diskret zu markieren, z.B. durch einen Ring oder eine Armbanduhr, um ihre rechte Seite hervorzuheben. Sie wird außerdem dazu animiert, die Schreibhand und den rechten Unterarm gelegentlich (bei Nervosität auch im Unterricht) zu massieren oder rechts einen Igelball zu kneten, um das Körpergefühl für die rechte Seite zu stärken. Auf ihrem Tisch sollte ein Richtungspfeil von links nach rechts kleben. Das lehnt sie allerdings nach kurzer Zeit ab, weil sie damit gehänselt wird. Kinästhetische Übungen machen ihr Spaß. Sie sollte auch zu Hause damit arbeiten. Weitere gute Angebote aus V.4.3 (S. 139ff.) sind „Posen nachahmen", Tangram spielen, Training nach KOWARIK/KRAFT. Ihre überschäumende Emotionalität verlangt nach Entspannungsübungen (V.4.6.1, S. 154ff.) und vor allem nach einem auf Angstabbau bedachten Lehrerverhalten. Sie sollte außerhalb der Schule ein Kinder-Yoga besuchen.

Die vorgeschlagenen Hilfen ersetzen sicher für keines der Kinder eine umfassende Therapie. Sie können aber ihre Probleme ein wenig lindern. Vor allem dürften sie dazu führen, daß die Kinder sich verstanden und aufgehoben fühlen, was sicher sehr zur Mobilisierung ihres Potentials beiträgt.

6.2.6 Zusammenfassung

Die drei Beobachtungswege – informelle Beobachtung, Elterngespräch und gezielte Überprüfung – haben sich als Strategie erwiesen, die die Beteiligten am wenigsten belastet und zu recht guten, näherungsweisen Ergebnissen führt, die als Basis für schulische Konsequenzen und für konkrete Ratschläge an die Eltern dienen. Hierbei ist sowohl der Bereich der Teilleistungsschwächen als auch die psychosoziale Situation zu beachten, deren Stellenwert nicht unterschätzt werden darf.

Mit der Durchführung einer fundierten Therapie ist die Schule zweifellos überfordert. Zumindest die emotionale Lage der Kinder wird sich allerdings enorm verbessern, wenn man ihnen zeigt, daß man sich um sie kümmert und sie versteht. Wenn in der Regelschule wenigstens so vorgegangen wird, ist für die Kinder schon viel gewonnen. Daß vor allem bei Einzel- oder Kleinstgruppenförderung ein deutlich höherer förderdiagnostischer Standard (in Form eines detaillierten Förderplans, S. 54) angestrebt werden sollte, steht außer Frage. Auch für den Regelunterricht und die schulische LRS-Gruppe gilt es, nach einer möglichst genauen Beobachtung (III,IV) eine möglichst gezielte Förderung im Funktions- und Schreib/Lesebereich (V, VI) zu entwickeln.

V.

Funktionstraining nach dem Förderplan

1. Notwendigkeit und Stellenwert eines sprachfreien Funktionstrainings

Lese-Rechtschreibschwäche ist, wie bereits ausführlich dargestellt, meist als ein Symptom für gestörte Vorläuferfunktionen zu verstehen. Zur Behandlung gehört also ein Training dieser Vorläuferfunktionen, das sich im verbalen, vor allem aber auch nicht-verbalen Bereich abspielt. Solch ein nonverbales Funktionstraining ist für alle Altersstufen wichtig, besonders aber für die jüngeren Kinder. Kindergarten- und Vorschulkindern kann dadurch ein präventives Training angeboten werden.

Hier werden Übungen für die verschiedenen Teilbereiche von Funktionsstörungen zusammengestellt. Dabei kann keine Vollständigkeit angestrebt werden, zumal Vorschläge für die verschiedenen Altersstufen enthalten sein sollen. Die weiterführende Literatur bietet eine Fülle von ergänzenden Anregungen. Viele hier vorgeschlagene Übungen decken mehrere Funktionen ab, die Zuordnung erfolgt nach dem Schwerpunkt und ist z.T. willkürlich gewählt. Punktuelle Wiederholungen in der Darstellung sind nötig.

Die entsprechenden Wahrnehmungsbereiche müssen stimuliert werden, um das Training von Lesen und Rechtschreiben zu unterstützen. Die Übungen haben – richtig dosiert und eingesetzt – motivierende und motorisch auflockernde Wirkung, was die emotionalen Rahmenbedingungen enorm verbessert. Gesichert ist auf jeden Fall auch der Effekt, daß dem Gehirn durch Bewegungsangebote neuer Sauerstoff zugeführt wird, so daß es danach wieder höhere Denkleistungen erbringen kann.

Zum richtigen Einsatz gehört die richtige Dosierung. LRS-Stunden dürfen in den Augen der Schüler nicht als reine Spielstunden erscheinen, das Funktionstraining darf also für das Empfinden der Schüler (und der Eltern) kein deutliches Übergewicht haben. Es gilt immer noch der Grundsatz: Lesen und Schreiben lernt man, indem man Lesen und Schreiben (sinnvoll) übt! Hinweise dafür finden Sie in Kapitel VI.

Besonders lebhafte oder gar sozial auffällige Schüler sollten nicht mit Übungen bedacht werden, die bei ihnen eine zusätzliche Stimulation bewirken. Entspannende und beruhigende Arbeitsformen haben hier den Vorrang.

Es hat sich als sehr sinnvoll erwiesen, eine Reihe von Übungen öfter zu wiederholen, so daß sie den Kindern vertraut sind und eine Art Ritus darstellen. Dadurch vertieft sich auch der Übungseffekt. Am besten beginnt man eine LRS-Stunde mit einer Funktionsübung, um emotionalen Kontakt herzustellen und sanft in das Lese- und Schreibtraining hineinzugleiten. So schafft man es, die oft heterogen zusammengesetzte Gruppe in einem Wir-Gefühl zu einen.

Eine Reihe von besonders erprobten Stundenanfängen (Zeitbedarf ca. 10 Minuten) soll zunächst vorgestellt werden (S. 123ff.). Natürlich können solche Übungsphasen auch während des Verlaufs von LRS-Stunden durchgeführt werden. Weitere Vorschläge für Funktionsübungen schließen sich an (S. 133ff.). Es sollte nicht erstaunen, daß manche Teile der diagnostischen Beobachtung sich hier als Übungsvorschläge wiederfinden, denn als defizient erkannte Bereiche gilt es natürlich zu trainieren.

2. Parallelisierung von Beobachtungsprotokoll und Fördervorschlägen

Die Reihenfolge der Vorschläge orientiert sich am LRS-Beobachtungsbogen und am daraus entwickelten Förderplan. Die Übungsformen können daher individuell oder gruppenspezifisch auf den Förderbedarf der Kinder ausgerichtet werden.

3. Vorschläge für Standardanfänge der Förderstunden

3.1 Gleichgewichtsempfinden

Training mit Pedalo, Stelzen und Rollbrett. Wenn keine Geräte vorhanden sind: Balancieren vorwärts (und rückwärts) auf einem niedrigen Geländer, einer Mauer o. ä.

Diese Übungsformen setzen meist hohe motorische und emotionale Energie frei. Als Einstieg für Gruppenstunden sind sie daher weniger geeignet. Bei der Einzelförderung kann genau das aber sehr wertvoll sein.

Bitte beachten Sie die methodischen Hinweise zu diesen Arbeitsformen im Kapitel „Aufstellung weiterer Funktionsübungen" (V.4).

3.2 Training von Koordination und Körperschema

Variante 1: Körperstellungen auf Anweisung einnehmen

Die Kinder stehen zur besseren Kontrolle durch den Übungsleiter nebeneinander in einer Reihe mit genügend seitlichem Abstand. Grundstellung: Stand mit leicht abgespreizten Füßen, Arme hängen herab. In schneller Abfolge vollführen sie nun Bewegungen nach Anweisungen wie: Rechte Hand ans linke Ohr, linken Ellenbogen ans rechte Knie, rechte Hand vor den Mund, linke Hand an den Hinterkopf etc. Damit neue Anweisungen befolgt werden können, muß der Übungsleiter natürlich immer wieder die Anweisung „Grundstellung" zwischenschalten.

Variante 2: Partnerübung

Als Partnerübung in gut funktionierenden Gruppen: Zwei Partner stehen sich gegenüber. Der eine faßt dem anderen (evtl. nach Anweisung des

Gruppenleiters) abwechselnd ans rechte Ohr, ans linke Knie, mit der rechten Hand an die Nase etc.

Variante 3: Partnerübung mit Schlafmasken

Wie oben, wobei aber die Augen des passiven Partners mit einer Schlafmaske verdeckt sind. Der aktive Partner berührt verschiedene Körperstellen (evtl. nach nonverbalem Vorbild des Übungsleiters), der „Blinde" benennt sie dann.

Variante 4: „Stechschritt"

Wir laufen im Überkreuz-Muster: Der rechte Arm geht in die Waagerechte, das linke Bein geht vor; der linke Arm geht in die Waagerechte, das rechte Bein geht vor usw. Die Schritte werden evtl. mit einem Tamburin vorgegeben.

Variante 5: Die liegende Acht

Ein Arm wird im Stehen bis zur Waagerechten gestreckt und so in der Form einer liegenden Acht bewegt, daß der Schnittpunkt vor der Körpermitte liegt. Die Seitwärtsbewegung wird variiert (von ganz eng bis ganz weit). Hand, Arm und Schulter sollen entspannt bleiben. Die Augen folgen der Bewegung der Hand. Nach einer Zeit wird der Arm gewechselt. Dann werden beide Hände übereinander gelegt und die liegende Acht in dieser Form ausgeführt. Danach wird die liegende Acht mit den Hüften dargestellt, anschließend mit jeweils einem Fuß. Wer es mit beiden Füßen gleichzeitig schafft, ist Meister aller Klassen (schlaue Schüler kommen auf den Trick: Man setzt sich dazu auf die Tischkante!) DENNISON/DENNISON 1993.

3.3 Stabilisierung von Seitigkeit und Wahrnehmungsrichtung

Variante 1: Taktile und propriozeptive Stimulation

Mit der Schreibhand wird der Schulranzen (oder ein schweres Buch) so lange es geht in die Luft gehalten. Die bevorzugte Hand und der bevorzugte Arm werden anschließend taktil stimuliert. Dazu massiert das Kind die entsprechende Seite mit der Handfläche, den Fingerspitzen oder leicht mit den Fingernägeln (reiben, klopfen, kratzen). Wenn vorhanden, wählt das Kind aus einer Reihe von Bürsten oder Pinseln (von rauh bis weich) die ihm angenehmste Sorte aus und massiert sich damit (bei rauhen Materialen hilft der Übungsleiter, zu starke Reizungen zu vermeiden). Die Übungen sollen das Gefühl für Arm und Hand der dominanten Körperseite stabilisieren.

Variante 2: Körperseitigkeit und Bewegung

In einer Reihe durch das Schulhaus oder über den Schulhof gehen, auf Kommando nach rechts oder links abbiegen. Der Kursleiter geht hinter einem richtungsunsicheren Kind und dirigiert es leicht. Um den Schleudereffekt am Ende der Schlange zu vermeiden, kann man nach Tamburin im Gleichschritt gehen lassen. Oder: Wir laufen über den Schulhof und stampfen dabei mit dem rechten Fuß ganz stark auf, mit dem linken berühren wir geräuschlos den Boden.

Variante 3: Gezielte Handbewegungen nach Anweisung

In ein Raster von Kästchen, in denen sich jeweils ein Punkt befindet, werden Striche nach Anweisung des Kursleiter eingetragen. Wir beginnen in dem Kästchen unten links. Jeder legt seinen Stift auf den Punkt in der Mitte dieses Kästchens. Jetzt machen wir einen Strich zwei Kästchen weiter nach rechts, dann ein Kästchen nach oben, zwei Kästchen nach links usw. Endpunkt sollte das Kästchen unten rechts sein. Im optimalen Fall entsteht eine erkennbare Figur, z.B. ein Männchen. Mit etwas Mühe kann das hier vorgegebene Muster mehrfach auf ein DIN A4-Blatt gezeichnet werden, so daß dieses ganz davon bedeckt ist. Eine Kopiervorlage finden Sie in RATHENOW 1982.

3.4 Visuelle Sensibilisierung: Augenfunktionen und andere Trainingsbereiche

3.4.1 Augenmotorik:

Variante 1: Folgefunktion

Beginn mit **Augenentspannung** („Palmieren"): Die Schüler sitzen mit aufgestützen Ellenbogen am Tisch. Sie reiben die Daumenballen so lange aneinander, bis sie gut warm sind, legen sie in die Augenhöhlen und massieren leicht. Dabei atmen sie ruhig und tief (Bauchatmung). Wenn die Wärme nachläßt, werden die Augen geöffnet, man blinzelt und gähnt zur Produktion und Verteilung von Tränenflüssigkeit.

Danach liegen die Arme verschränkt auf dem Tisch. Es folgen Augenbewe-gungen nach Anweisung (Wechsel etwa im Sekundentakt, nach einiger Übung auch schneller). Die Anweisungen lauten: Schaut nach oben; nach unten (zehn Wechsel); Augenentspannung (s.o.); dann: Schaut nach oben rechts, nach unten links (zehn Wechsel); Entspannung. Dann: Schaut nach oben links, nach unten rechts (zehn Wechsel); Entspannung. Sie sollten die Kinder darauf hinweisen, daß sie die Bewegungen locker aus-führen, also ohne die Augen bis zur Schmerzgrenze zu strapazieren! (KIP-HARD 1990[3]b, SCHOLL 1992)

Variante 2: Fixation und Akkomodation

Beginn mit Augenentspannung wie oben. Dann werden zur Übung der seitlichen Fixation die beiden Ellenbogen auf den Tisch gestützt, die Unter-arme nach vorne geneigt, die Hände zu Fäusten geballt und die Daumen nach oben abgespreizt. Sie haben ca. 50 cm Abstand voneinander, so daß sie bei geradeaus gerichtetem Blick noch gut im seitlichen Gesichtsfeld zu sehen sind. Auf Kommando fixieren die Kinder dann den Daumen rechts, links, rechts usw. (zehn Wechsel). Sie werden dazu angehalten, den Wechsel erst auf Kommando vorzunehmen. Der Übungsleiter variiert das Tempo. Er sitzt am besten den Kindern so gegenüber, daß er ihre Augen-bewegungen gut beobachten und ggf. eingreifen kann. Anschließend Au-genentspannung.

Danach: Fixation oben-unten: Die Fäuste werden übereinander gehalten, so daß sie bei geradeaus gerichtetem Blick noch gut im oberen und unte-ren Gesichtsfeld zu sehen sind. Die Daumen werden waagerecht abge-spreizt. Auf Kommando erfolgt die Fixation nach oben – nach unten etc. (zehn Wechsel). Anschließend wieder Augenentspannung.

Danach: Nah-Fern-Akkomodation: Ein Daumen wird nach oben gestreckt und bei leicht gebeugtem Ellenbogen in Nasenhöhe gehalten. Auf Kom-mando fixieren die Augen den Daumen, die gegenüberliegende Wand, wieder den Daumen etc. Anschließend Augenentspannung.

Alle Blickbewegungen werden nur mit den Augen ausgeführt, also ohne den Kopf zu bewegen. Die Phasen der Augenentspannung sind unbedingt nötig, weil die Übungen sehr anstrengend sind. Eine Überspannung der Augenmuskulatur muß vermieden werden. Das muß den Kindern verbal immer wieder klargemacht werden. Wenn ein Kind Augenschmerzen be-kommt, muß es die Übung sofort unterbrechen oder ganz beenden (KIP-HARD 1990[3]b, SCHOLL 1992).

3.4.2 Auge-Hand Koordination

Variante 1: Münzen werfen

Jeder Schüler bekommt eine 10-Pfennig-Münze o.ä.; in ca. 3 Metern Entfernung von einer Hauswand wird eine Linie gezogen, von der aus jeder versucht, seine Münze so nah wie möglich an die Wand zu werfen. Wer kommt ihr am nächsten? Mehrere Versuche, Ermittlung eines Gruppensiegers. Es können auch zwei Gruppen gegeneinander spielen.

Variante 2: Mikado spielen.

3.5 Taktiles Empfinden, Hand-, Finger- und Graphomotorik

3.5.1 Taktile Übungen allgemein

Variante 1: Grabbelsack

Ein Schüler ertastet einen Gegenstand im Grabbelsack und beschreibt den anderen Gruppenmitgliedern nur die fühlbare Qualität, z.B.: Mein Gegenstand ist größer als ein Tennisball, rundlich wie ein Ei und hat oben und unten eine Art Spitze. Er fühlt sich glatt und etwas wachsig an, hat aber leichte Vertiefungen in der Oberfläche. Man kann in die Oberfläche mit dem Fingernagel einritzen. Dann wird es etwas feucht (Zitrone).

In dieser Form verlangt (und trainiert) die Übung einige verbale Geschicklichkeit bei der Beschreibung und ein gutes visuelles Vorstellungsvermögen beim Raten. Eine vereinfachte Form ist, daß man den Kindern die Gegenstände vor dem Einpacken in den Grabbelsack zeigt und evtl. auch überlegt, wie man sie beschreiben kann.

Variante 2: Kleingeld ertasten

Ein Schüler, dem die Augen verbunden wurden, bekommt einen „krummen" Geldbetrag genannt, z.B. DM 3,42. Er soll diesen Geldbetrag nur durch Tasten aus einem Haufen von Kleingeld herausfinden und zur Seite legen. Dazu sollte man evtl. als Vorübung einzelne Geldstücke ertasten lassen, damit sich zunächst einmal ein taktiler Eindruck formt (CÁRDENAS mdl.).

3.5.2 Training von Hand-, Finger- und Graphomotorik

Variante 1: Fingerturnen

Die Kinder sitzen in einer Gruppe um den Tisch. Die Fingerspitzen werden vom Daumen bis zum kleinen Finger nacheinander auf den Tisch getippt.

Erst Daumen, dann Zeigefinger, dann Daumen, dann Mittelfinger, dann Daumen, dann Ringfinger etc. auftippen, nach Belieben einmal, zweimal, dreimal....- Fingerspitzen beider Hände dachförmig aneinanderlegen. Die Daumen beider Hände, dann die Zeigefinger beider Hände usw. tippen aneinander (sie „begrüßen sich"), während die anderen Fingerspitzen sich nicht bewegen.- Die Hände falten und auf Kommando einen bestimmten Finger hochheben: den linken Zeigefinger, den rechten Ringfinger usw.- Die linke Zeigefingerspitze liegt auf der Spitze des rechten Daumens. Dann wird die rechte Zeigefingerspitze auf den linken Daumen geführt, die beiden anderen Fingerspitzen lösen sich und beschreiben einen Kreis. Dann berühren sich wieder der linke Zeigefinger und der rechte Daumen usw. Wer schafft das auch blind? Nur Teile der hier beschriebenen Übungen ausführen lassen.

Variante 2: Motorik der Handgelenke und der Fingerspitzen (Tempo und Präzision)

Punktieren in Rechenkästchen: Nach Zeitvorgabe (1 Min.) werden je drei Punkte in Rechenkästchen gesetzt. Die so punktierten Kästchen werden ausgezählt, das Resultat wird notiert. Wir vergleichen es eine Zeit später mit dem Ergebnis einer Spielwiederholung.

3.6 Entspannungs-, Konzentrations- und Gedächtnistraining

3.6.1 Entspannung

Variante 1: Atemübung und Mandalas ausmalen

Die Augenentspannung wird wie oben bei tiefer Bauchatmung durchgeführt. Anschließend werden Mandalas ausgemalt. Dazu läuft leise entspannende Hintergrundmusik. Niemand spricht ein lautes Wort!

Variante 2: Gedankenreisen

Zu entspannender Musik vermittelt man den Schülern eine Idee oder eine Handlung, in die sie sich hineinversetzen sollen. In gewissen Abständen gibt man Denkanstöße zu neuen Teilbereichen der Situation. Später können sie über ihre Phantasien berichten. Zur Vorbereitung wird die Musik eingeschaltet und die Schüler suchen eine ruhige, entspannte Sitzposition mit gerader Wirbelsäule. Wenn Meditationsmatten vorhanden sind, kann die Übung im Liegen durchgeführt werden. Die Schüler sollen tief und gleichmäßig atmen. Erst wenn der Leiter den Eindruck hat, daß alle dies geschafft haben, kann die eigentliche Reise beginnen. Bei unruhigen

Schülern kann es dabei nötig sein, die Handlungsschritte relativ rasch aufeinander folgen zu lassen, damit keine Gelegenheit besteht, mit den Gedanken abzuschweifen. Während der Reise spricht kein Schüler. Anregungen in MÜLLER 1985 und 1993[4].

3.6.2 Konzentrations- und Gedächtnistraining

Variante 1: Koffer packen

Erster Spieler: „Meine Tante fährt nach Amerika und nimmt ihren Koffer mit." Zweiter Spieler: „Meine Tante fährt nach Amerika und nimmt ihren Koffer und ihre Zahnbürste mit", usw.

Variante 2: Personenkim

Ein Kind präsentiert sich der Gruppe wie ein Mannequin. Dann verläßt es den Raum und verändert ein Detail seiner Kleidung. Die anderen versuchen, die Veränderung zu entdecken.

Variante 3: Akustische Aufmerksamkeit

Ein Text wird vorgelesen (z.B. ein kurzes Märchen). Die Kinder achten besonders auf einen zuvor vereinbarten Begriff und machen jedes Mal, wenn er vorkommt, einen Strich. Am Ende wird ausgezählt und verglichen, wer der tatsächlichen Zahl am nächsten kommt. Der Kursleiter sollte das natürlich vorher genau durchgezählt haben.

3.7 Rhythmusgefühl, Zeitempfinden und Selbststeuerung

3.7.1 Rhythmisches Training

Variante 1: Rhythmen nachklopfen

Sitzend am Gruppentisch gespielt. Der Übungsleiter oder ein Schüler klopfen einen Rhythmus vor, die anderen versuchen ihn nachzuklopfen. Achtung: Kindern passiert es leicht, daß sie den eigenen vorgeklopften Rhythmus schnell vergessen und dann nicht entscheiden können, ob der nächste richtig nachgeklopft hat. Wenn das in einer Gruppe zu häufig geschieht, sollte nur der Gruppenleiter vorklopfen. Abwandlung: Der Rhythmus wird auf einfachen Instrumenten (Klangstäbe, Tamburin, Triangel o. ä.) erzeugt und – wenn genügend Exemplare vorhanden sind – auch auf diesen von der Gruppe nachgeahmt.

Variante 2: Laut und leise unterscheiden

Tamburin, Metronom oder Keyboard als Taktgeber einsetzen. Die Kinder stehen hintereinander und gehen für jeden Schlag einen Schritt um den

Klassenraum herum. Das Tempo wird variiert. Auch die Lautstärke kann man variieren: Laute Töne – aufrecht gehen; leise Töne – gebückt gehen. Oder: laute Töne – stampfen; leise Töne – Zehenspitzengang. Man beginnt mit ganz langsamen Rhythmen, weil es den Kindern besonders schwerfällt, rechtzeitig zu stoppen und das nächste Signal abzuwarten. Damit trainiert die Übung im Ansatz auch Bewegungsplanung und Kraftdosierung. Das Metronom läßt keine Variation der Lautstärke zu, hat aber den Vorteil, daß die Töne hier leise sind und die Kinder sich besonders darauf einhören müssen.

Variante 3: Abzählverse

Betont rhythmisch gesprochen, evtl. um eine zentrale Person in einem nachfolgenden Spiel zu bestimmen.

3.7.2 Zeitempfinden

Variante 1: Vorhersagen

Eine beliebige Übung oder ein Spiel werden erklärt. Die Schüler machen eine Vorhersage über ihre Leistung in einer bestimmten Zeitspanne, z.B.: Ich werde heute in 60 sec mehr als 40 „e" durchstreichen, mehr als 25 Rechenkästchen dreifach punktieren, fünfmal auf dem Schulhof hin- und herrennen, zweimal „Hänschen klein" singen etc. Die tatsächliche Leistung wird mit der Prognose verglichen. Wer lag am besten?

Variante 2: Sekunden schätzen

Ein Schüler hält eine Armbanduhr mit Sekundenzeiger in der Hand und gibt das Startsignal. Ein anderer sagt „Stop", wenn er meint, daß 15 (30) Sekunden verstrichen sind. Der Fehler wird notiert. Wer hat das beste Zeitgefühl? Um den Übungseffekt zu vermeiden, können die anderen Gruppenmitglieder evtl. auf dem Gang warten und nacheinander hereinkommen, um die Übung durchzuführen. Als Vorübung könnte man zusammen die Uhr betrachten, um ins Gefühl zu bekommen, wie lange eine Sekunde ist, zwei Sekunden, fünf usw.

3.7.3 Selbststeuerung

Bahn aus Dominosteinen bauen: Die Kinder bekommen genügend Dominosteine (oder schmale Bauklötze) und stellen sie senkrecht auf, so daß sie, wenn einer umfällt, der Reihe nach hinpurzeln. Die Übung ist hervorragend zur Selbstkontrolle von bewegungsauffälligen Kindern geeignet, denn die Gruppe wird sich schön bei demjenigen bedanken, der die Reihe vor der Zeit zum Umfallen bringt. Das wird am Ende des Spiels auf Kommando herbeigeführt.

3.8 Auditive Wahrnehmung und Sprachfunktion

3.8.1 Auditive Sensibilisierung

Variante 1: Akustische Orientierung, Richtungshören

Die Gruppe steht nebeneinander mit dem Gesicht zur Wand. Ein Ellenbogen wird an die Wand gelehnt und die Augen in der Ellenbogenbeuge verborgen. Hinter den Kindern erklingen einzelne Töne von Triangel, Rassel, Gong o.ä. Woher kam der Ton (oben, unten, Mitte...)? Wer es weiß meldet sich, wer richtig gedeutet hat, darf den nächsten Ton produzieren. Abwandlung mit zwei Schülern: Zwei Geräuschquellen differenzieren lassen: Kam der helle oder der tiefe Glockenton von oben, von rechts etc. (Die Wahl der Instrumente ist natürlich beliebig und richtet sich nach dem, was verfügbar ist) (SIGNER 1979).

Variante 2: Fallgeräusche identifizieren

Die Gruppe steht wie oben mit dem Gesicht zur Wand. Hinter ihrem Rükken wird ein Gegenstand (z.B. Tennisball) aus unterschiedlicher Höhe fallen gelassen. Fiel er von hoch oder niedrig, rechts oder links, höher oder niedriger als vorher? Und auch hier die Abwandlung mit zwei Schülern: Hinter dem Rücken der Gruppe lassen zwei Kinder je einen Gegenstand fallen. Fiel der rechte oder der linke von höher herab? Fiel links der Tennisball und rechts der Radiergummi? (LÖSCHER o.J.)

Variante 3: „Einsingen" am Stundenbeginn

Ähnlich dem „Om" -Singen bei indischen Meditationsformen summen oder singen die Kinder einen gemeinsamen Ton, bis es harmonisch klingt. Dies ist ein Gruppenerlebnis und eine Maßnahme zur auditiven Stimulation, die manche Kinder spontan vornehmen, indem sie vor sich hinmurmeln oder -summen, was aber oft (verständlicherweise) als Unterrichtsstörung empfunden und daher verboten wird. Als organisierte Gruppenübung hätte sie einen sinnvollen Platz im Unterrichtsgeschehen auch der Regelklasse.

3.8.2 Bewegungsübungen der Mund- und Sprechmotorik

Variante 1: Süße Sachen stibitzen

Ein Teller ist dünn mit Mehl bestreut. Darauf liegen verschiedene Süßigkeiten. Wer kann sich eine davon holen, ohne weiße Lippen zu bekommen?

Variante 2: Zungenbrecher sprechen

4. Aufstellung weiterer Funktionsübungen

4.1 Gleichgewichtswahrnehmung

Training mit dem Pedalo

Alle hier beschriebenen Übungsformen werden zumindest am Anfang zu zweit durchgeführt, wobei einer aktiv ist, während ihn der andere als Hilfestellung begleitet. Vor allem hypersensible (ängstliche) Kinder sollten zu jedem Zeitpunkt Einfluß auf die Intensität der Reize haben und sofort aus einer Übung aussteigen dürfen, wenn sie ihnen zu gefährlich vorkommt. Dem Begleiter kommt besondere Verantwortung zu. Für hypersensible Kinder kann eine Entspannungsübung vor der angstbesetzten Trainingsphase sinnvoll sein. Hyposensible Kinder können eher unkontrollierbaren Reizen ausgesetzt werden.

Man wird im allgemeinen Doppelpedalos verwenden. Eine zusätzliche Erleichterung für den Anfang sind Seile, die an den Rädern angebracht werden können und zum Festhalten dienen. Auch Stöcke zum Abstützen können benützt werden. Wenn die Kinder sehr viel Geschick erworben haben, kann man die Doppelpedalos durch entsprechende Trittschalen leicht in Einzelpedalos umwandeln nach dem Muster: aus Eins mach Zwei.

Unsichere Kinder müssen zunächst das Aufsteigen üben. Dazu wird ein Trittbrett ganz nach unten gestellt, so daß das andere automatisch ganz oben steht. Man steigt mit dem dominanten Fuß erst auf das untere Brett und sucht sein Gleichgewicht. Dann folgt der andere Fuß auf das obere Brett nach, aber zunächst ohne Belastung.

Einer läuft neben dem Fahrer her und leistet bei drohendem Hinfallen Hilfestellung. Das ist vor allem bei jenen (meist gleichgewichts-untersensiblen) Schülern angebracht, die in sonniger Selbstüberschätzung am liebsten sofort drauflosrasen würden (um sich sehr schnell blutige Nasen zu holen).

Wenn Sie die Pedalos auf dem Schulhof einsetzen, sollten willige Helfer (solche finden sich bekanntlich immer) zunächst das Areal mit groben Besen säubern, damit keine Steinchen herumliegen. Die können nämlich blitzschnell ein Rad blockieren und auch bei geübten Leuten zu bösen Stürzen führen. Lassen Sie die Kinder nur auf völlig glatten Flächen fahren. Schlaglöcher machen leicht ihrem Namen Ehre!

Wenn die Kinder sich an die Geräte gewöhnt haben, sind sehr hübsche Übungen für Fortgeschrittene möglich (nach EHRLICH/HEIMANN 1992[2]):

Zwei (später auch mehr) Kinder fahren nebeneinander und halten sich an den Händen; zwei Kinder fassen sich an den Händen, das eine fährt vorwärts, das andere rückwärts.

Eierlauf mit Pedalos: Der Fahrer versucht, einen Löffel mit einem Tischtennisball (auch einen vollen Wasserbecher oder auf der Handfläche stehenden Klangstab) über eine Ziellinie zu bringen. Das geht natürlich auch als Staffel.

Während des Fahrens wird ein Ball geprellt. Ähnliches ist auch in der Gewöhnungsphase möglich: Das Kind steht nur auf dem Pedalo und prellt einen Ball auf den Boden oder an eine gegenüberliegende Wand. Variante: Das Kind versucht seinen Ball vom Pedalo aus in einen Papierkorb zu werfen. Oder: Zwei Kinder stehen sich auf den Pedalos gegenüber und werfen sich den Ball zu, während beide langsam fahren, das eine vorwärts, das andere rückwärts.

Viele weitere Spielmöglichkeiten sind in EHRLICH/HEIMANN 1992[2] enthalten.

Einsatz von Stelzen und Rollbrett. Schwingen auf Schaukeln oder in Hängematten.

Balancieren (vorwärts und rückwärts) auf einem niedrigen Geländer, einer Mauer o. ä.

Wippen; Rutschen; Reiten auf dem Känguruh-Hopsball.

Therapeutisches Reiten unter fachkundiger Anleitung. Reiten hilft (nach AYRES 1992[2]) dem Aufbau von Gleichgewichts- und Haltungsreaktionen.

Trampolinspringen (wenn Gerät und Schein vorhanden sind). Sonst: Springen auf anderen federnden Unterlagen, z.B. Matratzen.

Drehbewegungen: Sich einen Hang herunterrollen lassen; von anderen gerollt werden, z.B. in eine Decke eingewickelt. Sich aufdrehen mit Ringen oder Schaukel. Pirouetten auf einem Bein, Drehsprünge am Boden und auf dem Trampolin. Purzelbäume und Saltos, Überschläge an Stangen. Karussells oder Rundläufe auf dem Spielplatz benutzen. Sich an den Händen fassen und herumschleudern. (Jedes Kind darf die Bewegungen nach Wunsch dosieren; Partnerübungen nur mit eingespielten Duos!)

Drehkim: Ein Schüler sitzt auf der Drehscheibe oder einem Drehstuhl (der unten keine Rollen haben sollte). Um ihn herum stehen einige Alltagsgegenstände. Das Kind versetzt sich in eine ganz langsame Drehbewegung (Achtung, Schwindel!), sieht sich dabei die Gegenstände an und prägt sich ihre Reihenfolge ein. Weiterer Verlauf wie bei üblichen Kimspielen.

Flaschentanz: In der Mitte des Raumes steht eine leere Flasche. Ein Spieler steckt seinen Zeigefinger hinein und umkreist die Flasche fünfmal (zehnmal). Dann begibt er sich so schnell er (noch) kann in eine bestimmte Ecke des Saales, um sich dort ein Bonbon als Belohnung abzuholen. Achtung: vor allem am Anfang muß den Kindern eingeschärft werden, daß sie langsam um die Flasche laufen sollen, sonst ist der Spaß wegen Schwindel ganz schnell vorbei. (Erwachsene können die Flasche – mit was Gutem drin, versteht sich – auch vorher gemeinsam leeren, um die Gaudi zu erhöhen; AUGÉ 1995).

Therapievorschläge von Ayres 1992[2]:

Rollbrett: Bauchlage; waagerecht oder eine Rampe hinunter fahren. Kann variiert werden durch Pappkartons, die im Weg stehen und zerquetscht werden sollen. Nächste Stufe: Mit verbundenen Augen fahren. Oder: Der Ball hängt von der Decke herab und soll während der Fahrt angeschlagen werden. – Rollbrettfahren stimuliert Bewegungsplanung und Koordinationsleistungen in Abhängigkeit von Bewegung und Geschwindigkeit. Es aktiviert die Schwerkraftrezeptoren, stimuliert Nackenmuskulatur und Augenbewegung und trägt so zur Integration dieser Wahrnehmungsbereiche bei. Darüber hinaus steigert es Selbstgefühl.

Die gepolsterte Schwebeschaukel: Über einen festen Kern (Rundbalken von 1,5 m Länge, Durchmesser ca. 30 cm) ist Schaumstoff gewickelt und mit einem lederähnlichen Überzug verkleidet. Diese Rolle hängt an festen Seilen oder Ketten. Das Kind kann darauf liegen, rittlings auf ihr sitzen, an den Seilen ziehen und die Schaukel hin- und herbewegen oder sich von der Therapeutin in Bewegung setzen lassen. Liegen und Arme herunterhängen lassen bedeutet, den Muskeltonus zu entspannen. Das Beugemuster wird aktiviert. Dazu muß der Klammerreflex ausgeschaltet werden. Dies wird geübt, ebenso die Integration des Gleichgewichts- und des Tastsinns. Die Übung stimuliert das limbische System und die Formatio reticularis.

Das Schwebenetz hängt an den Ecken befestigt an der Decke, und zwar so hoch, daß die Kinder den Boden noch berühren können. Sie spielen „Netzhockey": Sie schweben im Abstand von 3 m Entfernung voneinander über dem Fußboden und bewegen einen Ball mit Hockeyschlägern. Diese Arbeit erzeugt eine starke Variabilität von Sinneseindrücken des Gleichgewichtssystems und der Propriozeption. Sie stärkt die Halsmuskulatur und wird – ähnlich wie die wohl vergleichbare therapeutische Schaukel – auch bei visuellen Wahrnehmungsstörungen eingesetzt.

Helicopterspiel: Die Kinder sitzen aufrecht auf Sitzpolstern und können darauf herumwirbeln wie die Rotoren eines Helicopters (entspricht evtl.

den auf Spiralen montierten Sitzen auf Spielplätzen). Die Tätigkeit stärkt die Beugemuskeln der Halsmuskulatur, die gegen die Bewegung den Kopf halten muß, und zwar in anderer Richtung als beim vorigen Spiel. Intensive Gleichgewichtserfahrungen werden möglich.

Spielboje: Es handelt sich um eine Plastikboje, die sich frei an zwei Seilen von etwa 5 m Länge hin- und herbewegen läßt. Das Kind hält eine Seite, die Therapeutin die andere. Die Arme werden scherenförmig nach oben oder zur Seite geworfen, um die Boje zu bewegen. Dabei müssen sich die Augen von Nähe auf Ferne umstellen und umgekehrt. Die Auge-Hand bzw. Auge-Arm-Koordination wird genauso geschult wie die Koordination der Körperhälften.

Der „Wal" ist ein Sitz, der an einem elastischen Seil befestigt ist. Das Kind kann sich mit den Füßen nach oben abstoßen, so daß sich der Sitz auf und ab bewegt. (Das wird ihm erklärt als Reiten auf dem Rücken des Wals). Während des Reitens erfolgt ein Gespräch mit der Therapeutin. Die wird dabei angeguckt. Der Blick muß also trotz der Bewegung auf ein ruhendes Ziel gerichtet sein. Das trainiert Augenmuskulatur und Akkomodation.

Zum Training bei basalen visuellen Wahrnehmungsstörungen wird die **Therapeutische Schaukel** verwendet. Das Kind liegt auf dem Bauch und hebt den Kopf entgegen der Schwerkraft an. Die dabei nötige Halsmuskelkontraktion erzeugt eine starke Eigenwahrnehmung, die zum Hirnstamm gelangt. Während des Schaukelns kommen weitere Gleichgewichtsreize hinzu.

4.2 Training von Koordination, Körperschema und Tonus

Überkreuz klatschen: Zwei Kinder stehen sich gegenüber. Sie heben die Hände in Schulterhöhe und klatschen zweimal mit der rechten Hand in die rechte Hand des Partner, dann zweimal mit der rechten Hand in die linke Hand des Partners usw. (DENNISON/DENNISON 1993).

Tierbewegungen raten: Die Kinder sitzen im Kreis. Eines geht in die Mitte und ahmt die Bewegungen eines bestimmten Tieres nach. Die anderen Kinder erraten das Tier. Ähnliches kann mit Berufen etc. gespielt werden.

Spiel: MB Twister (im Spielwarenhandel für ca DM 30.- erhältlich). Ein großer Spielplan mit farbigen Punkten wird auf dem Boden ausgebreitet. Zwei Spieler stehen sich gegenüber und berühren die Punkte mit Füßen, Knien, Händen oder Ellenbogen nach Vorgabe einer mitgelieferten Drehscheibe. Sieger ist, wer die Bewegungen am längsten ausführen kann, ohne das Gleichgewicht zu verlieren. Spaß garantiert!

Schwieriger Hüpfer: Ein Kind geht in die Hocke und umfaßt seine Zehenspitzen mit den Fingern. Vor ihm liegt ein Bonbon. Das Bonbon gehört ihm, wenn es ihm gelingt, darüberzuhüpfen, ohne die Hände von den Zehenspitzen zu nehmen. Natürlich kriegt es das Bonbon auch so, als Trostpreis. Ob's klappt? (AUGÉ 1995)

Schachtelschnüffeln: Ein Spieler kniet auf dem Boden. Er legt die Handflächen aneinander und beugt den Oberkörper vor, bis Unterarme und Hände den Boden berühren; die Ellenbogen sollen dabei an die Knie stoßen. Die Mitspieler stellen eine Schachtel (etwa Zigarettenschachtelformat) vor den Fingerspitzen des Spielers auf. Dieser legt nun die Hände auf den Rücken und muß versuchen, die Schachtel mit der Nase umzustoßen. Na? (AUGÉ 1995)

Strichmännchen nachahmen: Die Kinder bekommen Karten mit Strichmännchen in bestimmten Körperpositionen. Sie versuchen, diese Position selbst darzustellen. Oder: Jemand aus der Gruppe bringt eine bewegliche Holzpuppe, wie sie zu Zeichenübungen verwendet wird, in eine bestimmte Position, die ein anderer nachahmt, nachdem sie besprochen und verbalisiert wurde.

Arme Kreisen: rechter Arm, linker Arm, beide nach rechts, beide nach links, gegenläufig.

Druck dosieren: Drei Waagen unterschiedlicher Stärke (Personenwaage, Küchenwaage, Briefwaage) werden eingesetzt. Ein Schüler drückt auf der Personenwaage mit der Hand ein Gewicht seiner Wahl, z.B. 10 kg. Er merkt sich den Druck – evtl. in mehreren Versuchen – genau. Dann werden ihm die Augen verbunden, und er versucht, den gleichen Druck zu reproduzieren. Mitschüler helfen ihm dabei durch Angaben wie „zu viel, zu wenig". Nach jedem Versuch wird erneut bei Null gestartet. Wenn das gesuchte Gewicht zweimal exakt getroffen wurde, wird die gleiche Sache mit der Küchenwaage versucht, z.B. mit 2 kg., danach mit der Briefwaage, z.B. mit 100 g. Bei untersensiblen Kindern beginnt man mit hohem, bei übersensiblen mit niedrigen Gewichten (CÁRDENAS mdl.).

Flaschen heben: 3 – 5 Flaschen, die unterschiedlich hoch mit Flüssigkeit gefüllt sind, werden „blind" angehoben und nach Schwere sortiert. Wenn die Kinder mit der Übung gut zurechtkommen, kann die Anzahl der Flaschen erhöht werden. Besonders spaßig wird die Sache natürlich dann, wenn in den Flaschen auch etwas Gutes zum Trinken ist, z.B. Apfelsaft.

Partnerschwung: Zwei Kinder stehen Rücken an Rücken zueinander und haken sich mit den Armen ein. Einer ist für eine Zeit der Aktive. Er dreht und schwenkt den anderen, hebt ihn hoch usw. Dann wird die Runde abgebrochen, der Passive berichtet über seine Wahrnehmungen und tauscht sich mit dem Aktiven aus. Dann werden die Rollen getauscht. Ähnlich, aber mit noch mehr Verantwortung für den Aktiven: Die Partner fassen sich an den Händen, der Aktive schleudert den anderen herum und läßt ihn los, natürlich möglichst so, daß dieser nicht hinfällt. Der Passive verharrt zunächst in der Pose, in der er zum Stillstand kam. Wieder Gedankenaustausch und Rollenwechsel. (BRAND 1988[4])

Übungen aus der „BRAIN-GYM":

Die liegende Acht s. S. 124

Flieger: Beide Arme werden seitlich vom Körper weggestreckt. Die Augen fixieren einen Punkt geradeaus an der Wand. Jetzt werden Schultern und Arme nach den Seiten hin und hergedreht, Kopf und Füße bleiben geradeaus gerichtet.

Überkreuz-Bewegungen: Auf dem Rücken liegend werden die Arme hinter dem Kopf gefaltet. Die Füße stehen bei angewinkelten Knien auf dem Boden. Nun wird der rechte Ellenbogen ans linke Knie gebracht, der linke Ellenbogen ans rechte Knie usw. – Im Stehen wird die rechte Hand ans linke Knie gebracht, dann die linke Hand ans rechte Knie usw., im Wechsel. Das gleiche dann mit den Ellenbogen. – Stehend werden beide Hände aufeinander gelegt. Das rechte Knie geht vor, die beiden Hände gleiten links am Körper vorbei. Das linke Knie geht vor, die beiden Hände gleiten rechts am Körper vorbei.

Energiepumpe: Beide Arme in Schulterhöhe ausstrecken, eine Hand nach oben, die andere nach unten offen. So wird im Wechsel rechts/links mit einer Hand unter Kraftanspannung eine Faust gemacht, die andere geöffnet. Nach ca. 20mal: Handwechsel; die obere dreht sich nach unten, die untere nach oben. Weiterhin Faust ballen und öffnen wie oben.

Schwerkraftgleiter: Man steht mit überkreuzten Füßen und beugt den Oberkörper nach unten. Die Arme hängen nach vorne. Rumpf und Arme schwingen vor den Füßen hin und her.

Viele weitere Vorschläge finden sich in DENNISON/DENNISON 1993, die ihre „Brain Gym" gewinnbringend vermarkten, auch wenn man die theoretischen Postulate getrost als „abenteuerlich" bezeichnen darf (ROSENKÖTTER 1997). Man bewahre kritische Distanz zu den Dingen und betrachte die Übungen vornehmlich als gelungene gymnastische Einlagen, die das Gehirn neu mit Sauerstoff versorgen und dabei auf recht geschickte Art Rhythmus- und Seitigkeitserfahrungen anbieten.

Zwei Vorschläge für Entspannungsübungen, die das Körperschema ansprechen:

Mein Körperbild: Die Übung beginnt mit Zweiergruppen. Ein Partner legt sich auf eine große Bahn Packpapier, der andere umfährt seinen Körper mit einem Stift. Sodann legt sich jedes Kind in seinen Körperumriß und wird angeleitet, sich Farben für die verschiedenen Körperteile auszudenken: „Konzentriere dich auf deine Füße. Welche Bedeutung haben deine Füße für dich? Stelle dir vor, du könntest die Füße farbig ausmalen. Welche Farbe würdest du auswählen?" Auf diese Weise wird eine Reise durch den ganzen Körper angeregt und für jede Partie eine Farbe ersonnen. Anschließend malen die Kinder ihren Körperumriß farbig aus. Die Werke werden präsentiert und besprochen.

Körperreise mit dem Zauberfahrzeug (autogenes Training): Die Kinder liegen entspannt. Es wird ihnen gesagt, daß heute eine Reise durch den Körper gemacht werden soll, und zwar mit einem Zauberfahrzeug, das jeder sich zunächst selber vorstellen soll. Wir setzen uns in Gedanken hinein und reisen von rechten Fuß aus langsam durchs rechte Bein etc. etc. Dabei können die Scheinwerfer des Zauberfahrzeugs Wärme ausstrahlen, die in dem durchfahrenen Körperteil zurückbleibt. Auch kann das Fahrzeug bunten Rauch ausstoßen, der allmählich schwerer wird und im betreffenden Körperteil zu Boden sinkt, so daß dort ein Gefühl der Schwere entsteht. (Beide Übungen aus MANTEUFEL/SEEGER 1992)

4.3 Stabilisierung von Seitigkeit und Wahrnehmungsrichtung

Kindern mit Schwierigkeiten bei der Rechts-Links-Wahrnehmung, kann am besten geholfen werden, wenn auch ihre Körperwahrnehmung aktiviert wird.

Farben und andere Signale: Die rechte (bei Linkshändern: die linke) Hand wird mit einem Bändchen oder Ring markiert. Oder, des Gewichts wegen vielleicht noch besser: An der Schreibhand wird ein Bleiband befestigt (es muß ja wohl kein echtes Blei darin sein, Edelstahl wäre mir sympathischer; BRAND 1988[4]).

Möglichkeit, die von Fall zu Fall überprüft werden muß und besonders in Vorklassen evtl. Relevanz haben könnte (im folgenden nach ZAPKE in MILZ 1991[2]): Im Klassenraum gibt es meist eine Fenster- und eine Wandseite. Wenn die Kinder entsprechend sitzen, könnte man **die linke (helle) Seite z.B. mit der Farbe gelb, die rechte (dunklere) mit der Farbe**

braun assoziieren. Entsprechende Bändchen (oder Klebepunkte) könnten sie zumindest während der Förderstunden an den Händen tragen. Entsprechende Farbmarkierungen können sich auf den Tischen befinden.- Rennautos fahren von einem gelben Feld zum braunen. Dabei wird verbalisiert: Mein Auto fährt von links nach rechts. Oder: Es wird die Geschichte von dem Hund Struppi erzählt, der dauernd in Bewegung ist. Wenn das Wort „links" zu hören ist, heben die Kinder ein gelbes, bei „rechts" ein braunes Kärtchen mit der entsprechenden Hand.

Aus farbiger Klebefolie Pfeile ausschneiden und in Schreibrichtung auf die untere Tischkante kleben (MANN, 1994[3]). Ein **Richtungspfeil** kann sich auch auf dem Lesezeiger befinden, den das Kind benutzt. Er könnte aus einer gelben und einer braunen Seite bestehen, wenn man die Farben wie oben beschrieben eingeführt hat.

Bewegungen ausführen und verbal kommentieren lassen (Krabbeln, Sprossenwand hochklettern o. ä.) z.B.: Ich hebe mein linkes Bein, meinen rechten Arm etc.

Posen anderer nachahmen. Problem dabei: Der „Vortänzer" steht vor der Gruppe, so daß seine Posen spiegelbildlich nachvollzogen werden müssen. Daher ist diese Übung nur für Fortgeschrittene geeignet. Für Anfänger sollte der „Vortänzer" daher mit dem Rücken zur Gruppe stehen. Ein Holzmannequin könnte eingesetzt werden.

Seriale Bewegungen ausführen (zweimal rechten Arm kreisen lassen, einmal mit linkem Fuß aufstampfen etc.).

„Ohr und Nase" (Spiel für Fortgeschrittene): Jeder Spieler faßt sich mit der linken Hand ans rechte Ohr und mit der rechten Hand an die Nase. Wenn der Spielleiter „Hopp" ruft, wechseln alle, und zwar in der Weise, daß nun die rechte Hand das linke Ohr und die linke Hand die Nase faßt. Da das nicht ganz einfach ist, werden die Kommandos erst langsam gegeben und erst allmählich die Geschwindigkeit gesteigert.- Variationen: In der entsprechenden Reihenfolge wird (und zwar mehrfach im Wechsel) angefaßt:

– rechte Hand = rechtes Ohr / linke Hand = linkes Ohr
– rechte Hand = linkes Ohr / linke Hand = Nase
– rechte Hand = rechtes Ohr / linke Hand = linkes Ohr
– rechte Hand = Nase / linke Hand = rechtes Ohr (SCHWEIHER 1977)

„Alle Vögel fliegen hoch" nur mit der rechten Hand gespielt. Wer die falsche hebt, gibt ein Pfand.

Integration von Seitigkeit und Raumerfahrung: Ein Kind bewegt sich durch den Raum, ein anderes dirigiert es mit verbalen Angaben: Ein Schritt nach rechts, zwei nach links etc. Das ganze evtl. auch mit geschlossenen Augen, evtl. durch ein Labyrinth. Wenn die Farben gelb und braun vereinbart wurden (s.o.), kann auch mit dem Heben einer Farbkarte und dem Nennen einer Zahl dirigiert werden (z.B. braun/zwei = zwei Schritte nach rechts etc.)

Wege aus dem Gedächtnis beschreiben: Wenn ich vom Klassensaal in den Schulhof will, muß ich erst geradeaus gehen, dann nach links, durch die Tür, dann rechts,...

Auditive und visuelle Seitigkeit: Geräusche lokalisieren. Die Kinder stehen mit dem Gesicht zur Wand, hinter ihrem Rücken werden Geräusche erzeugt, evtl. von zwei Personen gleichzeitig. Beispiel.: Woher kam der Glockenton, woher kam die Rassel (von rechts, von links...).

Führauge mit Augenklappe stabilisieren. Dazu wird das nichtdominante Auge zeitweise (z.B. zwei Stunden nachmittags) abgedeckt. In dieser Form können auch Lese- und Schreibübungen durchgeführt werden (ein Augenarzt sollte zu Rate gezogen werden.)

Seitigkeit bei der Auge/Hand-Koordination: Plättchen in einem bestimmten Muster legen (zwei blaue, ein rotes, drei gelbe etc.); solche Muster evtl. auch spiegelverkehrt wiedergeben (von rechts nach links, von links nach rechts, von oben nach unten spiegeln); Perlen in einer bestimmten Reihenfolge auffädeln.

Zipp – Zapp: Die Spieler sitzen im Kreis. Jeder Teilnehmer fragt seine beiden Sitznachbarn nach deren Vornamen, sofern er sie nicht schon kennt. Ein Spieler (oder der Spielleiter) steht in der Mitte des Kreises, deutet dann plötzlich auf einen Mitspieler im Kreis und ruft entweder „Zipp" oder „Zapp". Bei „Zipp" muß der ausgedeutete Spieler den Namen seines linken Nachbarn nennen, bei „Zapp" den des rechten (Eselsbrücke, für alle erklären: „Zipp" steht für „links"). (SCHWEIHER 1977)

Spiele: Tangram, Das verrückte Labyrinth u.ä.

„Papier und Bleistift"-Programm zum Raumlage-Training: z.B. KOWARIK/KRAFT: Funktionstraining, 3 Bände. Wien 1974

Für jüngere Kinder sei hingewiesen auf das Training von RÖTTGEN/MÜLLENBRUCH.

Die Übungen aus der **BRAIN GYM** (s. S. 138f.) haben auch für die Seitigkeitswahrnehmung Relevanz.

4.4 Visuelle Sensibilisierung

4.4.1 Training der Augenmotorik

Vor einem systematischen Einsatz der hier beschriebenen Übungen über einen längeren Zeitraum sollte ein Augenarzt befragt werden!

Alle vorgeschlagenen Übungen (z.T. nach KIPHARD 1990[3]b und SCHOLL 1992) sind sehr anstrengend. *Vor und nach jeder Übungsphase müssen die Augen daher unbedingt entspannen.* Am Anfang und am Ende jeder Übung steht also immer die

Augenentspannung (s. S. 125)

Augen folgen vorgegebenen Bewegungen, z.B. der liegenden Acht: Dem Daumen nachschauen: einäugig rechts, einäugig links, beidäugig; oder:

Die Augen folgen bewegten Objekten (besonders bei kleineren Kindern gut geeignet): Man beginnt mit großen Gegenständen (z.B. mit einem großen Ballon, einer großen Fahne o. ä.) und läßt die Objekte mit der Zeit immer kleiner werden. Möglichkeiten: Hüpfender Ball, Kreisel, rollende Münze, rollender Reifen, Spielzeugauto etc. (jeweils bis zum Stillstand verfolgen). Gut sind auch Gegenstände, die Geräusche absondern, z.B. Brummkreisel, Spieluhr, Klapper oder Rassel. Auch ein ferngesteuertes Auto ist geeignet, wenn es Lichter hat, sogar für den Dunkelraum (s. u.). (Brand 1988[4])

Ball hochwerfen und seinen Flug verfolgen. Einem Jojo, einem Purzel-männchen oder Kletterspecht zuschauen. Pendelnde Gegenstände, spiral-gefedert aufgehängte Tiere betrachten. Nach Art des Jonglierens Ball von einer Hand in die andere werfen und dabei genau verfolgen. Ballspiele aller Art, z.B. Tischtennis, Tischfußball.

Schwebende Seifenblasen oder Luftballons beobachten. Sehr spaßig (und für die Auge/Hand-Koordination förderlich) kann es sein, schwebende Bal-lons oder Seifenblasen mit einer Wasserpistole abzuschießen. Bei heißem Wetter ein Labsal!

Weitere Ideen für die Arbeit im **Dunkelraum**: Bewegungen können durch **Taschenlampenlicht oder eine Dia-Zeigelampe** vorgegeben werden. Das Kind kann sich solche Bewegungen auch selbst vorgeben (Auge/ Hand-Koordination). Im Dunkelraum kann auch mit Leuchtbällen, Leucht-Fimo, bunten Leuchtbesen u. a. gearbeitet werden. All das ist sehr emp-fehlenswert und macht außerdem riesigen Spaß! Viele weitere Vorschläge für den Dunkelraum in HOFELE 1995[2].

Die Bewegungen können verfolgt werden mit bewegtem oder mit unbewegtem Kopf, mit beiden Augen oder mit nur einem Auge (Augenklappe). Das ist besonders wichtig, wenn noch kein Führauge ausdifferenziert ist. Das tendenziell subdominante Auge wird dann für die Übungen verdeckt. Ein Betreuer sollte kontrollieren, ob das Kind tatsächlich die Augen in der erforderlichen Weise bewegt. Dazu sollte er sich immer dem Kind gegenüber aufhalten. Übertriebene Anspannung der Augenmuskulatur muß vermieden werden!

Auch beim **Schaukeln oder Rutschen** müssen die Augen vorübergleitende Gegenstände verfolgen. Sinnvoll ist auch, **großflächig an der Tafel oder auf Fensterscheiben zu malen,** wobei man die Striche mit den Augen verfolgt. Die liegende Acht ist wieder mal gut geeignet. Besonders günstig ist das **Malen mit Fingerfarbe auf eine geöffnete Fensterscheibe,** auf deren anderer Seite der beobachtende Betreuer steht.

Langsame senkrechte und langsame waagerechte Augenbewegungen: Das Kind sucht sich eine senkrechte bzw. eine waagerechte Linie im Raum und fährt gleichmäßig daran entlang, anfangs evtl. geleitet vom Lichtpunkt einer Dia-Zeigelampe (die das Kind evtl. selber bewegt).

Umfahren von Gegenständen: Ein Punkt der Umrißlinie eines Gegenstandes (z.B. eine Ecke) wird genau fokussiert. Dann folgen die Augen langsam und gleichmäßig der Umrißkante des Gegenstandes bis zum Ausgangspunkt zurück. Beginnend mit großen, entfernten Gegenständen (z.B. Schrank) und fortschreitend zu kleineren, näheren Gegenständen (z.B. Tasse).

Pinselschwünge: Augen werden als Pinsel gedacht. Die gegenüberliegende Wand wird mit breiten Schwüngen von oben bis unten mit einer gedachten Farbe bemalt. (Kann auch mit geschlossenen Augen ausgeführt werden).

Peitsche: Beginnend mit dem nichtdominanten Auge. Beispiel: Das linke Auge wird mit der rechten Hand locker abgedeckt, so daß es geöffnet bleibt und sich das Lid noch bewegen kann. Die freie linke Hand wird möglichst weit links gehalten, so daß das rechte Auge sie noch scharf sehen kann. Nun wird sie langsam in weitem Bogen an das unverdeckte Auge geführt, dabei beobachtet und immer fokussiert. Wenn sie so nahe herangeführt ist, daß sie nicht mehr fokussiert werden kann, wird sie in einer schnellen Kreisbewegung wieder in die Ausgangsstellung zurückgeführt, aber dabei auch immer fokussiert. Zur Unterstützung kann man sich auf eine bestimmte Stelle der Handlinien konzentrieren. Mehrfache Durchführung ohne Kopfbewegung. Danach Entspannung und Seitenwechsel.

Auf die Therapievorschläge von AYRES, die in 4.1 erwähnt wurden, sei auch in diesem Zusammenhang verwiesen.

4.4.2 Training der Auge-Hand-Koordination

Murmeln spielen, Mikado, Frisbee, Tischtennis, Ringe über Stäbe werfen

Kartenhäuser aus Bierdeckeln bauen.

Längliche Gegenstände balancieren, z.B. einen Tonstab quer über dem Zeigefinger oder senkrecht auf der Handfläche. Die Länge des Stabes kann gesteigert werden, um die Schwierigkeit der Übung zu erhöhen.

Labyrinth mit dem Stift durchfahren, ohne die Seitenlinien zu überqueren.

Figuren ausschneiden, ausreißen, falten, ausmalen; Figuren aus Pfeifenputzern o. ä. nachbauen.

Kugel über ein Labyrinth mit Löchern bewegen, ohne daß sie hineinfällt.

Ballschule (WOLL 1988): Ein mittelgroßer Ball wird an eine Hauswand geworfen. Ein Kind fängt an, die anderen schauen zu und kommen an die Reihe, wenn das erste einen Fehler macht. Dabei (beliebig kürzbar):

10mal mit der rechten Handfläche den Ball nach oben an die Wand prellen.
 9mal mit der linken Hand nach unten prellen
 8mal mit der rechten Faust
 7mal mit gefalteten Händen
 6mal mit einem Knie
 5mal mit dem Rücken
 4mal mit aufeinandergelegten flachen Händen
 3mal mit dem Kopf
 2mal mit der Brust
 1mal mit beiden Händen, sich dabei umdrehen und den Ball rücklings fangen.

Fadenspiele über den Fingern (dargestellt z.B. in: WOLL 1988.)

Rollstaffel: Zwei Rundhölzer (z.B. Klangstäbe) werden nebeneinandergelegt und mit den Fingerspitzen vorwärts bewegt. Einzelwettbewerb: Wer schafft als erster eine bestimmte Strecke, ohne daß die Stäbe auseinanderrollen? Gruppenwettbewerb: Zwei Partner sind ein Team und bewegen vier Stäbchen gegen ein anderes Zweierteam mit vier Stäbchen. Auch hier dürfen die Stäbchen den Kontakt nicht verlieren. Das Spiel gelingt auf Teppichboden am besten. Bei harten, glatten Böden kommt es zu unkontrollierbaren Bewegungen, wenn die Stäbe nicht perfekt rund sind.

Kugel fangen: Ein löffelähnliches Brett hat im vorderen Teil ein Loch. Eine Kugel ist mit einer Schnur daran befestigt. Man schnickt die Kugel hoch und versucht, sie mit der Öffnung des Brettchens aufzufangen. Zum Selberbasteln: Eine Schnur wird am Boden eines Joghurtbechers und an einem passenden Ball befestigt. Der Ball wird hochgeschnickt und mit dem Becher aufgefangen.

Bleistiftstaffel: Die Gruppe wird in zwei Parteien geteilt. Der jeweils erste beider Parteien nimmt zwei Bleistifte in die Fäuste und streckt sie von sich weg. Darüber wird quer ein dritter Bleistift gelegt. Dieses Gebilde wird an den zweiten jeder Gruppe weitergereicht etc. Welche Gruppe schafft es als erste bis zum hintersten Mitspieler? Erschwerung: Wenn der Querbleistift herunterfällt, muß von vorne angefangen werden.

Jagdspiel: In einem dunklen Raum wird mit zwei Taschenlampen gespielt. Einer ist der Jäger, der andere wird gejagt. Der Gejagte leuchtet mit seiner Lampe an die Wand, der andere folgt seinen Bewegungen. Wird der erste getroffen, werden die Rollen neu vergeben (HOFELE 1995[2]).

Licht abwerfen: Man lege im Dunkelraum eine kleine Taschenlampe in einen Papierkorb und lasse die Kinder dahinein – bei sonst völliger Dunkelheit – Zielübungen veranstalten (HOFELE 1995[2]).

Seifenblasen abschießen: ist ein Hauptspaß an heißen Sommertagen: Einer produziert die Seifenblasen, ein anderer zielt mit der Wasserpistole darauf (vgl. S. 142).

Scheine fangen: Ein Mitspieler hält einen (Monopoly-)Geldschein nach unten zwischen zwei Fingern, unmittelbar über der geöffneten Hand seines Mitspielers. Ohne Vorwarnung läßt er den Geldschein fallen. Der Mitspieler muß nun versuchen, den Schein zwischen Daumen und Zeigefinger zu fangen. Nach drei Runden wird gewechselt. Man kann es auch als Mannschaftsspiel versuchen, wobei diejenige Mannschaft die meisten Bonbons bekommt, die die höchste auf den Geldscheinen dargestellte Summe gefangen hat. (AUGÉ 1995)

4.4.3 Visuelles Gedächtnis- und Aufmerksamkeitstraining

Kurzprojektion von Bildern. Wer kann die meisten Details nennen?

Die Abbildung von Teilen eines Gegenstandes oder extreme Vergrößerung projizieren. Schüler versuchen die Darstellung zu erkennen.

Eine Gruppe von Bildern ähnlicher Gegenstände betrachten (z.B. Hunde verschiedener Rassen). Wie viele gleiche waren abgebildet? Welche Merkmale habt ihr behalten? Wie viele verschiedene waren es? (NAVILLE mdl.)

Bildvergleiche: Original und Fälschung; Suchbilder aller Art; fehlende Teile in Bildern ergänzen usw. Material findet sich z.B. auf den Kinderseiten vieler Zeitschriften.

Auf den Ausschnitt kommt es an: Ein Bild genau betrachten. Aus Papier einen kleineren Rahmen herstellen und auflegen. Welche Details sieht man jetzt?

Raumlupe: Ähnlich wie bei der vorhergehenden Übung, aber auf den Klassenraum bezogen: Ein Teil des Raumes wird durch ein gerolltes Papier (oder durch einen in ein Blatt geschnittenen Rahmen) betrachtet. Was kann man erkennen?

4.4.4 Gruppenspiele zu visuellen Teilfunktionen:

Ich seh' etwas, was du nicht siehst ...und das ist rot, oder:...und das ist rund (Fragen nach der Form), oder: ... und das ist klein (Fragen nach der Größe) usw.

„Zublinzeln" spielen. Die Schüler stehen paarweise hintereinander, die Paare bilden einen großen Kreis. Ein Kind hat keinen Partner. Er blinzelt einem vorne stehenden Kind möglichst diskret zu. Das ist das Signal, zu dem Einzelkind zu kommen. Der dahinter stehende Partner versucht das durch Festhalten zu verhindern.

Telegramm weitergeben: Die Schüler sitzen im Kreis und halten sich bei den Händen. Einer sagt: „Ich schicke ein Telegramm an Peter; abgegangen." Dabei drückt er möglichst diskret die Hand seines Nachbarn, der wieder seinen Nachbarn drückt usw., bis Peter, der Adressat, gedrückt wurde und sagt: „Angekommen!" Ein Schüler in der Mitte des Kreises versucht zu erkennen, wo gerade gedrückt wurde. Bei richtig erkannter Stelle wird getauscht; der Schüler, der sich beim Drücken erwischen ließ, geht in die Kreismitte. Achtung, Trick für die „Drücker": Der Druck wird nicht ruckartig ausgeführt, sondern steigert sich ganz langsam kontinuierlich. Dann ist der Vorgang wesentlich schwieriger zu sehen.

Radiergummi verstecken (bei Schülern auch unter der Bezeichnung „Bombe verstecken" beliebt): Ein Schüler bleibt im Raum und versteckt einen Radiergummi o. ä. so, daß man ihn noch offen sehen kann. Dann holt er die anderen Mitspieler herein und gibt per Handzeichen die Höhe an, in der sich der Gegenstand befindet. Die anderen suchen. Wer die Sache gefunden hat, setzt sich *still*, so daß die Mitspieler noch weitersuchen können. Wer sich zuerst gesetzt hat, ist Rundensieger und darf im nächsten Durchgang verstecken. Es muß geübt werden, daß man still und unauffällig weitergeht und nicht laut rufen darf, wenn man den Radiergummi gefunden hat. Das Spiel eignet sich gut als fester Bestandteil der Kursarbeit.

4.5. Taktiles Empfinden, Hand-, Finger- und Graphomotorik

4.5.1 Taktile Wahrnehmung allgemein

a) Tastsinn der Hände (z.T. nach SEITZ o.J.)

Ein Training der Fingermotorik ist nicht nur zur Verbesserung der Schreib-fähigkeit angebracht, sondern auch eine wichtige begleitende Maßnahme bei Sprechstörungen. Die für beide Funktionen verantwortlichen Hirnareale liegen nämlich so dicht beieinander, daß die Übung der einen Funktion auch für die andere wichtig ist (vgl. V.4.8.3, S. 171ff.).

In einer Klasse ähnlicher Dinge **Unterschiede ertasten,** z.B.: Verschiede-ne Getreidekörner, verschiedene Sorten Papier, Stoff, Schnüre, Nägel, Baumrinden usw. usw.

Stoffpuppen bekannter Figuren (Mickey Mouse, Snoopy, Simba usw.) werden mitgebracht und sollen bei blindem Betasten erkannt werden.

Oberbegriffe finden: Verschiedene Gegenstände einer bestimmten Klas-se werden ertastet, z.B. „Karte": Spielkarte, Postkarte, Straßenkarte, Ein-trittskarte...; der Oberbegriff „Karte" wird gesucht (andere Möglichkeiten z.B.: Werkzeug, Spielzeug, Süßigkeiten...)

Gegenstände mit verbundenen Augen sortieren: alle runden, alle wei-chen, alle schweren...

An einer Schnur aufgehängte Gegenstände ertasten (Alternative zum Grabbelsack).

Tastwand: Auf eine Wand werden rechteckige oder quadratische Stücke verschiedener Materialien geklebt (Stoff, Fell, Sandpapier...), bei geschlos-senen Augen betastet und besprochen.

Zweipunkt-Diskrimination: Ein oder zwei (gleich spitze) Bleistifte werden (exakt im gleichen Moment) auf die Haut eines Schülers gesetzt, dem die Augen verbunden wurden. Der „Blinde" gibt an, ob er eine oder zwei Spitzen spürt. Man beginnt mit einem Abstand von ca. 20 Zentimeter und läßt die Spitzen immer enger zueinander hinwandern. Wann erkennt der oder die Blinde nicht mehr, ob er mit einer oder mit zwei Spitzen berührt wurde? Normal sind auf dem Unterarm 1 – 2 cm; die Handinnenflächen sind sensibler, am wenigsten sensibel ist der Rücken (CÁRDENAS mdl.).

Verschiedenste **Falt-, Knet- und Bastelarbeiten**, Arbeiten mit Ton.

Tastbilder: Bei geschlossenen Augen malt ein Kind einem anderen ein Symbol auf Handfläche oder Handrücken. Die Hände können dazu auch hinter den Rücken gehalten werden, wobei zur Stimulation dann vor allem die Handflächen in Frage kommen. Wenn das Symbol erraten ist, werden die Rollen getauscht. Dann werden die Paare neu zusammengestellt. Sie malen sich jetzt Symbole auf den Rücken. Die Übung kann dadurch erleichtert werden, daß eine Reihe von möglichen Symbolen an der Tafel erscheinen (Kreis, Kreuz, Pfeil, Blitz, Spirale, Spazierstock, Hut, Dreieck, Herz, Viereck, Fragezeichen, Ausrufezeichen, Stern, Haus. Schwieriger: Apfel, Birne, Zitrone, Banane, Baum, Schmetterling, Pilz, Regenschirm, Smiley, Besteck, Geschirr, Werkzeug usw. Natürlich kann es sich dabei auch um Buchstaben oder Zahlen handeln).

Temperatur fühlen: Etwas aufwendig, aber sehr effektvoll ist folgendes Arrangement zur Temperaturerfahrung: Die Schreibhand wird in eine Schüssel mit möglichst kaltem, die andere gleichzeitig in eine Schüssel mit sehr warmem Wasser getaucht. Nach einer Weile der Gewöhnung werden beide Arme gleichzeitig in eine dritte Schüssel mit lauwarmem Wasser gehalten. Man spürt die Schreibhand, die im kalten Wasser war, jetzt warm und die, die im warmen Wasser war, kalt.

Übungen mit chinesischen Handkugeln: Beide Kugeln werden in einer Hand umeinander gedreht. Für Fortgeschrittene: Die Kugeln berühren sich dabei nicht. Vor allem Anfänger sollten die Hand, in der sie die Kugeln bewegen, nicht über den Füßen halten, da es sehr weh tun kann, wenn eine runterfällt.

Ein **Tast-Domino** kann bei SCHUBI (s. Literaturverzeichnis) käuflich erworben werden. Mit verdeckten Augen werden gleiche Tastqualitäten aneinandergelegt. Die Steine sind zur besseren Kontrolle durch Mitspieler (oder hinterher) farbig markiert, so daß gleiche Tastqualitäten die gleiche Farbe haben.

„**Das ist der Daumen,** der schüttelt die Pflaumen...“ und andere Fingerspiele.

Übungen aus dem Bereich des Finger-Yoga (THYSSEN 1993, THIEL/ BEREND o. J.):

Handmassage: Mit dem rechten Daumen drückt man leicht auf den linken Daumenballen und massiert von dort aus kreisförmig um die Handfläche herum. Dann Seitenwechsel.

Fingerbegrüßung: Spitzen von Daumen und Zeigefinger aneinanderlegen. Die anderen Finger in entspannter Haltung strecken. Dann: Spitzen von Daumen und Mittelfinger aneinander, danach Spitzen von Daumen und Ringfinger aneinander, Spitzen von Daumen und kleinem Finger aneinander. Andere Finger jeweils locker gestreckt lassen.

Fingerturnen: Spitzen von Mittelfinger und Ringfinger an die Daumenspitze legen, die beiden anderen Finger bleiben gestreckt.– Spitze von Daumen und Ringfinger zusammenlegen, dann den Zeigefinger auf das erste Daumengelenk. Mittelfinger und kleiner Finger bleiben gestreckt. Die Spitzen von Ringfinger und kleinem Finger werden mit der Daumenspitze zusammengelegt. Zeigefinger und Mittelfinger berühren sich und bleiben gestreckt.

Fingerblüte: Beide Fäuste aneinanderlegen, dabei aber die Daumen gestreckt lassen. Tief einatmen, dabei Fäuste langsam wie eine Knospe öffnen, so daß schließlich nur noch die Fingerkuppen und die unteren Ränder der Hände aneinanderliegen. Dann werden die Finger wie bei einer voll erblühten Blume nach hinten gebogen. Beim Ausatmen schließen sich die Fäuste wieder.

b) Taktile Wahrnehmung der Fußsohlen

Tasten mit den Füßen: Mit Socken oder barfuß über bestimmte Materialien laufen, sie erkennen und den Tasteindruck beschreiben. Evtl. wie bei der Tastübung oben die anderen das Material erraten lassen. Oder: Mit dicker Schnur Formen oder Figuren auf dem Boden auslegen. (Wellen, Zacken, Dreieck, Kreis...) Mit den Fußsohlen darüberlaufen und die Form erkennen. Das geht natürlich auch mit Buchstabenformen.

c) Taktile Körperwahrnehmung

In Bauchlage wird ein Sandsäckchen oder ein anderer Gegenstand, z.B. ein flacher Stein, auf eine Stelle des Körpers gelegt. Wo ist der Gegenstand genau? – In Bauchlage werden beide Beine, (oder beide Arme, oder der Rücken) flächendeckend mit Gegenständen wie oben belegt. Einer wird weggenommen. Die Stelle wird beschrieben. Die Übung aktiviert auch das Bewußtsein für das Körperschema.

d) Partnerspiele

Der eine „sieht", der andere ist „blind": Eine Figur oder ein Gebäude wird „vom sehenden Partner" aus Legosteinen gebaut. Der „Blinde" tastet immer wieder vorsichtig und beschreibt die Form verbal oder baut die Figur nach.

Blindekuh-Tanz: Die Schüler bewegen sich im Raum mit verdeckten Augen (Schlafmaske) zu Musik. Dann setzt die Musik aus. Jeder sucht sich – weiter mit verbundenen Augen – einen Partner und versucht ihn durch Tasten zu erkennen. Es herrscht natürlich Schweigepflicht. Die Übung funktioniert nur in eingespielten Gruppen.

e) Räumliche Orientierung:

Ich find's blind: Einer von zwei Partnern fixiert einen Punkt im jenseitigen Bereich des Raumes und prägt sich den Weg dorthin (der evtl. durch Möbel o. ä. verstellt ist) ein. Er versucht ihn dann mit geschlossenen Augen zu gehen (Schlafmaske), während der andere mitgeht und in Problemfällen hilft.

Einen Raum erkunden: Ein Spieler geht mit verbundenen Augen an der Wand eines ihm noch unbekannten Raumes entlang und ertastet dessen Form und Beschaffenheit. Ein anderer geht mit und hilft in Problemfällen. Der „Blinde" wird nach dem Rundgang wieder aus dem Raum geführt und soll versuchen, den ertasteten Raum nachzuzeichnen. Die Zeichnung wird dann mit der Realität verglichen.

f) Taktiles Gedächtnis

Tast-Memory I: Gleich große Pappkärtchen werden paarweise mit bestimmten Materialien beklebt, z.B. Fell, Sandpapier verschiedener Körnung o.ä. Einem Spieler mit verbundenen Augen werden die Kärtchen nacheinander gereicht. Er versucht zu erkennen, welche Sorte er schon einmal hatte. Nach diesem ersten Durchgang liegen alle Plättchen in der gezeigten Reihenfolge offen da. Man führt dem Spieler die Hand zum ersten Plättchen. Der Spieler versucht, sich zu erinnern: Das war das dritte in der Reihe. Fünf unterschiedliche Tastqualitäten reichen für eine Übung aus, sonst wird sie zu zeitaufwendig. Ein Tast-Memory kann bei SCHUBI käuflich erworben werden (s. Literaturliste).

Tast-Memory II: Ein großer Karton (z.B. von einer Waschmaschine) wird auf einer angemessenen Höhe abgeschnitten. In die Seiten kommen Löcher für die Hände der Mitspieler. In dieser Form steht der Karton auf dem Spieltisch. Der Spielleiter verteilt die Tastkärtchen von oben auf der inneren Spielfläche, die die Kinder nun nicht sehen, aber mit den Händen erreichen können. Man kann nun so spielen, daß jeder seine Tasterfahrungen alleine macht und versucht, möglichst viele Paare zu finden. Oder die anderen bekommen die eben aufgedeckte Karte auch in die Hand (analog zum Original-Memory, wo ja auch alle Mitspieler die aufgedeckten Kärtchen sehen).

Tastkim: Verschiedene Gegenstände werden in eine Reihe gelegt und von den Mitspielern blind ertastet. Sodann wird die Reihenfolge verändert, die Schüler versuchen, die alte Abfolge wieder herzustellen (BÜCKEN 1991).

4.5.2 Graphomotorische Basisfunktionen: Arm-, Hand- und Fingerübungen

Eine gezielte Förderung der Graphomotorik ist nur sinnvoll, wenn andere mögliche Ursachen für ein zerstörtes Schriftbild ausgeschlossen werden können. Hierzu zählen Probleme der visuellen Wahrnehmung und Wahrnehmungsverarbeitung genauso wie Störungen der Grobmotorik und der Gleichgewichtswahrnehmung. Da Auge und Hand bekanntlich einen „sensomotorischen Regelkreis" (KIPHARD 1990[4]) darstellen, können visuelle Funktionsschwächen auch bei intakten motorischen Fertigkeiten zu einer auffälligen Hand bzw. Graphomotorik führen, weil eben die visuelle Steuerung der Hand mangelhaft ist. Genauso wird ein Kind mit grobmotorischen Fehlfunktionen keine ausgefeilte Feinmotorik entwickeln können. Eine gezielte Förderung der Handmotorik ist also nur nach genauer Beobachtung wirklich erfolgversprechend und sollte im Zweifelsfalle auch die visuellen und grobmotorischen Probleme berücksichtigen. Bei vielen Kindern fehlt als Grundvoraussetzung für eine organische Schrift schon die richtige Sitzposition. Hier muß man bei Bedarf immer wieder durch direkte Körperkorrektur und verbale Erklärung helfen. Eine verkrampfte Sitzhaltung kann auf unzulänglicher Gleichgewichtsverarbeitung oder Propriozeption beruhen. Ein zu stark verdrehtes Blatt (bei manchen Kindern ist es bis zu 90° gedreht, so daß sie quasi von unten nach oben schreiben) legt den Verdacht auf Schwierigkeiten bei der Überkreuzung der Körpermittellinie nahe. Hier könnten Übungen aus dem Bereich Kinästhetik helfen. Die kurzen Hinweise zeigen schon, daß Störungen der Graphomotorik zum Vertracktesten gehören, was einem bei der LRS-Förderung unterkommen kann. In schweren Fällen kann ein Ergotherapeut wohl am besten diagnostizieren und wirksam helfen, zumal auch festgestellt werden muß, ob nicht Deformationen an Knochen, Knorpeln oder Sehnen zu den beobachteten Störungen führen. Man schreite beim Training in jeder Körperzone (Schultern – Ellenbogen – Hand – Finger) von großräumigen zu kleinräumigen Bewegungen fort.

a) Lockerungsübungen für Schulter und Ellenbogen

Wir massieren uns gegenseitig Hals und Schultern!

Großräumige Armschwünge, möglichst rhythmisch nach Musik. Weit ausladende Dirigierbewegungen, einhändig und beidhändig, zu Musik. Keulenschwingen zu Musik, gleichgerichtet oder entgegengesetzt.

Zu Musik und/oder rhythmisch mit den Händen auf den Tisch, auf eine weiche Unterlage, auf eine Wasserfläche patschen.

Festes Ballprellen, abwechselnd links und rechts sowie gleichzeitig mit beiden Händen.

Weit ausholendes Kegeln mit Ball oder Kugel. Wurfbewegungen von der Körpermitte nach außen.

Schöpfbewegungen, z.B. mit einem Becher Wasser schöpfen, ihn schwungvoll in den Becher der anderen Hand gießen und umgekehrt. Tischtennisball oder Flummy fallen lassen und beim Hochspringen mit einem Becher schöpfend auffangen.

Jojo spielen. Gewichte an der Schnur hin- und herpendeln lassen.

Heulschläuche um den Kopf schwingen. Lassoschwingen, links, rechts und beidhändig.

Tischabwischen, Tafelputzen, Fensterputzen als großräumige Hin- und Herbewegung. Großformatige Schwung- und Schreibübungen z.B.: mit nassem Schwamm auf der Tafel, mit dickem Filzstift auf Tapete.

Faust – Kante – flach: Der Unterarm wird auf den Tisch gelegt. Die Hand beschreibt den Ablauf: Faust, Kante, flach (Handfläche auf den Tisch). Die Übung kann mit Rhythmusvorgabe durchgeführt werden.

Zur Koordination von Hand und Arm: Der Arm ist angewinkelt, die Finger ausgestreckt. Der Arm wird ausgestreckt, die Finger zur Faust geballt. Mehrfacher Wechsel. Die Übung kann mit Rhythmusvorgabe durchgeführt werden (vgl. „Energiepumpe" bei Brain Gym, V.4.2).

b) Beweglichkeitsübungen für Hand und Finger

Zur Lockerung der Handgelenke: Fähnchenschwingen, mit beiden Händen gleichzeitig oder einseitig winken, gleich- oder gegensinnig kreisen, sich mit einem Fächer Luft zuwedeln. Tischfußball spielen.

Abwechselnd beidseitig mit den Fingerspitzen und den Handballen auf den Tisch tippen.

Fingerturnen (s. V.4.5.1)

Knet-, Schneide, Reiß-, Falt-, Biegeübungen. Basteleien aller Art. Bauen mit Bausteinen. Perlen auffädeln. Gegenstände sortieren, wobei man mit großen beginnt und zu immer kleineren übergehen kann (z.B. verschiedene Körner, Glasperlen unterschiedlicher Farbe usw.). Weben, Häkeln, Stricken.

Ringe, runde Gegenstände und Kreisel mit den Fingern in Drehbewegungen versetzen. Bei wem dreht es sich am längsten?

Haushaltstätigkeiten: Kartoffeln abwaschen, schälen, Speisen im Topf umrühren, durch ein Sieb passieren, Eier aufschlagen und verkleppern; Tücher und Lappen auswringen etc. etc.

Für Könner: Streichholz oder Münze zwischen Zeigefinger und Daumen klemmen und zum Mittelfinger usw. weitergeben.- Mit zwei Streichhölzern ein drittes aufheben.

Eine Fülle von Vorschlägen für das Hand- und Fingertraining macht STEHN 1993.

c) Graphische Richtungs- und Formübungen

Von großen zu kleineren Formaten, von dicken zu dünneren Stiften fortschreitend:

Beidhändig (oder einhändig) senkrechte Striche als „Regen", senkrechte und waagerechte Striche als „Gitter", beidhändige und einhändige waagerechte und senkrechte Striche als Kreuze, beidhändige und einhändige waagerechte und senkrechte Striche als Ecken (Winkel), beidhändige und einhändige Zickzacklinien von innen nach außen, von außen nach innen, desgl. Girlanden und Arkaden, Schleifen, Spiralen, beidhändig und einhändige geschwungene oder gemalte Halbkreise, senkrecht oder waagerecht, desgl. „Baumkuchen" von unten nach oben, von oben nach unten, beidhändig gemalter Tannenbaum, Treppenstufen, liegende und aufrechte Achten. Dabei wie oben erwähnt allmähliche Verkleinerung von Malformat und Stift, Übergang von der Arbeit „in der Luft" zur Arbeit auf Papier, Verkleinerung der Lineatur usw.- Viele Anregungen in: NAVILLE/MARBACHER 1991[3] und SCHILLING 1994[10]

Bilder ausmalen, Labyrinthe nachfahren, Schattenspiele mit dem Overhead-Projektor.

Numerierte Punkte verbinden, so daß Bilder daraus entstehen. Erst große Abstände, dann immer kleinere.

Pappnähen: Auf einer Pappe sind verschiedene Muster- oder Gegenstandskonturen durch Löcher markiert. Die Kinder nähen mit Nadel und Faden die Löcher nach.

Zeichnen mit dem Spirographen.

4.6 Entspannungs-, Konzentrations- und Gedächtnistraining

4.6.1 Entspannung

Manche Kinder „wissen gar nicht, was Passivität ist und sind unfähig, ihren hohen Muskeldauertonus aufzulösen. (...) Tonuserfahrungen sind das A und O bei übererregbaren Kindern, die meist nervlich so überdreht sind, daß sie gar kein Muskelgefühl entwickeln können." (KIPHARD 1990[3] b)

Dabei ist „Entspannung" auch ein zentraler Trainingsbereich von „Konzentration". Erfahrungsgemäß wirken viele LRS-Kinder unkonzentriert. Das liegt jedoch oft daran, daß sie auf besonders hohem Konzentrationsniveau arbeiten müssen, um gegen ihre Teilleistungsschwächen anzuarbeiten. Dies halten sie aber nur eine kurze Zeitlang durch, worauf die Konzentration völlig zusammenbricht. Nicht selten finden sich ja am Anfang von Diktaten kaum Fehler, während der Schluß davon nur so wimmelt. Mehr Konzentration zu fordern, wäre hier sicher der falsche Weg. Unkonzentriertheit kann auch ein Vermeidungsverhalten sein: Um nicht lesen und schreiben zu müssen (wo man ja sowieso nur Mißerfolge hat), trödelt oder kaspert man herum. Ein Entspannungstraining kann dazu beitragen, den Angst- und Streßanteil beim Lesen und Schreiben zu reduzieren. Nur durch Entspannung wird Konzentration im eigentlichen Sinne überhaupt möglich, indem man – durch innere Ruhe – störende Reize ausblendet und sich „dem Wesentlichen" öffnet. Vor zu viel klassischem Konzentrationstraining (mit Papier und Bleistift, unter Ausschaltung der Motorik) sei daher gewarnt!

Den Kindern soll erfahrbar gemacht werden, daß sie sich entspannt wohler fühlen und besser arbeiten können. Man muß ihnen bewußt machen, daß sie die in der Entspannungsphase gewonnene Ruhe mit in die Arbeitsphasen hineinnehmen sollen.

Bei der Einführung von Entspannungstechniken beginnt man in kleinen Schritten, z.B.:

Tischentspannung: Arm auf dem Tisch legen, Kopf darauflegen. Eine Minute lang (später länger) ruhig durchatmen. Evtl. über Empfindungen während oder nach der Übung reden.

Atemübungen, z.B. so: Die Kinder sitzen am Tisch, stützen die Ellenbogen auf und legen die Fingerspitzen beider Hände aneinander. Dann wird tief eingeatmet, wobei die Fingerspitzen lockerlassen, während sie beim ebenso tiefen Ausatmen aneinandergepreßt werden.

Übungen zum **Wechsel von Spannung und Entspannung** (z.B. aus dem Yoga). Selbst mit großen Gruppen geht folgende Übung sehr gut: Die Kinder sitzen am Tisch, behalten mit den Füßen Bodenkontakt und stützen ihre Handflächen locker auf. Dann wird Druck auf die Handflächen gegeben, so daß sich der Körper leicht vom Stuhl abhebt. Dabei wird langsam bis 6 gezählt. Dann entspannen sich alle und lassen Arme und Oberkörper locker nach unten hängen. Nun rückt man vom Tisch ab und stützt die Hände auf die Knie. Wieder Druck geben und bis 6 zählen, dann Entspannung. Die Hände verschränken sich hinter dem Kopf, Hände und Kopf drücken aneinander bis 6, Entspannung. Eine Handfläche liegt seitlich am Kopf, Druck bis 6, Entspannung. Die andere Handfläche tut ein gleiches. Weitere Möglichkeiten: Arme in die Hüfte stemmen, linke Hand aufs rechte Knie und umgekehrt, Füße drücken auf den Boden usw.

Reise durch den Körper: s. S. 139 (Körperschema)

Schwingen: Im Stehen werden die Arme locker herunterhängen lassen. Der Kopf sitzt ganz lose auf dem Hals. Jetzt schwingen wir mit dem Oberkörper nach rechts und links, die Arme fliegen wie alte Lumpen um ihn herum, der Kopf dreht sich ganz weit mit nach hinten, so daß wir die Wand hinter dem Rücken sehen können. (Aufhören, bevor jemandem schwindelig wird).

Schütteln: Wir lassen den Oberkörper nach vorne hängen und schütteln ihn mitsamt dem Kopf, als sollten alle Sorgen auf den Boden kullern. Die Backen schlenkern dabei. Auch die Stimme kann dabei „geschüttelt" werden.

Lob spenden: Die Kinder sitzen im Kreis. Jedes sagt reihum einem anderen (nach Wahl), was es an ihm gut findet. Wenn diese „Übung" öfter gemacht wird, kann sich die Aussage auch auf einen bestimmten Zeitraum beziehen, z.B. die vergangene Woche. Das Spiel eignet sich nämlich durchaus dazu, ritualisiert in den Montags- oder Wochenabschlußkreis aufgenommen zu werden. Abwandlung für besondere Gelegenheiten: Ein Schüler bekommt eine brennende Kerze in die Hand. Er geht damit zu einem Klassenkameraden, gibt ihm die Kerze und sagt: „Ich mag dich, weil..." So geht die Kerze in der Klasse herum. Am besten läßt man für die Übung einen Sitzkreis bilden. Man sollte darauf achten, daß niemand ausgelassen wird. Bei Bedarf beginnt der Lehrer die Runde und gibt die Kerze einem abgelehnten Kind.

Weitere Varianten zum Lobspenden: Die Namen der Gruppenmitglieder werden auf Kärtchen geschrieben, die man in einen Hut wirft. Jedes Gruppenmitglied zieht sich eine Namenskarte und sagt dem Betreffenden etwas Positives. Oder: Zwei Partner stehen sich gegenüber. Der erste sagt dem zweiten ca. eine Minute lang (am Anfang vielleicht kürzer), was er an ihm gut findet. Dann sagt der zweite dem ersten das gleiche. Oder: Die Kinder haben auf dem Rücken einen Zettel, auf dem der Satzanfang: „Ich mag dich weil..." oder „Mir gefällt an dir ..." steht. Wer mag, geht zu einem Klassenkameraden hin und schreibt etwas darauf. Entspannungsmusik kann laufen. Nach einer Zeit geht jeder auf seinen Platz und liest den Zettel. Erweiterung: Jeder bekommt ein Blatt mit dem Umriß eines Eisenbahnwagens. Er schreibt die Äußerungen seiner Mitschüler hinein. Das ganze wird mit Lokomotive als „Klassenzug" aufgehängt.

Vertrauensgang: Einer führt den anderen, der die Augen geschlossen hat (Schlafmaske), indem er ihm seine Hand auf den Rücken legt und sanft dirigiert. Es läuft Entspannungsmusik. Bei der Führung wird nicht gesprochen. Nach einer Zeit (zu Beginn höchstens 2 min) wechseln die Rollen. Eine wichtige Absprache vor Beginn muß lauten: Wenn keine Berührung mehr zu spüren ist, heißt das: Sofort Stop! Das muß geübt werden. Den Kindern muß ihre Verantwortung für den „blinden" Partner klar sein. Sie müssen unter allen Umständen vermeiden, daß er sich wehtut, anstößt etc. Paare, bei denen man Konflikte befürchten muß, läßt man nicht zusammen gehen.

Farbmeditation: Ein farbiges Tuch (z.B. in strahlendem Blau, oder, besonders beruhigend, in lindgrün, eher abzuraten von knalligem Rot) wird sanft gewellt in die Mitte des Sitzkreises gelegt. Die Kinder bekommen die Aufgabe, sich auf das Tuch und seine Farbe zu konzentrieren und Gedankenverbindungen damit frei im Kopf entstehen zu lassen. Als Hintergrund läuft Entspannungsmusik. Danach wird über die Erfahrungen gesprochen.

Progressive Muskelrelaxation nach Jacobson (z.B. mit dem Material von HOPF und WHITE, s. Literaturliste). Weitere Hinweise auch in KIPHARD 1990[3].

Es sei hingewiesen auf die unterrichtspraktischen Vorschläge von KROWATSCHEK 1997[3]a.

Für Entspannungsübungen verwendbare Musik:

Pop u. ä.:

„Elfenmusik"; Panflöte, z.B. Zamfir CD's „Wärme", „Tiefe", „Erwachen", „Stille", „Sunset", „Sunrise", „Narada" usw. Cicada, Gandalf, Jarret, Deuter, Vollenweider, Philipp Glas Fleetwood Mac: Albatros, Santana: Samba Pa ti

Klassik:

Albioni:	Adagio in g-Moll
Bach:	Goldbergvariationen
	Air aus der Suite Nr. 3 in D
Mozart:	Klavierkonzert KV 467 in C-Dur, 2. Satz: Andante.
	Eine kleine Nachtmusik, KV 525, 2. Satz
Pachelbel:	Kanon D-Dur
Ravel:	Klavierkonzert G-Dur (1931), 2. Satz: Adagio assai
Grieg:	Peer Gynt Suite Nr. 1, op. 46, 1. Satz: Morgendämmerung

Wenn man klassische Musik für Entspannungszwecke auf Kassette aufnimmt, kann es sinnvoll sein, die allmähliche Steigerung der Lautstärke im Original durch sukzessives Herunterdrehen der Eingangsempfindlichkeit während der Aufnahme auszugleichen, damit beim Abspielen eine einheitliche Lautstärke entsteht.

4.6.2 Konzentrations- und Gedächtnistraining

„Gedächtnis", „Konzentration" und „Aufmerksamkeit" sind in der Schulpraxis häufig verwendete Termini, die aber bei genauerer Betrachtung jeweils aus einer großen Anzahl verschiedener Teilleistungen bestehen. Die bloße Feststellung einer „Konzentrationsschwäche" bei einem Kind hat daher weder diagnostischen noch therapeutischen Wert, bevor nicht festgestellt ist, was die Ursachen für den beschriebenen Mangel sind und auf welche Teilfunktion(en) er sich erstreckt. Bei der Beschreibung anderer Funktionsübungen wird für das Problemfeld eine Reihe von Vorschlägen gemacht, z.B. bei den visuellen und akustischen Übungen. Hier einige weitere Möglichkeiten:

Kimspiele aller Art, auch mit Klängen sowie Geruchs- und Geschmacksproben (vgl. BÜCKEN 1991).

Memory-Spiele

E-Durchstreichen: Die Schüler bekommen die Anweisung, in einem gerade gelesenen Text 60 sec lang alle großen und kleinen „E" durchzustreichen. Danach wird ausgezählt und das individuelle Ergebnis auf der letzten Seite des Schreibheftes festgehalten. Bei Gelegenheit wird die Sache wiederholt und das Resultat mit den vorigen Versuchen verglichen. Im allgemeinen gelingt von Mal zu Mal eine motivierende Steigerung.

Gruppenspiele: 7-Boeing: Reihum bis 100 zählen; dabei wird jede Zahl, die eine Sieben enthält oder durch die Sieben teilbar ist, durch das Wörtchen „Boeing" ersetzt (besonders wirksam im Bereich von 70 – 79). Wer die Zahl anstelle von „Boeing" sagt, gibt ein Pfand.
Weitere Spiele: Reise nach Jerusalem; Schlapp hat den Hut verloren.

Papier- und Bleistift-Programme wie z.B.:

LAUSTER, Ursula: Konzentrationsspiele. 3 Bände 1. Reutlingen 1975.
LAUSTER, Ursula: Logikspiele. 3 Bände. Reutlingen 1976
HIPPENSTIEL/KRAUTZ: Konzentrations-Trainingsprogramm I und II. Dortmund 1995[2], 1996[2]

Ein **Trainingsprogramm**, das auch als PC-Software lieferbar ist, bietet KROWATSCHEK 1997[3]b.

Weitere Vorschläge zum Gedächtnis- und Aufmerksamkeitstraining sind in den Abschnitten V.4.4.3 (Augenfunktion), V.4.5.1 (Taktiles Empfinden), V.4.8.1 Akustische Aufmerksamkeit zu finden.

4.7 Rhythmusgefühl, Zeitempfinden und Selbststeuerung

BREUER/WEUFFEN 1997[4] bezeichnen Rhythmusgefühl als eine wichtige Vorläuferfunktion von Lesen und Schreiben und weisen dies in ihrer Untersuchung empirisch nach. Auch in der alltäglichen Beobachtung scheint es oft, als läsen, schrieben, sprächen und bewegten sich LRS- Kinder, ohne ihren Rhythmus gefunden gefunden zu haben. Besonders augenfällig wird dies bei Stotterern. Rhythmische Übungen haben – wie auch solche zu den verwandten Bereichen Zeitempfinden und Selbststeuerung – daher sicher einen besonders hohen Stellenwert in der LRS-Förderung.

4.7.1 Rhythmisches Training

Richtungsgehen: Die Kinder stehen in einer Reihe. Eines schlägt auf dem Tamburin: Ein Schlag bedeutet einen Schritt vor, zwei Schläge einen zurück.

Armkreisen: Die Kinder laufen im Kreis. Während des Gehens kreisen sie mit den Armen zweimal nach vorn, dann zweimal nach hinten usw. Die Abfolge kann variiert werden.

Seil- o. Hampelmannspringen, mit und ohne Tempovorgabe durch Rhythmusinstrumente.

Metronom oder Keyboard als Taktgeber bei verschiedenen rhythmischen Übungen einsetzen. Bei schriftlichen Übungen wird ein langsam eingestelltes Metronom in einer entfernten Ecke des Raumes laufen lassen, das den Schülern einen inneren Takt vorgibt.

Morsen: Mit einer Flöte o. ä. werden lange und kurze Töne vorgespielt. Die Kinder geben den Rhythmus durch lange oder kurze Rufsignale wieder. Ähnliches kann auch in einem dunklen Raum durch langes und kurzes Blinken mit einer Taschenlampe durchgeführt werden. Lange und kurze Töne hören und in Morseschrift aufzeichnen. Punkte und Striche auf Papier werden mit Flöte, Mundharmonika o. ä. in lange und kurze Töne übersetzt.

Takte zählen: Ein Musikstück wird gehört und der Takt mitgeklatscht oder mitgeschwungen, bis die Kinder den Rhythmus gut im Gespür haben. Dann wird noch einmal ein Teil des Musikstücks gespielt und die Kinder klopfen den Rhythmus leise mit. Sie zählen dabei die Anzahl der Takte. Wer liegt am nächsten bei der richtigen Zahl?

Weitere Vorschläge z.B. bei ZAPKE in MILZ 1991[2].

In viele Übungen für andere Funktionsbereiche fließen rhythmische Elemente ein. Auf eine Wiederholung wird verzichtet.

4.7.2 Zeitempfinden

Wochen- und Monatsnamen sequenzieren: Was kommt vor/nach ... was ist der übernächste von ..., der dritte nach ... usw.

Wir beobachten das Wachstum einer Pflanze über einen längeren Zeitraum. Dazu wird von der Decke bis zum Tisch eine Schnur gespannt. Mit kleinen Klammern wird alle zwei Tage die Wachstumshöhe markiert. Es kann auch ein Zettel mit dem Datum eingeklemmt werden. Eine Amaryllis in der Wachstumsphase liefert sensationelle Effekte!

Wir knipsen jede Woche (jeden Monat) ein Foto von uns vor dem gleichen Hintergrund und bei möglichst gleicher Beleuchtung. Wir entwickeln daraus sukzessive ein Jahres-Ich-Buch und sprechen über Veränderungen.

4.7.3 Hilfen zur Selbststeuerung

Belohnungssystem: Das folgende Verfahren ist sicher am wirksamsten, wenn es gelingt, die Eltern einzubeziehen, so daß Schule und Elternhaus am gleichen Strang ziehen. Es wird mit dem Kind ein Katalog von Leistungen aufgestellt, der schulische und außerschulische Punkte enthält. Das könnte für die Schule ruhiges Verhalten, Hilfe für Mitschüler, mündliche Beiträge im Unterricht, gut erledigte Hausaufgaben u. ä. sein. Für daheim könnten sauber geführte Hefte, freiwillige Zusatzübungen für die Schule, ein gut gepackter Ranzen etc, den schulischen Teil repräsentieren, dazu könnten häusliche Tätigkeiten wie Spülmaschine ausräumen, einkaufen gehen, Hof fegen usw. kommen. Für jede erbrachte Leistung erhält das Kind zunächst eine symbolische Belohnung, z.B. in Form eines Klebepunktes. Für 10 oder 15 Klebepunkte winkt eine kleine Belohnung, für 30 oder 50 Punkte eine größere. Auch die Art der Belohnung braucht die Zustimmung des Kindes, weil es sich ja der Mühe nur unterziehen wird, wenn die Prämie es motiviert. Punkte sollte es auch geben als Trost für schlechte Noten o.ä. sowie bei Verzicht auf Fernsehen, Computer o.ä. (dazu FIRNHABER 1996[2]).

Das Verfahren kann bahnbrechende Wirkung zeitigen (s. II.1, S. 33f.), wenn – ja, wenn die Beteiligten es über längere Zeit streng beachten. Darin liegt die Crux: Ich habe oft genug erlebt, daß die Sache mit großem Elan begonnen wurde, nach zwei Wochen jedoch wieder eingeschlafen war. Das sollte einen nicht daran hindern, es immer wieder zu versuchen. Bekommt man den Eindruck, daß das Elternhaus nicht stringent mitzieht, kann man sich überlegen, ob man es nicht trotzdem in der Schule beibehalten will.

Man kann mit dem „schwierigen" Kind **ein Signal vereinbaren,** das die übrige Klasse nicht kennt, z.B. das diskrete Hochhalten eines bestimmten Stiftes. Wenn dieses Signal erscheint, weiß das Kind, daß sein Verhalten mißbilligt wird. Es sollte natürlich auch ganz klar verabredet sein, was man dann von ihm erwartet. Je stabiler der emotionale Kontakt zwischen Lehrer und Schüler ist, desto eher dürfte der „Trick" wenigstens eine Zeitlang Erfolg haben.

Um die **Eigenverantwortung des Kindes zu stärken,** kann man versuchen, mit ihm einen „Vertrag" folgender Art auszuhandeln: Das Kind notiert eine Reihe der Verhaltensweisen, von denen es selber meint, daß sie besonders stören und auffallen. Am Ende des Unterrichts kommt es zum Lehrer und äußert seine Selbsteinschätzung darüber, ob es ihm gelungen ist, im fraglichen Zeitabschnitt diese Verhaltensweisen zu unterlassen (RUPP 1995). Trifft dies zu, so könnte es einen Punkt im Rahmen des oben beschriebenen Belohnungssystems geben.

Gummibärchen-Zeiger: An einen direkteren Kontakt zwischen Erwachsenem und Kind ist folgendes Verfahren geknüpft (JANSEN/STREIT 1992): Ein Blatt mit einem Raster (ca. 3 x 3 cm) liegt auf dem Tisch, daneben ein

Gummibärchen oder ein beliebiger anderer Gegenstand. Bei der ersten Unaufmerksamkeit oder Störung kommt das Bärchen auf das erste Feld des Rasters, bei der nächsten auf das zweite usw. Das Kind kennt also immer ganz genau den jeweiligen „Kontostand". Ist das Bärchen vor Ablauf einer festgesetzten Frist über das Ende des Rasters hinausgewandert, wird die Übungssituation abgebrochen. Geht die Frist zu Ende, ohne daß das Bärchen das Ende erreicht, gibt es eine Belohnung. Das kann das Bärchen selber sein, oder aber ein Klebepunkt im Belohnungssystem.

„**Eltern als Therapeuten**": In ihrem gleichnamigen Buch machen JAN-SEN/STREIT noch viele beachtliche, auch für LRS-Kursleiter geeignete Vorschläge in dieser und ähnlicher Hinsicht.

4.8 Auditive Wahrnehmung und Sprachfunktionen

4.8.1 Auditive Sensibilisierung

Akustische Übungen werden hier den sprachlichen Basisfunktionen zuge-ordnet, weil akustische Wahrnehmung und Sprechmotorik einen „senso-motorischen Regelkreis" darstellen (KIPHARD 1990[4]). Hören ist nicht nur die Basis von Sprachverstehen, sondern durch seine Kontrollfunktion auch unverzichtbarer Teil der Sprachproduktion. Die auditive Analyse ist außer-dem Basisfunktion des Schreibens.

a) Tonqualitäten identifizieren, differenzieren, lokalisieren

Unterscheidung hoher und tiefer Töne:

Tonpaare identifizieren: War der zweite Ton höher, tiefer oder gleich hoch wie der erste? Dabei werden zwischen den beiden Tönen immer längere Pausen gemacht, am Anfang ca. 15 sec., später kann man zwischen den Tönen sogar etwas vorlesen. Erweiterung: Eine Reihe von Tönen (z.B. fünf) vorspielen. Kinder entscheiden, der wievielte Ton der höchste (tiefste) in der Reihe war.

Hohe, tiefe und mittlere Töne erkennen und in einer Tabelle entspre-chend ankreuzen: der erste Ton war hoch, der zweite mittel etc.

Wechselnde Töne auf Flöte oder Xylophon vorspielen; die Kinder ge-ben durch entsprechende Handbewegungen an, ob der Ton hoch oder tief, ganz hoch, ganz tief oder in der Mitte liegt usw. Dabei die Aufgabenstel-lung allmählich erschweren und die Tondifferenz allmählich verringern.

Töne summen nach Vorgabe von Handbewegungen: Hoch, tief, mittel.

Horchlabyrinth: Ein Schüler läuft mit verbundenen Augen durch eine Art

Labyrinth aus Tischen und Stühlen. Ein anderer dirigiert ihn dabei, indem er hohe und tiefe Töne erzeugt (Xylophon o. ä.). Hohe Töne bedeuten „nach rechts", tiefe „nach links".

Glasharmonium: Gläser verschieden hoch mit Wasser füllen, anschlagen und auf die Töne lauschen. Tonhöhen unterscheiden, Tonfolgen wiedererkennen usw.

Unterscheidung von laut und leise:

Ganz leise, *ganz* laut singen, klopfen, stampfen.

Gong, Energy Chime o.ä. erklingen lassen. Wenn der Ton anklingt und ganz laut ist, Hand ganz hoch halten, mit Abklingen des Tones immer stärker senken, so daß sie beim Verklingen des Tones ganz am Boden ist.

Tonpaare unterscheiden: laut/leise nach dem Muster wie oben (mit immer längeren Pausen zwischen den beiden Tönen).

Unterscheidung lang und kurz:

Tonlänge = Schrittlänge: Zu langen Tönen mit großen Schritten, zu kurzen Tönen mit kleinen Schritten laufen.

Tonpaare unterscheiden: lang/kurz nach dem Muster wie oben (mit immer längeren Pausen zwischen den Tönen).

Weitere Übungen zur akustischen Sensibilisierung:

Melodieteile erkennen: Ein vorgegebenes Teil aus einem Musikstück heraushören, angeben, wie oft es vorkommt (z.B. ein bestimmtes Stück aus Melodie oder Begleitung).

Lieder: Drei Chinesen, Auf der Mauer, Jetzt fahr'n wir übern See..

Leitmotive (aus klassischen Stücken) heraushören, z.B. aus „Peter und der Wolf", Vivaldi: Vier Jahreszeiten

Bekannte Melodien oder Popsongs erkennen nach dem Anspielen weniger Takte.

Wie viele Stimmen, wie viele Geräusche, wie viele Instrumente? Zwei, drei vier... Kinder lesen im Chor einen Text oder produzieren verschiedene Geräusche gleichzeitig. Die anderen hören mit abgewandtem Gesicht zu und entscheiden, wie viele es waren. Bei einem Musikstück wird die Anzahl der Instrumente herausgehört.

Gegenstände am Klang erkennen: Mit dem Kochlöffel an verschiedene Gegenstände schlagen, z.B. Gläser, Deckel, Geschirr usw.; mit abgewandtem Gesicht oder verbundenen Augen erraten lassen, um was es sich handelt. Verschiedene Gläser anschlagen und differenzieren lassen.

Verschiedene Wassergeräusche (Tropfen, Gurgeln, Rauschen...) hören und identifizieren (am besten auf Kassette aufgenommen).

Knistern mit verschiedenen Papiersorten (Seidenpapier, Zeitungspapier, Packpapier usw.), Geräusche differenzieren lassen.

Kugeln aus unterschiedlichem Material über eine Schräge rollen lassen (Holzkugel, Tennisball, Glaskugel etc.). Reihenfolge angeben.

Schüttelmusik: Streichholzschachteln oder schwarze Filmdöschen mit verschiedenen Materialien füllen (auf gleiches Gewicht achten), schütteln und Geräusche erkennen lassen.

Mit abgewandtem Gesicht oder verbundenen Augen **Stimmen von Klassenkameraden erkennen** lassen. Evtl. auch Tonbandaufnahmen von Lehrerstimmen.

Aufnahmen von **Vogelstimmen** hören, vergleichen, identifizieren.

Eine Tonbandaufnahme auf dem Jahrmarkt, im Supermarkt, an einer belebten Kreuzung o.ä. machen. Schüler hören Einzelgeräusche heraus.

Alle sitzen ruhig da und hören auf **Geräusche von außen**. Welche können wir unterscheiden?

Zur akustischen Mengenauffassung zwei (oder mehr) Serien gleicher Geräusche produzieren. Waren im ersten, zweiten oder dritten Durchgang mehr Töne?

Zur akustischen Figur-Grund-Unterscheidung zwei (oder mehr) verschiedene Geräusche (z.B. Glocke, Rassel, Flöte) auf Tonband aufnehmen. Dies kann Anlaß zu den verschiedensten Differenzierungsübungen sein, z.B.: Hebt eure Hand immer, wenn die Glocke ertönt. Oder: Wie oft habt ihr die Flöte gehört? Wie viele lange Töne hat die Flöte gespielt? Klatscht den Rhythmus der Rassel nach etc.

Akustische Richtungswahrnehmung I: Irrlicht: Ein Schüler folgt mit verbundenen Augen einem Ton, der aus wechselnden Richtungen vor ihm produziert wird.

Akustische Richtungswahrnehmung II: Ein Kind sitzt mit geschlossenen Augen in der Mitte des Raumes. Während alle anderen ganz still sind, geht ein Spielpartner (am besten auf Strümpfen) um es herum und spricht aus verschiedenen Richtungen und Höhen (Bücken, Strecken) sinnlose Silben oder erzeugt andere Geräusche. Nach jedem Mal zeigt das Kind in der Mitte mit dem Finger auf die vermutete Tonquelle. Die Abweichung sollte horizontal und vertikal nur wenige Grad betragen (vgl. IV.3.8.1).

b) Gruppenspiele:

Stille Post

Menschenmusik: Ein Spieler sitzt, der andere steht hinter ihm und produziert ein Geräusch (Fingerschnalzen, Händeklatschen, Aufstampfen usw.). Der andere erkennt das Geräusch und macht es nach, (evtl. ohne es zu benennen) (BRAND 1988[4]).

Wo ist der Schlüssel? Die Gruppe sitzt im Kreis. Ein Schüler mit verbundenen Augen steht in der Mitte. Ein Schlüsselbund wird möglichst geräuschlos weitergegeben. Der in der Mitte gibt an, wo er etwas gehört hat. Bei richtiger Nennung wird getauscht.

Wächter des Schatzes: Ein Schüler sitzt mit verbundenen Augen in der Mitte des Raumes auf einem „Thron", unter dem sich ein Schatz, z.B. ein Bonbon, befindet. Die anderen Mitspieler starten von den Wänden ringsum und pirschen sich möglichst geräuschlos an den Schatz heran, um ihn zu erlangen. Der blinde Wächter deutet in die Richtung verdächtiger Geräusche. Hat er einen Dieb ausgedeutet, so ist dieser gebannt und muß stehenbleiben (SCHWEIHER 1977).

Treffpunkt Wecker: Ein in Tücher eingewickelter, piepsender Wecker wird im Raum versteckt. Die Schüler suchen ihn mit verbundenen Augen, treffen sich dort und fassen sich bei den Händen.

Fräulein vom Amt: Die Schüler stehen in einem großen Kreis. Jeder hat eine Nummer (Schwieriger: den Namen einer Stadt). In der Mitte steht mit verbundenen Augen das „Fräulein vom Amt" und sagt z.B.: Ich vermittle ein Gespräch zwischen Nr. 5 und Nr. 9 (bzw. zwischen Hamburg und Berlin). Die betreffenden Kinder tauschen die Plätze, das Fräulein vom Amt versucht dabei, sich an den Geräuschen orientierend, einen zu fangen. Wenn das gelingt, wird getauscht (SCHWEIHER 1977).

„Tomatensalat". Ein Teilnehmer geht vor die Tür, die anderen vereinbaren ein möglichst langes, mehrsilbiges Wort, nehmen wir an, „Tomatensalat". Einer spricht jetzt immer die erste Silbe „To, To, To...", der nächste zur gleichen Zeit „ma, ma ma...", der dritte „ten, ten, ten..." usw. Da alle gemeinsam reden, entsteht ein zunächst undurchdringlicher Lautbrei. Der ratende Spieler wird hereingerufen und geht von einem zum anderen (die

Reihenfolge der Silben muß ihm bekannt sein). Er versucht, das Wort herauszuhören.

c) Übungen für das akustische Gedächtnis

Akustisches Kim: Eine Reihe von Geräuschen gleich welcher Art wird entweder „life" hinter dem Rücken der Kinder produziert oder von Kassette vorgespielt. Danach wird ein bestimmtes Geräusch noch einmal gehört. War es das zweite, dritte, vierte? Oder: Die Reihe der Geräusche wird noch einmal verändert vorgespielt. Welche Geräusche waren vertauscht? Oder: Welches Geräusch aus dem ersten Durchgang fehlte? Für Kassettenaufnahmen eignen sich z.B. Vogelstimmen oder Geräusche zur Videovertonung (BÜCKEN 1991).

Indianer-Wörter nachsprechen: Dem Kind werden sinnlose Wortgebilde (wie in der Mottier-Probe) vorgesprochen, das Kind soll sie wiederholen. Dabei schreitet man von zweisilbigen zu dreisilbigen und dann immer längeren Wortgebilden fort, wenn bei einer bisher trainierten Länge kaum noch Fehler gemacht werden.

Aufmerksames Zuhören bei Vorlesetexten (CRAMER 1995)**:**

a) Ein Text wird vorgelesen; jedesmal, wenn ein vorher vereinbarter Begriff ertönt, wird ein Strich gemacht. Die Striche werden nachher ausgezählt. In Gruppen wird geprüft, wer der tatsächlichen Anzahl am nächsten kommt.

b) Eine zum Text passende Playmobil-Figur steht vor dem Kind. Wenn der entsprechende Begriff im Text ertönt, berührt das Kind die Figur.

c) Ein im Text wiederkehrender Begriff wird vereinbart. Der Vorleser macht, anstatt ihn auszusprechen, eine Pause. Das Kind nennt dann selber den Begriff.

d) Beim Hören malen, was im Text geschieht.

e) Sich beim Hören die Szene bildlich vorstellen, nachher das im Geiste gemalte Bild beschreiben.

f) Sich beim Zuhören Stichwörter merken, diese nach dem Zuhören nennen.

g) Sich beim Zuhören Stichwörter notieren, hinterher die Geschichte nacherzählen.

4.8.2 Exkurs: Schulexterne Trainingsmöglichkeiten bei zentralen Hörstörungen

Das Horchtraining nach TOMATIS

TOMATIS (1990) postuliert das Hören als basale menschliche Sinnesleistung (und die Gleichgewichtswahrnehmung als eine dem Hören verwandte und untergeordnete Wahrnehmungsform, durch die ein akustischer (Schwingungs-)Reiz auch auf den Körper einwirken kann). Hörwahrnehmung ist damit auch Körperwahrnehmung und hat zentralen – und bei Störungen negativen – Einfluß auf unser vegetatives Gleichgewicht (z.B. auf Schlaf, Verdauung, Herzrhythmus, psychosomatische Erscheinungen, emotionale Gestimmtheit usw.).

Nun beginnt die Hörwahrnehmung bekanntlich schon im Mutterleib, und zwar im vierten Schwangerschaftsmonat. Das Kind hört dort die Geräusche – und vor allem die Mutterstimme – wie durch einen Hochtonfilter. TOMATIS geht davon aus, daß intrauterine Horcherlebnisse von zentraler Bedeutung für die weitere Entwicklung sind. Aufgrund krisenhafter Verläufe während der Schwangerschaft, wegen einer Frühgeburt oder wegen späterer Fehlentwicklungen können Kinder bei völlig gesunden Ohren „Horchblockaden" aufbauen, die sie daran hindern, das gesamte Frequenzspektrum verzerrungsfrei zu hören. Es können auch Seitigkeitsprobleme auftreten, so daß bestimmte Frequenzen bevorzugt rechts, andere bevorzugt links gehört werden. Die „Horchblockaden" berühren sich von den Erscheinungsformen her mit denen der „Fehlhörigkeit". Auch sie sind im Tonschwellenaudiogramm nicht feststellbar.

Der Therapie nach TOMATIS geht ein „Horchtest" voraus, in dem nach den individuellen „Horchblockaden" des Patienten gesucht wird. Danach wird dann ein ganz individuelles, auf dieses Klangspektrum bezogenes Horchtraining aufgebaut, indem in einer ersten Phase die Stimme der Mutter des Patienten (so weit irgend verfügbar) durch einen individuell angepaßten Frequenzfilter läuft, der der intrauterinen Situation entspricht („intrauterine Phase"). Allmählich – und wieder ganz den individuellen Bedürfnissen angepaßt – geht man von gefilterten zu ungefilterten Tönen über, was als „Phase der akustischen Geburt" bezeichnet wird. Nun wird auch tongefilterte Mozart – Musik gehört. Daran schließt sich die „vorsprachliche Phase" des Trainings an in der es auch zur Begegnung mit der eigenen Stimme (gefiltert über Mikrophon) kommt. Die „sprachliche Phase" besteht dann aus lautem Lesen, Stimm- und Sprachübungen.

Die Darstellung zeigt, daß es sich um eine sehr komplexe und in Angebot und Dauer vollkommen auf individuelle Bedürfnisse abgestimmte Therapie handelt, die eine hochspezialisierte Ausbildung voraussetzt. TOMATIS-Therapeuten werden nach wie vor nur in Paris am Institut des Meisters ausgebildet. Der Horchtest und die daraus resultierende Frequenzabstimmung des Horchtrainings sind eine schwierige Sache mit hoher Verantwortung: Da Hörerlebnisse – wie oben beschrieben – Körpererlebnisse sind, können falsche Therapieangebote auch zu störenden oder gar hochgefährlichen Nebenwirkungen (von Kopfschmerz über Unterkühlung, Herzrhythmusstörungen bis zur Epilepsie) führen (LEUPOLD mdl. in einem eindrucksvollen Bericht über eigene Erfahrungen; vgl. auch LEUPOLD 1998[2])

TOMATIS – Therapie ist sicher die aufwendigste, teuerste und tiefgreifendste der hier vorgestellten Formen des Hörtrainings, da sie – weit über das Ohr hinaus – die gesamte Psyche des Menschen anzielt und im allgemeinen auch mit Formen der Gesprächspsychotherapie, Maltherapie usw. verknüpft wird. Die meisten TOMATIS-Therapeuten schlagen vor, neben den Kindern auch die Mütter (kostenlos) mitzutherapieren. Es wird von beispielhaften Erfolgen bei schwerer Legasthenie, rezeptiven Sprachstörungen, Hyperaktivität und selbst bei schwer autistischen Kindern berichtet (N.N. 1993, LEUPOLD mündl.)

ROSENKÖTTER (1997) referiert einen verwandten Ansatz von G. BERARD, nach dem in korrekt wiedergegebenen Musikstücken phasenweise nach bestimmten Mustern verzerrte Passagen zu hören sind.

Schalltherapie nach VOLF, dargestellt nach HENKEL 1994

Ch. A. VOLF, ein dänisch-amerikanischer Physiker, geht wie TOMATIS davon aus, daß das Hören die wichtigste und grundlegende Sinnesleistung des Menschen ist. Analog zu TOMATIS findet die Hörwahrnehmung nach VOLF nicht nur mit den Ohren, sondern im ganzen Körper statt. Wenn ein gesunder Mensch mit Schall konfrontiert wird, schwingt jede Zelle mit und leitet die Schwingungen zum Hörorgan weiter. Während TOMATIS also die Wirkung des Höreindrucks vom ZNS eher afferent auf den Gesamtorganismus gerichtet sieht, betont VOLF den eher efferenten Weg der Schallwahrnehmung über den Körper zum ZNS. Hörprobleme sieht VOLF darin, daß die Zellen einzelner Körperregionen diesen Übertragungsprozeß blockieren.

Folgerichtig werden zur Bestimmung der Hörfähigkeit in der an VOLF orientierten Therapie Stimmgabeln auf bestimmte Körperstellen gelegt und auf bestimmte Kopfpunkte angesetzt, um die Leitfähigkeit bzw. Blockadepunkte festzustellen.

Daraus ergibt sich bei Bedarf eine Therapie, die zum einen darin besteht, daß das Kind täglich Tonkassetten anhört, die individuell abgestimmte, reine Sinustöne beinhalten. Alle drei bis sechs Wochen findet ein neuer Stimmgabeltest statt. Zum anderen gibt es sog. Resonatorsitzungen, die in der Praxis des Therapeuten stattfinden. Dabei werden Schwingungen mit einem großen Frequenzbereich durch den Körper geleitet. Das Kind gibt jeweils an, bis zu welchen Körperpunkten es die Schwingungen spürt.

Nach Abschluß der Therapie werden laut HENKEL die Vibrationen meist bis zur Kopfdecke wahrgenommen, was auf eine Aufhebung der körperlichen Horchblockaden hindeutet. Ein deutlich positiver Effekt auf Lesen und Schreiben geht nach HENKEL mit diesen Therapieerfolgen einher.

Apparatives Hörseitigkeits-, Hochton- und Ordnungsschwellentraining

Der Markt für Geräte zur Therapie der Fehlhörigkeit hat in den letzten Jahren enorm expandiert. Vor allem wird er von den Firmen Meditech (WARNKE) und Audiva (MINNICH) bedient (s. Lit.-Verzeichnis). Die Produkte der Firmen und die ihnen zugrundeliegenden Ideen sind ähnlich. Hier getroffene Aussagen gelten daher für beide Produktlinien gleichermaßen, wenn nicht ausdrücklich differenziert wird. Vor dem Kauf wären in jedem Fall Preis und Leistung zu vergleichen. Es wäre außerdem zu überprüfen, ob das jeweilige Gerät nicht an eine Freigabe nach der medizinischen Geräteverordnung gebunden ist und ob diese erteilt wurde.

Das Lateralitätstraining geht von der Hypothese aus, daß viele Legastheniker linksdominant oder ohne klare Hörseitigkeit hören, was bei linkshirniger Sprachverarbeitung Nachteile mit sich bringt, weil das Richtungshören und die Hörverarbeitung von Sprache dadurch deutlich verzögert werden (IV.3.3.4, VII.1.4).

In einem Test (z.B. einem dichotischen Hörtest) wird daher zunächst überprüft, ob dies beim konkreten Kind der Fall ist.

Wenn dies festgestellt wurde, hört das Kind zum Training täglich ein Märchen über Kopfhörer von einer CD, deren Klang über einen auditiven Lateraltrainer so verändert wird, daß die Stimme des Erzählers langsam zwischen den beiden Ohren hin und her pendelt. Die Geschwindigkeit des Pendelns ist einstellbar. Ziel dieser Trainingsstufe ist die wechselseitige Einbeziehung beider Ohren und darüber ein ganzheitliches Hören. In einer zweiten Trainingsphase liest das Kind täglich eines der Märchen mit einem Mikrophon, so daß es seine Stimme im Kopfhörer hört, die dabei ebenfalls über das Gerät zwischen den Ohren wandert. Auf der nächsten Stufe hört es das Märchen über CD und liest dabei über das Mikrophon mit. Es hört also die eigene und die fremde Stimme um seinen Kopf kreisen. Danach geschieht zwei Wochen lang dasselbe, aber mit einer hochtongefilterten Stimme.

Schließlich wird in bestimmten Gerätevarianten eine Spezialbrille in die Therapie einbezogen, deren Gläser sich durch das Gerät wechselseitig abdunkeln lassen, so daß immer nur ein Auge sehen kann. Die Frequenz des Wechsels ist einstellbar. Das Kind liest zunächst eine Woche lang stumm mit dieser Brille. Danach liest es laut über Mikrophon, wobei seine Stimme wandert. Schließlich liest es mit der Spezialbrille, hört seine eigene Stimme durchs Mikrophon und eine Fremdstimme über CD, die beide wandern. Die Brille darf nur eingesetzt werden, wenn die Fähigkeit des Kindes zum Binokularsehen überprüft worden ist. Bei Fehlsichtigkeit gleich welcher Art muß auf die Brille verzichtet werden, da sie die Probleme sonst evtl. noch verschlimmert. Da dies aber vom Therapeuten grundsätzlich nicht ausgeschlossen werden kann, sollte man sich den Einsatz der Brille gut überlegen.

Der Effekt eines solchen Trainings war in einer Studie von KLICPERA/ GASTEIGER-KLICPERA 1996 allerdings *nicht meßbar*. Eigene Erfahrungen zeigen, daß die Lese- und Schreibleistungen bei einem schwer legasthenen Jungen nach dem Training deutlich besser geworden waren. Bei zwei anderen, weniger stark betroffenen LRS-Jungen war nach dem Training keinerlei Besserung der Rechtschreibung zu erkennen, ein weiterer besserte sich leicht (vgl. IV.6.2.5, S. 116). Man könnte darüber spekulieren, ob die Leistungssteigerungen nicht zumindest teilweise vom reinen Aufforderungscharakter der Gerätschaften herrührt, der die Schüler dazu brachte, sich mit Schriftsprache zu beschäftigen, was sie vorher rundweg abgelehnt hatten. Allerdings wäre auch ein solcher Effekt zu begrüßen.

Des weiteren sei auf ein Trainingsgerät zur Verbesserung der Ordnungsschwelle hingewiesen. Das ist der Abstand zwischen zwei Signalen, die eben noch als voneinander getrennt wahrgenommen werden können. Es erzeugt in einem variablem Zeitabstand zwei Pieptöne hintereinander, die im Kopfhörer rechts bzw. links erscheinen. Das Kind soll auf einer Tastatur angeben, wo es den ersten Ton gehört hat. Wenn es das bei einem bestimmten Zeitabstand beherrscht, wird die Abfolge schneller eingestellt. Das Training setzt an der neurologisch nachgewiesenen Tatsache an, daß LRS-Schüler Höreindrücke langsamer verarbeiten als Normallerner (z.B. TALLAL in LANDERL 1996). Die Grundidee des Trainings erscheint sinnvoll, eigene Erfahrungen liegen aber nicht vor. Es ist nicht auszuschließen, daß manche LRS-Schüler das Training aufgrund ihrer Wahrnehmungsstruktur mit einer Ordnungsschwelle von über 500 Millisekunden beginnen müssen. Möglicherweise lassen noch nicht alle Geräte einen so langen Zeitabstand der Signale zu.

Problematisch erscheint die Hochtonfilterung, die sowohl WARNKE als auch MINNICH explizit von TOMATIS übernommen haben und teils isoliert, teils mit einem Lateraltrainer zusammen anbieten. Im Gegensatz zu TOMATIS wird das angebotene Frequenzspektrum aber nicht oder nur ungefähr auf die speziellen Bedürfnisse des Kindes abgestimmt. ROSEN-KÖTTER 1997 hebt – nach dem wenig günstigen Untersuchungsergebnis von KLICPERA/GASTEIGER-KLICPEREA 1996 und in Verbindung mit anderen phonologischen Trainingsformen – diesen Anteil des Trainings als besonders bedeutsam hervor. Über die Nebenwirkungen bei falscher Einstellung des Hochtonspektrums in der TOMATIS-Therapie wurde oben gesprochen. Weder von WARNKE noch von MINNICH oder ROSENKÖTTER sind mir Überlegungen zu diesem Problem bekannt.

Abschließende Würdigung der hier vorgestellten Trainingsverfahren

PTOK (mdl. Kongreßbeitrag 1997) vergleicht die Komplexität der akustischen Wahrnehmung mit der Situation zufriedener Restaurantbesucher, die ein Lokal verlassen und sagen: „Das war aber gut!". Für dieses summarische Urteil sind nahezu unendlich viele Teilbereiche verantwortlich: Die Erzeuger müssen optimale Waren hergestellt haben, die Lieferanten müssen das Beste vom Markt geliefert haben, der Küchenchef muß richtig disponiert haben. Die Küchengeräte müssen funktionieren, das Küchenteam muß bestens arbeiten, die Bedienung flink und freundlich sein usw. usw. Auch müssen die Gäste in der richtigen Stimmung sein, das alles zu genießen (wofür wieder enorm viele Faktoren verantwortlich sein können).

Wenn man nun annimmt, so fährt PTOK weiter fort, die Gäste verließen unzufrieden das Lokal, dann kann das in einem gedachten Fall durchaus daran liegen, daß nur die Messer zu stumpf waren. Dann wäre dem Restaurant mit einem neuen Messerschleifer sehr geholfen. Beruht das negative Urteil aber – wie zu vermuten ist – auf einer Kombination von mehreren anderen Ursachen, dann wäre der neue Messerschleifer möglicherweise eine Fehlinvestition.

Rückübertragend auf die akustische Wahrnehmung führt PTOK aus, daß diese ähnlich komplex sei. Ursachen für eine Fehlhörigkeit seien nur unter enormen Aufwendungen und dann auch nur ungefähr feststellbar. Daher vergleicht PTOK den Einsatz der hier vorgestellten Verfahren mit dem (unreflektierten) Einsatz eines Messerschleifers in besagtem Restaurant: Er kann im Einzelfall den sensationellen Durchbruch bringen, ähnlich wie die beschriebenen Geräte, wenn er (zufällig) genau den (einzigen!) Schwachpunkt des Kindes trifft. Die Gefahr, daß ein Einsatz nach trial and error nichts bewirkt (wie meine Erfahrungen ja z.T. zeigen), ist allerdings groß. Dies gilt, so PTOK, für alle bei Fehlhörigkeit angebotenen Therapieformen, wobei punktuelle Heilerfolge nicht in Abrede gestellt werden.

Es sei vor einem unkritischen Glauben an diese Methoden gewarnt. Eine Fehlhörigkeit muß nach wie vor als kaum therapierbar gelten. Andererseits darf auch die Äußerung von WARNKE nicht unerwähnt bleiben, der sagt, es sei ihm lieber, ein Kind nach nur ungenauer Diagnose probehalber zu therapieren, als es untherapiert zu lassen, nur weil man weiß, daß man keine genaue Diagnose stellen kann (WARNKE 1997). So wird m. E. durchaus ein Schuh daraus, wobei auch Placebo-Effekte dankbar angenommen würden. Für all das gilt aber die wichtige Einschränkung, daß sichergestellt sein muß, mit der jeweiligen Therapie keinen neuen Schaden anzurichten!

4.8.3 Bewegungsübungen der Sprechmotorik

Es besteht, wie in V.4.5.1 (S. 147) erwähnt, ein enger Zusammenhang zwischen Entwicklungsverzögerungen der Hand- und der Mundmotorik. Dies ist wohl so zu erklären, daß die Felder der Hirnrinde, die für beide motorischen Programme zuständig sind, in enger Nachbarschaft liegen. (KIPHARD 1990[3] b). **Förderung der Sprechmotorik sollte also immer eine Förderung der Handmotorik einschließen** (s. o.).

Außerdem kann es der räumlichen Kongruenz wegen nicht verwundern, daß ein enger Zusammenhang zwischen Sprech- und Eßmotorik besteht. Förderung der Sprechmotorik sollte also auch eine Stimulierung und Bewußtmachung der Eßmotorik beinhalten.

Wir ziehen ein extremes **Smile- oder Cheese-Gesicht** und ziehen dazu die Mundwinkel mit aller Kraft nach oben. Dann ziehen wir sie ganz weit nach unten und gucken so traurig wie möglich. Wir ziehen den linken Mundwinkel ganz weit nach rechts, den rechten ganz weit nach links. Wir versuchen uns mit den verschiedensten Grimassen. Das Kinn ist ein Fahrstuhl. Es fährt auf und ab, erst langsam, dann schneller. Es wird wie bei einem Wiederkäuer seitlich hin und herbewegt, es wird eingezogen, vorgeschoben usw.

Wir rollen **die Zunge** der Länge und der Breite nach. Wir reiben mit der Zunge kräftig über die Lippen, über den Gaumen und an den Zahnreihen entlang.- Wir stoßen mit der Zungenspitze kräftig in die Mundwinkel und in die Backen. Wir stimulieren die verschiedenen Bereiche der Zunge mit den Fingern.- Wer kann die längste, die spitzeste, die breiteste Zunge machen? Wer kann mit der Zungenspitze die Nase berühren?- Wer kann die Zungenspitze im Mund ganz weit nach hinten biegen? Wer kann sie der Länge nach rollen? Wir bewegen die Zungenspitze in Trillerbewegungen ganz schnell auf und ab: zwischen den Lippen, zwischen den Zähnen, im Mund. Wer rollt das „R" am schönsten mit der Zunge? Im Gaumen?- Wir stoßen mit der Zungenspitze kräftig in die Mundwinkel und in die Backen.

Wir betupfen **die Lippen** mit den Fingerspitzen. Wir machen die Lippen ganz schlaff und fahren wie die Babies mit der Fingerspitze darüber. Wir pressen die Lippen ganz hart aufeinander und lassen sie sich gegenseitig massieren. Wir beißen zart mit den Schneidezähnen auf die Lippen und versuchen dabei möglichst weit in die Mundwinkel hineinzukommen. Wir pfeifen um die Wette. Wer kann am lautesten schmatzen? Wer bekommt durch plötzliches Öffnen der leicht befeuchteten Lippen die lustigsten Töne heraus? Wie verändern sich die Töne, wenn man dabei die Lippen breit zieht oder rund macht? Wer kann am lautesten schnalzen, beim Schnalzen die höchsten oder tiefsten Töne erzeugen?

Wir klappern leise, dann immer lauter mit den **Zähnen** wie Gespenster. Wer kann es am schnellsten? Jetzt benutzen wir dazu nur die Schneidezähne, nur die Eckzähne rechts, dann links. Wir beißen die Zähne ganz fest aufeinander. Verschiedene Überbiß-Stellungen werden probiert. (Der Gruppenleiter greift bei Gefahr rechtzeitig ein.)

Wer kann die schönsten **Blubbern** mit Kaugummis blasen? Wer kann einen Kirschkern am weitesten spucken und dabei am genauesten zielen? Wer macht den schönsten Kußmund auf Papier? Wer kriegt die größten Seifenblasen hin, wer die kleinsten?

Wer kann die Backen besonders dick **aufpusten** und kriegt den schönsten Pruster hin, wenn der Druck zu stark geworden ist? Danach ziehen wir die Backen durch Saugen zwischen die Backenzähne ein und öffnen die Lippen mit einem schmatzenden Geräusch. Wir halten uns die Nase zu und pusten Luft hinein, bis sie etwas anschwillt (Achtung: nicht zu lange aushalten lassen). Wir malen Blasebilder mit nasser Wasserfarbe und Strohhalm. Wer kann die meisten Kerzen auf einmal auspusten? Wer kann auf die größte Entfernung eine Kerze auspusten? Wer kann mit durch einen Strohhalm geblasener Luft ein Spielzeugauto möglichst weit bewegen, wer kann ein Wollfädchen am schönsten im durch spitze Lippen geblasenen Luftstrom flattern lassen? Wer kann am schnellsten einen Luftballon aufblasen, bis er platzt? (Bei all diesen Übungen muß für häufige Unterbrechungen gesorgt werden, damit es den Kindern nicht schwindelig wird)

Wir werfen je nach Saison Kirschen, Trauben oder Marzipankugeln in die Luft und versuchen sie **mit dem Mund aufzufangen**. (Die Übung sollte am besten im Freien stattfinden.)

Wir **saugen** mit einem dünnen Strohhalm Flüssigkeit in den Mund und veranstalten damit **Zielspritzen** (allerdings nicht auf die Gruppenmitglieder, sondern eher auf Seifenblasen, die der Partner erzeugt).

Wir **schnarchen** ganz lange und stoßen die Luft dann ganz langsam durch spitze Lippen aus (auch als Atemübung geeignet). Wer kann beim

Gurgeln „Hänschen klein" singen? Wir **fauchen** wie die Katzen, **zischen** wie die Schlangen oder wie Lokomotiven. Wer kann andere Tierstimmen nachmachen, **andere Geräusche** imitieren? Evtl. als Ratespiel.

4.8.4 Übungen zur Steigerung der Sprachsensibilität

Darstellendes Spiel oder Rollenspiel als Anlaß zum Sprechtraining einsetzen.

Bilder oder Bildgeschichten als Sprechanlaß verwenden (z.B. Ali Mitgutsch, e. o. plauen etc.); Sprechblasen aus Comics entfernen und den Dialog erfinden lasen.

Ein Kind bekommt zwei **Handpuppen** und läßt sie eine Handlung aufführen, zu der es auch die Dialoge spricht (RADIGK 1991[3]). Viele andere Spiele mit Handpuppen sind denkbar.

Baustelle: Zwei Kinder (oder Kindergruppen) sitzen in diagonal entgegengesetzten Ecken des Raumes mit den Rücken zueinander. In beiden Ekken befindet sich die gleiche Menge und Art von Bauklötzen. Einer übernimmt die Führung und baut, wobei er genau sagt, was geschieht. Auf der anderen Seite wird versucht, das exakt nachzubauen. Wir vergleichen die Ergebnisse. Wenn Telefone vorhanden sind, die sogar richtig (mit Batterie) funktionieren, können die beiden Bauwerke auch in verschiedenen Räumen entstehen, was den Reiz sicher erhöht. Weitere Spielformen in dieser Art könnten leicht erfunden werden (RADIGK 1991[3]).

Einen beliebigen Satz mit verschiedenen Sprechmelodien vorsprechen oder von den Kindern sprechen lassen. Wir finden heraus, welche Bedeutung der Satz durch die jeweilige Betonung erhält (BREUER/WEUFFEN 1997[4]).

Training der Wortflüssigkeit: Möglichst viele Begriffe mit einem bestimmten Anfangsbuchstaben nennen lassen.

Laute weglassen: Es werden Wörter gesucht, die durch Weglassen des Anfangsbuchstabens (später auch des Endbuchstabens) ein neues Wort ergeben. „Wie heißt das Wort? Ich sage dir „Krippe", und du sollst mir nun das Wort nachsprechen, dabei aber den Anfangslaut (am Anfang den Laut „K" benennen) weglassen (z.B. f-Ast, K-Rippe, m-ein usw.)

„Wortkette": Mit dem Endbuchstaben eines Wortes wird ein neues gebildet: Esel-Leber-Rasen usw. Oder: Das nächste Wort beginnt mit dem zweiten Teil eines zusammengesetzten Nomens: Bauernhaus-Hausdach-Dachfenster usw.

Das Drei-Wort-Spiel: Ein Mitspieler sagt drei zusammenhängende Wörter. Der nächste schließt drei Wörter an, die einen Sinn- und Satzzusammenhang herstellen, der nächste wieder usw., so daß nach und nach reihum eine Geschichte entsteht.

„Teekesselchen" spielen.

Falsche Wörter heraushören: Eine Geschichte wird vorgelesen, in der einige Wörter falsch sind. Wenn ein falscher Begriff vorkommt, heben die Kinder die Hand: „Ali hat einen Hund, der heißt Micki. Jeden Tag muß er mit seiner Katze spazieren gehen" usw.

Ein Schüler ist **„Indianerhäuptling"** und erzählt in der Sprache seiner Heimat. Die anderen versuchen nachzusprechen, was er gesagt hat.

Aus einer sinnlosen Ansammlung von Buchstaben, z.B. „turzsivela", wird versucht, **möglichst viele sinnvolle Wörter** zu bilden.

Gesellschaftsspiele: Wort-Fix, Letra-Mix, Denk Fix, Scrabble Junior, Boggle.

Eine umfassende Zusammenstellung von Trainingsmöglichkeiten im sprachlichen Bereich bietet WIEDENMANN 1997.

VI.

Lese- und Schreibtraining
nach dem Förderplan

Die hier vorgeschlagenen Übungsformen für das Lese- und Schreibtraining folgen der gleichen Logik wie der Beobachtungsbogen, der daraus abgeleitete Förderplan und die im Kapitel V dargestellten Funktionsübungen. Kinder mit einem festgestellten Förderbedarf z.B. beim Gleichgewichtsempfinden sollten also gleichermaßen mit Funktionsübungen nach V.3.1 und V.4.1 sowie den folgenden Lese- und Schreibübungen nach VI.1 betreut werden. Das gilt für alle anderen Wahrnehmungsbereiche entsprechend.

1. Gleichgewichtsempfinden

Schaukeln in der Hängematte; dabei

- ein Ganzwort hören und es in Einzellaute oder Silben zerlegen
- auf dem Bauch liegen und einen einfachen Text lesen; dazu muß die Matte sich dicht genug über dem groß gedruckten Lesetext befinden und ganz langsam schwingen. (AYRES 1990[2], BRAND 1988[4])

Gleiche Übungen beim **Liegen auf einem großen Spastikerball oder einer Gymnastikrolle.** Während der Arbeit an Wörtern oder Texten leicht hin- und herrollen. Dabei kann man auch (mit dicken Stiften auf großem Format) schreiben.

Lesen und schreiben, während man auf einem **Sitzball** sitzt. Lesen und schreiben, während man am Stehpult steht. Frei stehend einen an die Wand projizierten Text lesen. Scherzhalber (mit ernstem Hintergrund) auch auf einem Bein stehend lesen und schreiben, letzteres natürlich mit fester Unterlage in der Hand.

Drehbewegungen bei der auditiven Diskrimination: Ein Schüler sitzt auf einer Drehscheibe oder einem Drehstuhl. Um ihn herum stehen Kästchen für die fünf Vokale. Das Kind versetzt sich in eine ganz langsame Drehbewegung (Achtung: Schwindel!). Währenddessen bekommt es Bildkärtchen zu Wörtern gezeigt und/oder das Wort wird ihm genannt. Es nennt den Vokal der Stammsilbe und legt das Kärtchen in den passenden Kasten, wenn es auf seiner Drehung daran vorbeikommt. Oder: Das Kind hat eine Schachtel mit Tastbuchstaben oder Buchstabenkärtchen auf dem Schoß. Ein Wort wird genannt, beim Drehen legt das Kind die Buchstaben des Wortes an einer bestimmten Stelle ab (BRAND 1989[4]). Weitere Abwandlungen sind denkbar.

Lesen auf dem Drehkarussell oder dem Drehstuhl (Achtung: langsamste Bewegung!). Lesen beim Pedalofahren (es geht, setzt aber große Drucktypen voraus).

Buchstabenformen z.B. aus Büchsen legen und darüberbalancieren. Auch: über gelegte Silben und Wörter balancieren; auch blind; dabei nach jedem Buchstaben denselben großformatig aufschreiben, so daß sich am Ende das Wort zusammengesetzt hat. (KÖCKENBERGER 1997).

2. Koordination, Körperschema und Tonus

2.1 Koordination

Tastbuchstaben sortieren: Das Kind kniet auf dem Boden. Rings um es herum sind die Tastbuchstaben (oder Buchstabenkärtchen) eines Lernwortes verteilt. Das Kind nimmt die Buchstaben in der richtigen Reihenfolge auf und legt sie vor sich hin, ohne sich dabei vom Platz zu bewegen, sondern nur, indem es mit einer Hand hingreift (und dabei die Körpermittellinie kreuzt!).

Abwandlung: Das Kind kniet. Zu seinen beiden Seiten sind Wortkärtchen verteilt, die zusammenpassen (z.B. gleiches Wort in Druck- und Schreibschrift, passendes Nomen + Adjektiv etc.). Es greift mit einer Hand zur Seite und legt die passenden Kärtchen hin (BRAND 1988[4]).

Handzeichen binden die Körpermotorik in den Lese- und Schreibprozeß ein (Vl. 5.5, S. 204ff.).

„Handlupe": Mit Daumen und Zeigefinger beider Hände wird ein Dreieck geformt, durch das das Kind hindurchsieht. Die Hände schreiben dann einen bestimmten Buchstaben oder ein Wort in die Luft, die Augen folgen ihnen. Die Buchstabenform wird allmählich immer größer, so daß das Kind sich schließlich bei den höchsten Punkten auf die Zehenspitzen stellen, bei den tiefsten in die Hocke gehen muß (BUCHNER 1991).

Großformatige Buchstaben mit dem Finger nachfahren. Großmotorische Schwungübungen mit nassem Schwamm an der Tafel, mit dickem Filzstift auf großformatigem Papier. Großformatige Buchstaben auch mit dem Ellenbogen (BRAND 1989[4]) oder mit dem Fuß nachfahren.

Luftschreiben: Ein Kind steht mit dem Rücken zur Gruppe und schreibt ein Wort oder einen Buchstaben mit großen Bewegungen über seinem Kopf in die Luft. Die anderen versuchen zu lesen.

Buchstaben oder Wortbilder nachlaufen, die mit Tesakrepp auf den Fußboden geklebt oder mit Kreide auf den Schulhof gemalt wurden. Die Kinder laufen oder hüpfen sie nach. Man kann sie auch mit Schnüren legen, die Kinder laufen ohne Schuhe darüber und spüren den Tasteindruck.

Buchstaben werden in großen Formen gelegt, z.B. Stöcken.

KÖCKENBERGER 1997 macht viele Vorschläge für ein Buchstabentraining, das die Grobmotorik sehr ausgiebig integriert; Beispiele:

ABC, das in der Turnhalle aus großen Materialien aufgebaut werden und überklettert werden kann (Leiter, Kinderrutsche, Langbank, ganze und halbierte Traktorreifen, Sprossenwand). Die Kinder durchklettern (nach Ziehung einer Buchstaben- oder Wortkarte einen oder mehrere Buchstaben, schreiben sie oder formen sie mit Knete nach.

Buchstaben mit Sportgeräten als Tunnel bauen (z.B. Langbank mit Matte darüber), durch die hindurchgekrochen wird, evtl. mit einer Taschenlampe. Verbindung mit Schreibaufgaben.

Buchstabenform doppelkonturig in der Turnhalle auslegen, **mit dem Rollbrett oder InlineSkates durchfahren.** Der Aufbau kann, wie in den vorigen Beispielen auch, erfolgen, nachdem das Kind eine entsprechende Buchstaben-, Bild- oder Wortkarte gezogen hat. Es kann vor oder nach dem Durchfahren den oder die Buchstaben auf eine Pappe schreiben und sie sich als Nummernschild an sein „Auto" heften.

Buchstaben aus Sperrholz (ca. 80 x 100 cm, es geht wohl auch feste Pappe) werden **mit dem Spielzeugauto nachgefahren**. Dazu den Buchstaben brummen; wieder Schreibübungen.

Buchstaben und Wörter **mit Zollstöcken legen.**

LAAS 1992 schlägt vor, die **Buchstabenformen auch über bestimmte Turnübungen zu speichern.** Er hat für jeden Buchstaben des ABC eine solche Körperstellung ersonnen, die die Buchstabenform oft sehr überzeugend nachahmt. Dabei steht das Kind z.B. für das „A" mit gegrätschten Beinen, beugt den Oberkörper vor und schaut dazwischen durch, während es die Arme im Ellenbogen abwinkelt und die Hände vor den Knien verschränkt, was den Querbalken wiedergibt. Jeder Buchstabe ist mit einer Zeichnung für die Körperposition versehen, es lohnt sich dort nachzuschauen!

In den Fibeln „Die Eule" und „Westermann-Fibel 1974" von WARWEL et al. finden sich viele **Vorschläge, wie die schreibvorbereitenden Schwungübungen mit grobmotorischen Bewegungsabläufen verbunden werden können** (z.B. Purzelbäumen, Bockspringen, Laufen um Hindernisse in Arkaden-, Girlanden und Kreisform usw.). Im Abschnitt VI. 5.2 (Graphomotorisches Basistraining) werden weitere Vorschläge für die Einbindung der Grobmotorik in die schreibvorbereitenden Übungen gemacht.

Großformatige Buchstaben (an der Tafel, auf Tapetenbögen etc.) nachfahren, und zwar nicht nur mit der Schreibhand, sondern auch mit beiden Händen übereinander (Aktivierung beider Hirnhälften!) und auch mit dem Ellenbogen (Lockerung der Schreibmotorik, s. VI. 5.2).

Silbenhüpfen mit dem Hüpfseil. Bei jedem Hüpfer wird die Silbe eines Lernwortes gesprochen.

Silbensprechen auf dem Pedalo: Zu jedem Schritt eine Silbe sprechen. Es geht, setzt aber ein sicheres Fahren und eine groß gedruckte Form der zu sprechenden Wörter voraus.

Silbenhüpfen auf dem Hüpfball: Bei jedem Hüpfer wird die Silbe eines Lernwortes gesprochen: Me – lo – ne. Silben fahren auf dem Pedalo (für jede Silbe eine Beinbewegung).

Silbenhüpfen auf dem Trampolin. Hierzu sollte allerdings die schulrechtliche Erlaßlage beachtet werden, die evtl. einen „Trampolinschein" vorschreibt. Ersatz: Matratzen.

Viele der weiteren, in VI. 7.1 vorgeschlagenen Übungsformen zum Silbentraining stellen ebenfalls hohe Anforderungen an die Fähigkeit zur Körperkoordination bzw. trainieren diese.

2.2 Körperschema

KRETSCHMANN (1993) **lokalisiert die Buchstaben des Alphabets auf bestimmten Körperteilen ihres schematischen „Buchstaben-Robi"** und schafft so durch Übertragung auf den Körper der Kinder eine zusätzliche Assoziationsmöglichkeit.

2.3 Tonus

„Gebannt": Die Kinder der Gruppe haben Schilder mit Buchstaben oder Lernwörtern um. Sie bewegen sich zu leiser Musik. Ein Spielleiter ruft plötzlich ein Kind mit seinem Buchstaben oder Wort. Auf den Zuruf hin erstarrt das Kind durch und durch, (denn es ist „gebannt"). Es verharrt so lange, bis zwei (drei, alle) Gruppenmitglieder auch gebannt sind. Dann Lockerung durch Schütteln etc. (BRAND 1989[4]).

Unterstützung der Unterscheidung weicher und harter Konsonanten durch Nachahmung weicher und harter Körperspannung: Wenn ein Wort mit weichen Konsonanten erklingt, lassen wir uns schlapp herunterhängen, auch die Mundmotorik schaltet auf schlapp. Bei harten Konsonanten dagegen werden wir am ganzen Körper stocksteif und sprechen auch mit besonders angespannten Muskeln in Mund, Zunge usw.

3. Seitigkeit: Hilfen für Linkshänder und richtungsunsichere Kinder

Handzeichen unterstützen durch ihre motorisches Nacheinander bei der Einhaltung der richtigen Buchstabenabfolge (VI. 5.5, S. 204ff.).

Schreibbeginn (oder Neuaufbau) bei betroffenen Kindern zunächst nur mit großen Druckbuchstaben, weil diese nicht für Spiegelungen anfällig sind (vgl. d/b/p/q und D/B/P/Q; leider stellen M und W eine Ausnahme dar).

Richtungshinweise auf Buchstabenebene: Beim „F" werden Daumen und Zeigefinger der rechten Hand an die Querbalken gelegt. Wenn die Hand den Buchstaben nicht verdeckt, ist es richtig herum. Beim „b" wird die rechte Faust an den Bauch des „b" gelegt und darf dabei den Strich nicht verdecken. Beim „d" dagegen wird der rechte Daumen an den langen Strich gelegt, ohne die Rundung zu verdecken. Die Integration dieser Hilfen in ein Handzeichensystem wäre sinnvoll!

Der Sitzplatz von Linkshändern sollte ein linker Eckplatz sein, damit sein linker Ellenbogen sich nicht mit dem eines benachbarten Rechtshänders berührt. Das Licht sollte möglichst von rechts kommen, damit seine Hand keinen Schatten auf die Schrift wirft, zumal seine Hand ohnehin das Geschriebene tendenziell verdeckt. Das Heft sollte im linken Greifraum liegen und 30 – 45° **nach rechts geneigt sein.** NAVILLE (in MILZ 1998[2]) empfiehlt eine gerade Sitzhaltung, ROSENKÖTTER (1997) eine leicht nach rechts gedrehte. Das Kind sollte am besten selber wählen.

Die Hand- und Stifthaltung: Die Hand darf nicht zu stark einwärts geknickt werden. Sie bleibt in möglichst gerader Linie mit dem Unterarm. Die Finger sollen relativ weit hinten ansetzen (2,5 – 3,5 cm von der Spitze entfernt), vor allem um beim Schreiben mit Füller ein Verwischen möglichst zu verhindern. Die Bewegungen müssen stärker aus den Fingern kommen als beim Rechtshänder. Ein Linkshänder-Füller ist ebenso empfehlenswert wie eine Linkshänder- Schere. (STEHN 1993, NAVILLE in MILZ 1998[2]).

Für richtungsunsichere Kinder sind **Gruppentische eine Erschwerung.** Sie orientieren sich häufig an Kindern, die ihnen gegenüber sitzen. Dort sehen sie die Buchstaben nicht nur auf dem Kopf, sondern auch seitenverkehrt. Es gelingt ihnen dann meist, ihre Kopie auf die Füße zu stellen, sie bleibt aber oft gespiegelt. (MANN 1994[3])

An der unteren Tischkante befindet sich **ein mit Klebefolie befestigter Pfeil in Leserichtung.** (MANN 1994[3]). Die Kinder benutzen beim Lesen eine Abdeckschablone (s. S. 190), auf der ein Pfeil in der Leserichtung angebracht ist.

4. Augenfunktion

4.1 Hinweise zum Druck von Lesetexten und Arbeitsvorlagen

Die Kinder sollen **grundsätzlich** *nur* **richtige Wortbilder sehen.** Es wäre unsinnig, ihnen mehrere Versionen eines Wortbildes anzubieten mit der Aufforderung, die richtige herauszufinden! Wenn Fehler beim Schreiben passiert sind, erfolgt die Verbesserung so, daß der Fehler später nicht mehr zu sehen ist (Radiergummi, Tipp-Ex). Es wird am besten immer nur mit Bleistift geschrieben (DUMMER-SMOCH 1989).

Wahl der Schrift: Da viele Kinder visuelle Differenzierungs- und Speicherschwächen haben, muß mit möglichst einfachen, schnörkellosen (serifenfreien) Buchstaben gearbeitet werden (s. rechte Schriftprobe).

Beispiel: *SCHULE*   **SCHULE**

(Times fett kursiv 18 Punkt)   (Umivers fett 18 Punkt)

Es ist dringend zu empfehlen, Kindern mit LRS im ersten Förderstadium nur Großbuchstaben in einer **klaren Schriftform,** z.B. der Helvetica oder in den Computerschriften Univers bzw. Arial anzubieten, wobei als Schriftgröße etwa 18 Punkt zu empfehlen wäre (HAASE 1994). Eine Schriftform, die zwischen dem großen „I" und dem kleinen „l" relativ gut differenziert, ist die „Druckschrift Nord". Einen weitergehenden Vorschlag macht HAASE 1993. Graphomotorisch gestörten Kindern kommen Druckbuchstaben beim Schreiben wegen fehlender Schwung- und Gegenschwungbewegungen entgegen.

Extrem ungünstig wäre es hingegen, in kurzer Zeit das gesamte schriftsprachliche Formenrepertoire anbieten zu wollen, nämlich Groß- und Kleinbuchstaben in Schreib- und Druckschrift, was für jeden Laut vier z.T. recht verschiedene Repräsentationen ergibt.

Zeilengliederung in Sinnschritten: Texte **nicht so** ausdrucken:

Die Lok ist schon 75 Jahre alt. Im Sommer zieht sie den Museumszug von Vilsen nach Asendorf.

Sondern **so:**

Die Lok ist schon
75 Jahre alt.
Im Sommer zieht sie

den Museumszug
von Vilsen nach Asendorf.

Das gliedert den Text visuell besser, überlastet den Kurzspeicher nicht, der nur 7 – 9 Wörter aufnehmen kann, strukturiert den Sinn und vermeidet sinnentstellende Trennungen (wie gera-dezu oder wer-den) (OCKEL in BRÜGELMANN 1990).

Zeilenabstände groß genug halten, damit fehlerhafte Augensprünge vermieden werden. (SCHEERER-NEUMANN 1994).

Den ersten Buchstaben der jeweils nächsten Silbe fett ausdrucken. Das erleichtert beim Lesen die Durchgliederung der Wortgestalt. Oder: Den Vokal jeder Sprechsilbe im Druckbild hervorheben (SCHEERER-NEUMANN 1995).

Silben „von ein an der" getrennt ausdrucken. Das erleichtert die optische Durchgliederung. **Einzelne Kästchen vorgeben,** in die Buchstaben oder Silben eingetragen werden sollen. **Silbenbögen, Silbentreppen** einsetzen, Sinnschritte in Texten durch Trennstriche markieren.

Auch die **Lineatur der Hefte** sollte das Schreiben durch eine ansprechende und kontraststarke Optik unterstützen. Gute Angebote macht in dieser Hinsicht z.B. die Firma LANDRÉ.

Der Einsatz eines **Lesestabes** sollte bei Fehlsichtigkeit erwogen werden. Er eignet sich besser als eine Lupe, weil er eine ganze Zeile gleichzeitig sichtbar macht und vergrößert. Verschiedene Sorten von Lesestäben (in verschiedenen Stärken, auch solchen mit zusätzlichen Markierungen für Zeilen) sind im optischen Fachhandel erhältlich, leider aber nicht ganz billig. Das Kind sollte auswählen dürfen.

4.2 Einsatz von Farben, auch in Computerprogrammen

IRLEN-Filter (Darstellung nach ROBINSON/FOREMAN 1996): Die amerikanische Psychologin IRLEN beschreibt eine optische Fehlfunktion, die sich vor allem beim Lesen in Blendeffekten, verwaschener Schrift, Doppeltsehen, Augenermüdung und Kopfschmerzen äußert. Sie kann sich zu Migräne oder dauernden Erschöpfungszuständen ausweiten. Diese Erscheinungen nennt sie „Scotopic Sensitivity". Eine große Zahl von Wissenschaftlern im anglo-amerikanisch-australischen Raum beschäftigt sich seither mit diesen Beschwerden, für die auch der Name „Irlen-Syndrom" entstand. Als Bezeichnung hat sich offenbar „Scotopic Sensitivity Syndrome (SSS)" durchgesetzt. Als Ursache vermuten mit IRLEN viele Forscher Feh-

186

ler in der Netzhaut des Auges, aber auch andere Theorien werden geäußert (VII.3).

Zu dieser Therapieform gibt es viele vor allem amerikanische und australische Untersuchungen, die oft mit aufwendigem Langzeit-Design an großen (meist dyslektischen und/oder lernauffälligen) Patientengruppen durchgeführt wurden. ROBINSON/FOREMAN (1996) berichten über einen breiten Konsens bezüglich eminent positiver Wirkungen: Die Leseleistung der SSS-Patienten verbessert sich durch die Filter hinsichtlich Fehlerzahl und Leseverständnis, das subjektive Befinden sowie die allgemeine Lernmotivation steigert sich deutlich. Wie manche anderen Forscher konnten ROBINSON/FOREMAN keine Steigerung des Lesetempos feststellen, was dahingehend interpretiert wird, daß bei Leseversagern oft nicht nur visuelle, sondern auch phonologisch-auditive Teilleistungen beeinträchtigt sind, für die eine optische Therapie keine Hilfe sein kann.

Auch in Deutschland beginnt sich die Akzeptanz von Farbfiltern anzubahnen (SCHROTH 1996 und 1997 a, b, c). Dabei wird zunächst eine einfache Testung mit 24 verschiedenen Farbtönen vorgenommen, nach denen (wie es heißt: objektiv) festgestellt werden kann, ob ein Kind auf die Folien positiv reagiert und welchen Farbton es benötigt (SCHROTH 1997a). Nach SCHROTH (mündl.) ist es wichtig, die leider recht teuren Original-Materialien von OPTIC SERVICE WOLFENWEILER (s. Literaturliste) zu verwenden, weil nur sie in der wünschenswerten optischen Qualität und mit mattierter Oberfläche geliefert werden, was Blendeffekte vermeidet. Dies sei mit farbigen Präsentationsfolien, die man im Schreibwarenhandel beziehen kann, nicht gegeben, zumal die Farbauswahl begrenzt ist.

Technisch ist es auch möglich, Brillengläser den Bedürfnissen des Patienten entsprechend zu färben, wobei interessanterweise die Farbe oft anders sein muß als beim Plastik-Overlay. Entgegen anderslautenden Berichten (ROSENKÖTTER 1997) sind diese Brillen in Deutschland keineswegs verboten; sie dürfen nur im Straßenverkehr nicht getragen werden (SCHROTH mdl.). Sie kommen vor allem beim Schreiben zum Einsatz, weil da kein Plastik-Overlay verwendet werden kann. Auch mit getöntem Papier und mit einer Hintergrund-Färbung von Computer-Monitoren wird gearbeitet (SCHROTH 1997c, GERLING/KOMMERELL 1997).

Es gibt allerdings in Deutschland noch keine konkreten Untersuchungen zur Wirksamkeit. GERLING/KOMMERELL 1997 kritisieren sowohl IRLENs Aussagen als auch die Methodik einiger Kontrollstudien dazu von wissenschaftstheoretischem Standpunkt aus als wenig fundiert. Sie negieren daher eine spezifische Wirksamkeit der Folien und Brillen, gestehen ihnen angesichts der positiven Ergebnisse bei den Probanden aber einen offenbar starken Placebo-Effekt zu. Man verfolge diese Dinge daher mit wachem Interesse, ohne jedoch an das nächste „Allheilmittel gegen Legasthenie" zu glauben.

Die Farbcodierung nach ALLIGER/HAASE (HAASE 1994, 1995, 1996b): In der FARBENFIBEL der beiden Autoren (Bezugsquelle im Literaturverzeichnis) und einem dazu passenden Computerprogramm (in Vorb.) wird Schrift systematisch in drei Farbstufen wiedergegeben: rot für Vokale, blau für eindeutig hörbare Konsonanten und schwarz für nicht eindeutig hörbare Konsonanten wie Verdoppelungen, Auslautverhärtungen und konsonantisch mehrgliedrige Phänomene (ch, ck, ng, tz, sch usw.). Den Autoren folgend geschieht dies, um den Kontrast zu steigern, was dem Schulanfänger helfen soll, zwischen den Sehsprüngen den Fixationspunkt so lange zu halten, bis dem jeweiligen Schriftzeichen der passende Lautwert zugeordnet ist. Während Rot nämlich im hauptsächlich zentralen Bereich der Fovea wahrgenommen wird, ist die Empfindlichkeit für Blau eher in den peripheren Zonen der Netzhaut lokalisiert. Damit werden zum Konturkanal, der auf Schwarz/Weiß ausgerichtet ist, auch Farbkanäle beim Erkennen von Schrift aktiviert. Durch den unterschiedlichen Brechungsindex beider Farben wird außerdem ein „Akkomodationszwang" ausgeübt, denn Rot wird bei gleichbleibendem Leseabstand durch die Linse des Auges anders gebrochen als Blau. Außerdem wird die Silbenstrukturierung durch die roten Vokale erleichtert. Auch beim Schreibdrucken werden die Farben in diesem Lehrgang eingesetzt, weil sich das Kind durch den Farbstiftwechsel in gleicher Weise mit der Binnenstruktur eines Wortes auseinandersetzten soll. Rot und Blau werden als einzig sinnvolles Farbpaar definiert, andere Kombinationen als kontraproduktiv bezeichnet. Auf späteren Trainingsstufen (bei der Schreibschrift) schließt sich in diesem Programm das **Farbsilbenschreiben** nach ALLIGER an. In jeder Zeile dürfen zwei Farben alternierend benutzt werden. Eine **Farbsignalmethode** zur Markierung von Rechtschreibbesonderheiten rundet später die Arbeit ab.– Es wird klar, daß eine so umfassende Methode nicht isoliert in einem – meist ja nur einstündigen – Förderkurs angewendet werden kann, sondern den gesamten Anfangsunterricht umfassen muß.– Auch FÄRBER (mündl. Mitteilung) läßt **beim Schreiben zwei Farben** verwenden: Blau für die Konsonanten, rot für die Vokale. Dabei werden die Vokale ihrer herausragenden Klangqualität wegen als „Könige" bezeichnet, die Konsonanten als „Diener". Eine solche Terminologie prägt sich den Kindern sehr gut ein. Wem sie zu feudalistisch erscheint, kann sie evtl. durch „Stars" und „Fans" o. ä. ersetzen.

Zur FARBENFIBEL existiert konsequenterweise auch eine **Anlauttabelle mit Farbsymbolen** (als Buchstabenrad), die ebenfalls in die Computersoftware integriert werden soll, wo das Kind sie in einem Schreibprogramm mitbenutzen kann.

Farbiger Handzeichen-Handschuh: Zur Unterstützung des Handzeichenlernens mit der FARBENFIBEL wurde ein Handschuh kreiert, der die Farbsymbolik der Fibel aufgreift. Die Autoren schlagen auch vor, daß sich die Kinder zum Spaß die Farben direkt auf die Hände malen können.

LURIJA läßt bei der Therapie von Aphasiepatienten nach Hirntrauma **ganze Wörter farbig schreiben**, um sie vom andersfarbigen Nachbarwort visuell abzugrenzen (LURIJA/CVETKOVA 1990).

In der Waldorf-Pädagogik ist es offenbar üblich, zum Abschreiben gedachte **Tafeltexte zeilenweise in einer anderen Farbe zu schreiben**, weil so eine bessere optische Durchgliederung möglich ist (JAENICKE 1996).

Die Sprach-Farbbild-Transformation von WURM-DINSE: Das Verfahren soll undeutlich artikulierenden Kindern, die bekanntlich eine große Untergruppe der Legastheniker stellen, eine normgerechte Aussprache entwickeln helfen, um sie so zu genauerem innerem Mitsprechen und damit zu besseren Rechtschreibleistungen zu befähigen. Es beruht darauf, daß die Sprach-Farbbild-Transformationsanlage die gesprochene Sprache des Kindes über ein Mikrophon übernimmt und auf dem Bildschirm eines Monitors oder normalen Fernsehers fast zeitsynchron in ein farbiges Bild analog der beteiligten Frequenzen umsetzt. In der oberen Hälfte das Bildschirms erscheint zur Kontrolle ein farbiges Bild des korrekt gesprochenen Wortes, so daß das Kind seine eigene Lösung mit der Vorgabe vergleichen und evtl. korrigieren kann. Tägliches Training – also auch zu Hause – ist zur Leistungssteigerung nötig. Das Gerät kann vom Hausarzt verordnet werden, so daß die Krankenkasse die Kosten übernimmt. Die Kontaktanschrift findet sich unter dem Verfassernamen in der Literaturliste.

Farbige Symbole für Wortarten im Montessori-Material helfen Kindern beim Erfassen grammatischer Grundkategorien. Analog dazu gibt es für den Montessori-Mathematikunterricht auch farbige Symbole für Stellenwerte von Zahlen.

Individuelle Farbassoziationen nutzen: Viele Menschen haben, meist ohne sich dessen bewußt zu sein, Farbassoziationen mit den Vokalen. Bei mir selber gibt es ganz feste Verbindungen: „A" ist blau, „E" gelb, „I" weiß, „O" schwarz und „U" grün. Die Umlaute sind alle „hell...", z.B. „Ä" hellblau usw., die Diphtonge haben die Mischfarben ihrer Einzelbuchstaben. Das geht so weit, daß ich manchmal Mühe habe, mir in neuen Klassen Namen wie „Birgit", „Ingrid", „Siggi" usw. zu merken, wenn die betreffenden Personen brünett und braunäugig sind, und nicht, wie meine Farbassoziationen

„vorschreiben", hell. Wenn man solche Assoziationen, die natürlich bei jedem Menschen verschieden sind, wachrufen und ins'individuelle Lernen einbinden kann, vertieft das ohne Zweifel den persönlichen Zugang zur Schrift (vgl. ein entsprechendes Gedicht von A. RIMBAUD).

Weit verbreitete und durchaus sinnvolle Schulpraxis ist **farbiges Markieren von Schwierigkeiten,** Eintragen von Silbenbögen und Trennstrichen. Der **Overhead-Projektor sollte möglichst systematisch** eingesetzt werden. Auch in der Projektion können Farben zum Markieren verwendet werden. Besonders gut kommt der Overhead-Projektor zur Geltung, wenn man ihn im **Dunkelraum** (z.B. im Filmsaal) anwendet.

Bestätigung am Förderanfang: Unter richtig geschriebene Wörter dürfen sich die Kinder einen farbigen Punkt kleben (HACKETHAL 1995).

4.3 Weitere optische Lesehilfen, auch mit dem Computer

Einsatz einer Leseschablone oder eines Lesepfeils. Angesichts der verbreiteten augenmotorischen Probleme von LRS-Kindern halte ich eine solche Hilfe für eminent wichtig. Sie hilft, die Leseleistungen deutlich zu verbessern. Verschiedene Formen sind denkbar: Zunächst ein einfaches Blatt oder Lineal, das unter die aktuelle Zeile gelegt wird und das Auge daran hindert, hinunterzuspringen. Auch das Hochspringen wird erschwert.

Das Lesen erfolgt, indem der Finger von Buchstabe zu Buchstabe, später von Wort zu Wort mitgleitet. So werden optische Differenzierung und Augensakkaden unterstützt (MILZ 1998[2]). Außerdem wären zu erwägen der

folgende **Lesepfeil,** der ein Vorwärtsspringen des Auges verhindern soll, aber vorausschauendes Lesen erschwert

und schließlich der **vorausschauende Lesepfeil,** der ein Zurückspringen des Auges verhindert, vorausschauendes Lesen aber ermöglicht.

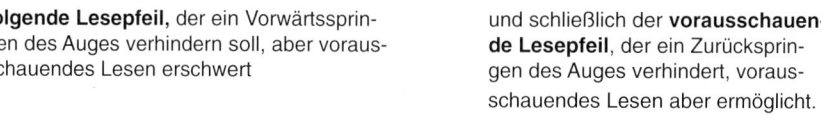

Lesepfeile schneidet man ganz einfach aus Tonpapier zurecht. Hübsche Exemplare aus Holz oder transparentem Plastik kann man im psychomotrischen Fachhandel auch käuflich erwerben.

Lesefenster: Ein ca. 6 cm breiter und 10 cm langer Karton wird längs gefaltet und zusammengeklebt. In der Mitte einer Seite wird ein Fenster eingeschnitten. In die rechte Öffnung wird ein Wortkärtchen eingeschoben. Der erste Buchstabe erscheint im Fenster und wird gesprochen, so lange, bis der zweite erscheint usw. (BLUMENSTOCK 1983). Einfachere Version:

In eine Pappe vom Format ca. DIN A5 oder A6 wird etwas rechts vom Mittelpunkt ein ca. 3 cm breiter, senkrechter Schlitz eingeschnitten. Das Wortkärtchen wird von rechts Buchstabe für Buchstabe durchgeschoben (SOMMER-STUMPENHORST 1993[3], KOSSOW 1976[4], ROSENKÖTTER 1997).

Ein **Lesefenster wird in die Computer-Software** der FARBENFIBEL von ALLIGER/HASSE integriert. Es hebt bei regulierbarer Geschwindigkeit die einzelnen Wörter eines Textes nacheinander hervor und soll so die Augensakkaden trainieren.

Blitzlesen: SCHEERER-NEUMANN (1979) und GRISSEMANN (1985) beschreiben Leseübungen mit dem Tachystoskop, einem Diaprojektor, der durch ein Zusatzgerät ein Wort oder Textstück nur einen kurzen Moment erscheinen läßt, wodurch ganzheitliches Erfassen und Lesegeschwindigkeit trainiert werden. Aber auch der Overhead-Projektor eignet sich gut für das Blitzlesen. Man projiziert eine Wörterliste und deckt sie mit zwei ausreichend großen Blättern zu. Dann schiebt man die Abdeckblätter für einen kurzen Moment auseinander und gleich wieder zusammen. Die Schüler versuchen, das gesehene Wort zu erkennen. SOMMER-STUMPEN-HORST (1993[3]) empfiehlt, eine Karteikarte zwischen Daumen und Zeigefinger zu nehmen und rund zu drücken. Wenn man den Druck verstärkt, wird ein Wort von der Projektion sichtbar, läßt man wieder nach, verschwindet es. Auch in Computerprogrammen werden stachystoskopische Angebote gemacht (z.B. TRAEGER, s. Literaturliste).

Lesen mit laufender Computerschrift: Bei der GLEITZEILE (Bezug im Literaturverzeichnis) handelt es sich um ein Computerprogramm, bei dem eingegebene Wörter und Sätze als ein gleichmäßig fließendes Band auf dem Bildschirm erscheinen. Schriftgröße und Geschwindigkeit können variiert werden. Sie zwingt den Leser zu einer ruhigen Augenstellung. Eine unkoordinierte Augenmotorik, die vielen LRS-Kindern das Lesen schwer, wenn nicht gar unmöglich macht, wird damit ausgeschaltet und kann nicht mehr stören. Das Erscheinen des Textes Buchstabe für Buchstabe entspricht der Lesestrategie von Leseanfängern, die steigerbare Geschwindigkeit erzieht zu höherem Lesetempo und damit zur Automatisierung des Leseprozesses (KRISCHER/MEISSEN 1991). Auch zur FARBENFIBEL von ALLIGER/HAASE entsteht ein Computerprogramm mit ähnlichem Anspruch, aber weiteren Zusatzfunktionen (Farbcodierung, Wahl von Schrifttypen; die Abbildung von Handzeichensymbolen und Mundstellungsbildern kann zum Text zugeschaltet werden). Bezug unter „FARBENFIBEL" im Literaturverzeichnis.

Zur Übung der reinen Buchstabensynthese: **Lateinische Texte** lesen lassen. Dabei werden semantische Bezüge, die zu Lesefehlern aufgrund falscher inhaltlicher Erwartungen führen, ausgeschlossen. Außerdem wird die Frustration vermieden, die bei schlechten Lesern aus mangelnder Sinnentnahme resultieren kann. Hier wird kein Sinn erwartet, daher wird ein Nicht-Verstehen des Textes auch nicht weiter irritieren.

4.4 Zusammenstellung von vorwiegend visuell orientierten Übungsformen zum Wortbildtraining

Vorbemerkung: Wenn in diesem Buch der Begriff „Wortbildtraining" verwendet wird, versteht er sich immer im Sinne von SCHEERER-NEU-MANNs Forderung, **„wortspezifisch"** zu arbeiten (SCHEERER-NEU-MANN 1985). D. h., daß zur orthographisch korrekten Einspeicherung eines Begriffs immer mehrere Informationsebenen gehören. Das sind neben der visuellen, die beim Wort„bild" training im Vordergrund zu stehen scheint, vor allem auch auditiv-phonologische, graphomotorische, morphologische und regelhafte Informationen. Weder aus der Verwendung des Begriffs „Wortbildtraining" noch aus der hier heuristisch isoliert dargestellen visuellen Strategie sollte der Fehlschluß abgeleitet werden, daß einem eindimensional- monomodalen Fördergedanken das Wort geredet wird.

Buchstabensuppe: In einer Fülle bedeutungslos erscheinender Buchstaben sind die Wörter der Trainingsliste enthalten:

B H N M G   T Z R R W Q L

R T Z S P   R E C H E N P

Zur Herstellung: Man trägt die Wörter, die man verstecken will mit rotem Stift nach Kreuzwortmuster in Rechenkästchen ein. In entsprechender Größe zieht man darum einen Rahmen und füllt die leeren Kästchen blau mit sinnlosen Buchstaben aus. Unterschiedliche Farbgebung erleichtert die Kontrolle beim Abtippen. Als Füllsel werden nur Konsonanten verwendet, da sich sonst zu leicht ungewollte Wörter ergeben. Beim Abtippen läßt man zwischen den Buchstaben einen Zwischenraum (1x Leertaste), zwischen den Zeilen eine Leerzeile Abstand. Diagonale Anordnung der Wörter verwirrt zu sehr.

Wörter aus der Trainingsliste suchen, die z.B. zwei „e" haben (Esel) oder drei „e" (Feuerwehr), oder kein „e", (z.B. „Mannschaft"). Es kann auch nach jedem anderen Buchstaben gesucht werden.

Symbole für Rechtschreibschwierigkeiten vereinbaren: Bestimmten **Rechtschreibschwierigkeiten werden einfache Symbole zugeordnet,** die mit jedem davon betroffen Wort zusammen erscheinen. Die Kinder sollen dadurch an ein Rechtschreibproblem erinnert werden. Außerdem soll die Markierung eine Speicherhilfe sein. Zu denken wäre z.B. an die Markierung von „lang" und „kurz" (z.B. Strich und Punkt), Dehnungs -h, -ie etc. Die Beschränkung auf wenige, klare Symbole erscheint angebracht. Solche Systeme finden sich z.B. in KOSSOW 1976 und KOSSOW 1991[2]. HAASE 1995 verwendet in der Frühförderung mit der FARBENFIBEL **Symbole für verschiedene Phonemklassen,** z.B. für langen Vokal, kurzen Vokal, Stopkonsonant, dehnbaren Konsonant usw.

Rückwärts buchstabieren: Es wird nur dann gelingen, ein Wort rückwärts zu buchstabieren, wenn man sich von der phonologischen Analyse gelöst und das Wort als „Bild" gespeichert hat, das über inneres Visualisieren abgerufen werden kann. Beim Wort„bild" training kann durchaus mit dieser Übungsform experimentiert werden. Man wird feststellen, daß einige Kinder hierbei verblüffende Fähigkeiten entwickeln! Die Idee stammt aus dem NLP (5.4.5) und klingt durchaus überzeugend, wenn sie auch nur bei Kindern angewendet werden sollte, die keine Raum-Lage-Probleme haben. (s. a. SCHICK 1995, WARNKE 1997).

4.4.1 Arbeit mit Wort-, Bild- und Buchstabenkarten:

Wörter mit Buchstabenkarten legen (FISCHER 1998). Als intensives Durchgliederungstraining auch für schwer gestörte Kinder muß dieser Arbeitsform ein hoher Stellenwert eingeräumt werden.

Buchstabenkarten herstellen: Auf eine Pappe (etwa in Postkartenformat) wird ein Buchstabe geschrieben. Auf die Rückseite malt das Kind ein Bild von einem Gegenstand, der mit diesem Buchstaben beginnt. Nun können die Buchstaben selbständig geübt werden, indem die Kinder den Buchstaben anschauen, den dazugehörigen Laut nennen und auf der Rückseite kontrollieren, ob das richtig war, oder umgekehrt das Bild betrachten und den zum Anlaut gehörenden Buchstaben schreiben, dann mit der Vorderseite vergleichen (MANN 1994[3])

Lebendes Wort: Buchstaben werden auf großen Karton geschrieben und Kindern um den Hals gehängt. Die Schüler stellen sich in der Reihenfolge auf, die einem Lernwort entspricht. Dazu wird gesprochen, z.B. in Form des Schiebe- oder Beweislesens (MANN 1994[3], s. S. 225).

Bildkarten werden die passenden Wortkarten zugeordnet; Wort-Bild-Domino spielen.

Röntgenblick: Es handelt sich um eine Buchstabier-Übung mit spielerischem Brimborium. Ein Wortkärtchen wird vor die Stirn gehalten. Der Spieler erklärt, er habe einen Röntgenblick und könne durch die Karte sehen. Er nennt das Wort, das darauf steht (das hat er vorher gesehen) und buchstabiert (oder lautiert) es. Die anderen kontrollieren.

Liste von Trainingswörtern mit Wortkärtchen als **Kim-Spiel** auslegen. Alle merken sich die Reihenfolge, dann wenden sie sich ab oder verlassen den Raum, während einer zwei (drei, vier) Kärtchen vertauscht. Die richtige Reihenfolge wird aus dem Gedächtnis wiederhergestellt.

Wortmemory: Von jedem Wort werden zwei Karten hergestellt, die mit der Rückseite nach oben gut gemischt ausgelegt werden. Es wird nach dem bekannten Memory-Verfahren gespielt. Es gilt aber zu beachten, daß das Memory-Spiel mit Bildern viel leichter geht. Es sollten daher nicht zu viele Kartenpaare gleichzeitig ins Spiel gebracht werden.

Silbenpuzzle: Die Wortkärtchen werden silbenweise zerschnitten, gut gemischt und auf einen Haufen geworfen. Sie werden nun wieder zusammengebastelt.

Lesetraining mit Wortkarten: Nach Diktat werden Wortkarten zu Sätzen zusammengefügt (FISCHER 1998)

Gruppenspiel: Wörter-Autoquartett: Nach den Spielregeln des Autoquartetts teilen zwei Schüler einen Satz Wortkarten unter sich auf. Abwechselnd fragt ein Spieler den anderen: „Wie viele Silben hat dein Wort? Oder: Mit welchem Anfangsbuchstaben beginnt dein Wort? (Wer weiter vorne im ABC ist, bekommt den Stich); zu welcher Wortart gehört dein Wort? (Rangfolge für Stichgewinn muß vorher festgelegt sein).- Ein Fragen- und Rangfolgenkatalog sollte am besten ein für allemal festgelegt werden. Das Spiel eignet sich zum Ritus- und Standardspiel. Der vereinbarte Katalog sollte dann im Gruppenraum aushängen (HACKETHAL 1995).

Wörter memorieren mit Bewegung: Ähnlich wie beim Laufdiktat liegen Wortkärtchen im Raum verteilt. Die Kinder gehen daran vorbei und versuchen sie sich nacheinander einzuprägen. Vor dem Schreiben vergewissern sie sich innerlich, ob sie alle Wortbilder gut gespeichert haben. Bei Unsicherheiten gehen sie nochmal zu den fraglichen Wortkärtchen zurück. Dann wird die Wortliste geschrieben.

Stationslernen mit Wortkärtchen: Die Kärtchen liegen wie oben im Raum verteilt. Zum visuellen Einprägen kommen aber noch andere Aufgaben dazu, wie Silbentrennung, farbige Markierungen setzen, Buchstabenkärtchen oder Tastbuchstaben zum Wortbild zusammenlegen usw. Entsprechendes Material muß natürlich vorhanden sein.

4.4.2 Geheimschriften:

a) Je nach Ober- oder Unterlänge werden die Buchstaben durch einen Strich repräsentiert:

Regen: | | | | |

b) Zahlengeheimschrift: a = 1, b = 2, c = 3 usw.; oder rückwärts: a = 26, b = 25 usw.

c) Der nächste Buchstabe:

Vorgabe: R b g t k d
gesucht: S c h u l e

Sinngemäß: Der vorige Buchstabe. Das ist aber schwieriger als die Suche des nächsten Buchstabens, weil man das ABC im allgemeinen von vorne nach hinten leichter beherrscht als umgekehrt.

d) Rechengeheimschrift:

Vorgabe des Kursleiters:	t- 1	d + 1	g + 1	f − 1	m + 1
Die Schüler „errechnen":	s	e	h	e	n

Das Spiel läßt sich natürlich auch nur mit „+" oder nur mit „-" spielen.

e) Rahmengeheimschrift: Ein Rahmen deutet die Buchstabenform mit Ober- bzw. Unterlängen an. Das Wort, das hineinpaßt, muß aufgrund seiner Umrißgestalt erkannt werden.

f) ABC rückwärts: A = Z, B = Y usw.

SOMMER-STUMPENHORST (1993[3]) stuft Geheimschriften als „schön, aber wenig effektiv" ein. Ihr Trainingseffekt sei „genauso groß wie beim einmaligen Abschreiben des Wortes". Ich sehe es nicht ganz so streng, denn so macht es mehr Spaß, und die geforderte Durchgliederungsleistung ist ungleich höher als beim Abschreiben. Gewiß wird niemand die Geheimschriften als LRS-Wunderheilmittel ansehen, ein reines Abschreibtraining aber hoffentlich noch viel weniger (s. VI. 7.3 Selbststeuerung).

Um des spektakulären Effektes willen sei auch auf die **Zitronensaft-Geheimschrift** hingewiesen: Man schreibt auf großformatiges Papier mit einem Wattetupfer, den man in Zitronensaft taucht. Nach dem Trocknen wird das Blatt gebügelt (Stufe 1-2). Dadurch erscheint die Schrift in brauner Farbe. Das müßte im Prinzip mit jedem anderen farblosen Fruchtsaft auch gehen (vorher probieren!). Dann könnte beim „B" mit Birnensaft, beim „P" mit Pampelmusensaft usw. geschrieben und derselbe auch getrunken werden. Man sollte derlei nur nicht zu oft betreiben.

4.5 Exkurs: NLP und Rechtschreibtherapie

SCHICK 1995 beklagt, daß sich LRS-Therapie in Deutschland oft fast ausschließlich auf die auditiv-phonologische Komponente des Schreibens bezieht und die visuellen Teilstrategien demgegenüber vernachlässigt. Dabei sei gerade diese bei fortgeschrittenen Anforderungen ungleich effektiver, weil der Anteil lauttreu geschriebener (und damit über das Hören zu erschließender) Wörter im Deutschen viel zu gering sei. Gute Rechtschreiber bevorzugten eindeutig visuelle Teilstrategien und stellten sich ein zu schreibendes Wort als optische Gestalt vor, wobei sie auf ihr visuelles Gedächtnis zurückgriffen. Im Gegensatz dazu komme diese Strategie auch bei älteren Schreibversagern kaum vor. Sie verließen sich intuitiv auf die auditiven Analysestrategien, rekurrierten also auf ein retardiertes Entwicklungsniveau und kämen dadurch zu falschen Ergebnissen. Diese Erkenntnisse werden mit empirischen Untersuchungen anderer Autoren untermauert.

Daraus folgt für SCHICK logischerweise, daß sowohl beim Rechtschreiblernen der Regelklasse als auch im LRS-Förderunterricht die visuelle Strategie in den Vordergrund zu rücken ist, und zwar mit doppelter Absicht: Einerseits sollen dadurch richtige Wortbilder effektiv gelernt werden und sich mit der Zeit zu einem optisch gespeicherten Lexikon akkumulieren. Andererseits soll den Kindern aber auch die richtige Technik vermittelt werden, mit der sie ihr internes Lexikon zukünftig selber sinnvoll erweitern können (MALLOY in SCHICK 1995). Ein Spezifikum des NLP-Ansatzes ist dabei die (empirisch überprüfte) Beobachtung, daß gute Rechtschreiber zum Erinnern eines Wortbildes mit den Augen nach links oben gleiten. Diese Technik wird im NLP auch schwachen Rechtschreibern intensiv vermittelt (s. auch ROSENKÖTTER 1997).

Folgende methodische Komponenten des LRS-Trainings werden vorgestellt (vor allem nach BROWNELL/BROWNELL in SCHICK 1995):

Der Gruppenleiter baut zunächst eine positive Beziehung zu den Kindern auf („Rapport"). Sie sollen sich danach an eine angenehme Situation erinnern („positive Ressourcen ankern").

Derart positiv eingestellt, wird ihnen ein Wortkärtchen präsentiert („Encodieren"). Sie sollen es intensiv betrachten und sich die optische Gestalt einprägen, wobei Schwierigkeiten im Geiste farbig markiert oder anderweitig hervorgehoben werden sollen. Hinweise zur Untergliederung in Buchstabengruppen und zur internen Variation von Farbe, Helligkeit etc. können gegeben werden; auch das Luftschreiben wird erwähnt (Anweisung insgesamt: Mache dir ein Foto von dem Wort.) Hierfür wird so viel Zeit gegeben, wie der Schüler in Anspruch nimmt. Dabei erfolgt die Präsentation des Wortkärtchens schon so, daß das Kind dabei nach oben links sehen muß.

Wenn der Schüler angibt, über ein scharfes Foto des Wortes zu verfügen, wird das Kärtchen weggenommen. Es erfolgt wieder die Anweisung, nach oben links zu schauen, um die innere Abbildung zu aktivieren. Zur Absicherung und Überprüfung soll das Wort vor allem rückwärts buchstabiert werden, mit der Begründung, daß dadurch am besten festgestellt werden kann, ob wirklich eine optische Speicherung vorliegt. Bei allem Verständnis für die Sinnhaftigkeit dieses Vorgehens sei erneut die Frage erlaubt, ob richtungsunsicheren Kindern mit dieser Übung nicht möglicherweise ein Bärendienst erwiesen wird.

Schließlich wird das Wort geschrieben. Nun soll der Schüler prüfen, ob sein schriftliches Ergebnis sich „gut anfühlt", d. h. mit dem Abbild in seinem optischen Speicher harmoniert.

Richtige Ergebnisse werden (z.B. durch erneute Präsentation der Vorlage) „geankert". Fehler werden durch erneutes Durchlaufen des Encodierungsprozesses beseitigt, wobei positiv verstärkt wird, wenn das Kind bei einer falschen Schreibweise immerhin das Gefühl artikuliert hat, es könne etwas falsch sein.

Gewiß sind diese Gedanken zumindest im Grundsatz einleuchtend, wenn die Vertreter der NLP auch die Eigenschaft haben, mit hermetisch-amerikanischem Vokabular aufzutreten. Außerdem verblüfft das exklusive Rekurrieren auf visuelle Teilstrategien. Nach meinen Erfahrungen ist es zwar durchaus sinnvoll, auf höherem Lernniveau hier den Schwerpunkt zu setzen; auch sind meine Erfolge mit einem Wortbildtraining denen mit anderer methodischer Grundlage zumindest in der Orientierungsstufe durchaus ebenbürtig wenn nicht überlegen (IFFLAND/KLEINMANN 1991). Den Grund für die methodische Monokultur vermag ich aber nicht zu erkennen, im Gegenteil: Die möglichst gezielte, individuelle Öffnung zusätzlicher Lernkanäle, wie sie in den vorigen und den folgenden Kapiteln beschrieben wird, sollte Anliegen jedes Förderkursleiters sein. Auch für die von den Anhängern der NLP als kontraproduktiv qualifizierte phonologische Strategie sei hier eine Lanze gebrochen, denn selbst Kinder in höheren Schulklassen haben auf diesem Sektor manchmal noch charakteristische Schwächen, z.B. wenn sie statt „die Nacht" meinen „die *Nart" statt „Revolution" „*Revulotion" oder statt „schwierig" „*schweich (gesprochen: schwä-ich)" zu hören meinen. Eine Verfeinerung der akustischen Differenzierungsleistungen ist also nach wie vor durch Übung anzustreben.

So kann man den NLP-Autoren für ein paar neue Anregungen danken, summarisch aber durchaus feststellen: Das hatten wir schon, und zwar teilweise besser. Die Kongruenz besteht nicht nur im Favorisieren eines schwerpunktmäßig visuellen Ansatzes (unter der Voraussetzung, daß ein Kind die phonologische Schreibstrategie erfaßt hat), sondern auch in einer emotional geprägten Anfangsphase des Förderunterrichts (Entspannungsübungen und andere Formen des nichtverbalen Funktionstrainings), im nach Phasen gegliederten Ablauf des Encodierens (visuelle Präsentation, Speicherangebote, aber bei weitem nicht nur auf visueller Ebene!), Phase des stillen Memorierens vor dem Schreiben beim „Diktat mit Stop" (s. S. 217, wir können dabei gerne zukünftig nach oben links schauen lassen), Anleitung zu Selbstinstruktion, Selbstkontrolle und Fehlersensibilität. Die darüber hinaus unerläßliche systematische Wiederholung (VI 6.3) wird von den amerikanischen NLP-Leuten sicher auch betrieben, aber nicht explizit thematisiert.

Bei aller relativierenden Kritik am amerikanischen Grundmuster muß allerdings gesagt werden, daß SCHICK 1995 in seinen „Ergänzenden Hinweisen" und in der „Vorstellung weiterer Therapieansätze" deutlich darüber hinausgeht und die Gesamtproblematik des Phänomens LRS und die sich daraus ergebenden Konsequenzen für die Förderung durchaus erfaßt. Auch soll hier keine generelle Ablehnung von NLP artikuliert werden.

5. Taktiles Empfinden, Hand-, Finger- und Graphomotorik

Die Einbeziehung des Tastsinnes in den Schreib-Leselehrgang ist eine hervorragende Möglichkeit, Lernblockaden auf auditiv-visuellem Sektor zu umgehen, die bei den meisten LRS-Schülern vorliegen.

5.1 Taktile Wahrnehmung allgemein

Tastbuchstaben einsetzen. Sie führen die recht abstrakten Buchstaben zumindest ansatzweise auf die Ebene des Dinglich-Materiellen zurück und knüpfen so an vorschulischen Stadien der geistigen Entwicklung an (vgl. dazu RADIGK 1990[3]). Buchstaben im Grabbelsack ertasten. Verschiedene Materialien verwenden (Holz, Schaumstoff etc). Wortbilder, die aus den Buchstaben gelegt wurden, werden ertastet und nach dem Tastbild erlesen. Evtl. auch Buchstaben aus Russisch Brot verwenden, die anschließend aufgegessen werden können (vielleicht sogar als Belohnung bei richtigem Erkennen). Große Formen aus Hartholz sind am besten geeignet für das

Tastlesen: Man verdeckt den Kindern die Augen mit einer Maske (oder läßt sie sie schließen, wenn keine Maske zur Hand ist. Tücher eignen sich wegen des zeitraubenden und evtl. schmerzhaften Knotens nicht so gut). Dann bekommen sie die entsprechenden Tastbuchstaben nacheinander in die Hand. Sie erkennen den Buchstaben und bauen das fragliche Wort nacheinander beim Tastlesen auf: H – HA – HAS – HASE. Das verschleifende Sprechen muß hier – genau wie beim Handzeichenlesen – immer wieder geübt werden. Diese Form der Worterkennung hat einen ähnlichen Charakter wie das „Beweislesen" oder das „Schiebelesen" (s. u.), bindet aber den Tastsinn in den Lesevorgang ein und spricht auch das taktile Gedächtnis an. Buchstaben aus Sandpapier erfüllen den gleichen Zweck. Wer ganz fit ist, kann zum Tasteindruck sprechen und gleichzeitig die Lautgebärde ausführen. Das erfordert aber einige Übung und Konzentration! Hinweis: Negativformen (also in eine Platte eingefräste Buchstaben) werden nicht so leicht gedreht (d. h. gespiegelt) wie die Positivformen.

Die Diphtonge und die Laute „ch", „sch" und „ng" stellen dabei insofern ein Problem dar, als hier bekanntlich ein Laut durch mehrere Buchstaben repräsentiert wird. Für das Tastlesen muß man die jeweils zusammengehörigen Buchstaben fest verbinden (z.B. mit Holzdübeln), so daß man sie dem Kind als Ganzheit in die Hand geben kann.

Tastschreiben I: Tastbuchstaben sollten natürlich auch als taktiles Alphabet zum Schreiben (Legen) von Wörtern benutzt werden.

Tastschreiben II: Ein Wort aus einer zu trainierenden Liste wird intensiv visualisiert, dann bei verschlossenen Augen mit dem blanken Finger auf eine rauhe Unterlage geschrieben (am besten auf Pappe geklebte Rauhfaser). Anschließend wird es mit Bleistift ins Heft geschrieben. Hervorragende Übung, die das taktile Gedächtnis in den Lernprozeß einbezieht. (MILZ mdl.).

Buchstaben und Wörter werden aus Knetröllchen gelegt, aus Fimo oder Salzteig geformt und aushärten lassen. Bei der Verwendung von Fimo könnte sich jedes Kind nach und nach seinen eigenen Satz Buchstaben erarbeiten, den es dann immer wieder verwenden kann und zu dem es einen sehr persönlichen Bezug hat, weil es „seine eigenen" Buchstaben sind (DAVIS 1996[3]). Es gibt auch Leucht-Fimo, das im Dunkelraum eingesetzt werden kann (HOFELE 1995[2]).

Buchstaben aus Pfeifenputzern, Wollfäden oder Watteschlangen herstellen und aufkleben; damit evtl. ein Leseheft herstellen. Buchstaben können auch aus Papier ausgerissen werden.

Fühlbuchstaben aus Filz oder Sandpapier verwenden. Verfahren wie oben. Dabei kann sowohl die Positivform als auch die Negativform ertastet werden. Fertige Sandpapier-Buchstabensätze gibt es (wie auch Ziffern) im Montessori-Material. Filzbuchstaben vertreibt AOL. Rauhes oder weiches Material kann bei Selbst-Herstellung gezielt dem Buchstabencharakter angepaßt werden, z.B. harten/weichen Konsonanten. Dabei ist zu beachten, daß weiche Formen keinen so klaren Tasteindruck hinterlassen wie harte. Für die Eigenherstellung weicher Fühlbuchstaben kann man Küchen-Schwammtücher verwenden (ALDI o. ä.).

Buchstaben oder Wörter in Sand oder Sägespäne malen oder in Gips einritzen und nachspüren. Schreiben, indem man Vogelsand aus der feinen Öffnung einer Tüte auf eine klebende Oberfläche rieseln läßt. Trocknen lassen – das Tast-Wort ist fertig. Oder: Man schreibt das Wort, indem man eine Kleberspur auf das Blatt fließen läßt. Das wird dann mit farbigem Pulver (Gewürze mit zum Buchstaben passendem Duft: Z=Zimt; Gras für die Modelleisenbahn) bestreut, antrocknen lassen und freigepustet. Das Wort erscheint.

Großformatige Buchstaben (an der Tafel, auf Tapetenbögen etc.) nachfahren, und zwar nicht nur mit der Schreibhand, sondern auch mit beiden Händen übereinander (Aktivierung beider Hirnhälften) und auch mit dem Ellenbogen (Lockerung der Schreibmotorik, vgl. V.4.5.2)

Buchstaben aus Pappe ausschneiden oder mit Nägeln in Holz schlagen. Auf Pappe vorgezeichnete Buchstaben mit verschiedenen Materialien auskleben, z.B. Watte, Glitzersternchen etc.

Das Kind schreibt sich selbst einen Buchstaben oder ein Wort mit dem Finger in die Hand, (evtl. erst mit dem rechten Finger in die linke, dann mit dem linken Finger in die rechte Hand (bei Linkshändern umgekehrt). Oder: Dem Partner Buchstaben, Wortbilder oder kleine Sätze mit dem Finger auf den Rücken schreiben.

5.2 Graphomotorisches Basistraining

Schreibanfänger im Regelunterricht bekommen ein vielfältiges Angebot an **Schwungübungen,** bevor der eigentliche Schreiblehrgang beginnt (z.T. noch parallel dazu). Bei der Frühförderung lese-rechtschreibschwacher Schüler muß dieses Angebot erweitert werden, weil die Kinder oft Schwierigkeiten bei der Formauffassung, (z.B. der visuellen Differenzierung, der Raumlage und der Formkonstanz) haben, die Handmotorik noch trainiert werden muß und die Auge-Hand-Koordination u. U. Mängel aufweist. All dies beeinträchtigt natürlich auch das Formgedächtnis. Formen müssen daher **mit einem vielgestaltigen Übungsangebot erarbeitet und gefestigt werden, das alle Sinne (und auch die Ganzkörpermotorik) einbezieht.**

Ein Beispiel soll das verdeutlichen (Dank an Frau A. GÖTZ, mündl. Mitteilung), das als Anregung gedacht ist und nicht den Anspruch eines obligaten Programms erheben will, welches von A bis Z durchgearbeitet werden müßte. Die Intensität richtet sich vielmehr nach dem Alter und den Bedürfnissen der Kinder.

Bei der Einübung der Zackenform, die z.B. dem W und dem M zugrunde liegt, könnte man folgendermaßen vorgehen:

Wir betrachten Bilder von Igeln, bringen Igel aus verschiedenen Materialien mit, basteln selber welche, berichten von Erlebnissen mit Igeln, sehen vielleicht einen Film dazu. Wir singen das Lied: „Der Igel ist ein Stacheltier" (ein solches ist überliefert, läßt sich aber auch erfinden).

Wir überlegen, wo es noch spitze Formen gibt. Wir befühlen solche Gegenstände, z.B. Bürsten, Nägel, Igelbälle etc. Wir unterscheiden im Grabbelsack stachlige und glatte Dinge. Wir malen riesige Zacken auf den Hof und laufen ihnen nach; wir balancieren oder kriechen (wie die Igel) auf im Zickzack gestellten Bänken in der Turnhalle, wir legen uns selbst im Zickzack hin, wir laufen ohne Schuhe auf einer im Zickzack gelegten Schnur, wir hüpfen auf im Zickzack angebrachte Markierungen oder in Reifen, die im Zickzack liegen. Wir spuren Zickzacklinien in Gips, lassen ihn hart werden und fahren sie mit den Fingerspitzen nach, zeichnen dem Partner Zickzacklinien auf den Rücken oder in die Hand (und lassen ihn evtl. raten, wie viele Zacken die Linie hatte). Wir legen Zickzacklinien aus Streichhölzern oder aus Knetschlangen. Wir malen Zickzacklinien mit dicken Stiften auf Tapetenbahnen oder über die ganze Tafel, wir versuchen solche mit den Zacken nach oben und nach unten, rechts und links. Wir verwenden allmählich feinere Stifte und engere Linien, auf denen zunächst die Formen vorpunktiert sind und nur verbunden werden müssen. Allmählich arbeiten wir uns vor zu frei gestalteten kleinen Formen.

Wir entdecken zackige Formen bei den Buchstaben und wenden uns diesen allmählich zu. Dabei verweilen wir so lange bei einer bestimmten Form, bis sie internalisiert ist. Falsch wäre, verschiedene Formen durcheinanderzuwerfen. Auch dürfen keine ähnlichen Formen n-m, b-p, a-o usw. in Opposition zueinander eingeführt werden.

Empfohlen seien in diesem Zusammenhang:

SCHILLING, F.: Spielen – Malen – Schreiben. Marburger graphomotorische Übungen. Dortmund 1994[10]

NAVILLE, Suzanne u. MARBACHER, Pia: Vom Strich zur Schrift. Dortmund 1991[3]

HEINTGES/KOLLER/DITTMANN: Vorübungen zum Schreiben. Arbeitsblätter mit schreib- rhythmischen Übungen.

Hier kann es jedoch nicht darum gehen, lediglich die Arbeitsblätter ausfüllen zu lassen. Vielmehr beinhalten die Übungen eine **Fülle von Bewegungs- und Spielmöglichkeiten,** die unbedingt wahrgenommen werden müssen, um die fraglichen Formen auch wirklich fest im Gedächtnis einzuprägen und motorisch abrufbar zu machen. Der Kreativität des Kurs- oder Vorklassenleiters ist dabei keine Grenze gesetzt, vielmehr sei er oder sie ermutigt, ihr (sinnvoll) die Zügel schießen zu lassen.

Bei graphomotorischen Störungen helfen solche Übungen viel mehr, als ein massiertes (und die Verkrampfung eher verstärkendes) Schönschreib-Training. Bei motorischer Verkrampfung sind **großformatige Schwung- und Schreibübungen zur Lockerung** dringend nötig, z.B. mit nassem Schwamm auf der Tafel; mit dickem Filzstift auf Tapete. Wir schwingen und schreiben nach Takt oder Musik (muß rhythmisch klar strukturiert sein).

5.3 Auge-Hand-Koordination

ATZESBERGER (1985) schlägt eine aus Punkten bestehende Schrift vor, die der Schüler nachschreibt.

HAASE (1995 und 1996 b) empfiehlt zur Auge-Hand-Koordination eine „Nachspurschrift", bei der jeder Buchstabe aus einer doppelten Linie besteht, in deren Zwischenraum das Kind hineinschreiben (nachspüren) soll. Die Schrift ist als Computerprogramm erhältlich, so daß jeder Lehrer seine eigenen Arbeitsblätter in dieser Schrift gestalten kann (Bezug s. FARBEN-FIBEL in der Literaturliste).

5.4 Schreibmotorische Entlastung

Der **Schreibstift oder Füller muß griffig** sein. Runde Stifte sind dabei ungünstig. Bei verkrampfter Handhaltung helfen möglicherweise **Plastik-Prismen,** die auf den Stift aufgesteckt werden (Bezug z.B. Elke DIECK, s. Literaturliste).

Bei der LRS-Förderung wird auch in höheren Klassen **nur mit Bleistift** geschrieben. Das entlastet die Motorik und ermöglicht außerdem Korrekturen. Evtl. kann auch eine Wachs-Schreibbirne eingesetzt werden, die das Schreiben aus dem Ellenbogen heraus ermöglicht und so die Fingermotorik entlastet. Der Einsatz von Wachsstiften, die auf den Finger aufgesteckt werden können, wäre ebenfalls zu erwägen.

Bei Schülern mit starken graphomotorischen Problemen kann es sinnvoll sein, **den motorischen Anteil des Schreibens zeitweise ganz wegzulassen** oder zu reduzieren, weil dieser Bereich so viel Aufmerksamkeit absorbiert, daß für Differenzierungs- und Gedächtnisleistungen kaum noch Kapazität freibleibt. **Der Schüler diktiert dem Lehrer**! (KASSEL 1991) Dies kann auch mit Handzeichen oder reinen Bewegungsanweisungen geschehen (letzteres vor allem auf einer Trainingsstufe, wo die Buchstabenform noch gesichert werden muß). Dieses Verfahren stärkt die Gedächtnisleistung, weil sich die Aufmerksamkeit auf die optisch-akustische Umkodierung beschränken kann (und nicht zusätzlich durch motorische Komponenten belastet wird).

Im gleichen Sinne entlastet das **Schreiben mit Stempelkasten, Schreibmaschine oder Computer** von schreibmotorischen Teilleistungen. Es führt auch dazu, daß Buchstaben in ihrer gesamten Gestalt erfaßt werden (und nicht als Zusammensetzung aus verschiedenen Bewegungsteilen). Wenn eine **Druckerei** vorhanden ist (z.B. Freinet), so zögere man nicht, sie einzusetzen. Von LEGO gibt es **Steckbuchstaben,** die zu Texten zusammengesetzt und kopiert werden können.

Großformatiges Schreiben in die Luft (auch als Gruppenübung: die anderen Gruppenmitglieder versuchen das Geschriebene zu lesen. Dazu muß der Schreiber aber mit dem Rücken zur Gruppe stehen und die Schreibbewegung über seinem Kopf ausführen, weil sonst Spiegelschrift entsteht).

Große Lineatur; evtl. in ein Viertklässerheft DIN A4 über drei Zeilen schreiben lassen; bei Übergang zu kleinerer Lineatur erst auf unliniertem Papier schreiben lassen, Buchstaben nachmessen (mit Oberlänge, mit Unterlänge, ohne Ober- und Unterlänge). Nach dieser „**informellen Schriftgröße**" wählt man die Lineatur aus. Danach können auch in Eigenherstellung Linien in entsprechendem Abstand aufgezeichnet und kopiert werden (IV.3.5.2).

Schülern mit stark verkrampfter Handschrift sollte über die übliche Zeit hinaus gestattet werden, in **Druckbuchstaben** zu schreiben (oder zu ihnen zurückzukehren), weil diese Formen einfacher zu meistern sind als die Schwünge und Gegenschwünge der Schreibschriften (vgl. VI. 3)

Bei den **Schreibschriften** ist wegen des einfacheren Forminventars der VA oder der Schulausgangsschrift der Vorzug vor der LA zu geben (zur Diskussion vgl.: GRUNDSCHULE 12/92, GRUNEWALD 1996). Die graphomotorische Entlastung durch die VA schlägt sich nach den Berechnungen von GRUNEWALD 1996 sogar in einer meßbar geringeren Fehlerquote nieder.

5.5 Die Arbeit mit Handzeichen

Wenn Buchstaben erarbeitet oder in der LRS-Förderung wiederholt werden, ordnet man ihnen bestimmte Handzeichen zu. Diese Gebärden haben mehrere unschätzbare Vorteile:

a) Sie unterstützen das oft defizitäre visuelle Gedächtnis.

b) Sie setzen – richtig gestaltet – bei der Lautbildung selbst an, z.B. indem sie auf charakteristische Stellen des Sprechapparats verweisen (Lippen, Kehlkopf etc.), oder Eigenheiten des Lautes nachahmen und fühlbar machen, z.B. den Luftstrom bei harten Konsonanten.

c) Sie aktivieren mit der Motorik einen wesentlichen zusätzlichen Lernkanal.

d) Sie unterstützen die Einprägung möglichst vieler Buchstaben durch mnemotechnische Hilfen, z.B. wenn das U (vorschnellender Zeigefinger) mit dem Wort „DU" verbunden wird.

e) Sie verbessern die Unterscheidungsleistungen bei klanglich oder optisch ähnlichen Buchstaben, indem sie zusätzliche Erkennungsmerkmale liefern.

f) Sie helfen, richtig angewendet, bei der Wortdurchgliederung. Wenn synchron zu den Handzeichen gesprochen (und geschrieben) wird, ergeben sich viel weniger Möglichkeiten zu Auslassungen, denn das nicht immer funktionsfähige seriale Gedächtnis der Kinder wird unterstützt, das sonst zu Fehlern neigt, weil Sprechen und inneres Lautieren eben nicht parallel verlaufen. So spricht ein Kind z.B. „Schu-", schreibt aber während dieser Zeit nur „Sch". Hat es diesen Vorgang beendet, schreibt es ein „-le" dazu, wodurch aber „Schle" statt „Schule" entstanden ist. Auch Vertauschungsfehler bei der Reihenfolge der Buchstaben werden durch direktere Orientierung am Sprechvorgang geringer.

g) Sie unterscheiden, richtig angewendet, Vokale und Konsonanten deutlich sichtbar.

h) Sie sind eine entscheidende Hilfe bei dem sonst für viele LRS-Schüler kaum überwindlichen Problem der Buchstabensynthese.

i) Sie stellen eine zusätzliche Motivation für die meisten Schüler dar, denn die Bewegung wird vom gesunden Kind als lustbetont erlebt. Sie dient der Selbststimulation und Selbstwahrnehmung. Dies nützt vor allem auch hyperaktiven und unruhigen Kindern. Bewegung ist beim Schreiben und Lesen nämlich nicht wie üblich verboten, sondern ausdrücklich erwünscht. Ein über kurz oder lang nicht mehr beherrschbarer „Motorikstau" wird vermieden.

j) Sie ermöglichen eine Fülle zusätzlicher Übungen, z.B. Zeichenlesen, Zeichendiktat etc.

k) Sie stärken das Wir-Gefühl der Kinder, wenn sie als „Geheimsprache" tituliert werden. Auf die hübsche Idee von DUMMER-SMOCH, die Handzeichen als „Sprache der Marsmenschen" einzuführen, sei ausdrücklich verwiesen (DUMMER-SMOCH 1989).

l) Da Hand- und Sprechmotorik im Gehirn sehr eng beieinander lokalisiert sind, unterstützt ein Training der Handmotorik gleichzeitig die Sprechmotorik (vgl. z.B. V.4.5.1).

m) Ein geringer Prozentsatz von Schülern reagiert auf Handzeichen negativ. Man sollte diese Kinder natürlich nicht zur Benutzung von Handzeichen zwingen, zumal sie in solchen Fällen eher als Lernhemmnis wirken können. Die Ursachen für diese Verweigerung sollten aber ergründet und wenn möglich behandelt werden. Sie dürften ihren Ursprung oft in einer gestörten Handmotorik oder anderen motorischen Fehlfunktionen haben.

Es gibt eine große Anzahl von Lautgebärden-Systemen (partielle Übersicht in STAATSINSTITUT 1991). Ein Vergleich dieser Methoden führt zu der Erkenntnis, daß die von ALLIGER vorgeschlagenen Gebärden (s.u., mdl. mitgeteilt) am praktikabelsten erscheinen, denn sie vereinen mehrere Vorteile:

a) Sie werden nur mit einer Hand (der Nicht-Schreibhand) ausgeführt, so daß sie unmittelbar vor dem Schreiben oder sogar währenddessen angewendet werden können. (Dann muß das Heft oder Schreibblatt allerdings so fixiert sein, daß es nicht verrutscht.) Durch die Aufteilung in „Schreibhand" und „Zeichenhand" werden beide Gehirnhälften angesprochen.

b) Sie trennen klar nach Vokalen und Konsonanten: Vokale werden immer mit einer körperabgewandten Bewegung verbunden, Konsonanten mit einer körperzugewandten.

c) Sie verzichten im Gegensatz zu vielen anderen Gebärdensystemen auf zusätzliche motorische Elemente, z.B. auf das Rollen des „R". So ergibt sich eine klare Wortdurchgliederung, vor allem auf der ersten Lernstufe, wo (hoffentlich) nur einfachste Wortstrukturen nach dem Schema Konsonant/Vokal/Konsonant geübt werden.

d) Auf dieser Übungsstufe ermöglichen sie auch die Silbengliederung der Wörter, weil sich parallel zu den schwingenden Bewegungen zum Körper hin und vom Körper weg ergeben.

e) Durch die Einfachheit der Bewegungsmuster und den Verzicht auf zusätzliche motorische Elemente erleichtern sie die Buchstabensynthese erheblich.

f) Diese Prinzipien sollten auch dann beibehalten werden, wenn man – was punktuell durchaus sinnvoll erscheint – für einzelne Laute die ALLIGER-Zeichen durch eigene Gebärden ersetzt. Im Trainingsmaterial „Lauttreue Basisförderung" (KLEINMANN 1995) werden solche Zeichen verwendet.

Bei der Einführung von Lautzeichen müssen die Eltern gut informiert werden, damit die Kinder auch zu Hause mit den Gebärden arbeiten können. Am besten erlernen die Eltern die Zeichen mit ihren Kindern, was auch soziale und emotionale Vorteile haben dürfte. Werden die Zeichen nur im Kurs verwendet, müssen die Klassenkameraden in die Arbeit eingeweiht werden, damit die LRS-Kinder wegen der (natürlich auch im Regelunterricht erlaubten) Anwendung der Handzeichen nicht ausgelacht und damit zusätzlich stigmatisiert werden. Auch die anderen Lehrer sollten entsprechend instruiert sein. Am sinnvollsten ist natürlich, wenn die Handzeichen im übrigen Unterricht nicht nur geduldet, sondern aktiv gefördert werden. Es wäre zu überlegen, ob nicht das Handzeichenlesen von Anfang an mit der ganzen Klasse eingeführt werden sollte, denn auch Nichtlegastheniker dürften davon profitieren. Handzeichen wären außerdem ein hervorragender Beitrag zur LRS-Prävention. Wer einmal im ersten Schuljahr mit Handzeichen gearbeitet hat, tut's immer wieder!

Spiel- und Übungsmöglichkeiten:

a) Handzeichen werden vorgeführt, die Mitspieler lautieren sie (und suchen die Buchstaben in der Anlauttabelle, wenn eine solche verwendet wird). Wörter werden als ganze vorgemacht und erlesen. Der Lehrer oder ein fortgeschrittener Schüler stellt nur mit Handzeichen eine Frage zum gemeinsam erarbeiteten Unterrichtsstoff, die Kinder antworten mit Handzeichen.

b) Ein Bildkärtchen wird gezeigt, der darauf gezeigte Begriff wird von einem Kind in Lautgebärden übersetzt. Wenn es richtig war, gewinnt das Kind das Bild.

c) Wörter werden mit Lautzeichen vorgeführt, wobei ein Laut ausgelassen wird. Er muß geraten und als Zeichen repräsentiert werden.

d) Wortkärtchen liegen einzeln mit der Schrift nach unten auf dem Tisch. Der Lehrer zeigt die Handbewegungen, die Schüler versuchen, das Wort zu erkennen. Wer es als erster erkannt hat, zeigt es nochmal mit Handzeichen und Sprache. Dann bekommt er die Karte.

e) Handzeichen werden vorgemacht, die Kinder schreiben die Wörter (oder einfache Sätze), legen sie mit Buchstabenplättchen, stecken sie mit Steckbuchstaben o. ä .

f) Beim Üben der Synthese wird so vorgegangen, daß man vom Kind einen Laut so lange artikulieren läßt, bis die nächste Gebärde – und damit der nächste Laut – begonnen hat.

g) Auf früher Trainingsstufe und bei tiefgreifenden Störungen werden Wörter nur mit Handzeichen lautiert (ohne daß das dazu passende Schriftbild zu sehen wäre). Die auditive Analyse wird so bewußt gemacht.

Weitere Möglichkeiten wird der kreative Kursleiter leicht ersinnen können. Daß sehr viele dieser Trainingsformen auch in der differenzierenden Partner- oder Kleingruppenarbeit möglich sind, dürfte sich von selbst verstehen.

Auch im Rahmen von Lernpartnerschaften, wo bessere Schüler schwächeren helfen, sollte auf diese Übungsformen zurückgegriffen werden!

Die Grenzen des Einsatzes von Lautgebärden

Der Einsatz von Handzeichen ist auf frühen Trainingsstufen (Einführung der Buchstabenformen und Arbeit mit lauttreuem Material) ein unverzichtbarer Bestandteil der LRS-Förderarbeit. Auf Kinder mit vermutlich motorischen Störungen, für die die Handzeichen eher ein Lernhemmnis wären, wurde jedoch schon hingewiesen. Mit zunehmender Komplexität des Wortmaterials stößt die Methode aber an ihre Grenzen. Schon bei Konsonantenhäufungen wie z.B. in „Strumpf" ist die von ALLIGER postulierte silbengliedernde Schwungbewegung nicht mehr möglich. Außerdem erfordern solche Wörter immer kompliziertere motorische Muster und stellen dadurch immer höhere Anforderungen an das motorische Gedächtnis. **Allerdings könnte überlegt werden, ob nicht für häufiger wiederkehrende Konsonantengruppen (-mpf-, -tsch- usw.) stenoartige Handzeichen gefunden werden könnten, die die ganze Gruppe „mit einem Griff" repräsentieren.** Gänzlich obsolet wird die Handzeichenmethode m. E. im Bereich des Regeltrainings, denn sie soll Hörbares durch eine Bewegung fühlbar machen, was im Regelbereich jedoch nicht mehr möglich ist (lahm – kam).

Es wäre also wenig hilfreich, in jedem Kurs ad infinitum mit Handzeichen zu arbeiten. Jeder Kursleiter muß nach dem ersten erreichten Trainingsniveau und nach den Bedürfnissen der Kinder entscheiden, wann er sich allmählich von den Handzeichen verabschiedet (und es den Kindern natürlich auch begründen). Die Arbeit auf späteren Trainingsstufen kann z.B. so aussehen, daß beim Diktat geeigneter Wörter der Hinweis „Handzeichen" gegeben wird, während er bei ungeeigneten eben unterbleibt.

Die Akzeptanz von Handzeichen läßt in der SEK I mit beginnender Pubertät leider deutlich nach.

Übersicht über das Handzeichensystem nach ALLIGER:

Die Vokale:

Zur Bildung aller Vokale wird der Arm der Nicht-Schreibhand ausgestreckt.

A: waagerechte Flachhand, Finger liegen aneinander
E: waagerechte Flachhand, Finger seitlich gespreizt
I: Faust mit nach oben gerichteten Daumen
O: Daumen und Zeigefinger formen einen Ring
U: Faust mit waagerecht ausgestrecktem Zeigefinger

Die Umlaute:

Alle Umlaute werden wie die Vokale selber dargestellt, aber mit über dem Kopf erhobener Hand. Also:

Ä: Flachhand über dem Kopf
Ö: Ring aus Daumen und Zeigefinger über dem Kopf
Ü: Faust mit ausgestrecktem Zeigefinger über dem Kopf

Diphtonge:

Auch bei den Diphtongen wird der Nicht-Schreibarm ausgestreckt.

AU: Faust geballt und nach vorne gerichtet
EI: Flachhand senkrecht – mit gespreizten Fingern für das „E" und abgespreiztem Daumen für das „I").
EU: Flachhand senkrecht mit geschlossenen Fingern

Konsonanten:

Bei allen Zeichen für die Konsonanten berühren die Finger der Nicht-Schreibhand den entsprechenden Teil des Kopfes.

M: Flache Hand berührt mit den Fingerspitzen den Mund („Mmm, wie gut!")
L: Daumen und Zeigefinger rechtwinklig abgespreizt, Zeigefinger an der Nase, Daumen unter dem Kinn (ahmt die Buchstabenform nach)
R: Faust mit nach oben abgespreiztem Daumen, dessen Spitze das Kinn berührt
S: Zeigefinger liegt quer über den Lippen (als wolle man „Psssst" machen)
N: Daumen und Zeigefinger berühren waagerecht die Nasenspitze
F: Zeigefinger und Mittelfinger liegen waagerecht über den Lippen (erinnert an die Buchstabenform, macht den Lufthauch spürbar)
H: Daumen senkrecht über dem Mund

W: Zeigefinger und Mittelfinger nebeneinander waagerecht über dem Hals

J: Daumen waagerecht mit der Spitze von vorne auf den Hals gerichtet

Z: Zeigefinger liegt senkrecht über der Stirn

sch: Alle Fingerspitzen liegen auf dem Daumen und formen eine Röhre, die an den Mund gelegt wird (der Mund ist beim „sch" rund, im Gegensatz zum „ch", wo er breit ist)

ng: Der Daumen legt sich quer über den nach unten geknickten Mittel- und Ringfinger, so daß Zeigefinger und kleiner Finger vorstehen. Diese beiden legt man seitlich an den rechten und linken Nasenflügel; verweist auf die nasale Bildung des Lautes

B: Die Fingerspitzen liegen nebeneinander in Höhe des Ohrläppchens seitlich auf der Wange (bei übertreibender Artikulation des „B" bewegen sich die Kieferknochen, was bei diesem Handzeichen mit den Fingerspitzen gefühlt werden kann)

D: Daumenspitze auf der Wange aufgesetzt (das Wort „Daumen" fängt mit „D" an)

G: Faust am Hals (wo die Gaumenbewegung spürbar wird, die beim „G" viel stärker ausfällt als beim „K")

ch: Spitzen von Daumen und Zeigefinger waagerecht vor die Mundwinkel (denn der Mund wird beim -ch- wie in „ich" in die Breite gezogen)

T: Daumen waagerecht vor den Mund (der Luftstrom ist zu spüren, der T-Strich ist zu sehen)

K: Faust vor den Mund (der Luftstrom ist zu spüren)

P: Flache Hand vor den Mund (der Luftstrom ist zu spüren).

Darauf aufbauend macht HAASE (1995, 1996 b) einen weitergehenden Vorschlag, bei dem lange Vokale mit einer waagerechten Bewegung vom Körper weg, kurze mit einer abfallenden Gebärde ausgeführt werden, also langes la:l mit der flachen Hand waagerecht vom Körper weg, kurzes *lal* mit der flachen Hand vom Körper weg nach unten. Ein Handschuh, der mit bunten Markierungen zur Unterscheidung der Finger versehen ist, kann als zusätzliche Stütze verwendet werden.

Alternative Handzeichensysteme finden sich z.B. in MANN 1994[3], DUMMER-SMOCH, München 1989, STAATSINSTITUT 1991, HELLER 1985.

6. Entspannungs-, Konzentrations- und Gedächtnistraining

6.1 Entspannung

Buchstabengeschichten als Gedankenreise zu Entspannungsmusik (BUCHNER 1991, GRIMM 1993).

Lese- und Schreibübungen nach einer Entspannungsphase durchführen, evtl. auf Meditationsmatten liegend (vgl. BRÖHM-OFFERMANN 1994[4]).

6.2 Konzentration

Die in V.4.6.1 ausgesprochene Warnung vor zu viel „klassischem" Konzentrationstraining sei noch einmal bekräftigt. Eine sehr vergnügliche Konzentrationsübung ist allerdings das

Vier-Ecken-Spiel mit Buchstaben und Wörtern, wobei es auch auf schnelle Reaktion ankommt. Durchführung: Vier Kinder stehen in einer Ecke des Raumes. Es werden Denkaufgaben gestellt (z.B.: Welches ist der dritte Buchstabe in „Tomate", oder: Welche Wortart ist „laufen" etc.). Wer die Antwort weiß, meldet sich. Wer sich als erster gemeldet hat, darf seine Antwort geben und, wenn es richtig war, eine Ecke weitergehen. Sieger ist, wer zuerst wieder in der Ausgangsecke ankommt. Eine andere Variante, die ich weniger gut finde, sei nicht verschwiegen: Je eines der Kinder steht zu Beginn des Spiels in einer anderen Ecke des Raumes. Wer als erster die Antwort auf die erste Frage weiß, geht im Uhrzeigersinn eine Ecke weiter und wirft dadurch seinen Mitspieler, der bisher in der Ecke stand, aus dem Spiel. Sieger ist, wer als letzter übrigbleibt.

Als weiteren wichtigen Tip zum Konzentrationstraining s. in VI. 7.3 (S. 216ff.) die Erläuterungen zur Selbstinstruktion.

6.3 Gedächtnis: Formen der systematischen Wiederholung

Das Kurzzeitgedächtnis aktivieren: Wiederholungen neu eingeführter Wortbilder sollten zunächst in kurzer Folge innerhalb weniger Minuten erfolgen, damit sie sich im Kurzzeitspeicher festigen. Anders können sie unmöglich in das Mittel- und Langzeitgedächtnis übergehen (ROSENKÖTTER 1997).

Das Langzeitgedächtnis stabilisieren: Alle geübten Wörter *müssen* systematisch wiederholt werden! Dazu kann ein **Vokabelheft** angelegt werden, wobei die erste Seite frei bleibt, die nächsten zwei Seiten als Überschrift das „A" bekommen, die nächsten zwei das „B" usw, das ganze Alphabet durch. Trainierte Wörter werden dann auf der Seite ihres Anfangsbuchstabens eingetragen und sind im weiteren Verlauf des Kurses Gegenstand wiederholender Übungen, die Teil einer jeden Förderstunde sind und auch in Einzel- oder Partnerarbeit erfolgen können.

HACKETHAL (1995) schlägt ein „Sammelheft" vor, in dem jedes Kind seine falsch geschriebenen Wörter auflistet, um sie von Zeit zu Zeit neu zu üben. Vermerke über Erfolge (+) oder Mißerfolge (-) werden angebracht. Auf höherer Trainingsstufe läßt sie einen „Sammelordner" führen, in dem die fraglichen Wörter nach Fehlerkategorien geordnet werden.

Man kann natürlich auch eine **Lernkartei** mit fünf Fächern anlegen, in die die Lernwörter hineinkommen. Nun wird nach dem bekannten **Fünfersystem** trainiert, das zwar von NAEGELE nicht erfunden wurde, von NAEGELE aber immer wieder gerne propagiert wird (z.B. NAEGELE 1993[3], NAEGELE 1994, NAEGELE 1995). Das empfiehlt sich allerdings nur, wenn gesichert ist, daß das Kind auch wirklich tagtäglich daran arbeitet. Dazu sollten die Eltern in diese Übungsform einbezogen werden! In der Praxis dürfte genau das das entscheidende Problem sein. Auch GRISSEMANN (1985) und SOMMER-STUMPENHORST 1993[3] empfehlen diese Trainingsform, die bei Buchautoren erheblich beliebter zu sein scheint als in der Schulpraxis. Entsprechende **Karteikästen** vertreibt AOL. Die sind m. E. aber unpraktisch, weil sie zu groß und nicht fest verschließbar sind. Besser eignen sich kleine DIN A 8-Karteikästen aus Plastik mit einem fest schließenden Schnappdeckel. Sie sind zwar recht teuer (ca. 13.- DM im Schreibwarenhandel), ermöglichen aber einen täglichen Transport zwischen Schule und Wohnung.

Kopfdiktat: Ein Trainingswort wird genannt, die Schüler nennen die kritische Stelle, das Rechtschreibproblem etc. Die Übung ermöglicht ein Rechtschreibtraining unter Ausschaltung der (evtl. lästigen, weil gestörten) Motorik (s. 6.5.4).

7. Rhythmusgefühl, Zeitempfinden, Selbststeuerung

7.1 Intensives sprachrhythmisches Silbentraining

Silbenklatschen: Zu einer Wortliste, die z.B. in Overhead-Projektion erscheint, wird von einem Spieler **nur silbenweise geklatscht, nicht gesprochen.** An einer beliebigen Stelle hält der Vorklatscher an. Die anderen sprechen innerlich mit und versuchen die Silbe zu erkennen, bei der der Vorklatscher stehengeblieben ist.

Silbenweise sprechen oder lesen, dabei **zu jeder Silbe mit einem Ball prellen.** Besonders gut eignen sich dazu die sog. „Punchbälle" mit Gummischnur.

Silbenschwingen: Wörter werden gesprochen, dabei wird zu jeder Sprechsilbe eine tiefe, halbkreisförmige Schwingbewegung von links nach rechts gemacht.

Silbenschaukeln: Die Schüler lehnen sich weit zurück und atmen ein. Dann beugen sie sich vor und sprechen dabei die erste Silbe. Nun wieder zurücklehnen und einatmen, wieder vor und die zweite Silbe sprechen etc. Vertiefung: Schaukelsprechen mit zugehaltenen Ohren, mit geschlossenen Augen.

Silbenlaufen: Die Kinder nennen Wörter aus ihrem Sprachschatz, sprechen sie und zeigen zu jeder Sprechsilbe einen Schritt. (Wörter mit zu komplizierter Struktur werden vom Lehrer behutsam eliminiert). Auf höherer Trainingsstufe erfolgt das Silbenlaufen mit der Liste der Übungswörter in der Hand.

Silben auf der Treppe laufen, wobei auf jeder Stufe ein von den Schülern geschriebenes Blatt mit der Silbe eines Trainingswortes liegt. Bei jedem Schritt wird die fragliche Silbe gesprochen. Zwei oder drei Kinder können nebeneinander gehen und gemeinsam sprechen. Über solche Silbenschilder hüpfen, die im Flur oder auf dem Hof ausgelegt sind.

Computersprache: Wir sprechen die Silben abgehackt wie ein Roboter. (Einzelne Phoneme aber nicht durch Knacklaut trennen, da die Synthese u. U. gerade erst mühsam erarbeitet wurde und nicht wieder zerstört werden soll).

Melodiesprechen: Silben voneinander abgesetzt sprechen, wobei die Stimme einen Bogen beschreibt, indem sie von der Anfangshöhe aus nach unten und wieder nach oben gezogen wird. Dabei kann auch der Kopf pro Silbe eine halbkreisförmige Bewegung ausführen. Man kann das gelegentlich auch zum Gaudium aller als „Silbenjaulen" bewußt übertreiben. Evtl. auch: **Silbensingen.**

Silbentanzen: Kombination von Silbenlaufen, Silbenschwingen und Melodiesprechen. Zu jeder Sprechsilbe wird ein Schritt seitwärts nach rechts gemacht; der linke Fuß wird dann in einer Art Stopschritt wieder beigeholt, um die einzelnen Silben klar voneinander abzugrenzen. Während des Schrittes wird die betreffende Silbe gesprochen, wobei die Stimme wie beim Melodiesprechen im Bogen von oben nach unten und wieder nach oben gezogen werden kann (karikaturhafte Elemente sollten die Wichtigkeit des Unterfangens nicht zu sehr in Frage stellen). Zusätzlich zum Schreiten und Sprechen wird mit dem Zeigefinger der Schreibhand ein Bogen ausgeführt, der in Augenhöhe beginnt, bis zum Bauch herunter reicht und am Ende der Silbe wieder in Augenhöhe aufhört. Besonders effektvoll ist das, wenn man in den verdunkelten Filmsaal geht und die Kinder die Silben mit Leuchtbesen oder kleinen Taschenlampen schwingen! Bevor die neue Sprechsilbe beginnt, wird neu Luft geholt, so daß die Atmung in den Prozeß einbezogen wird. Dieses recht komplizierte Bewegungsmuster bedarf behutsamer Einführung und sollte anfangs von jedem Kind einzeln ausgeführt werden, damit der Gruppenleiter Fehler erkennen und evtl. hinter dem Kind stehend mit den Händen an der Taille führen kann.

Silbenbögen zu Bildern oder gesprochenen Wörtern malen, um zu erkennen, wie viele Silben ein Wort hat. Bögen unter geschriebene Wörter malen. Oder: Neben der bildlichen Darstellung eines Trainingswortes erscheinen die dazu passenden Silbenbögen. Das Kind trägt in die Silbenbögen den Vokal jeder Sprechsilbe (oder die Sprechsilbe insgesamt) ein. Neben dem Bild können auch in Treppenform gestaffelt kurze Zeilen erscheinen, auf die die Sprechsilben geschrieben werden. Oder: Zu einer Liste trainierter Wörter bekommen die Schüler ein Arbeitsblatt, auf dem nur die Silbenbögen für die Wörter erscheinen. Die Kinder finden nach der Anzahl der Silbenbögen die dazugehörigen Wörter und schreiben sie hinein. Wortkärtchen oder eine Projektion ohne Silbenbögen können die Suche erleichtern.

Das **Kontrollesen in syllabierender und pilotsprachlicher Form**, evtl. ebenfalls mit Handzeichen, kann beim Auffinden von Fehlern helfen.

Weitere Vorschläge zur Silbenarbeit finden sich auf S. 181.

7.2 Zeitempfinden

Dauernde Differenzierungsübungen zur Lang/Kurz-Unterscheidung (z.B. als Vier- Ecken-Spiel) sind unbedingt nötig, um die Kinder bei „Regelschreibweisen" der Dehnung und Doppelung sicherer zu machen. Viele Schüler haben mit dieser Unterscheidung so enorme und hartnäckige Probleme, daß dieses Training fester Bestandteil der LRS- Förderung sein muß, sobald der enge Bereich der Lauttreue verlassen wird (V.4.8.1).

Parallel zu diesen Übungen kann man folgende **Lang/Kurz-Regeln vermitteln,** die sich durch ständige Wiederholung allmählich einschleifen lassen:

– Konsonantenverdoppelung ist Zeichen für einen kurz gesprochenen Vokal.

– Daraus folgt: Wenn ein Vokal kurz ist, wird der folgende Konsonant oft (aber nicht immer!) verdoppelt.

– Am Ende eines Wortbausteins (Morphems) stehen höchstens zwei Konsonanten: zwei gleiche (der Schall) oder zwei verschiedene (schalt/en).- Diese Regel ist zwar sehr verläßlich, aber leider auch sehr abstrakt. Sie läßt sich wirklich nur durch dauernde Wiederholung einschleifen. Für Lehrer sei hinzugefügt, daß es auch von dieser Regel einige Ausnahmen gibt in Gestalt seltenerer Morphem-Endungen wie -sch, -tsch, -chs, -bst, -mpf, -lst, -nst, -rst usw.

– Nach einem langen Vokal darf nie verdoppelt werden.

– Nach einem langen Vokal wird oft ein Dehnungs-h oder -ie- geschrieben. Wörter bzw. Wortbausteine (Morpheme) mit diesem Längezeichen muß man sich aber jeweils merken, weil es für diese Schreibungen keine allgemeine Regel gibt (der Kahn – der Schwan usw.).

Eine Uhr beim Arbeiten in Sichtweite haben: Für trödelnd-abgelenkte Kinder und für impulsiv-unkontrollierte gleichermaßen kann es sinnvoll sein, ihnen eine Uhr auf den Arbeitsplatz zu stellen. Wer zum Trödeln neigt, bekommt gesagt, er soll doch versuchen, bis dann und dann fertig zu sein. Kleinen Hektikern schärft man ein, sie müßten bis dann und dann ohnehin am Arbeitsplatz bleiben, könnten die Zeit also ruhig nutzen, um sorgfältig zu arbeiten und genau zu kontrollieren. Dabei wird man natürlich die Zeitvorgabe für die Langsamen etwas knapper halten, als sie vermutlich brauchen würden; den Eiligen wird man die Vorgabe, gemessen am spontanen Tempo, etwas erhöhen.

7.3 Selbststeuerung, Selbstinstruktion

Wie sattsam bekannt, neigen lese-rechtschreibschwache Kinder in aller Regel zu Auffälligkeiten, die als „Konzentrationsschwäche", „Ablenkbarkeit" oder „Impulsivität" bezeichnet werden. Wenn diese Etikettierungen auch diagnostisch wenig Wert haben (V.4.6.1), so sind sie doch phänomenologisch durchaus von Bedeutung. Impulsive Kinder arbeiten unüberlegt, überhastet und ohne rechte Kontrolle. Trödelnd abgelenkte Kinder schweifen mit den Gedanken ab und kommen daher zu unbefriedigenden Ergebnissen (wenn sie nicht nach einer Weile in impulsive Hektik verfallen, um überhaupt fertig zu werden.) Offensichtlich fehlt der richtige Arbeitsrhythmus und eine effektive Selbststeuerung. Als Ursache vermutet RADIGK (1990[3]) eine mangelnde Ausprägung des „inneren Sprechens", das er als höhere Form der Sprachbeherrschung ansieht, weil Sprache hier nicht den Zweck der Kommunikation, sondern der Selbst- und Sachreflexion hat.

Verschiedene Autoren haben sich um Konzepte bemüht, die zur Verbesserung der Aufmerksamkeit und der Vermeidung von Fehlern dienen sollen (SCHEERER-NEUMENN 1979, WESPEL 1992/1993, WEIGT 1994). Diese beruhen auf der Methode der Selbstinstruktion.

Die Grundidee ist die, daß man den Kindern zunächst hilft, den fraglichen Arbeitsprozeß in Teilschritte zu gliedern, die es dann einen nach dem anderen durcharbeiten kann. Dabei fungiert der Kursleiter in der Anfangsphase als Modell, indem er die Instruktionen, die sich das Kind später selber geben soll, zunächst laut vorspricht. Das kann so aussehen:

Kursleiter: „Also, was ist zu tun? Ich soll das Wort „Tomate" aufschreiben. Ich denke erst einmal über das Wort nach und spreche es mir silbenweise vor: To – ma – te. Dann spreche ich es mir noch einmal mit Handzeichen vor und höre auf die einzelnen Laute. Ich höre zweimal ein „t", darauf muß ich besonders achten. So, nun weiß ich über das Wort Bescheid und kann es schreiben. Ich spreche es mir dabei Buchstabe für Buchstabe vor. T-o-m-a-t-e. Gut, das habe ich jetzt. Nun schaue ich mir das Wort noch einmal genau an und spreche wieder mit: T-o-m-a- t-e. Ich kann keinen Fehler finden. Das habe ich bestimmt richtig."

In einer ersten Automatisierungsstufe werden die Kinder dazu angeregt, sich selbst solche Instruktionen halblaut vorzusprechen (jeder arbeitet dafür am besten in einer entfernten Ecke des Raumes). Wenn das gut beherrscht wird, sollen die Kinder sich die Anweisungen nur durch inneres Sprechen geben. Wenn man die Kinder wirklich zu einer solchen Verhaltensänderung bringen will, muß man dafür natürlich einige Wochen Zeit einplanen.

Eine gute Hilfe dafür sind sicher **Symbole, die untereinander auf einem entsprechenden Hilfsblatt erscheinen** und an denen sich die Kinder orientieren können. Sie arbeiten sie als **Abhakliste** durch, wie sie das evtl. aus der Wochenplanarbeit gewöhnt sind. Im fortgeschritteneren Stadium sollen die Symbole langsam durch interne verbale Selbstinstruktion abgelöst werden. Vorschläge für solche Symbol-Listen finden sich z.B. bei SCHEERER-NEUMANN 1979 und WESPEL 1992/1993.

Eine vereinfachte, gut praktikable und sehr empfehlenswerte Form davon ist das „**Diktat mit Stop**": Ein Lernwort oder ein Textteil wird diktiert, danach ertönt aber das verbale Signal „Stop!". Das bedeutet für die Kinder, daß sie noch nicht schreiben dürfen, sondern eine Pause zum Nachdenken einlegen müssen, in der sie sich das Wort oder Textstück genau vergegenwärtigen. Evtl. werden in dieser Pause auch die Handzeichen für das Wort ausgeführt. Erst nach einer Zeit erklingt ein akustisches Signal (Glocke o. ä.), was bedeutet, daß jetzt geschrieben werden darf (wer noch Zeit zum Nachdenken braucht, soll sie haben). Nach dem Schreiben folgt die Anweisung: „Ansehen!", was bedeutet, daß die Kinder das Geschriebene noch einmal kontrollieren sollen. Wenn das systematisch so durchgeführt wird, kann man hoffen, das diese drei Schritte: Nachdenken über die Aufgabe – Ausführung – Kontrolle allmählich in die Gewohnheit der Kinder übergehen.

Nach ähnlichem Muster verläuft ein **sinnvolles Abschreibtraining.** Beim Abschreiben in klassischer Manier, wo sich neben dem Heft des Kindes oder an der Tafel die Vorlage befindet, die ins Heft übertragen werden soll, ergibt sich nämlich *kein* Übungseffekt im Sinne der LRS-Förderung. Eher ist das Gegenteil der Fall. Durch dauernde Augenbewegungen zwischen Vorlage und eigenem Heft werden Texte und Wörter in nicht mehr sinnvolle, sondern nur noch der mechanischen Schreibbewegung untergeordnete Segmente zersplittert. Dadurch wird am Gedächtnisspeicher vorbeigearbeitet. Augenmotorisch gestörte und seitenunsichere Kinder geraten zusätzlich in Gefahr der Richtungsverwirrung und unkontrollierter Zeilensprünge. Dies ist enorm fehlerträchtig; Kinder mit solchen Problemen *können* u. U. gar nicht richtig abschreiben! Außerdem ist der Mechanismus nicht zu unterschätzen, nach dem das Kind sich sagt: „Es steht ja schon richtig da, ich muß mir also um die Schreibweise keine Gedanken mehr machen."

Beim sinnvollen Abschreiben werden also Sinnschritte oder Trainingswörter zuerst ausführlich betrachtet; danach werden sie abgedeckt und nach innerem Memorieren aus dem Gedächtnis aufgeschrieben; dann wird wieder aufgedeckt und kontrolliert. Das kann bei der Arbeit mit dem Overhead-Projektor so geschehen, daß das fragliche Textteil oder Wort in der Projektion erscheint, und so lange es zu sehen ist, schauen alle hin, um es sich einzuprägen. Dann wird abgedeckt. Wir denken noch einmal über das Wort nach und machen die Handzeichen. Der Gong ertönt, das Wort wird geschrieben. Danach wird wieder aufgedeckt und kontrolliert.

Nach ähnlichem Muster funktioniert auch das **„Laufdiktat“**: Die Textvorlage, die abgeschrieben werden soll, liegt von den Plätzen der Schüler entfernt (bei großen Gruppen mehrfach) im Raum. Sinnschritte sind mit Trennstrichen markiert. Jedes Kind geht im eigenen Rhythmus zur Vorlage, merkt sich ein Teil, geht zurück und schreibt. Danach geht es zur Vorlage zurück, kontrolliert und merkt sich ein neues Teil usw.

Auch mit der **Tafel** kann so gearbeitet werden. Man klappt die Tafel zu und schreibt eine Lernwortliste auf eine Seite. Die Kinder schauen sich das erste Lernwort an, das vielleicht sogar eine farbige Markierung bekommt. Nach einer Zeit wird die Tafel aufgeklappt, die Wortliste verschwindet damit. Wir denken noch einmal über das Wort nach und machen die Handzeichen. Der Gong ertönt, das Wort wird geschrieben, die Tafel wieder aufgeklappt und kontrolliert usw.

7.4 Unmittelbares Erfolgs-Feedback

Es ist ein altbekanntes Lerngesetz, daß unmittelbare – vor allem positive – Erfolgsrückmeldungen ein lustvolleres Arbeiten und eine bessere Erfolgsbilanz bewirken. Manche Verlage bieten für verschiedene Fächer, auch für Rechtschreib- und LRS- Training, Geräte an, die dies ermöglichen, so z.B.:

LÜK-Kasten: Plastikplättchen werden nach Art eines Puzzles zusammengelegt. Ein Puzzleteilchen paßt nur zu den anderen, wenn die dazugehörige Aufgabe richtig gelöst wurde (Heinevetter-Verlag). Die Idee ist gut und wird von den Kindern gerade in Freiarbeits-Situationen gerne angenommen. Schade nur, daß in den Rechtschreibmaterialien ein arger methodischer Fehler steckt: Es wird nämlich z.T. mit Oppositionen gearbeitet („Unterscheide ei und ie“ usw.). Das führt zur „RANSCHBURGschen Ähnlichkeitshemmung“ und verwirrt vor allem LRS-Kinder noch mehr!

PROFAX-Gerät: Das Arbeitsblatt wird auf einen gelochten Plastikrahmen aufgelegt. Das Kind bearbeitet Aufgaben, zu denen richtige und falsche Lösungen vorgegeben sind. Es durchsticht mit dem Stift das Arbeitsblatt bei der vermuteten Lösung. Wenn diese richtig ist, kann das Papier durchstochen werden, wenn sie falsch ist nicht. Neben Angeboten für viele Fächer gibt es auch drei Hefte zum LRS-Training und weitere zur Rechtschreibung allgemein. Leider wird auch hier mit Oppositionen gearbeitet.

Man sollte die Hefte zunächst ohne das Gerät selber bestellen und sie einer methodischen Prüfung unterziehen (Bezug s. Literaturliste).

Lernscheibe: In eine Papphalterung wird eine Scheibe eingelegt, die Aufgaben und Antworten erhält. Die Scheibe wird so gedreht, daß in einem Fenster zunächst eine Aufgabe und bei erneuter Drehung die dazugehörige Lösung erscheint. Es gibt vorgefertigte Scheiben für verschiedene Fächer, auch für Deutsch. Zum LRS-Training dürfte es am sinnvollsten sein, Blanko-Scheiben zu verwenden und sie mit eigenen Aufgaben zu gestalten. Dann kann man Methodenfehler am sichersten vermeiden (Bezug: AOL, s. Literaturliste).

Weitere Lernmaterialien mit dem Anspruch des unmittelbaren Erfolgs-Feedbacks gibt es bei AOL und anderen Verlagen.

8. Auditive Sensibilisierung, sprachliche Basisfunktionen

8.1 Auditive Sensibilisierung

Langsam und deutlich mit den Kindern sprechen! Wer redet wie ein Maschinengewehr, wird bei LRS-Kindern mit verlangsamter Sprachwahrnehmung kaum auf Verständnis stoßen.

Sprachverzögerung per Computer: Innerhalb des Computerprogramms von HAASE (z.B. 1996b) existiert eine Form der Sprachausgabe, die die Sprache insgesamt verzögert, und zwar so, daß auch Plosivlaute verlangsamt gesprochen und damit besser hörbar gemacht werden. Dies setzt an einer zentralen Schwachstelle der Wahrnehmung von Legasthenikern an, nämlich der, daß ihre Sprachauffassung verlangsamt vonstatten geht (BECKER 1994, s. auch TALLAL in ROSENKÖTTER 1997; vgl. VII.1.4). Das erschwert die auditive Analyse vor allem bei den harten Verschlußlauten (Bezug s. „FARBENFIBEL" in der Literaturliste). Der Trainingsansatz mit einer Sprachverzögerung erscheint daher besonders vielversprechend bei Kindern mit akustischen Differenzierungsschwächen.

Spiel: Flüstern: Ein Schüler geht in die entfernteste Ecke des Raumes und flüstert mit abgewandtem Gesicht ein trainiertes Wort. Die anderen versuchen es zu erkennen.

Beim Lesen und Sprechen ein Tonband mitlaufen lassen. Das Kind kann seine Sprache dann akustisch kontrollieren.

Durchgliederungs- und Syntheseübungen:

„Indianerwörter" synthetisieren: Zwei Laute (später evtl. mehr) werden getrennt vorgesprochen, das Kind schleift sie zusammen; Vorgabe: r – a, Kind: ra (CRAMER 1995).

„Indianerwörter" lautieren: Ein Phantasiewort aus zwei, später mehr Lauten wird vorgesprochen, das Kind zerlegt es in die Einzellaute; Vorgabe: sa, Kind: s – a (CRAMER 1995).

Bilder (Memorykarten) nach Einzellauten erkennen: Eine Reihe von Memorykarten wird ausgelegt. Das Kind bekommt zwei Phoneme zu einem dargestellten Begriff vorgesagt und versucht, das gemeinte Bild zu erkennen, das es bei Erfolg behalten darf (CRAMER 1995).

Anlaute, Endlaute und Inlaute aus Wörtern heraushören lassen: Eine trainierte Wortliste wird vorgelesen, die Kinder rufen „Stop", wenn sie ein

Wort mit vorher vereinbartem Anfangsbuchstaben hören. Laute aus Wörtern heraushören. Dabei auch entscheiden, ob der Laut am Anfang, in der Mitte oder am Ende steht.

Röntgenblick: Ein Kind hält sich ein Wortkärtchen vor die Stirn und erklärt: „Ich habe einen Röntgenblick, ich kann durch die Karte sehen. Das Wort darauf heißt 'Hase' und besteht aus den Buchstaben H – A – S – E"

Wörter schriftlich oder mündlich auf- und abbauen: Hase – Has – Ha – H. Dies kann auch an der Tafel erfolgen, indem man bei einem Wort jeweils einen Buchstaben auswischen (bzw. hinzufügen) und dazu sprechen läßt.

Galgen- (oder Blümchen-)Spiel zu den Trainingswörtern.

Einbrecherspiel: Ein Buchstabe, z.B. das „e", wird als Einbrecher bezeichnet. Die Wörter der Trainingsliste werden durchgegangen. Es wird z.B. gefragt: Wo ist der erste Einbrecher in „Leberwurst"? Antwort: Nach dem „L", oder: an zweiter Stelle. Abwandlung: Fragen nach dem Muster: Welches ist der dritte Buchstabe in „Leberwurst"?

Welche Buchstabengruppe gehört zu welchem Lernwort: -rto- zu „Kartoffel", -nwu- zu „Regenwurm" usw.

Morsezeichen: Jeder Konsonant eines Wortes wird durch einen waagerechten Strich dargestellt, jeder Vokal durch einen Punkt. Die Schüler setzen die Wörter in „Morsezeichen" um oder erkennen aus vorgegebenen „Morsezeichen" die Wörter aus der Trainingsliste.

Beispiele für Material zur akustischen Differenzierung:
KERN, Artur: Bilderheft Lesetechnik. Offenburg 1986 (Mildenberger Verlag)
WERSCHERBERGER ÜBUNGSBILDER ZUR LAUTDIFFERENZIERUNG, AWOS GmbH, Tel. 0 54 07/86 00 00.

8.2 Sprechmotorische Hilfen

Das innere Mitsprechen aktivieren: Eine ganz wichtige Hilfe beim Schreiben – auch geübter Erwachsener! – ist das innere Mitsprechen. Kinder sollten immer wieder dazu angeregt werden. Es kann laut, halblaut, geflüstert oder nur als Denkoperation geschehen. Dabei ist natürlich auf Synchroneität mit dem Schreibvorgang zu achten. Hierbei helfen z.B. Lautgebärden (Vl. 5.5) und am Schreibanfang ein reines Angebot von KVK-Wörtern nur mit dehnbaren Konsonanten (Vl. 8.8). Wie wichtig inneres Mitsprechen für die Rechtschreibung ist, zeigt das Ergebnis eines lernpsychologischen Versuchs, von dem mir leider Titel und Verfasser entfallen sind: Zwei von Rechtschreibleistung und Intelligenz her homogene Gruppen mußten Diktate schreiben, wobei eine Gruppe dazu animiert wurde, Kaugummi zu kauen, während man bei der anderen streng darauf achtete, daß dies nicht geschah. Die Kaugummi-Gruppe schnitt schlechter ab, was auf den Ausfall des inneren Mitsprechens wegen Kautätigkeit zurückgeführt wurde. Zu ähnlichen Ergebnissen kam bei anderer Versuchsanordnung BECKER (1994).

Vor dem Schreiben die Wörter vorsprechen lassen:
a) mit geschlossenen Augen bei Stimmeinsatz, um den akustischen Eindruck möglichst intensiv wirken zu lassen
b) mit geschlossenen Augen und Ohren ohne Stimmeinsatz, um den sprechmotorischen Eindruck möglichst intensiv wirken zu lassen

Zum (halb)lauten Lesen animieren, wenn ein Kind für sich einen Text erliest.

Einsatz von Wattebausch oder Kerze bei der Unterscheidung harter und weicher Konsonanten. Ein Wattebausch wird auf der flachen Hand vor den Mund gehalten. Wenn man z.B. ein „p" richtig hart ausspricht, entsteht ein Luftstrom, und der Wattebausch fliegt weg, was bei „b" nicht der Fall ist. Die Kerze flackert bei harten Konsonanten viel stärker als bei weichen, oder sie geht sogar aus. Evtl. dünne Kuchen- oder Geburtstagskerzen verwenden, die sich leichter ausblasen lassen. Achtung: Brandgefahr und Wachskleckerei!

Wettspiel dazu: Zwei Tische werden mit der Schmalseite aneinandergestellt. Zwei Schüler stehen an je einer Längsseite und versuchen, einen Wattebausch bis zum Ende zu befördern, indem sie „T" (K, P) mit deutlichem Lufthauch – aber lautierend – sprechen. Dieses Spiel hat Joachim, ein Schüler aus meinen LRS-Kursen, erfunden. Ihm sei gedankt.

Logopädische Übungen zur Bewußtmachung der harten Konsonanten (FÜHRING 1973): Das „P" kann man aus dem „F" heraus entwickeln. Das „F" wird gesprochen (wobei man einen Wollfaden im Lufthauch flattern lassen kann). Dann bekommt das Kind die Anweisung, dabei die Lippen fest aufeinanderzupressen und die Luft weiter in den Mund strömen zu lassen, so daß sie unter die Lippen strömt. Wenn diese sich wölben, werden sie geöffnet.

Das „T" kann erzeugt werden, indem man ein „N" sprechen und dabei die Nase zuhalten läßt. Der Luftstrom soll produziert werden, bis er sich in einer kleinen Explosion entlädt.

Das „**K**" kann man gewinnen, wenn man ein „T" sprechen und dabei den Zeigefinger auf die Zungenspitze legen läßt.

Sich Buchstaben bzw. Wörter mit der Zungenspitze in den Mund schreiben (BUCHNER 1991).

Spiel: Tonausfall. Es wird gesprochen ohne Stimmeinsatz. Die gemeinten Laute und Wörter werden von der Mundstellung abgelesen.

8.3 Akustisch-sprechmotorische Leseübungen

Trainierte Wortlisten *ganz* laut oder *ganz* leise lesen.

Pilotsprache: Vielen Graphemen entsprechen mehrere Phoneme, z.B. gehören zum „e" in „Esel" zwei Phoneme, in „zerbrechen" sogar drei. Beim Üben in der Anfangsphase sollte daher eine „Pilotsprache" eingeführt werden, die im Prinzip lautgetreue Wörter so korrekt artikuliert, daß diese Unterschiede reduziert werden, so daß das „e" in diesen Beispielwörtern immer etwa gleich klingt. So können auch dialektale und umgangssprachliche Verschleifungen wieder hörbar gemacht werden, damit das Kind das Prinzip der lautsprachlichen Schreibweise noch deutlicher erfahren kann.

Die Pilotsprache ist in zweierlei Hinsicht ein wichtiger Zwischenschritt (im folgenden nach MANN 1994[3]): Die Kinder lernen erstens, daß ein umgangssprachlich artikuliertes Wort auch bei bester Lautanalyse zu Falschschreibungen führen kann: *fata (Vater), *käzä (Kerze). Auch ältere LRS-Schüler hören eben nicht, daß im Wort „Amt" kein „b" enthalten ist, sie hören ein „h" in schauen, ein „ä" in Telefon und durchaus auch ein Doppel-f in *schlaffen. Sie müssen also neben der Anweisung: „Schreib', wie du sprichst" auch die Anweisung: „Sprich, wie du schreibst" verinnerlichen. Das muß natürlich vor allem am Schreibanfang behutsam und spielerisch erfolgen, damit die Kinder nicht das Gefühl bekommen, vor dem Lesen und Schreiben erst „richtig" sprechen zu lernen.

Die Pilotsprache ist zweitens ein gutes Hilfsmittel beim synthetisierenden Erlesen neuer Wörter, denn dabei entstehen zunächst automatisch pilotsprachliche Lautfolgen. Den Kindern muß bewußt werden, daß der Übersetzungsprozeß vom geschriebenen zum gesprochenen Wort in zwei Schritten erfolgt, daß nämlich nach dem Erlesen noch eine Übertragung in die Alltagssprache stattfindet.

Auch bei älteren LRS-Schülern kann die Pilotsprache sinnvoll sein. Besonders bei türkischen Kindern bemerkt man oft eine fehlerhafte Übertragung türkischer Lautierregeln auf die deutsche Rechtschreibung.

224

Folgende Übungsformen sind mit lauttreuen Wörtern denkbar:

Dehnsprechen: Die Wörter der Liste werden so gelesen, daß alle Laute extrem in die Länge gezogen werden, so daß jeder einzeln deutlich hörbar ist.

Schiebelesen: Auf der Wäscheleine (oder der Magnettafel, evtl. auch auf dem Overheadprojektor) erscheint links ein Buchstabe („sch" etc. immer nur als Einheit), der mit Handzeichen gezeigt und gesprochen wird. Dann wird am rechten Tafelrand der nächste Buchstabe des Wortes sichtbar und wandert langsam zum ersten hin. Während der Wanderung erklingt weiterhin der erste Laut, und zwar so lange, bis der nächste daran angekommen ist. Dann erscheint ein weiterer Laut des Wortes usw.

Beweislesen: An der Tafel oder in der Overheadprojektion erscheint ein Wort. Der Kursleiter setzt den Zeigestock auf den ersten Laut des Wortes, die Kinder sprechen ihn (und führen evtl. das Handzeichen dazu aus). Er erklingt so lange, wie der Zeiger darauf steht. Erst wenn der Zeiger den nächsten Buchstaben erreicht hat, wird dieser gelesen und mit Handzeichen dargestellt (Schiebe- und Beweislesen nach MANN 1994[3])

8.4 Übungen zur Steigerung der Sprachsensibilität

Reimwörter zu Lernwörtern finden (wer findet die meisten?). Spontane Zwei-, Drei- oder Vierzeiler dichten.

Laute verbinden: Lernwörter werden lautierend buchstabenweise gesprochen. Ein Kind soll das ganze Wort nachsprechen, z.B. F-i-sch (Kind: „Fisch").

Laute ergänzen: Es werden Wörter vorgesprochen, aus denen einzelne Laute weggelassen werden. Das Kind soll den Laut ergänzen und das Wort als Ganzes sprechen: Au.o, Ka.ender. Später werden zwei Buchstaben weggelassen: Bi.der.uch, Au.o.lüssel. Besonders schwer wird es, wenn der Anfangslaut fehlt: .ilder.uch, .ade.anne usw. (diese Übungen nach SOMMER- STUMPENHORST 1993[3])

Ein Kind nennt den Anfangsbuchstaben eines Lernwortes und verrät noch einen weiteren Laut, der in dem Wort vorkommt. Welches Wort könnte gemeint sein?

LANDERL 1996 referiert Untersuchungen, wonach LRS-Kinder gerade bei solchen Aufgaben deutlich schlechter abschneiden als Normallerner. Ein derartiges Training erscheint also besonders sinnvoll.

8.5 Sinn-volles Üben und Lernen

8.5.1 Ansprechen aller Sinne (hier besonders: Geruchs- und Geschmackssinn)

Buchstaben Gerüche zuordnen (A wie Anis, B wie Basilikum, C wie Curry etc.) (BUCHNER 1991, GRIMM 1993). Dies konsequent im ganzen Alphabet zu versuchen, könnte Verwirrung stiften. Es dürfte aber bei kritischen, verwechslungsanfälligen Buchstaben eine gute Hilfe sein, weil Gerüche bekanntlich auf tiefere Bewußtseinsschichten wirken. Dabei evtl. Schaumgummi- oder Pappbuchstaben mit dem Duft tränken, um visuellen, sprechmotorischen, taktilen und olfaktorischen Eindruck zu koppeln. So dürfte sich beispielsweise die Unterscheidung von B wie Banane zu P wie Parfüm oder Pampelmuse recht gut verankern lassen.

Den Buchstaben bestimmte Eßwaren zuordnen (A wie Ananas, B wie Brezel etc.). Die Dinge gemeinsam betasten, befühlen, ansehen und natürlich auch essen.

Man kann Buchstaben auch aus Teig (z.B. als Spritzgebäck) formen, backen und aufessen. Auch Buchstaben aus Russisch Brot eignen sich gut hierfür.

Buchstabensuppe kochen, Buchstaben suchen, evtl. Wortbilder legen. Gemeinsam aufessen (GRIMM 1993).

Hit-Listen schwieriger Wörter: Das „Wort des Tages" oder das „Wort der Woche" wird gekürt und entsprechend groß präsentiert (POLLERT/SENN-LAUB 1990), Hitparaden aufgestellt usw. Aber Achtung: Der Spaß darf nicht so weit gehen, daß die Kinder dann mit Spaß falsch schreiben, nur damit „ihr" Wort in die Hitparade kommt.

8.5.2 Gesprochene Sprache und Semantik

Aufgabe von Sprache ist es prinzipiell, Sinn – d. h. Inhalte! – zu transportieren. RADIGK (z.B. 1991[3]) macht eindrucksvoll deutlich, daß die erste Informationsebene des Menschen die der konkreten Inhalte und Erfahrungen ist. Erst nach einer langen Zeit der Körper-, Material- und Raumerfahrung entwickelt sich (phylogenetisch wie ontogenetisch) die Sprache als zweite Informationsebene, auf der die Erfahrungen der ersten kodiert und damit auch dem primär situativen Kontext enthoben werden. Dies ermöglicht uns den Schritt zum Bewußtsein und zur Abstraktion von den unmittelbaren Gegebenheiten.

Die dritte Informationsebene, die Kodierung der Sprache in Schrift, enthebt die Sprache selbst der räumlichen und/oder zeitlichen Fixierung, ermöglicht damit noch weitgehendere Abstraktionen und erlaubt uns die Teilhabe an tradierten kulturellen und wissenschaftlichen Erkenntnissen. Reflexion über Sprache wird verstärkt möglich. Schriftsprache befähigt unser Denken zur Präzision, Formalisierung und Planung (weit mehr, als dies in einer Kultur ohne Schriftsprache der Fall wäre). Dies wirkt wieder zurück auf unsere Art zu sprechen und auf unsere Art, mit der Sprache selbst und mit den konkreten Erscheinungen der Welt umzugehen, enthebt es uns doch zu einem guten Teil dem Mystizismus analphabetischer Kulturen (vgl. VII.1.5).

Die Darstellung macht einerseits deutlich, daß Schriftsprache eine von der Sachebene aus gesehen weitgehend abstrakte Angelegenheit ist. Rechtschreibregeln als Ergebnis des Nachdenkens über Schriftsprache sind noch eine Stufe abstrakter. Das Ausfüllen irgendwelcher Arbeitsblätter ist daher für LRS-Kinder, die mit genau dieser dritten Informationsebene ihre Last haben, eine äußerst dürre und wenig produktive Sache.

Ein Pfriemeln an kruden Rechtschreiboperationen bringt für die meisten Kinder keine Fortschritte, zumal es genau an dem Punkt des Lernprozesses ansetzt, wo die Kinder schon oft genug gescheitert sind. Da in der Schule keine fundierte Therapie im Sinne der oben erwähnten Autoren möglich ist, bleibt als Mindestforderung, so weit es irgend geht den Sinnaspekt der trainierten Wörter unmittelbar in die Arbeit einzubeziehen und die Begriffe möglichst direkt in materieller und emotionaler Weise erfahrbar und sinn-voll zu gestalten.

Im LRS-Kurs wie im Regelunterricht empfiehlt es sich daher, so konkret wie möglich zu arbeiten, zu möglichst vielen Trainingswörtern **Bilder** einzusetzen oder die dazu gehörenden **realen Gegenstände** mitzubringen. Über die Begriffe sollte man inhaltlich sprechen und sie mit echtem Leben erfüllen, indem man sie in den Bezugsrahmen des täglichen Lebens rückt. Trainingswörter sollte man in einen möglichst **ansprechenden Text** einkleiden!

Sinn-volle Leseübung aus der Montessori-Pädagogik: Auf dem Tisch liegen eine Menge Gegenstände (Radiergummi, Bleistift, Füller, Apfel etc. etc.). Der Lehrer hat einen Papierstreifen (z.B. eine Kassenrolle), auf den er einen Begriff schreibt, der als Gegenstand daliegt. Er schneidet den Streifen mit dem Wort darauf ab. Ein Kind erliest ihn und bekommt sowohl den Gegenstand als auch den Papierstreifen (RAULS 1995).

DAVIS (1996[3]) schlägt vor, aus Plastilin **Modelle für sinnarme Wörter zu basteln,** weil Legasthenikern so ein semantischer Bezug zu wenig konkreten grammatischen Funktionswörtern (während, meistens, vielleicht, ziemlich etc.) ermöglicht wird (vgl. VII.1.5).

RADIGK 1980 und 1991[3] empfiehlt **Tonbandanweisungen** als eine weitere Form objektivierter, abstrahierender Sprachform als Vorstufe für das innere Sprechen. Leider konnte sich sein **„Stütz- und Förderkurs Rechtschreiben"** trotz erkennbar hoher methodischer Qualitäten und offenbar durchschlagenden Trainingserfolgen nicht durchsetzen, weil die erforderliche Technik (ein individuell steuerbarer Tonbandanschluß für jeden Schüler) in der Schulwirklichkeit unrealistisch ist. Die Kassetten dazu können zumindest in Hessen bei den Filmbildstellen ausgeliehen werden. Die Schülerarbeitshefte (Klett) sind vergriffen.

Eine vereinfachte Form sind **Diktate vom Walkman:** Jedes Kind schreibt einzeln einen auf Kassette gesprochenen Diktattext vom Walkman und kann so nach eigenem Tempo arbeiten (für Schreib- und Korrekturpausen wird das Gerät abgestellt; HACKETHAL 1995). Leider zeigt die Erfahrung, daß die Walkmänner der Kinder in recht unterschiedlichem technischem Zustand sind, so daß mit Pannen zu rechnen ist, auch weil Batterien versagen.

SOMMER-STUMPENHORST (1993[3]) verweist auf die **„sprechende Lernkartei"** von BETZ. Trainierte Wörter werden auf Karteikarten festgehalten, die hinten einen Magnetstreifen haben, auf den man mittels des „Photo Porst Königsbild-Recorders" den fraglichen Begriff auch aufsprechen und abhören kann. Die Arbeit an den Karteikarten kann im Fünferrhythmus erfolgen, wie oben beim Karteikartentraining erwähnt.

Eine umfassende Darstellung sprachheilpädagogischer Verfahren findet sich in WIEDENMANN 1997.

8.5.3 Plädoyer für den Grundwortschatz: Forderung nach Sinnhaftigkeit des angebotenen Sprachmaterials

In jedem Falle sollte das trainierte Sprachmaterial aus der Alltagserfahrung der Kinder stammen. Wörter, die geübt werden sollen, dürfen keine Orchideenfälle der deutschen Rechtschreibung sein (der Hain, der Rain), sondern *zum Grundwortschatz gehören.* Außerdem ist es unsinnig, LRS-Kinder mit überdrehten Kunstwörtern zu beschallen („Wiesenblumenschmetterlinge", „Löwenzahnblütenspitzen"), nur weil diese bestimmte Merkmale aufweisen, die dem Therapeuten unendlich wichtig erscheinen.

Grundwortschätze finden sich z.B. in:

BALHORN, Heiko: Grundwortschatz – Das Wörterbuch für die Grundschule. Hamburg 1993 (vpm)

GRAMSAMER, Günter und HOLZNER, Franz: Sicher zum Grundwortschatz. Stuttgart 1985 (Klett)

PLICKAT, Hans-Heinrich: Deutscher Grundwortschatz. Weinheim und Basel 1983[3]

SIRCH/HEINZ/STÖCKINGER: Mein Grundwortschatz in Wochennachschriften. Donauwörth 1985 (Auer)

Ein Computerprogramm dazu bietet z.B. MILLER, Pascal: Rechtschreibspiele mit dem Grundwortschatz. Horneburg/Niederelbe 1995

8.6 Weitere methodische Vorschläge für das Schreiben

Am Lernanfang Einsicht in die Funktion von Schrift vermitteln: Manche Kinder haben (wegen Retardierung oder häuslicher Spracharmut) zum Zeitpunkt der Einschulung offensichtlich die Funktion von Schriftsprache als Informationssystem noch nicht verstanden, sind daher nur wenig motiviert, Lesen und Schreiben zu lernen und kaum in der Lage, den Sinn geschriebener Wörter oder Texte zu entnehmen. Es ist daher wichtig, ihnen den Signalcharakter der Schrift überhaupt erst zu vermitteln. Nur so gelingt es, ihre Lese- und Schreiblust zu wecken, ohne die der Lernprozeß nicht in Gang kommt. Folgende Möglichkeiten sind denkbar (vgl. Mann, 1994[3]):

Gang durch das Schulhaus oder um das Schulhaus herum: Wo finden wir überall Schrift? Könnt ihr einige Wörter aus der Situation heraus erraten? Findet ihr Buchstaben, die wir schon kennen? Hört ihr in den Wörtern Laute, die wir schon kennen? Ähnliche Gänge in der Umgebung des Schulhauses (Geschäfte, Kiosk, Haltestelle etc.).

Zu Hause nach Schrift suchen und darüber berichten. Dinge mitbringen, die mit Schrift zu tun haben (höchsten drei Dinge, damit die Kinder keinen Möbelwagen brauchen).

Buchstabenmuseum: In einem Kasten werden Gegenstände oder Bilder von Gegenständen gesammelt, die mit dem gerade erarbeiteten Buchstaben beginnen, z.B. Lineal, Lutscher, Lastwagen etc.

Buchstabengeschichten erzählen (z.B. R: Der rasende Roland im Rennauto...) Buchstabengeschichten als Sketche spielen (viele Anregungen in GRIMM 1993).

Zu den Buchstaben (evtl. analog zu den Buchstabengeschichten) **Lieder singen.**

Sinnfragen zu Listen von Trainingswörtern, z.B. Drei Wörter in der Liste bezeichnen Lebewesen; oder: Welches Wort in der Liste bedeutet „sich schnell bewegen"?

Ableitungsübungen: Zu einem Wort andere Wortarten der gleichen Wortfamilie finden.

Steckbriefe von Wörtern: Mein Wort ist ein Nomen, der zweite Buchstabe ist ein „e", es bedeutet etwa ...

Wörter im Kinderduden nachschlagen: Auf welcher Seite steht das Wort, welches Wort steht davor und danach?

Buchstabenformen zur besseren Einprägung mit Formen aus der Erfahrungswelt der Kinder verknüpfen, z.B. das „G" mit einer Gans, die den Hals krumm macht, das „V" mit einem fliegenden Vogel, das „B" mit einer Brezel etc.; Buchstabenbilder malen.

Buchstaben mit einem bestimmten Leitwort verbinden, z.B.: „A" wie „Affe" etc.

Systematisierung der ersten beiden Vorschläge in sog. **„Anlauttabellen"**. Solche sind mittlerweile Bestandteil fast aller Fibeln, z.B. beim Schroedel Verlag, Hannover als Buchstabeneisenbahn, beim Pädagogischen Zentrum Berlin (Anlauttabelle von Spitta), als Anlauttabelle zur „Regenbogen-Lesekiste" von BALHORN, Verlag pädagogische Medien, Hamburg (Zusammenstellung aus FAUST-SIEHL/PORTMANN 1992). Ein weiterer Vorschlag findet sich in BLUMENSTOCK 1992, ALLIGER/HAASE: Farbenfibel.

Die Grundidee der Anlauttabelle wird am konsequentesten und effizientesten in der **Buchstabentabelle von J. REICHEN** durchgehalten (Material zu „Lesen durch Schreiben", Verlag Otto Heinevetter, Hamburg). Die Arbeit damit wird im Kapitel VII.3 von von ENDE/FINCKE-SAMLAND im Sinne präventiver Arbeit beim Schriftspracherwerb dargestellt.

8.7 Weitere methodische Vorschläge für das Lesen

Lautes Vorlesen ungeübter Texte bei LRS-Schülern einstellen! Es bedeutet zusätzliche (sprech-)motorische Leistungen und zusätzlichen emotionalen Streß. Die Leseleistungen sind beim stillen Lesen erheblich besser als beim lauten Vorlesen. Gerade wegen der erhöhten Anforderungen sind laute Leseübungen zwar durchaus wichtig und sinnvoll, sollten aber auf eine Kleingruppen- oder Paar-Situation beschränkt werden (s. VII.2).

Dazu kommt aus England die Idee des **„Paired Reading"** (NIEMANN 1990): Das Kind arbeitet mit einem Tutor zusammen. Tutoren sind Eltern, die in die Schule kommen oder ältere Schülerinnen, die eine Art Patenschaft ausüben. Die Trainingsphase dauert 8 – 9 Wochen, fünfmal pro

Woche wird mindestens 5 Minuten lang trainiert. Das Kind liest sich zunächst still in einen selbst gewählten Text ein, dann lesen Lesetutorin und Kind gemeinsam laut. Hat das Kind ein Wort fehlerhaft gelesen, spricht die Tutorin das Wort so oft richtig vor, bis das Kind es entsprechend wiederholt. Kein Erklären, kein buchstabenweises Erlesen, wichtig ist vor allem das Sinnverständnis, weniger die Lesetechnik. Der Textumfang etwa beträgt 50 Wörter. Der Lesefluß ist wichtig. An keinem Wort soll das Kind länger als 5 Sekunden „hängen".

Die Anweisung sollte lauten: **Laß dir Zeit!** Sieh dir ein Wort so lange still an, bis du es erkannt hast, erst dann sprich es aus. (Falsch und bei der Sinnentnahme äußerst hinderlich ist die häufige Strategie schlechter Leser, Wörter teil- oder silbenweise zusammenzustückeln, sie dann zu wiederholen, evtl. zusammen mit schon richtig gelesenen Wörtern).

Gegensätze des Paired Reading zum häuslichen Training: Eltern reagieren schneller auf Flüchtigkeitsfehler, legen mehr Wert auf die Genauigkeit der einzelnen Buchstaben als auf das Leseverständnis, bieten dem Kind seltener durch eigenes Vorlesen ein Vorbild an.

Einrichtung einer Klassenbibliothek, evtl. Tauschbörsen, Buchvorstellungen durch die Schüler etc.

In gemütlicher Atmosphäre **den Kindern vorlesen,** über die Geschichten sprechen, zu Geschichten spielen. Texte als lustvolle Vermittler von Spannung und Information erleben. Vor dem Vorlesen wird ein bestimmtes **Stichwort** vereinbart (z.B. der Name einer Hauptperson). An den Stellen, wo dieses Wort im Text vorkommt, macht der Vorleser eine Pause. Ein Kind (oder alle Kinder) rufen das Stichwort (ausführlicher dargestellt in V.4.8.1., S. 161ff.).

Beim Lesen müssen die Kinder lernen, **aus dem Kontext Hypothesen darüber zu bilden, wie das folgende Wort heißen könnte.** Liest ein Kind z.B. stockend: „Wir steigen in das 'sch-if-f', könnte man fragen: „Wo sind die Kinder denn? Wohin könnten sie denn einsteigen?" Antworten werden am Text oder an Bildern dazu auf ihre Richtigkeit geprüft. (MANN 1994[3])

8.8 Der Aspekt der Lauttreue und die Stufung der Buchstabenfolge als methodisch-didaktisches Grundprinzip der Prävention im Erstlese- und Schreibunterricht und in der LRS-Frühförderung

Die meisten LRS-Kinder höherer Jahrgänge sind verstrickt in ein heilloses Chaos widerstreitender Schreibstrategien. **Verwechslungen ähnlicher**

Buchstaben (m/n, o/u, Unkenntnis von Qu/qu) und gelegentliche **Lautier/ Buchstabierfehler** (*Skimo für Eskimo, *NT für Ente) kommen noch genauso vor wie **Verstöße gegen die Lauttreue** (*Eskmo, *Ene). Sie mischen sich mit **regelwidrigen, aber lauttreuen Schreibungen** (der *Feler). Dazu kommen Regelfehler, die z.T. darauf beruhen, daß **Regeln nicht angewendet werden, wo sie nötig wären** und z.T. darauf, daß **Regeln angewendet werden, wo sie nicht am Platze sind ("Übergeneralisierung": die *Schuhle).** Das ist das Vollbild der LRS, aus dem es kaum noch ein Entrinnen gibt (vgl. I.1).

Um es gar nicht so weit kommen zu lassen, sollte im präventiven Sinne schon beim Schreib- Leselehrgang der Anfangsklasse zunächst nur mit lauttreuem Wortmaterial gearbeitet werden, denn das Grundprinzip unser Buchstabenschrift ist – trotz aller sekundären Überformung – das einer Lautschrift. Die phonematische Schreibstrategie ist also logischerweise die erste, die die Kinder sich erarbeiten müssen, um überhaupt das Prinzip des Schreibens zu erfassen. Kein Kind sollte mit Regelschreibweisen konfrontiert werden, bevor es das Prinzip der Lauttreue nicht schlafwandlerisch sicher beherrscht!

Auch um LRS-Kindern, bei denen Verstöße gegen die Lauttreue im Vordergrund stehen, einen Ausstieg aus diesem Fehlerlabyrinth zu zeigen, ist es unumgänglich, zur reinen Lauttreue zurückzukehren und zunächst diese aufzubauen und zu stabilisieren. Dies ist nicht nur ein unausweichliches methodisches Gebot, sondern auch aus Gründen der Lernökonomie ein sinnvoller Weg, denn ein überwiegender Teil des deutschen Morphembestandes (ca 60%) wird – bei nicht allzu pingeliger Kategorisierung – nach dem Prinzip der Lauttreue geschrieben.

Alle Regelschreibweisen, also solche, die von der 1:1 Repräsentation der Phoneme durch Grapheme abweichen, gehören zumindest im zweiten und zu Beginn des dritten Schuljahres aus der Arbeit im LRS-Kurs verbannt. Die Kinder müssen zunächst lernen, auf ihre Fähigkeit zur Lautanalyse zu vertrauen. **Das Training richtet sich auf dieser Stufe also schwerpunktmäßig nach der phonologischen Schreibstrategie** (zum Vorgehen auf höheren Altersstufen vgl. I.2 und den Exkurs zum NLP VI.4.5).

Nun sind auch innerhalb des lauttreuen Materials Schwierigkeitsstufen festzustellen und voneinander abzugrenzen. Es gilt vor allem zu überlegen, in welcher Reihenfolge die Buchstaben eingeführt werden. Dabei beschreiten MARX/STEFFENS 1991, die aus der methodischen Tradition der Sprachheilschule kommen, einen Weg, der sich nach der Reihenfolge der Laute in der Sprachentwicklung orientiert. Deren Konsens mit anderen Autoren beruht auf der Erkenntnis, daß die Vokale zu den Lauten gehören,

232

die zuerst eingeführt werden müssen. Ihre sonstigen Postulate unterscheiden sich allerdings weitgehend von den Schlußfolgerungen anderer LRS-Didaktiker, die sich nicht explizit der Sprachheilschule zugehörig führen, deren Erkenntnisse aber m. E. einleuchtender sind (KOSSOW 1976[4] und 1991[2], DUMMER-SMOCH/HACKETHAL 1984, MÜLLER 1984, FINDEISEN et al. 1988 (dort eine gute Übersicht über verschiedene methodische Ansätze), LÖFFLER/MEYERSCHEPERS 1989[2], REUTER-LIEHR 1992). Einen differenzierteren Sonderweg zeigt HAASE (1995 und 1996 b).

Ein allgemeiner Konsens betrifft die Unterscheidung von dehnbaren Konsonanten und Plosivlauten. Dehnbare Konsonanten (f, l, m, n, r, s etc.) kann man beliebig lange erklingen lassen (z.B. so lange, wie man braucht, um einen solchen Laut zu schreiben). Für LRS-Schüler ist es wichtig, mit solchen Konsonanten (und ihren Verbindungen zu Vokalen) anzufangen, weil diese Kinder häufig dazu neigen, in einem anderen Tempo zu schreiben als sie innerlich mitsprechen. Das führt zum Auslassen oder Vertauschen von Buchstaben. Um das Prinzip der Lauttreue bewußt zu machen, muß natürlich auch auf einen gleichzeitigen Ablauf von (lautem oder innerem) Sprechen und Schreiben geachtet werden. Da diese Synchronisation einen längerfristigen Übungsprozeß (am besten mit Hilfe von Lautgebärden und anderen sensomotorischen Stützen) erfordert, muß mit Silben- und Wortmaterial begonnen werden, das aus dehnbaren Konsonanten und nach Möglichkeit lang gesprochenen Vokalen besteht und am Anfang auch keine Konsonantenhäufung enthalten darf.

Erst wenn diese Arbeit erfolgreich abgeschlossen ist, sollte man zu den Plosivlauten übergehen, jenen Konsonanten nämlich, die nur einen Moment lang anklingen (b/p, d/t, g/k) und die wegen der Opposition hart/weich zusätzliche diskriminatorische Anforderungen stellen, die von Legasthenikern signifikant schlechter als von Normallernern gemeistert werden können (BECKER 1994).

Es scheint mir ausgesprochen sinnvoll, diesen Teil des Trainings mit den weichen Plosivlauten d, b, und g zu beginnen, und zwar wegen der geringeren sprechmotorischen Energie, die diese Laute erfordern. Es werden zunächst nur Wörter mit der Buchstabenfolge Konsonant – Vokal – Konsonant angeboten (oder umgekehrt). Erst danach wird Wortmaterial verwendet, das Konsonantenhäufungen mit weichen Plosivlauten enthält, die zunächst in der Wortmitte zu liegen haben (Far-be, mel-den, fol-gen), so daß sie durch syllabierendes Sprechen auflösbar sind. Die harten Plosivlaute bilden die nächste Stufe des Trainings, wobei wieder mit K-V-K Wörtern begonnen wird und Konsonantenhäufungen erst danach angeboten werden.

Damit ist die Einführung von Buchstaben im lauttreuen Bereich (bis auf die seltenen Buchstaben) im Prinzip abgeschlossen. Die einzigen noch im Randbereich der Lauttreue anzusiedelnden Regelschreibweisen sind die ableitbare Vokalumlautung (vor allem a – ä, z.B. in alt/älter) und die Auslautverhärtung mit Verlängerungsregel, z.B. in „Abend – Abende". Eine sichere Hörstrategie ist dies aber auch nicht, denn das Kind muß die Klangbilder immerhin so weit gespeichert haben, daß es sie richtig abrufen kann. Ein sprachunsicheres Kind wird nicht klar trennen können zwischen „Pferde" und „Zelte".

Alle anderen Phänomene der Orthographie halte ich – im Gegensatz zu anderen Autoren – nicht mehr für lauttreu. Die Doppelkonsonanz mit nachfolgendem Vokal, etwa in „sollen, Sonne, rennen" usw. meint man als kundiger Rechtschreiber zwar zu hören, wenn man die Silben trennt. Für Kinder mit LRS (d. h. für sprachlich unsichere Kinder) ist das aber *kein* eindeutiges Kriterium! Es bereitet ihnen nämlich keine „Mühe", auch ein Wort wie „Bäume" syllabierend als „Bäum – me" zu sprechen und damit falsch zu schreiben. Wer behauptet, Doppelkonsonanz sei für Kinder hörbar, projiziert Lehrerwissen in Kinderköpfe hinein. Durchschnittlich begabte Rechtschreiber merken sich diese Wörter über andere Lernkanäle, LRS-Kinder werden durch die vorgebliche Hörstrategie u. U. noch mehr verwirrt, auch wenn Doppelkonsonanz als Zeichen für Vokalkürze erklärt wird. Erstens können gerade LRS-Kinder Vokallänge und -kürze ohne intensives Training nicht unterscheiden, zweitens stimmt diese „Regel" lange nicht immer und führt nur zu neuen Rechtschreibfehlern („halten", „merken", „winken" usw. schreibt man trotz Vokalkürze nicht verdoppelt; eine Regel dafür läßt sich konstruieren, ist aber für Kinder sehr kompliziert). In der LRS-Frühförderung sollten Erscheinungen wie Doppelkonsonanz, -ck- und -tz- konsequent der zweiten Trainingsebene zugeordnet werden, nämlich dem ganzheitlich orientierten Wortbild- oder Morphemtraining mit Schwerpunkt auf dem visuellen Wahrnehmungskanal (VI. 4.5). Dies gilt auch für alle Wörter mit Dehnungszeichen (-h-, -ie- etc.).

Schon ein kurzer Blick in gängige Fibeln zeigt, daß diese Prinzipien noch nicht allgemein akzeptiert zu sein scheinen. Die Grundschulen sollten jedoch mindestens dafür sorgen, daß kein lese-rechtschreibschwaches Kind auf eine weiterführende Schule kommt, ohne wenigstens das Prinzip der Lauttreue zu beherrschen. Durch den im 5. Schuljahr (verstärkt) einsetzenden Englischunterricht geraten vor allem die schwachen Schreiber nämlich sonst in immer größere Verwirrung, weil die englischen Wortbilder sich heillos mit den deutschen vermischen (Vater – father, trinken – drink, vor – for usw.).

234

Hieraus ergibt sich etwa folgende

Buchstaben-Stufung unter dem Aspekt der Lauttreue (Vereinfachtes Modell)

Stufe 1: Vokale, Umlaute (ä, ö, ü), Diphtonge (au, ei, eu). Dauerhafte Konsonanten (m, n, l, f, s, r); später w, j, ng, ch- und sch-, evtl. z; Abfolge Vokal-Konsonant-Vokal usw. oder Konsonant-Vokal-Konsonant usw.

Stufe 2: Konsonantenhäufungen mit dehnbaren Konsonanten

Stufe 3: Weiche Plosivlaute (d, g, b)

Stufe 4: Konsonantenhäufungen mit weichen Plosivlauten

Stufe 5: Harte Plosivlaute (t, k, p)

Stufe 6: Konsonantenhäufungen mit harten Plosivlauten

Stufe 7: Besondere Buchstaben und Buchstabengruppen, z.B. Qu, lauttreues ß, evtl. x und y; 1:1 Regel st- und sp

Stufe 8: Vokalumlaut mit Ableitungsregel; Auslautverhärtung mit Verlängerungsregel

Stufe 9: Regelschreibweisen. Abweichungen von der Lauttreue.

Versuchen Sie bitte übungshalber, das Lautmaterial der folgenden Texte zu analysieren:

Beispiel 1:

Hat's geschmeckt?

Ein Punker aus Bielefeld hat neulich auf ungewöhnliche Weise seine bunte „Bürste" eingebüßt. Ein Kamel, mit dem Zirkusleute in der Fußgängerzone um Futterspenden baten, riß dem schlafenden jungen Mann das „frische Grün" mit schnellem Biß vom Kopf. Offensichtlich angeekelt spuckte das Kamel die haarige Pracht aber sogleich wieder aus. So wurde von Augenzeugen berichtet.

(MAIN-POST, zit. n. REUTER-LIEHR)

Beispiel 2:

Ist das ein Tier oder eine Elfe? Ela will es wissen. Sie rennt hin. So ein Pech! Was soll Ela machen? Die alten Tannen sind fest wie Felsen. Doch der Hase hat eine Idee.

(TOBI-FIBEL, S. 18 f.)

Beispiel 3:

Geschenke

Oma und Opa machen den Kindern gerne eine Freude. Bei einem Besuch bringen sie kleine Geschenke mit: eine Tafel Schokolade, ein Auto aus Plastik, einen Baukasten oder etwas anderes. Die Kinder bedanken sich dafür.

(FINDEISEN et al.: Lautgetreue Diktate)

Beispiel 4:

Eine Schul-Wanderung

Wir wandern so gerne. Wir gehen auf einem schmalen Weg durch grünes Gras. Dabei wird uns warm. Also hören wir für eine Weile auf zu laufen und ruhen uns aus. Manche fangen an zu naschen, aber das erlauben Frau Meier und Frau Huber uns gerne. Die Amseln singen so schön. Wir lauschen leise. Andere Schüler haben nun Schule. Schade für sie!

(KLEINMANN 1995)

Lösung:

Der einfachste Text ist, der Logik des vorgestellten Stufungsmodells folgend – Beispiel 4. Er reicht nur bis Stufe 4: Konsonantenhäufungen mit weichen Plosivlauten. Lediglich die Häufigkeitswörter „sie" und „und" gehören zum Regelbereich (bei „und": Auslautverhärtung ohne Verlängerungsmöglichkeit).

Der nächstschwierigere Text ist demnach Beispiel 3. Er reicht bis in Stufe 6: Konsonantenhäufung mit harten Plosivlauten.

Dann folgt Beispiel 2. Harte und weiche Plosivlaute werden gemeinsam verwendet, außerdem findet sich eine ganze Reihe von Regelschreibungen aus Doppelkonsonanz und Dehnung, die außerhalb des lauttreuen Bereichs liegen. Der Text ist ein trauriges, aber leider typisches Beispiel für die systemlose und unüberlegte Wortwahl in Erstlesewerken, was hier umso mehr erstaunt, als das Begleitmaterial zur Tobi-Fibel methodisch durchaus erfreulich ist.

Sicher ist leicht zu erkennen, daß es sich bei Beispiel 1 um den schwierigsten dieser Texte handelt.

VII.
Anhang

1. Teilleistungsschwächen als Hintergrund von Legasthenie und ihre Auswirkungen auf das Verhalten – ein theoretischer Überblick

Es ist hinreichend bekannt, daß Lern- und Verhaltensauffälligkeiten aus einer breiten Palette psycho-sozialer Fehlentwicklungen entstehen können. Hier soll der Versuch unternommen werden, sie darüber hinaus auch als mögliches Resultat peripherer oder zentraler Wahrnehmungsstörungen zu beschreiben und damit nach ihren biologischen und neuropsychologischen Ursachen zu fragen. Die relative Einseitigkeit der folgenden Darstellung soll keineswegs die psycho-soziale Verursachungskomponente negieren. Sie fügt der bekannten Betrachtungsweise aber andere Akzente hinzu und wirbt erneut um Verständnis dafür, daß Lern- und Verhaltensstörungen eben oft andere als psychische Ursachen haben.

Einschlägige Erfahrungen und wissenschaftliche Untersuchungen belegen, daß viele LRS-Schüler eine negative soziale Prognose haben und zu 30 – 50% auch verhaltensauffällig sind (PLEGER 1991).

Zu nennen wären vor allem:

1. Hyperaktivität, Aggressivität, unangepaßtes Verhalten

2. Angst, Selbstwertprobleme, emotionale Störungen, Depressivität

3. Interesselosigkeit, Oberflächlichkeit, Unkonzentriertheit, Leistungsflucht.

Verhaltensauffälligkeiten können eine Reaktion auf Lernversagen sein. Dann sind sie ein leicht verständliches sekundäres Problem, das sich wiederum verstärkt durch Reaktionen der Umwelt und so in eine Art psychologischen Teufelskreis mündet. Verhaltensstörungen haben vermutlich sekundären Charakter, wenn sie erst nach dem Schuleintritt auftreten. Die Ursachen können im familiären Umfeld liegen oder in einer gestörten emotionalen Beziehung im Dreieck Eltern – Lehrer – Kind. Solche Auffälligkeiten fehlen gelegentlich in den Ferien, treten aber nach Schulbeginn schnell wieder auf.

Viele legasthene Kinder waren aber schon vor dem Schuleintritt verhaltensauffällig. Das muß anders zu erklären sein als durch eine psychische Reaktion auf ein Lernversagen und legt die Vermutung nahe, daß es gemeinsame Ursachen geben muß für Formen der frühen Verhaltensauffälligkeit und einer sich später entwickelnden Legasthenie.

Intelligenzdefekte als gemeinsame Wurzel von Lern- und Verhaltensstörungen können für den Bereich der Lese-Rechtschreibschwächen weitgehend ausgeschlossen werden, denn der Faktor Intelligenz korreliert nur schwach mit den Leistungen im Lesen und Rechtschreiben (RATHENOW 1982). Intelligente Schüler können bekanntlich schlechte Leser und Rechtschreiber sein und entsprechen dann der klassischen (aber überholten) Legastheniedefinition. Umgekehrt können jedoch auch gute Leser und Schreiber intellektuell minderbegabt sein, wobei sie das Lesen und Schreiben als einen mechanischen Akt vollziehen und Schwierigkeiten mit der semantischen Umsetzung haben. Gemeinsame Störfaktoren für den Schreib-Lesebereich und das Verhalten müssen also auf anderen Wahrnehmungsebenen vermutet werden (MARTINIUS 1994).

Es gibt Untersuchungen, die besagen, daß bei über 70% der Legastheniker Sprachprobleme vorliegen (z.B. WURM-DINSE 1995, BREUER/ WEUFFEN 1997[4]). Gesprochene Sprache ist die Basis der Schriftsprache. Wer schon auf der verbalen Ebene Probleme hat, wird sie mit hoher Wahrscheinlichkeit auch bei der schriftlichen Umsetzung von Gesprochenem bekommen. Es scheint also sinnvoll, die geistigen Vorläufer des Sprechens ausführlich zu untersuchen und eine Reihe von Voraussetzungen zu erläutern, die für die komplizierten Prozesse des Lesens und Schreibens nötig sind.

1.1 Schwerkraftwahrnehmung – Propriozeption – taktil-kinästhetisches Empfinden

Diese drei Wahrnehmungsmuster, über die bereits das Neugeborene verfügt, bilden das ganze Leben lang die Basis für jegliche Wahrnehmung, und zwar ununterbrochen, auch im Schlaf (Darstellung nach AYRES 1990[2]). Ihre zerebrale Repräsentanz liegt noch unterhalb des Mittelhirns auf der Hirnstammebene und im Rückenmark. Wenn dieses Wahrnehmungssystem gestört ist, kommt es möglicherweise zu:

a) hyperaktiven Verhaltensformen durch Selbststimulation bei quantitativ zu schwacher Wahrnehmung

b) hypoaktiven, apathischen oder ängstlichen Verhaltensmustern bei quantitativ zu starker Wahrnehmung, und zwar durch die Tendenz zur Reizvermeidung.

Der Zusammenhang dieser Wahrnehmungsebene mit dem Sprechen, Lesen und Schreiben ist möglicherweise nicht unmittelbar ersichtlich, wird aber in einem Selbstversuch leicht klar. Wenn man versucht, einen etwas komplizierteren Text im Stehen zu schreiben, während man auf einem Bein balanciert, wird einem das nicht ohne Probleme gelingen. Zumindest die Graphomotorik wird darunter leiden, auch wenn man das Papier auf einer festen Unterlage in der Hand hält. Das Gehirn ist nämlich nicht in der Lage, zwei bewußte Programme gleichzeitig ablaufen zu lassen. In diesem Fall ist es außer mit dem Schreiben auch mit der bewußten Gleichgewichtskontrolle beschäftigt. Flüssiges Schreiben wird unter dieser Voraussetzung nur gelingen, wenn das Balancieren länger geübt, also automatisiert worden ist. Wenn das Geflecht aus Gleichgewichtswahrnehmung, Propriozeption und taktilem Empfinden nicht als automatisches Programm abläuft, kann das Schreiben kaum gelingen, genausowenig wie andere kognitive Denk- und Lernprozesse.

Wenn ein Kind nicht ruhig sitzen kann, weil dieses Wahrnehmungsgeflecht nicht optimal arbeitet, wird es größte Schwierigkeiten mit dem Schreiben haben. Kinder, bei denen eine Kopfbewegung (z.B. von der Tafel zum Heft oder umgekehrt) eine motorische Reaktion des ganzen Körpers nach sich zieht, weil dieser seine Schwerkraftanpassung suchend vollziehen muß, werden ähnliche Probleme haben. Wer den Kopf nicht ruhig halten kann, weil er Schwierigkeiten mit der Schwerkraftanpassung hat, wird wie bei einer bewegten Fotokamera zumindest teilweise unscharfe Bilder sehen. Daß Lesen und Schreiben so nur unter Schwierigkeiten vonstatten gehen, bedarf keiner weiteren Erklärung, denn es wird große Kraft kosten, eine Lesezeile festzuhalten, eine Textstelle wiederzufinden und Wortbilder klar zu sehen und einzuspeichern.

Kinder, deren Wahrnehmungsdefizite schwerpunktmäßig im vestibulären, propriozeptiven und taktilen Bereich liegen, dürften als Schwerstbehinderte kaum in einer Regelschule anzutreffen sein. Die Ursachen für viele Lern- und Verhaltensauffälligkeiten reichen aber in abgeschwächter Form bis in diese Regionen des Wahrnehmungsgebäudes hinab und müssen versuchsweise adäquat behandelt werden. Dabei gilt es zu berücksichtigen, daß Gleichgewichtsstörungen wegen der räumlichen Nähe der entsprechenden Rezeptoren im Innenohr mit Hörstörungen einhergehen können (TOMATIS 1990). Diese wiederum beeinträchtigen das Sprechen, weil so dem Sprechapparat zumindest teilweise die akustische Kontrolle fehlt.

So ist die vestibuläre, propriozeptive und taktil-kinästhetische Wahrnehmung an allen komplexeren Wahrnehmungsformen beteiligt und führt dort sogar oft die anderen Sinne. Das motorische Gedächtnis ist der wichtigste und umfangreichste Gedächtnisspeicher überhaupt. Er ist für alltägliche Verrichtungen wie das Zähneputzen oder Treppensteigen genauso nötig wie für das Schreiben oder das Auswendigspielen einer Klaviersonate. Fehlfunktionen des Hörens oder Sehens können in gewisser Weise kompensiert werden, z.B. durch eine Brille oder ein Hörgerät. Mangelnde Ausprägung der Gleichgewichts- oder Körperwahrnehmung, des Tast- oder

Bewegungsempfindens entbehren dieser Möglichkeit. Außerdem bleiben solche Ausfälle meist unentdeckt, weil eine Diagnose aus Unkenntnis gar nicht erst versucht wird. Das Gesundheitsamt kontrolliert zwar bei allen Grundschülern Augen und Ohren (wenn auch in für Legastheniker völlig unzureichender Form). An eine Untersuchung der *hier* beschriebenen Wahrnehmungsformen wird aber kaum gedacht. Lernausfälle und Verhaltensauffälligkeiten, die hieraus resultieren, werden oft als Intelligenzmängel oder psychische Probleme mißdeutet und bleiben damit meist ohne adäquates Förderangebot.

Motorische Schwierigkeiten führen mit großer Wahrscheinlichkeit zu Lernproblemen. Das wird auch aus der Tatsache heraus klar, daß für viele Formen schulischer Konzentration die Ausschaltung der Motorik eine unabdingbare Voraussetzung ist (Motto: Sitz still! Sprich nicht! Hör zu!). Motorisch gestörte Kinder können das aber nicht in ausreichendem Maß. Die Diagnose „Konzentrationsschwäche" wird hier der Sachlage nicht gerecht, weil sie im Äußeren verhaftet bleibt und nicht nach Ursachen fragt. Ein herkömmliches Konzentrationstraining setzt dann am falschen Punkt an und kann das Problem nicht lösen, es möglicherweise jedoch noch verschlimmern. (SOMMER-STUMPENHORST 1993[3])

Es wäre dringend zu wünschen, daß die motorischen und vestibulären Teilleistungen bei allen neuen Erstklässlern zumindest in einem Einschulungsverfahren überprüft und ggf. im schulischen Rahmen durch geeignete Bewegungsangebote wenigstens ansatzweise gemildert würden, und zwar nicht nur in Vorschulklassen, sondern auch im Rahmen des Regelunterrichts. Das wäre auch im Sinne der Unfallprävention ausgesprochen sinnvoll, denn manche motorisch unbeholfenen Kinder scheinen Unfälle geradezu magnetisch anzuziehen und laufen immer wieder mal mit einem Gips herum – wenn nicht sogar Schlimmeres passiert (z.B. KUNZ 1998).

Stellvertretend für alle hier beschriebenen Wahrnehmungsbereiche sei bei der taktilen Wahrnehmung auf Hyper- und Hyposensitivität hingewiesen. Taktil hypersensitive (überempfindliche) Kinder sind oft gesteigert schmerz- und temperaturempfindlich. Sie lassen sich nicht gerne duschen und abseifen, verabscheuen kratzende Synthetik- oder Wollkleider und lehnen Körperkontakte ab. Auch Berührungen im Gesicht oder am Kopf sind ihnen unangenehm: Sie lassen sich nur mit Widerwillen Gesicht und Haare waschen, Friseurbesuche sind ihnen ein Graus. Ihre Vermeidungstendenzen können so weit gehen, daß sie Kontakte mit anderen Kindern aggressiv abwehren und in der Klasse einen Einzelplatz beanspruchen. Da soziale Kontakte zum großen Teil auch über die Haut vermittelt werden, kann die emotionale Tragweite einer solchen Störung nicht hoch genug

242

bewertet werden, zumal vor allem die Kontakte in der Familie erheblich darunter leiden dürften. Man bezeichnet dieses Störungsbild als „taktile Abwehr". Da taktile Empfindungen schon beim Säugling sehr ausgeprägt sind, ist es durchaus denkbar, daß ein taktil abwehrendes Kind nur mühsam eine stabile Beziehung zur Mutter und anderen Familienmitgliedern aufbauen kann. Die psychischen Folgen davon sind sicher unabsehbar. Sie können autistische Züge annehmen. Außerdem schränkt eine taktile Abwehr die Lernbereitschaft auf der sensomotorischen Entwicklungsstufe ein, wo primäre Sinneserfahrungen zu einem großen Teil auf taktiler Ebene gemacht werden. Ein Therapeut wird auf späterer Altersstufe nur an die Ursachen solcher Probleme herankommen, wenn er diese Mechanismen durchschaut.

Ähnlich auffällig sind taktil unterempfindliche Kinder. Sie sind scheinbar „hart im Nehmen", weil sie Verletzungen kaum spüren, laufen aber dabei ständig Gefahr, sich wegen ihrer Unempfindlichkeit Schaden zuzufügen, zumal sie unentwegt nach taktilen Reizen suchen. Sie lieben extreme Körperstellungen und sehr heißes oder sehr kaltes Wasser. Sie beißen und kratzen sich, kauen Nägel oder lecken die Lippen bis zum Wundsein. Sie stimulieren sich durch Haaredrehen oder Fingerspiele. Was sie bei sich selbst lieben, setzen sie auch bei anderen als angenehm voraus und fügen es ihnen zu. Manche Tierquälereien und andere Aggressionen sind wohl so zu erklären. Da sie gerne hart angefaßt werden, provozieren sie gelegentlich auch durch vorbewußtes Fehlverhalten körperliche Strafen oder zeigen masochistische Tendenzen. Ein Kind, das seinen Körper nicht richtig wahrnimmt und beherrscht, wird kaum in der Lage sein, dessen Grenzen einzuschätzen und daher leicht in tätliche Auseinandersetzungen geraten, ohne primär psychisch gestört zu sein (vgl. 0: Dennis und IV.6.2: Holger).

Es sei noch einmal betont, daß die hier beschriebenen Wahrnehmungsmuster mit ihren Teilfunktionen (der vestibulären, propriozeptiven und taktilkinästhetischen Sensomotorik) die unabdingbare Voraussetzung bilden für alle höher strukturierten Wahrnehmungsbereiche, etwa räumliche und zeitliche Orientierung sowie Bewußtheit über den eigenen Körper (und daher auch die Grundlage bilden für Sprechen, Lesen, Schreiben, Rechnen). Wenn diese Bereiche gestört sind, sind Auffälligkeiten auch in den höheren Wahrnehmungsregionen wahrscheinlich und bei aller Kompensationsfähigkeit des sensomotorischen Apparates fast unausweichlich. Graphomotorische Störungen beruhen häufig auf solchen tiefliegenden Defiziten (s. V.4.5.2). Nur bei therapeutischer Arbeit auf dieser Ebene kann bei entsprechendem Förderbedarf der Weg für höhere Funktionen geebnet werden.

Kinder mit überhöhter Muskelspannung (Hypertonie) fallen durch starre, verkrampfte und eckige Bewegungen auf (oft bis in die Graphomotorik hinein). Hypotone Kinder hingegen wirken schlaff, der Gang schlurfend, die Körper- und Sitzhaltung hängend. Sie leiden häufig unter einer geringen Aufmerksamkeitsspanne, denn die dazu nötige Straffung von Geist und Körper gelingt ihnen nur kurzzeitig und mit bewußter Willensanstrengung (CÁRDENAS 1998[6], vgl. 0: Dennis und IV.6.2: Linda).

Die Tatsache, daß die Schwierigkeiten recht vieler Kinder bis in diese tiefen Wahrnehmungsschichten hineinreichen, darf aber nicht zu der Fehlannahme führen, jedes irgendwie auffällige Kind sei automatisch bis in diese Schichten hinein geschädigt. Das menschliche Wahrnehmungssystem ist zu kompliziert, als daß es Automatismen und monokausale Erklärungen zuließe. Erst die Einzeldiagnose kann für das jeweilige Kind erklären, welche individuelle Kombination von Stärken und Schwächen bei ihm vorliegt. Die Diagnose muß aber an der Basis des Wahrnehmungsapparates beginnen, um Störungen von unten her ausschließen zu können. Wenn sich hier Probleme feststellen lassen, können krankengymnastische oder motopädische Interventionen helfen. Legastheniker brauchen in jedem Fall ein Trainingsangebot, das mit vielfältigen Bewegungs- und Berührungsreizen auch im Bereich der Schriftsprache (z.B. mit Lautgebärden) arbeitet.

1.2 Bilateralintegration, Seitigkeit und Wahrnehmungsrichtung

Ein wichtiger Entwicklungsschritt bei der Integration von Wahrnehmungseindrücken der Körperseiten und der verschiedenen Sinnesmodalitäten ist die Krabbelphase ab ca. 8 Monaten. Hier lernt das Kind erstmals die koordinierte Überkreuzbewegung der Arme und Beine, und zwar gleichzeitig mit der integrierten stereoskopischen Wahrnehmung beider Augen und der stereophonen Wahrnehmung beider Ohren. Kinder, die die Krabbelphase nicht in aller Ruhe ausagieren können, haben u. U. einen erheblichen zerebralen Entwicklungsrückstand hinsichtlich der gesamten Bilateralintegration. Beim Laufen werden nämlich auch – zumindest in der Endform der Entwicklung – Arme und Beine im Überkreuzmuster bewegt. Viele Kinder mit Teilleistungsschwächen beherrschen diesen Bewegungsablauf nicht in vollendeter Form. Schwierigkeiten bei der Seitigkeits-, Körper- und Raumwahrnehmung (die letztlich auch Vorläuferfunktionen des Lesens, Schreibens und Rechnens sind), bleiben bei Fehlentwicklungen auf dieser Altersstufe meist nicht aus.

Dies kann sich darin manifestieren, daß ein Kind beim Laufen oder Treppensteigen keine flüssigen Bewegungen zeigt, oder darin, daß es nicht ohne weiteres in der Lage ist, einen links liegenden Gegenstand mit der rechten Hand zu ergreifen. Manche Kinder mit derartigen Problemen neigen dazu, das Heft beim Schreiben oder Zeichnen um 90° zu verdrehen, um das Überkreuzen der Körpermittellinie zu vermeiden (IV.3.2.2). Auch eine gekreuzte oder undifferenzierte Seitigkeit kann hierin ihren Ursprung haben.

Endprodukt dieser Entwicklung ist die harmonische, aber funktionell asymmetrische Zusammenarbeit der beiden Hemisphären des Kortex. Hierbei übernimmt die linke Hemisphäre im allgemeinen die dominante Rolle und ist verantwortlich für die Sprachverarbeitung und die Detailwahrnehmung der verschiedenen Sinnesmodalitäten. Auch das logisch-abstrakte Denken ist hauptsächlich hier lokalisiert. Die rechte Gehirnhälfte übernimmt mehr das ganzheitliche und das emotionale Denken.

Stark vereinfachend kann gesagt werden, daß auf kortikaler Ebene die Wahrnehmungen der rechten Körperhälfte auf der linken Gehirnseite, die der linken Körperhälfte auf der rechten Gehirnseite abgebildet und verarbeitet werden. Damit z.B. ein Fühleindruck der rechten Hand bewußt wahrgenommen werden kann, muß er seinen Weg auf die linke Kortexhemisphäre finden.

Eine organisierte und differenzierte Wahrnehmung gelingt am besten, wenn eine Körperseite eindeutig dominiert, d.h., wenn die bevorzugte Hand auf der gleichen Seite liegt wie das bevorzugte Auge und das bevorzugte Ohr. Eine durchgängige Rechtsdominanz ist besonders praktisch für Lesen und Schreiben, weil die von der rechten Körperseite einlaufenden Informationen dann gleich auf der linken Kortexseite landen und direkt mit den Sprachzentren verbunden werden können. Linkshändigkeit alleine ist noch kein Grund für Probleme mit dem Einhalten der Wahrnehmungs- und damit der Schreib/Leserichtung; problematisch kann aber eine gekreuzte Dominanz sein. Besonders ungünstig ist eine linksseitige Hördominanz, weil ein Signal für den Weg von der rechten zur linken Gehirnhälfte etwa 0,7 Sekunden braucht. In dieser Zeit wird mindestens eine ganze Sprechsilbe produziert, so daß die Sprachverarbeitung bei linksseitiger Ohrlateralität mit entsprechendem Zeitverzug vor sich geht (ESSER 1994; eine differenziertere Sicht liefert KAPPERS 1989). Bei einer Reihe von LRS-Kindern kommt offenbar erschwerend hinzu, daß bei ihnen die Hirnregion des Corpus Callosum, die für die Zusammenarbeit beider Hemisphären verantwortlich ist, organische Funktionsdefizite aufweist (HYND et al. 1995).

Aber auch innerhalb der linken Gehirnhälfte ließen sich bei lese-rechtschreibschwachen Menschen strukturelle Besonderheiten nachweisen. Dort beobachtete man eine stellenweise veränderte Struktur der Hirnrinde, abnorme Gefäßverläufe und andere Anomalien (BREITMEYER 1995). Zudem werden die verschiedenen Gehirnareale beim Lesen von LRS-Kandidaten nicht in gleicher Weise aktiviert wie bei unauffälligen Testpersonen: Sprach- und Sprechzentrum sind nicht in normaler Weise koordiniert. (SCHÄFER nach SCHMOLL 1998; s. auch VI 1.1.4).

Im Gegensatz zu Jungen scheinen Mädchen über eine eher beidseitig (also auch rechtshirnig) lokalisierte Sprachverarbeitung zu verfügen. (NATURE 373, zit. n. SZ) Vielleicht ist dies ein Grund dafür, daß sie etwa im Verhältnis 4:1 weniger anfällig für legasthene Symptome sind, weil sie dadurch Seitigkeitsanomalien besser ausgleichen können. Ein weiterer Grund hierfür ist sicherlich, daß ein erhöhter Spiegel des männlichen Hormons Testosteron die linke Hirnhälfte und damit auch die Sprachzentren schädigen kann (SPRINGER u. DEUTSCH 1993[2]).

Die Körperseitigkeit sollte mit spätestens acht Jahren ausdifferenziert sein. Kinder mit einem undifferenzierten oder gekreuzten Seitigkeitsmuster haben oft auch Schwierigkeiten mit der eigenen Körperwahrnehmung (rechts/links, oben/unten), können u. U. die Schreib/Leserichtung nicht durchgängig einhalten und neigen zu Buchstabenverdrehungen und – vertauschungen verschiedenster Art. Sie können oft die Zifferblattuhr nicht lesen, schreiben mal von vorne und mal von hinten in die Hefte, schreiben zweistellige Zahlen von rechts nach links, schreiben manchmal aber auch einzelne Ziffern (z.B. die „5") von rechts nach links und ziehen Striche am Lineal ebenfalls in dieser Richtung (IV.3.3.2). Die Reihenfolge von Ziffern (beim Rechnen, bei Telefonnummern etc.) wird vertauscht, Musik- Noten sind nicht zu erlesen, weil die Kinder sich nicht merken können, welche Linie welche Bedeutung hat. Man spricht summarisch von der „Raumlage-Labilität" von LRS-Kindern.

Dies kann aber auch in weniger klar beobachtbaren Teilbereichen von Lesen, Schreiben und Sprachverarbeitung eine fatale Rolle spielen. Die Schreibschrift gibt eine Abfolge von links nach rechts vor. Kinder, die wegen einer unsicheren oder latent umgekehrten Wahrnehmungsrichtung lieber von rechts nach links schreiben würden, kommen u.U. mit graphischen Feindetails in Konflikt. Der gelernte Ablauf (von links nach rechts) kann mit dem inneren Programm (von rechts nach links) in Konkurrenz treten und so die Schreibmotorik und das Schriftbild, aber auch die Wortbildspeicherung und die Lesefähigkeit beeinträchtigen.

Als Ursache für diese Fehlfunktionen kann zumindest bei manchen LRS-Kindern auch eine zerebrale Seitigkeitsanomalie vermutet werden. So fanden sich im EEG von Dyslektikern bei visuellen Aufgabenstellungen Anomalien im Sinne einer mangelnden Spezialisierung der beiden Hirnhälften (JOHANNES et al. 1994). Bei sprachlichen Aufgaben stellte LANDWEHR-MEYER (1990 und 1991) übereinstimmend mit anderen Forschern eine „linkshemisphärische Funktionsstörung" fest.

Aus grauer Vorzeit der Legasthenieforschung stammt die fast unausrottbare These, Legastheniker erkenne man an Buchstabenvertauschungen. Dies ist als pauschales Erkennungsmerkmal längst überholt, denn es ist nachgewiesen, daß der prozentuale Anteil an Vertauschungsfehlern bei LRS-Schülern insgesamt nur unerheblich höher ist ist wie bei Normallernern (LANDERL 1996). Allerdings gibt es immer wieder einzelne Schüler, die solche Fehler gehäuft produzieren. Eine unbewußt gegenläufige Wahrnehmungsrichtung verleitet u. U. zu Positionsvertauschungen, auch beim Hören und Sprechen. So sind beispielsweise die Vokale „o" und „u" deswegen leicht zu verwechseln, weil sie sprechmotorisch und auch akustisch eng verwandt sind, d.h. hauptsächlich aus gleichen Artikulations- und Frequenzelementen bestehen. Kinder mit latent gegensinnigem Wahrnehmungsmuster können zu Verwechslungen von Figur und Grund neigen, d.h. gerade den Anteil als wichtig und herausragend ansehen, der es eben nicht ist. Wie die Unterscheidung „o" oder „u" haben viele andere Entscheidungen beim Schreiben ein binäres Muster: groß oder klein, lang oder kurz, hart oder weich, f oder v etc. etc. Unsicherheiten in der Wahrnehmungsrichtung könnten für viele Fehler verantwortlich sein, weil die Kinder in der Entscheidungssituation genau das Falsche tun.

Ohne monokausale Erklärungen suggerieren zu wollen, läßt sich doch ein derartig gespiegeltes Weltbild auch auf der Verhaltensebene beobachten. Emotionale Reaktionen stark legasthener Kinder wirken zeitweilig widersinnig und unverständlich. So kann der Eindruck entstehen, als verstünden sie eine freundliche Ansprache als aggressiven Akt. Auch haben vereinbarte Signale, Regeln oder Verbote für sie manchmal gar keine, manchmal eine gegenläufige Wirkung. Der Schulgong am Ende der Pause bedeutet dann für sie nicht automatisch „Anstellen" oder „In die Klasse gehen", sondern etwas völlig anderes, wenn nicht das direkte Gegenteil (vielleicht: „Endlich wird der Pausenhof frei, und ich kann ungestört herumrennen"). Solche Kinder gehen bekanntlich schlampig mit Material um und verwandeln ihren Arbeitsplatz und ihren Schulranzen schnell in ein chaotisches Schlachtfeld. Vor dem Hintergrund ihrer möglicherweise gegenläufigen Denkstruktur wird dies leichter verständlich. Ihr emotionales Umfeld sollte daher möglichst klar strukturiert und frei von Ambivalenzen sein. Absprachen, Regeln und Signale müssen eindeutig sein, immer wieder erklärt und geübt werden.

Hans Christian Andersen, der selber ein schwerer Legastheniker war, beschreibt in seinem Märchen „Die Schneekönigin" einen lieben Jungen, dem plötzlich ein winziges, vom Teufel stammendes Stück einer Spiegelscherbe ins Auge fliegt. Sofort verwandelt sich der Kleine in einen argen Bösewicht, der alles kaputtmacht und von der negativen Seite sieht. Er gerät schließlich ins fürchterliche, eisige Schloß der Schneekönigin. Dort versucht er, aus Eisstücken das Wort „Ewigkeit" zusammenzusetzen, denn die Schneekönigin hat ihm versprochen, daß er dann sein eigener Herr sei. Er kriegt das Wort aber beim besten Willen nicht zusammen. Erst als seine alte Freundin Grete kommt und beim Wiedersehen an seiner Wange Freudentränen vergießt, wird ihm die Spiegelscherbe aus dem Auge gespült. Er sieht die Welt wieder wie früher und findet zu sozialen Verhaltensweisen zurück.

Es will scheinen, als habe Andersen eigene Erfahrungen in diesem Märchen verarbeitet. Sicher neigen Kinder ohne klares Seitigkeitsmuster zu Orientierungsproblemen im Raum, denn wer rechts und links am eigenen Körper nicht unterscheiden kann, findet sich schwerer zurecht und zeigt deswegen vielleicht Verhaltensauffälligkeiten wie Angst, Unkonzentriertheit, Bewegungsunruhe oder Fahrigkeit. Schade nur, daß die Therapie nicht so einfach ist wie im Märchen.

Auf eine mögliche Korrelation mit Formen der Rechenschwäche sei nur am Rande verwiesen. Auch beim Rechnen bewegt man sich geistig in Zahlen„räumen", „überschreitet" die Zehner- oder Hunderterschwelle, geht „vor" (beim Addieren und Multiplizieren) oder „zurück" (beim Subtrahieren und Dividieren) und vergleicht Mengen. Körper-, Material- und Raumerfahrungen sind auch hier die Basis höherer Denkoperationen.

Möglichst gezielte Angebote in Form eines mototherapeutisch, psychomotorisch oder evtl. kinäsiologisch ausgerichteten Trainings und eines vielfältigen, alle Sinne ansprechenden Übungs- und Bewegungsangebotes können diese Kinder stabilisieren helfen.

1.3 Sehen

Natürlich muß die Sehschärfe für ein ungestörtes Lesen und Schreiben intakt sein. Von Augenärzten und Gesundheitsämtern wird dies auch vor allen anderen Funktionen überprüft. Damit scheint es aber trotzdem nicht zum Besten zu stehen. SCHÄFER (1995) fand bei ca. 30 % einer großen

Gruppe lernschwacher (auch lese-rechtschreibschwacher) Kinder eine reduzierte Sehschärfe, z.T. trotz Brillenkorrektur. Dabei überwog die Weitsichtigkeit deutlich (82% der Betroffenen).

Auch der kleinste, evtl. nur einseitige Refraktionsfehler muß durch eine Brille korrigiert werden (SCHÄFER/LIEB 1989). Augenärzte stehen oft auf dem Standpunkt, dies sei nicht nötig, weil sich kleinere Fehler von selbst wieder ausgleichen. Das ist für durchschnittliche Leser und Schreiber zu akzeptieren. Kindern mit LRS muß aber jeder noch so kleine Stolperstein aus dem Weg geräumt werden (IV.3.4.3). Zu Beginn des Schreib-Lese-Lehrgangs ist das besonders wichtig. SCHLUND 1989 berichtet, daß 93% der auf Augenprobleme untersuchten LRS-Kinder eine Brille brauchten, die in unterschiedlichem Maße, aber immer deutlich zur Linderung der LRS-Probleme beitrug.

Brillen sollten zweimal jährlich kontrolliert werden. Ein Indiz dafür, daß die Brille richtig angepaßt wurde, ist die Beobachtung, daß das Kind sie gerne trägt. Lehnt es sie ab, so läßt das möglicherweise darauf schließen, daß die Sehleistung durch die Brille schlechter wird (wobei die Eitelkeit und Gruppendruck sicher auch eine Rolle spielen können, möglicherweise aber nur ein vorgeschobener Grund der Ablehnung sind). In jedem Falle sollte die Brille möglichst klein, leicht und bequem sein. (SCHÄFER 1995)

Mit dem Eintritt in die Schule werden an das kindliche Auge viel komplexere Aufgaben gestellt (SCHUHMACHER 1989). Vorher erfolgt die Wahrnehmung mehr ganzheitlich, die Anforderungen an die Augen und die zentrale Sehverarbeitung sind geringer. Dies ändert sich nach der Einschulung rasch und stellt die Kinder z. T. vor erhebliche Probleme, weil gerade die optischen Funktionen auf dieser Altersstufe noch in einem wichtigen Entwicklungsprozeß stehen (BREUER/WEUFFEN 1997[4]). Die Kinder holen Entwicklungsrückstände im allgemeinen rasch nach, können aber dadurch zunächst beim Erlernen von Lesen und Schreiben in Schwierigkeiten geraten, die sie nicht immer kompensieren können, so daß sich frühe visuelle Defizite möglicherweise in einer persistierenden LRS niederschlagen.

So stellten SCHMIDT et al. (1990) fest, daß Kindergartenkinder im Nahbereich viel mehr Augenbewegungen zur Unterscheidung zweier ähnlicher Formen benötigen als reifere Schulkinder. Auch die Verweildauer bei Augensakkaden ist bei älteren Kindern geringer, so daß die visuelle Auffassung bei jüngeren (oder entwicklungsverzögerten) Kindern erkennbar langsamer abläuft.

Gerade an das Nah-Sehen werden aber in der Schule erheblich höhere Anforderungen gestellt, wobei zu bedenken ist, daß die dabei verstärkte

Tätigkeit des Ziliarmuskels Kraft und Willenseinsatz erfordert (OBER 1995), zumal die Prozesse eben noch recht langsam ablaufen. SCHÄ-FER (1995) fand immerhin bei 20% der Probanden Akkomodationsdefizite. HAASE (1996b) referiert Forschungen, in denen eine Hypoakkomodation festgestellt wird: Die Akkomodationsleistung von Schulanfängern gleicht dann der von Sechzigjährigen und müßte durch eine Bi- oder Trifokal- bzw. Gleitsichtbrille ausgeglichen werden. Andere Kinder sind nicht in der Lage, die Nah-Akkomodation ausreichend lange aufrecht zu erhalten, weil die Spannung des Ziliarmuskels nachläßt. Sie vergrößern dann den Leseabstand, um ihn nach einer Zeit wieder zu verringern, wenn die Augen sich erholt haben. Solche Wechsel des Leseabstandes sollten als informelle Hinweise auf derartige Sehstörungen ernstgenommen werden.

Bei der optischen Differenzierung von Buchstaben und Zahlen muß das kindliche Auge jetzt auch in der Lage sein, vom Tafelanschrieb ins Heft oder Buch überzuleiten. Der Übergang zwischen Fern- und Nahsicht muß also reibungslos funktionieren. Das Auge muß eine Stelle im Buch nach einem Blick an die Tafel ohne langes Suchen wieder lokalisieren und fixieren können. Auch dafür ist eine perfekte Akkomodationsfähigkeit der Augen nötig.

Die beiden Augen erfassen jeden Gegenstand aus einem etwas unterschiedlichen Blickwinkel. Daraus entsteht die Fähigkeit zum räumlichen Sehen. Die leicht divergierenden Bilder der *beiden* Augen müssen im Gehirn wieder zu einem Gesamtbild verschmolzen werden. Dieser Vorgang wird als Fusion bezeichnet. Schwierigkeiten bei der Verschmelzung beider Augenbilder fielen SCHÄFER (1995) bei etwa zwei Dritteln der Schüler mehr oder weniger deutlich auf. LOHMANN (1985) weist darauf hin, daß Kinder mit Akkomodationsproblemen diese durch die zerebrale Aktivität der Fusion teilweise auszugleichen versuchen. Die dafür nötige Energie fehlt dann aber bei der inhaltlichen Auseinandersetzung mit Gelesenem.

Eine Hornhautverkrümmung (Astigmatismus) wird die Diskriminationsfähigkeit beeinträchtigen. Sie soll vor allem dafür verantwortlich sein, daß Buchstaben mit Rundungen nicht voneinander unterschieden werden können.

Auf der Netzhaut (Retina) werden die einfallenden Licht- und Farbreize durch Nervenzellen (Stäbchen und Zapfen) aufgefangen und über einzelne Nervenfasern zum Sehnerv weitergeleitet. Mögliche Krankheitsbilder der Retina sind vielfältig. Ein reduzierter Sehwinkel läßt u. U. darauf schließen. Eine Untersuchung des Augenhintergrundes sollte bei der augenärztliche Diagnose im Zusammenhang mit LRS auf jeden Fall vorgenommen werden.

IRLEN (nach ROBINSON/FOREMAN 1996 und ROBINSON 1998) macht vor allem Retina-Anomalien dafür verantwortlich, daß Patienten mit dem von ihr beschriebenen „Scotopic Sensitivity Syndrome (SSS) über verschwommenes Sehen, Doppel- oder Flimmerbilder, subjektive Blendeffekte und rasche Augenermüdung bis hin zu massiven Leseschwächen, Kopfschmerzen und Migräne klagen. Erklärungshypothesen sprechen von einer abnormen Verteilung der Zäpfchen auf der Netzhaut, so daß Bilder aus den Randbereichen deutlicher wahrgenommen werden als beim Normalsichtigen und sich mit Eindrücken aus dem zentralen Bereich überlagern. Fehlerhafte Nervenverbindungen könnten zu fehlerhafter Reizweiterleitung an den visuellen Kortex führen, z.B. so, daß stehende Gegenstände (also auch Buchstaben) als bewegt wahrgenommen werden, daß sich Farbeindrücke vermischen oder daß Interferenzen zwischen den einzelnen Nervenzellen zu unscharfen Bildern führen. Gesichert ist offenbar, daß SSS-Patienten beim Sehen wesentlich diffusere Gehirnströme aufweisen, was so gedeutet wird, daß vom visuellen Kortex – der unklaren Informationen wegen – auf der Suche nach Interpretation des Gesehenen viel mehr „Denkaktivität" ausgeht, als das bei normalsichtigen Menschen der Fall ist. Die in VI.4.2 beschriebenen IRLEN-Filter könnten bewirken, daß sich die Gehirnströme bei SSS-Patienten stabilisieren (während sie beim Normalsichtigen dadurch diffuser werden, ROBINSON/FOREMAN 1996 und ROBINSON 1998, vgl. auch SCHROTH 1996). Deutsche Vergleichsuntersuchungen stehen noch aus. Eine methodenkritische Studie (GERLING/KOMMERELL 1997) sieht bei IRLEN und anderen amerikanisch-australischen Forschern heuristische Mängel und negiert daher eine spezifische Wirksamkeit, erkennt aber einen offenbar starken Placebo-Effekt an (VI. 4.2).

Auch eine gestörte Achsensymmetrie wirkt desorientierend. Ein seitlicher Schielwinkel kann dazu führen, daß beim Lesen Buchstaben tanzen oder Wörter verlorengehen, ein Schielwinkel nach oben oder unten läßt das Kind die Zeile verlieren. Nun ist ein manifestes Schielen (Strabismus) leicht an der unterschiedlichen Stellung beider Augen zu erkennen. Viele Kinder leiden aber an einem verdeckten Schielen: Sie müßten aufgrund ihrer dysfunktionalen Augenmuskulatur eigentlich schielen, tun das aber nicht oder für den laienhaften Blick nicht sichtbar, weil das Gehirn permanent gegensteuert, um das Binokularsehen aufrecht zu erhalten. Das führt natürlich zu einer erhöhten Anstrengung durch die zentralnervöse Kompensation, oft auch zum „Wegrutschen" eines Auges bei Ermüdung (HAASE 1996a). Dabei entzieht sich die verdeckte Winkelfehlsichtigkeit wegen der scheinbar normalen Augenstellung und Sehleistung oft auch der augenärztlichen Differentialdiagnose. Zur exakten Feststellung des Schielwinkels fordert OBERLÄNDER (1989) daher einen zwei- bis dreistündigen okulären Belastungstest, während dessen intensive Sehaufgaben (Malen, Lesen, Schreiben, Puzzeln) erledigt werden müssen, wobei die Augen in viertelstündigem Abstand auf Abweichungen kontrolliert werden. SCHÄFER (1995) erkannte, daß nur etwa 20% seiner Probanden keine Abweichung bei der Augenstellung aufwiesen. Bei knapp zwei Dritteln fand er ein Außenschielen (Exophorie), bei weiteren 16% ein Innenschielen (Esophorie)!

Bei Esophorien ist möglicherweise das Abkleben eines Auges sinnvoll (Okklusion). Die ursprüngliche Euphorie gegenüber der Prismenbrille als sicherem LRS-Therapeutikum (PESTALOZZI 1985) ist seit einiger Zeit wieder verflogen. Es gibt prononcierte Gegner dieser Therapieform, die bei manchen Patienten nämlich dazu führen kann, daß der Schielwinkel sich vergrößert, weil das Auge seine Fähigkeit gegenzusteuern dauerhaft verliert (MILZ mdl.). Eine flächendeckende Verordnung von Prismenbrillen (wie z.B. von HAASE 1996a vorgeschlagen) muß also als äußerst problematisch gelten! OBERLÄNDER (1989) und SCHÄFER (1995) erwägen ihren Einsatz bei Exophorie. Auch diese Brillen müssen aber ständig auf Korrektheit überprüft werden. Der Besuch einer Sehschule sollte selbstverständlich sein, wobei der Therapiebeginn möglichst im Alter von drei bis vier Jahren liegt. Doch auch später ist eine Behandlung noch sinnvoll. Nur in schweren Fällen ist eine Schieloperation angezeigt.

Beim Lesen sorgen die verschiedenen Augenmuskeln dafür, daß der Blick die Zeilen entlanggleitet und das Geschriebene schrittweise aufnimmt. Es ist jedoch nachgewiesen, daß sich die Augenmotorik vieler Legastheniker in charakteristischer Weise von der normaler Leser und Rechtschreiber unterscheidet. Legastheniker neigen entweder zu deutlich längeren, kürzeren oder diffus unkontrollierten Augensprüngen (Sakkaden) (BISCALDI/ OTTO 1994). Sie verlieren bei längeren Sakkaden leicht den Überblick über den fixierten Textteil, vertun sich und springen mit den Augen zurück. Leser mit zu kurzen Sakkaden tun sich mit dem Leseverständnis ebenfalls schwerer, weil sie den Text aus zu kleinen Puzzleteilen zusammensetzen, wobei sie genauso leicht den Überblick verlieren. MILZ 1998[2] bezeichnet das als „okuläre Dyspraxie". Manche LRS-Kinder gleichen augenmotorische Defizite durch ruckartige Kopfbewegungen beim Lesen und Schreiben aus, mit denen sie das Blickfeld wechseln (OBER 1995). Wenn man dies bei einem Kind beobachtet, sollte man darin ein Verdachtsmoment auf entsprechende Probleme sehen. Nicht nur beim Lesen und Schreiben, auch beim Spicken, einer bekanntlich nicht ganz unwichtigen Kulturtechnik der Schüler, werden augenmotorisch behinderte Kinder im Nachteil sein. Nicht selten dürften diese Probleme eine wichtige Teilursache der LRS darstellen. DE GROOT (1989) referiert amerikanische Studien, die belegen, daß sich die Lesequalität proportional zur Qualität der Augenbewegungen verhält und daß umgekehrt bei ca. 90% der Kinder mit Lernschwierigkeiten auch augenmotorische Probleme vorliegen. JOST (1993) schlägt vor, augenmotorische Störungen als Frühindikator mit prognostischer Bedeutung in die Untersuchungen von Kindergartenkindern und Erstkläßlern aufzunehmen. Solche Fehlfunktionen lassen sich häufig als minimale Bewegungsstörungen zerebralen Ursprungs deuten, die oft ein Korrelat in Störungen der Hand- und Sprechmotorik haben oder sich in Streßsituationen darauf ausweiten. Für die Augenmotorik gilt das in besonderem Maße, weil die Muskulatur des Augapfels besonders stark auf Streßbelastung reagiert (HAASE 1994; vgl. insgesamt IV.3.4).

Interessanterweise finden sich bei Autoren, die nach Verursachungsfaktoren der Legasthenie forschen, sehr viele Hinweise auf die Bedeutung visuomotorischer Störungen für das Lese- und Schreibversagen, wohingegen vergleichbare Aussagen von Vertretern der Augenheilkunde fehlen, die Lese- und Schreibprobleme aus ihrer Sicht beleuchten. Es wäre zu wünschen, daß sich die Augenheilkunde verstärkt dieser Sache annähme und Therapiekonzepte entwickelte. Eine Rasterbrille, in deren schwarzen Gläsern sich Löcher im Abstand von drei Millimetern befinden, ist dafür allerdings abzulehnen, weil sie den Kontrast und die Sehschärfe vermindert. Dadurch kann es zu Fusionsstörungen, Dekompensation von Heterophorien und zu Doppelbildsehen kommen (SCHÄFER 1998).

Die Augen führen auch die Hand beim Schreiben. Wenn ein Schüler seine Augenmuskulatur nicht richtig kontrollieren kann und seine Augäpfel ruckhafte statt geschmeidiger Bewegungen vollziehen, wird darunter nicht nur das Schriftbild leiden. Das visuelle Gedächtnis, die Orthographie, ja sogar das Abschreiben werden ebenfalls beeinträchtigt. Es kann zu einer Muskelverkrampfung in Arm und Hand kommen, wenn das Kind mit bewußter Anstrengung zu schreiben versucht. Durch die Konzentration hierauf wird es lange nicht mehr so viel geistige Kapazität für Auseinandersetzung mit dem Geschriebenen selber haben. Alle anderen Formen von visueller Dysfunktion wirken sich mit Sicherheit ähnlich aus. Bei Kindern mit Störungen der Handmotorik muß immer die Funktion der Augen auf allen Leistungsebenen umfassend begutachtet werden, denn visuelle Störungen sind sehr häufig an feinmotorischen Problemen beteiligt. Manche Handmotorikstörung beruht ausschließlich auf visuellem Versagen – und ist dann mit einem Funktionstraining der Handmotorik natürlich auch nicht zu beheben.

Nun müssen aber beide Augen außerdem möglichst gleich arbeiten. Wenn das nicht der Fall ist, kann es leicht zu Unschärfe oder gar zu Doppeltsehen kommen und Ursache von Lese- und Schreibversagen, aber auch für ständige Kopfschmerzen sein. Die Gründe für ungleiche Arbeit der Augen sind sehr vielfältig (im folgenden u. a. nach HAASE 1996 b). Sehschärfen-unterschiede, einseitiger Astigmatismus oder Retina-Anomalien, einseitige Akkomodationsschwäche oder einseitiger Schielwinkel und andere einsei-tige Fehlfunktionen der Augenmotorik oder des neuronalen Systems kom-men in unterschiedlicher Ausprägung vor und führen ohne Korrektur ge-nauso zu visuellen Wahrnehmungsstörungen wie beidseitige Anomalien.

Bei konkurrierenden Augenbildern neigt das Gehirn nämlich dazu, die Wahrnehmung eines Auges kurzzeitig auszuschalten (SCHUHMACHER 1991, HAASE 1996a). Wenn eines der beiden Augen eindeutig als Führau-ge fungiert, ist das subdominante Auge von der Ausblendung betroffen. Das Gehirn nimmt vorwiegend oder ausschließlich die Informationen auf, die vom dominanten Auge kommen. Darunter leidet das räumliche Sehen, das ja an eine stereoskope Wahrnehmung gebunden ist. Auswirkungen auf die Auge-Hand-Koordination sind zu befürchten.

Wenn aber kein eindeutiges Führauge ausgebildet ist, reagiert das Gehirn mit wechselseitigem Ausschalten mal rechts, mal links. Die Folge davon ist ein kurzer Totalausfall der visuellen Wahrnehmung, der dem Kind kaum bewußt werden dürfte, der aber negative Auswirkungen auf Lesen und Schreiben haben kann. Man spricht von einem Skotom (SCHROTH 1996). Eine Therapie kann beinhalten, daß man mit einer (Fensterglas-)Brille liest und schreibt, deren tendenziell subdominante Seite mattiert ist. Da nur das andere Auge sehen kann, wird es daran gewöhnt, die Führungsfunktion zu übernehmen (SCHUHMACHER 1991). HAASE (1996b) schlägt vor, das Glas für das weniger leistungsfähige Auge in der unteren Hälfte mit mat-tiertem Tesafilm abzukleben, wodurch das fragliche Auge noch funktions-tüchtig bleibt und nicht verkümmert.

Eine augenärztliche Diagnose sollte auch die Überprüfung der Tränendrü-sen umfassen, deren Unterfunktion zu Austrocknung und dadurch zu Schmerzen, Druckgefühl und eingeschränkter Beweglichkeit der Augäpfel führen kann. Außerdem sollte die Mobilität der Augenlider überprüft wer-den, weil diese durch Blinzeln die Tränenflüssigkeit gleichmäßig verteilen.

Weiterhin kann ein gestörtes Farbsehen in Gestalt mangelnder Farbtüch-tigkeit oder Farbenblindheit vorliegen. Nun ist das Farbsehen sicher keine grundlegende Voraussetzung für Lesen und Rechtschreiben. Bei der Ori-entierung im Alltagsleben kann eine Beeinträchtigung jedoch hinderlich sein. Außerdem wird im Unterricht oft mit farbigen Hervorhebungen gear-beitet, wenn z.B. Verben rot und Nomen grün unterstrichen werden. Vor allem kann mangelnde Farbwahrnehmung aber ein Indiz für eine evtl. neuronal bedingte visuelle Unterfunktion sein.

Hirnanatomische Befunde deuten darauf hin, daß bei Legasthenikern in Gehirnregionen, die an der Sehverarbeitung beteiligt sind, z.T. andere Zellstrukturen vorliegen als bei Normallernern. Makrozelluläre Strukturen wurden dort vermindert angetroffen, was dazu führen könnte, daß schnelle optische Reize nur verzögert verarbeitet und beim Lesen Buchstaben und Wörter nicht exakt voneinander getrennt werden. Vereinzelt scheint es aber auch vorzukommen, daß die schnelle Form der zerebralen Verarbeitung gelingt, nicht aber das langsame, auf Detailgenauigkeit ausgelegte Gegenstück, das von kleinzelligen Strukturen geleistet wird (BREITMEYER 1995, ROBINSON/FOREMAN 1996). Beim Fehlen der schnellen Variante scheint es hilfreich zu sein, Lesetexte mit einer bläulichen oder grauen Folie zu überdecken, beim Fehlen der langsamen Form soll ein roter Farbfilter helfen (SCHROTH 1996, HAASE 1996b).

Auch an die zerebrale Verarbeitung visueller Eindrücke werden nach der Einschulung sehr viel höhere Anforderungen gestellt. Die Kinder sollen in der Lage sein, ihre visuelle (und sonstige) Aufmerksamkeit möglichst lange einem bestimmten Gegenstand zuzuwenden und andere Reize auszublenden. Die optische Figur/Hintergrund-Unterscheidung ist also in weit höherem Maße gefordert als vorher.

Außerdem muß das, was an der Tafel groß und senkrecht erscheint, im Heft oder im Buch erkannt werden, obwohl es dort klein und waagerecht abgebildet ist. Die Buchstaben an der Tafel haben eine etwas andere Form als die in Buch oder Heft. Das Kind muß sie aber trotzdem als gleich erkennen. Diese Fähigkeit zur Wahrnehmung der Formkonstanz ist ein wichtiger qualitativer Aspekt der zentralen Sehverarbeitung.

Gerade beim Erkennen von Schrift tritt damit aber eine andere qualitative Funktion oft in Konkurrenz, nämlich die Wahrnehmung der Raumlage und der räumlichen Beziehungen. Eine Tasse ist immer eine Tasse, ganz gleich, ob ihr Henkel nach rechts, links, oben oder unten zeigt. Die Fähigkeit zur Formkonstanzwahrnehmung ermöglicht es, diese objektiven Unterschiede als unbedeutend auszublenden. Bei Buchstaben ist es hingegen höchst wichtig, in welcher räumlichen Position sie sich befinden, denn beim „P" ist der „Henkel" oben rechts, beim „b" unten rechts. Entsprechendes gilt für für d/p/q. Die räumliche Abfolge der Buchstaben nacheinander muß ebenfalls korrekt erkannt und wiedergegeben werden. Die Erkenntnis der Raumlage und der räumlichen Beziehungen ist also mit der optischen Differenzierungsfähigkeit zusammen eine wesentliche Grundlage für Lesen und Schreiben. Über die Fähigkeit zur zentralen Verarbeitung visueller

Informationen gibt FROSTIGs Entwicklungstest der visuellen Wahrnehmung (FEW) Auskunft.

Außerdem können quantitativ-visuelle Verarbeitungsprobleme unterschiedlicher Genese schwerwiegende Konsequenzen haben. Visuell unterempfindliche Kinder sind dabei weniger auffällig. Sie neigen zu langem, intensiven Betrachten auch scheinbar langweiliger Gegenstände. Auf diese Art versuchen sie, sich optische Reize zuzuführen. Dies äußert sich auch in einer Vorliebe für helles Licht und grelle Farben oder in Beschwerden über einen zu dunklen Arbeitsplatz, zu kleine Schrift und kontrastarme Bilder. Auch ein ausgeprägtes optisches Neugierverhalten wäre eine verständliche Folge. Die Tendenz, alles Gesehene auch mit den Händen „be-greifen" zu wollen, ist dann als Versuch zu werten, sich über taktile Reize Informationen zu beschaffen, die das Auge nicht intensiv genug vermittelt. Auf eine möglicherweise reduzierte Farbtüchtigkeit sei noch einmal verwiesen.

Visuell überempfindliche Kinder fallen auf durch ein gutes visuelles Gedächtnis, gute zeichnerische Fähigkeiten und eine gesteigerte, bisweilen vielleicht zwanghaft wirkende Ordnungsliebe. Sie bewegen sich rasch und sind nicht selten gute Turner. Helles oder gar grelles Licht stört sie. Sie leiden an einer erhöhten Ablenkbarkeit, weil jeder optische Reiz ihre Aufmerksamkeit beansprucht und sie dadurch Probleme mit der Figur-Grund-Unterscheidung bekommen dürften. Das Flimmern von Staub im Sonnenlicht, die Bewegungen der Mitschüler und die Mimik des Lehrers werden für sie so bedeutsam, daß für den Tafelanschrieb weniger Verarbeitungskapazität bleibt, um ihn intellektuell umzusetzen und zu speichern. In ihrem Bestreben, visuelle Reize auszublenden, können sie mit sozialem Rückzug reagieren und sich am liebsten allein in schattigen Ecken des Schulhofs aufhalten. Nervosität und dauernde Kopf- und Augenbewegungen durch zwanghaftes Hin- und Herschauen sind ebenso verständliche Folgen wie räumliche Desorientiertheit.

Bei alledem darf nicht unerwähnt bleiben, daß visuelle Informationen zuerst die Hirnstammregionen erreichen (AYRES 1990[2]), wo sie mit vestibulären, proprioceptiven und bilateralen Reizen abgeglichen und so in eine Art Landkarte integriert werden, um den Körper erfolgreich im Raum zu navigieren. Erst dann gelangen sie – über das möglicherweise defizitäre Corpus Genicularis, s. VII.1.4 – in die visuellen Zentren des Kortex, wo sie in Einzelbereiche (z.B. Farb- und Formwahrnehmung) zerlegt und der bewußten Verarbeitung zugeführt werden. Die Basis des Sehens (wie auch der anderen Wahrnehmungsbereiche) ist also vestibulär-kinästhetischer Natur. Wenn diese Basis nicht optimal arbeitet, wird es auch nicht gelingen, die Hals- und Augenmuskulatur effektiv in die visuelle Wahrnehmungsarbeit einzubeziehen und den Punkt des schärfsten Sehens zu dirigieren, denn hierfür sorgen die erwähnten basalen Hirnregionen, ohne deren Funktionsfähigkeit weder scharfes binokulares Sehen noch Lesen und Schreiben möglich sein dürften. Wieder einmal zeigt sich, daß diagnostische und therapeutische Maßnahmen immer auch auf diesen basalen Wahrnehmungsbereich abzielen müssen. Man sollte versuchen, verschiedene Formen augenmotorischer Fehlfunktionen, des Nystagmus (Augenzittern) und des Schielens durch ein Training der sensorischen Integration mildern (vgl. z.B. AYRES 1990[2] und DELACATO 1970).

1.4 Hören

Hören und Sprechen bilden einen „sensomotorischen Regelkreis" (KIPHARD 1990[3]): Die Produktionen des sprechmotorischen Apparates sind abhängig von einer dauernden, korrigierenden und regulierenden Kontrolle des Gehörs. An einer Sprachstörung kann daher eine Hörstörung beteiligt sein, nicht selten ist eine Hörstörung sogar der Grund für die Sprachstörung (WURM-DINSE 1995).

Das gilt z.B. häufig bei einer verwaschenen, undifferenzierten Aussprache der harten und weichen Konsonanten sowie der s-Laute. Es besteht die Möglichkeit, daß Kinder mit diesen Auffälligkeiten Hörausfälle im Bereich der hohen Frequenzen haben und diese daher mangels akustischer Kontrolle selbst nicht korrekt produzieren können.

Dies muß beim Ohrenarzt durch ein Tonschwellenaudiogramm überprüft werden, und zwar in einem Frequenzbereich bis mindestens 8.000 Hertz, am besten jedoch noch deutlich darüber, weil die Laute der gesprochenen Sprache bis in den Bereich von über 15.000 Hertz reichen (TOMATIS 1990). Ein unauffälliger Befund, der durch eine Knochenleitungsprüfung und eine Tympanographie (Untersuchung des Trommelfells) ergänzt werden sollte, schließt äußere Hörprobleme weitgehend aus.

Nun werden aber immer wieder Kinder mit LRS oder gar schwerer Legasthenie beobachtet, denen von einem Ohrenarzt ein unauffälliger Befund ausgestellt wurde. Es steht zu vermuten, daß bei den Routineuntersuchungen wichtige Teilbereiche der auditiven Wahrnehmung gar nicht oder nur unzureichend erfaßt werden. Zur Wahrnehmung von Sprache gehören nämlich auch Funktionen, die das Tonschwellenaudiogramm nicht mißt.

Beim HNO-Arzt sind vor dem Hintergrund legasthener Störungen über Tonschwellenaudiogramm und Tympanographie hinaus differenziertere

Untersuchungen nötig (im folgenden nach ESSER 1994), denn es kann durchaus sein, daß ein Kind dabei keine Auffälligkeiten zeigt, aber aus verschiedenen Gründen trotzdem Schwierigkeiten beim Sprachverständnis hat. Daher ist zunächst ein Sprachaudiogramm nötig.

Bei sehr vielen Kindern mit legasthenen Störungen (ca. 40% mittelschwerer bis schwerer Fälle nach WURM-DINSE 1995, ca. 50% nach SCHYDLO, zit. n. SCHICK 1995) liegt aber vermutlich eine sog. „Fehlhörigkeit" vor, die sich von einer Schwerhörigkeit deutlich unterscheidet. Fehlhörige Kinder zeigen im Tonschwellen-Audiogramm keine oder nur geringe Auffälligkeiten, hören also im gesamten Frequenzbereich normal. Folgende Funktionen können jedoch trotzdem *im Bereich der zentralen Aufnahmequalität* gestört sein:

Manchen Kindern fällt es schwer, aus einer Menge gleichzeitiger Geräusche eine wichtige Schallquelle zu isolieren und nur auf sie zu achten. Man spricht von gestörter akustischer Figur-Hintergrund-Unterscheidung. Gerade in der Unterrichtssituation einer Schulklasse kann dies ein ernstes Handicap sein. Kinder mit gesundem Gehör brauchen einen um 6 dB stärkeren Nutzschall, bei Fehlhörigen hingegen muß er um 20 dB lauter sein als der Störschall. In ungünstigen Fällen wird im Klassenraum aber nur ein Nutz/Störschall-Abstand von 4 dB erreicht, der schon für Normalhörer problematisch ist (FEXNER nach ROSENKÖTTER 1997). Fehlhörigen Kindern erscheint die akustische Umwelt auch unter günstigeren Bedingungen oft nur als als diffuser Tonsalat.

Ein weiterer Aspekt der Fehlhörigkeit ist die erschwerte Differenzierung kurz hintereinander folgender Schallsignale. Sprache besteht aus einer Vielzahl sehr unterschiedlicher und z.T. nur Bruchteile von Sekunden dauernder Signale, die voneinander getrennt gehört, aber auch zu einer Klanggestalt verschmolzen werden müssen (akustische Phonemanalyse und -synthese). Der Zeitabstand zwischen zwei Signalen, die noch als getrennt wahrgenommen werden können, heißt „Ordnungsschwelle". Das gesunde Ohr eines durchschnittlichen Erwachsenen kann noch Geräusche unterscheiden, die in einem Zeitabstand von als 30 – 40 Millisekunden (msec) aufeinanderfolgen (HAASE 1996b). Grundschüler zeigten einen Durchschnittswert von 109 msec Ordnungsschwelle, Legastheniker in einer Untersuchung 172 msec, in anderen bis zu 500 msec (HAASE mdl.; vgl. 4.2.8). Vor allem konsonantische Phänomene der gesprochenen Sprache folgen so schnell aufeinander, daß sie von Kindern mit erhöhter Ordnungsschwelle nicht mehr ausreichend differenziert werden können (TALLAL in LANDERL 1996, ROSENKÖTTER 1997).

Aber nicht nur das Sprachverständnis, auch das Richtungshören ist zweifellos von Fehlfunktionen dieser Wahrnehmungsqualität betroffen, weil z.B. der Schall von rechts um einen Sekundenbruchteil eher zum rechten Ohr gelangt, bevor er das linke erreicht.

Unsicheres Richtungshören kann auch damit zusammenhängen, daß sich noch kein dominantes Ohr ausgebildet hat. Manche Kinder meinen, Töne bestimmter Frequenzen aus der entgegengesetzten Richtung zu hören: Ein Signal, das von links kommt, wird von ihnen als von rechts kommend wahrgenommen. Töne anderer Frequenzen hingegen werden der richtigen Seite zugeordnet. Die Raum- und Sprachwahrnehmung ist dadurch sicher ebenfalls beeinträchtigt (LEUPOLD mdl). Auf die ungünstigen Auswirkungen einer linksseitigen Hördominanz wurde bereits in VII.1.2 hingewiesen: Sie bewirkt, daß Sprache verspätet in den linkshirnigen Sprachzentren ankommt.

Eine vergleichende neurologische Studie an Gehirnen von Legasthenikern und Nichtlegasthenikern ergab, daß das für zeitliche Hörselektion zuständige Hirnareal (Corpus genicularis, der „linke Kniekörper") in beiden Gruppen unterschiedlich strukturiert ist. Bei Legasthenikern fanden sich hier mehr kleine Neuronen, die den Informationsfluß langsamer transportieren als große, die bei Nichtlegasthenikern häufiger sind. Der linke Kniekörper ist aber die Relaisstation des Thalamus, in dem akustische (und auch visuelle) Reize verarbeitet werden, ehe sie in die Großhirnrinde weitergeleitet werden. Gerade die Verarbeitung von den Plosivlauten wie p, t, k dürfte unter dieser besonderen Hirnstruktur leiden. (GALABURDA in NOUV. OBS. 1558/1994 und in DER SPIEGEL 37/94). Ein Zusammenhang mit zentralen visuellen Fehlfunktionen scheint gleichermaßen auf der Hand zu liegen (BREITMEYER 1995, s. VII.1.3). Andere Untersuchungen deuten darauf hin, daß das linke Planum temporale, die für das Sprachhören hauptsächlich zuständige Gehirnregion, bei Legasthenikern kleiner und anders strukturiert sein kann als bei unauffälligen Kindern (WANDTNER 1995, STREHLOW 1995).

All das könnte dazu führen, daß manche Anteile der Sprache von fehlhörigen Kindern u. U. verzerrt wahrgenommen werden, dergestalt, daß sie die Vokale „normal" hören, bestimmte Konsonanten aber nicht. Lange Vokale werden nämlich vorwiegend aufgrund der am Klang beteiligten Frequenzen erkannt, was am ehesten noch der Hörleistung im Tonschwellenaudiogramm entspricht. Konsonanten bestehen aber aus einem Frequenzgemisch. Für ihre Erkennung und für die Differenzierung von Konsonantenabfolgen ist aber wegen der Signalkürze auch ganz wesentlich die Schalländerung verantwortlich. Negative Auswirkungen einer gestörten sequentiellen Hörverarbeitung auf die Sprachwahrnehmung und auf Lesen und Schreiben liegen auf der Hand (ESSER 1994).

Der Hörvorgang im Mittelohr wird z.T. muskulär gesteuert (TOMATIS 1990) und könnte daher von zerebral bedingten minimalen Bewegungsstörungen beeinträchtigt werden.

Kinder, die an Tinnitus leiden, sind in ihrer akustischen Wahrnehmung und beim Sprachverstehen beeinträchtigt, weil ein nur subjektiv wahrgenommenes Störgeräusch alle anderen Schalleindrücke überlagert. Jeder Betreuer sollte aufmerksam werden, wenn Kinder über akustische Eindrücke berichten, die er selber nicht nachvollziehen kann.

Auf den möglichen Anteil mangelnder Hörerfahrungen durch frühkindliche HNO-Erkrankungen an Sprech- und Sprachauffälligkeiten wurde in IV.2.2 bereits hingewiesen.

Auch das auditive Gedächtnis und die auditive Aufmerksamkeitsspanne vieler LRS-Kinder sind deutlich schwächer ausgeprägt (WINKELMANN/ WINKELMANN 1994), was sich mit ihren meist schlechteren Leistungen im MOTTIER-Test deckt (BOHNY 1985). Daran haben zweifellos eine Reihe der oben beschriebenen Fehlfunktionen ihren Anteil. Die genannten Autoren sehen in diesen Auffälligkeiten – sicher zu Recht – eine Hauptursache der Legasthenie.– Hinweise zur informellen Beobachtung möglicher Hörstörungen liefert Kapitel IV.3.8.1.

Neben den qualitativen gibt es aber auch quantitative Schwierigkeiten bei der zentralen Hörverarbeitung. Manche Menschen leiden an einer Hyperakusis, d. h., sie sind auditiv übersensibel. Darunter kann die Sprachwahrnehmung leiden, weil der Unterschied ankommender Frequenzen durch subjektiv zu große Lautstärke eingeebnet wird. Das kann aber auch dazu führen, daß sie schreckhaft auf Geräusche reagieren, sich die Ohren zuhalten oder weglaufen, weil es ihnen in der Gruppe zu laut wird. Sie haben evtl. besondere Angst vor Tieren mit lauten Stimmen, lehnen dumpfe, sonore Geräusche ab und mögen auch hohe Frequenzen nicht. Frauenstimmen sind ihnen weniger angenehm als Männerstimmen. Die Stimmen ihrer Klassenkameraden stören sie umso mehr, je jünger diese sind. Gerade im Grundschulbereich kann das zu Verhaltensproblemen führen, denn die Lehrkräfte sind meist weiblich, die Stimmen der Mitschüler hoch und schrill. Manchmal helfen sich solche Kinder, indem sie selber dauernd Geräusche produzieren, mit denen sie den Lärm der anderen überdecken wollen, weil ihre eigene Stimme ihnen nicht als unangenehm auffällt (CÁRDENAS mdl.).

Auditiv unterempfindliche Kinder hingegen lieben laute Geräusche, auch wenn sie monoton sind. Motorenlärm kann sie genauso faszinieren wie hallendes Echo in Schulgängen oder Knallerei und Feuerwerk. Kassettenrekorder oder Radios werden immer laut aufgedreht. Sie selbst schreien, poltern und trampeln, um sich auditive Reize zuzuführen (und reagieren hier äußerlich ähnlich wie manche auditiv Überempfindliche, die mit der eigenen Stimme fremde Geräusche wegblenden wollen). Weil hyposensible Kinder laute Stimmen lieben, provozieren sie u. U. auch Auseinandersetzungen, denn das damit verbundene Geschrei kommt ihnen entgegen.

Verhaltensauffälligkeiten sind bei einer quantitativ gestörten Hörverarbeitung also nicht verwunderlich. Aber auch Kinder mit qualitativen Hörproblemen, also solche, die sich bei der Raumorientierung nicht auf ihr Gehör verlassen können, denen die Umgebung wie ein Brei diffuser, kaum unterscheidbarer Töne vorkommt, werden sich von anderen zurückziehen, sei es, weil sie deren Worte schlecht verstehen, sei es, weil sie akustische Reize möglichst ausschalten wollen. Vielleicht werden sie sich aber auch besonders in den Vordergrund drängen und Lärm produzieren, weil sie, wie beschrieben, die eigene Stimme als einen akustischen Leitfaden brauchen.

Pädaudiologische Abteilungen von Universitätskliniken sollten die zur Diagnose einer Fehlhörigkeit nötigen Untersuchungen durchführen können. Sicher ist dies an den Uni-Kliniken in Heidelberg und Düsseldorf der Fall.

Man kann vermuten, daß verschiedene Formen der Fehlhörigkeit auch auf subkortikale Ursachen zurückzuführen sind. Höreindrücke werden nämlich (wie Seheindrücke auch) zu einem wichtigen Teil auf Hirnstammebene verarbeitet, wo sie mit vestibulären, propriozeptiven und anderen Informationen koordiniert und integriert werden. Diese Verarbeitungsformen sind – wie oben dargelegt – die Grundlage für die auf höherer (kortikaler) Ebene ablaufenden Wahrnehmungsprozesse. Gelingt die Verarbeitung auf niederer Ebene nicht, so ist auch die auf höherer Ebene beeinträchtigt. Hier kann eine Ursache rezeptiver Sprachprobleme vermutet werden. Schließlich müssen bei der Sprachverarbeitung Höreindrücke mit (sprech-)motorischen Mustern in Zusammenhang gebracht werden. Wenn hierfür die sensorische Basis im Hirnstamm fehlt oder zu schwach ist, kann das nicht funktionieren. Eine motopädische Behandlung oder eine Sensorische Integrationstherapie nach AYRES können solche Störungsursachen abmildern.

1.5 Sprachstörungen als Störungen der geistigen Entwicklung

Die wissenschaftliche Diskussion um die Frage, ob Legasthenie primär durch visuelle oder primär durch phonologische Schwächen verursacht wird, ist durch z.T. aufwendige internationale Vergleichsstudien wohl mittlerweile mehrheitlich zugunsten der phonologischen Komponente entschieden (z.B. LANDERL 1996). Damit stimmt auch die Beobachtung überein, daß die wichtigsten Prädikatoren für eine spätere LRS von Kindergartenkindern phonologischer Natur sind (PISCHNER 1989, JANSEN et al. 1994, LANDERL 1996, BREUER/WEUFFEN 1997[4]). In einer Längsschnittuntersuchung konnte BREUER (1989) sogar nachweisen, daß Kinder mit defizienten verbosensorischen Leistungen im letzten Jahr des Kindergartens eine deutlich schlechtere Prognose für ihre Schullaufbahn bis in die 10. Klasse hinein haben! (Man beachte aber auch die Aussagen von DE GROOT 1989 und JOST 1993 zur visuomotorischen Prädikation.)

Im Verlauf der kindlichen Entwicklung entsteht Sprache erst nach einer langen Zeit der Körper-, Material- und Raumerfahrung. RADIGK (z.B. 1991[3]) bezeichnet die vorsprachlichen, sensomotorischen Erfahrungen als erste, die Sprache als zweite Informationsebene (Vl. 8.5.2). Hier werden die Erfahrungen der ersten Ebene in Lautfolgen kodiert und damit auch dem primär situativen Kontext enthoben. Sprache ermöglicht uns den Schritt zum Bewußtsein und zur Abstraktion von den unmittelbaren Gegebenheiten.

Die dritte Informationsebene, die Kodierung der Sprache in Schrift, befreit die Sprache von der räumlichen und zeitlichen Fixierung, ermöglicht damit noch weitergehende Abstraktionen und erlaubt uns die Reflexion über Sprache als System sowie die Teilhabe an tradierten kulturellen und wissenschaftlichen Erkenntnissen. Sie befähigt damit unser Denken zur Präzision, Formalisierung und Planung (weit mehr, als dies in einer Kultur ohne Schriftsprache der Fall wäre). Dies wirkt wieder zurück auf unsere Art zu sprechen und mit den konkreten Erscheinungen der Welt umzugehen, enthebt es uns doch zu einem guten Teil dem Mystizismus analphabetischer Kulturen.

Die Entwicklung der Wahrnehmung, die dem Spracherwerb zugrunde liegt, vollzieht sich – modellhaft gesehen – in aufeinanderfolgenden Stufen, deren erste nach AFFOLTER (vgl. SIMON 1981) als „modalitäts- oder sinnesspezifische Stufe" bezeichnet werden kann. Sie wird in den ersten Lebensmonaten erreicht. Der Säugling baut Sinnesfunktionen wie Sehen, Hören und motorische Funktionen zunächst isoliert voneinander auf. Periphere oder zentrale Störungen der Wahrnehmung (z.B. auf der vestibulär-propriozeptiven und taktilkinästhetischen Ebene) können dies erschweren oder gar teilweise unmöglich machen.

Allerdings ist das menschliche Wahrnehmungsgefüge so stark vernetzt, daß Ausfälle in einer Sinnesmodalität wenigstens zum Teil von anderen Modalitäten kompensiert werden können. Bei hörgeschädigten Kindern übernimmt das Auge umfassendere Führungsaufgaben, bei Sehbeeinträchtigungen das Ohr. Außerdem können Defizite von Auge und Ohr durch apparative oder operative Korrekturen abgemildert werden. Störungen in einer dieser Sinnesmodalitäten führen daher kaum zum Totalausfall jeglicher Wahrnehmung, können sich aber sehr negativ auf bestimmte Leistungsbereiche auswirken.

Auf der nächsten Entwicklungsstufe wird das Zusammenspiel der verschiedenen Sinnesmodalitäten erlernt. Sinneseindrücke aus den einzelnen Bereichen werden zu einem vielschichtig integrierten Gesamteindruck verarbeitet. Man spricht daher von der „Integrationsstufe" (AFFOLTER nach SIMON 1981) Das Kind lernt z.B., nach einem gesehenen Gegenstand zu greifen (Auge-Hand-Koordination) oder den Kopf nach einer Geräuschquelle zu drehen und diese mit den Augen zu erfassen. Die Integrationsstufe findet, wie bereits in VII.1.2 dargestellt, ihre höchste Ausprägung während der Krabbelphase, die mit ca. acht Monaten einsetzt. Eine Fehlentwicklung auf dieser Stufe muß schwerwiegendere Folgen für die spätere Entwicklung haben als eine monomodale Schädigung, denn selbst bei fehlerfreiem Funktionieren der einzelnen Sinnesmodalitäten ist ohne Integration der Wahrnehmungseindrücke z.B. keine räumliche Orientierung möglich. Spätere Entwicklungsphasen sind beeinträchtigt oder fallen ganz aus, Lern- und Verhaltensauffälligkeiten – bis hin zu massiven Sprachstörungen und zum Autismus – können aus Integrationsstörungen resultieren. Therapeutische Maßnahmen müssen natürlich erheblich komplexer sein als bei Ausfällen auf der modalitätsspezifischen Stufe. Integrationsstörungen sind oft als Teilursache von Sprachstörungen anzusehen (MARX/ STEFFEN 1991). Auch an Legasthenien sind sie häufig beteiligt, weil es auch für die Schriftsprache wichtig ist, Sinneseindrücke (besser gesagt: die dafür zuständigen Hirnregionen) miteinander zu vernetzen, z.B. Seh-, Hör-, Sprech- und Sprachleistungen und die dazugehörigen motorischen Komponenten.

Die letzte vorsprachliche Entwicklungsstufe ist die Serialstufe. Die integrierten Wahrnehmungseindrücke werden nun auch in ein zeitliches Bezugssystem eingeordnet. Dies ist Voraussetzung für eine gezielte Nachahmung, die ihrerseits vielen – auch den sprachlichen – Lernprozessen zugrunde liegt. Auch Sprachverständnis und Sprechen sind nämlich an serielle Leistungen geknüpft, denn ein gehörtes Klanggebilde muß in zeitlich korrekter Abfolge dekodiert werden, um verständlich zu sein. Gleiches gilt für den sprechmotorischen Ablauf bei der aktiven Sprachproduktion. Auf die Unterfunktion der schnellen Komponente bei visueller und akustischer Wahrnehmung im Zusammenhang mit LRS wurde bereits hingewiesen. Viele LRS-Kinder haben Schwierigkeiten mit der Reproduktion von rhythmischen Folgen (BREUER/WEUFFEN 1997[4]) oder Bewegungsabläufen. Fehler bei der serialen Organisation dürften dem zugrunde liegen und sich auch im sprachlichen Bereich darstellen. Verlangt man komplexere Arbeitsformen und stellt höhere Anforderung an die Konzentration, so sind serial minder gut organisierte Kinder im Nachteil (während sie bei einfachen, klar strukturierten Aufgaben nicht auffallen). Ihr Verhalten wirkt oft nervös, unkonzentriert, impulsiv und motorisch desorganisiert (AFFOLTER nach SIMON 1981). LRS-Kinder mit Störungen in diesem Bereich zeigen im mündlichen oder schriftlichen Erzählen keine altersgemäßen Leistungen, denn sie laufen Gefahr, die Reihenfolge der Fakten zu vertauschen, sie unnötig zu wiederholen oder wegzulassen. Auch Umstellungen von Buchstaben können sicher z.T. so erklärt werden.

Nachdem diese Stufen durchlaufen sind (die in der Realität sicher zu einem Teil auch parallel und in Spiralen stattfinden), ist der Wahrnehmungsapparat des Kindes soweit gereift, daß er in die Phase des symbolischen Denkens eintreten kann (PIAGET nach SIMON 1981). Das Kind hat nämlich durch seine vielfältigen Erfahrungen eine Vielzahl von begrifflichen Kategorien entwickeln können. Es weiß nun z.B., was ein „Ball" ist, es hat spielerisch-handelnd die Erfahrung von Begriffen wie „in, neben, vor" usw. gemacht. Handlungsabläufe, Formen etc. werden nun in ihrer symbolhaft-kommunikativen Bedeutung erfaßt. So wird es auch möglich, der sensorischen Kategorie „BALL" oder „IN" nun eine Lautfolge zuzuordnen, die diesen Begriff symbolisiert. Diese Leistung ist ohne die vorhergehenden Entwicklungsstufen nicht störungsfrei möglich, denn sie setzt ein modalspezifisches Erkennen, eine sinnesübergreifende Wahrnehmungsintegration und ein sequentielles (zeitliches) Erfassen voraus. Nur auf dieser Basis kann im Sinne der Terminologie von RADIGK der Sprung von der ersten (sachlichen) zur zweiten (sprachlichen) Informationsstufe vollzogen werden. Sprachgestörte Kinder fallen häufig durch Defizite im symbolischen Denken auf (MARX/STEFFEN 1991).

Teilleistungsschwächen, die sich letztlich als Sprachstörungen manifestieren können, haben natürlich auch gesellschaftlich-kulturelle Hintergründe, die dafür verantwortlich sind, daß diese Probleme offenbar stetig zunehmen. Die Lebensbedingungen der Kinder unterliegen nämlich einem raschen Wandel. Vor allem in den Städten bleibt Kindern immer weniger Raum zum Spielen. Reale Erfahrungen werden zunehmend durch medial vermittelte Erlebnisse ersetzt. Die Fernsinne Hören und Sehen werden immer stärker beansprucht, die Nahsinne aus der Gruppe der vestibulär-taktil-kinästhetischen Wahrnehmung immer weniger. Sie sind aber Grundlage der Körper- und Raumorientierung und damit auch wichtige Vorläufer des Sprechens und abstrakter Denkoperationen wie Lesen, Schreiben und Rechnen. Zudem verflacht die Sprachkultur immer mehr.

Das Fehlen von sensomotorischen Sinnkategorien als Basis des symbolischen Denkens schlägt sich im Fehlen sprachlicher Begriffe nieder. Für was sollten sprachliche Begriffe dienen, wenn ihnen kein Sinngehalt zugrundeliegt? Die Eskimosprache kennt z.B. wesentlich mehr Bezeichnungen für „Schnee" als mitteleuropäische Sprachen. Das ist kein Wunder, verfügen doch die Leute dort über einen viel differenzierteren Erfahrungshorizont auf diesem Sektor. Auch die interkulturellen Sprachvergleiche hinsichtlich der Verwandtschafts- und Zeitbegriffe führen zu ähnlich spannenden Ergebnissen, zeigen sie doch gleichzeitig, daß die Art der Begrifflichkeit auch eminente Rückwirkungen auf den strukturierenden Umgang mit der Wirklichkeit und damit auf das Denken selber hat (WHORF 1963, RADIGK 1991[3]). Sensorische Anregungsarmut- vor allem in früher Kindheit – führt zweifellos zu einer verflachten sprachlichen Begrifflichkeit und zu einer unscharfen Kategorisierung der dinglichen und emotionalen Realität. Viele Rechtschreibfehler von LRS-Schülern dürften auf dieser Tatsache beruhen. Schreibt ein Kind z.B. das Wort „folgende" als „*volgende" oder „*follgende" bzw. „*folkende", so dürften sich die Inhaltsmorpheme -folg-, -volk- und -voll- (evtl. noch englisch -folk-) gerade deshalb mischen, weil keine klaren semantischen Konzepte dafür entwickelt wurden. Fehlen aber Teile des sensomotorischen Wahrnehmungsgebäudes, so sind neben schwächeren Sprach- und Rechtschreibleistungen vor allem auch Kommunikationsprobleme sowie Lern- und Verhaltensstörungen fast unausweichlich.

Das Sprechen wird durch das Lallen vorbereitet. Dabei erprobt das Kind seine Sprechorgane und schult gleichzeitig das Gehör. Wenn die Lallphase (z.B. wegen Mittelohrentzündungen, Polypen o.ä.) nicht störungsfrei ablaufen konnte, fehlen dem Kind akustisch-sprechmotorische Erfahrungen, die es vielleicht niemals nachholen konnte. Eine anamnetisch wichtige Fragestellung ist daher die nach häufigen Krankheiten im HNO-Bereich (IV.2.2). Aber auch Kinder, die dauerndem Lärm durch Verkehr oder Musikberieselung ausgesetzt waren, konnten möglicherweise keine ausreichende Hörsensibilität für Sprachlaute erwerben. Viele Kleinkinder haben ständig einen Schnuller oder einen Flaschennuckel im Mund. Die Eltern tolerieren das oft gedankenlos. Daß damit aber keine differenzierten Sprachlaute produziert werden können, verwundert nicht. Dieser banale Erziehungsfehler mag ein Grund dafür sein, daß Sprachstörungen im Vorschulalter zunehmen (FAZ v. 18. 6. u. 25. 6. 95).

Da das Sprechen per se ein kommunikativer Vorgang ist, muß für das Sprachlernen eine günstige soziale Atmosphäre vorhanden sein. Vor allem an seinem Beginn steht meist ein emotionales Erlebnis allerersten Ranges. Man kann durchaus vermuten, daß das erste Wort, das ein Kind spricht (und das normalerweise von den Eltern sehnlichst erwartet und stürmisch begrüßt wird), wenigstens teilweise zufällig „passiert" (REICHEN, mündl.). Wenn Mutter und Kind z.B. am Fenster stehen und das Kind fröhlich vor sich hinbrabbelt, kann es geschehen, daß auch ein Sprachgebilde wie „...und..." o.ä. auftaucht, just in dem Moment, wo ein Hund zu sehen ist. Die Mutter, ja die ganze Familie wird überschwänglich darauf reagieren und dem Kind so eine enorme Verstärkung signalisieren, die vielleicht eine grundlegende Erkenntnis von der kommunikativen Wirkung der Sprache auslöst und es motiviert, nach weiteren sozialen Verstärkern gleicher Art zu suchen. In spracharmem oder sozial eher gleichgültigem Milieu gestalten sich diese Erlebnisse sicher nicht so tiefgreifend, und das Sprachsuchen des Kindes wird auch in späteren Entwicklungsabschnitten weniger intensiv sein. Verzögerungen in der kindlichen Sprachentwicklung können, wenn sie nicht tiefere zerebrale Ursachen haben, darauf beruhen und sind anamnetisch in jedem Fall ernstzunehmen (IV.2.2).

Man muß zwischen expressiven (d.h. sprachproduktiven) und rezeptiven (das Sprachverständnis und die innere Sprachverarbeitung betreffenden) Schwierigkeiten unterscheiden, wobei sich im Einzelfall beide Formen überlagern dürften. Rein expressive Sprachstörungen (die als hörbare Sprachfehler auffallen) gelten als weniger gravierend und sind am ehesten durch logopädische Interventionen therapierbar.

Die Beherrschung der Sprechmotorik ist aber eine hochintegrative Leistung, für die das Zusammenspiel von etwa hundert verschiedenen Muskeln nötig ist (BREUER, mdl.). Sie ist daher besonders störanfällig für minimale Bewegungsstörungen, die sich hier als fasziale und verbale bzw. artikulatorische Dyspraxie zeigen (MILZ 1998[2]). Wenn Sprachfehler verschiedener Art auf solchen minimalen Bewegungsstörungen beruhen, lassen sich deren Auswirkungen oft auch in anderen Bereichen finden (v. a. bei Augen-, Hand- und Hörmotorik). Umgekehrt hat ein Kind mit Handmotorikstörungen meist auch Sprachprobleme, weil die Hirnareale, die beide Prozesse steuern, unmittelbar nebeneinander liegen. Ein Handmotoriktraining bessert gleichzeitig auch die sprachlichen Fähigkeiten (V.4.5).

Eine verwaschene Artikulation ist enorm hinderlich für das Rechtschreiben, denn sie läßt eine nur ungenaue oder fehlerhafte Phonemanalyse des fraglichen Wortes zu. Das innere Mitsprechen (und sei es nur in stummer Form) ist bekanntlich eine herausragende Rechtschreibstrategie (VI. 8.2). Wer aber z.B. das Wort „Geburtstag" verwaschen als „gebusach" spricht, wird es kaum korrekt schreiben können (WURM-DINSE 1995). BECKER (1994) fand bei der Lautdiskrimination von LRS-Schülern vor allem bei Plosiv- und Nasallauten signifikant schlechtere Leistungen als in einer normalschreibenden Kontrollgruppe. Dabei kann die Ursache in Artikulationsmängeln oder in einer wie auch immer gearteten auditiven Wahrnehmungsschwäche zu suchen sein – und natürlich auch in einer dialekthaften oder fremdsprachlich beeinflußten Redeweise. Sind die Sprachprobleme vornehmlich produktiver Natur, so ist eine logopädische Behandlung erfolgversprechend.

Rezeptive Störungen resultieren hingegen aller Wahrscheinlichkeit nach auf einer tieferliegenden Fehlentwicklung des Wahrnehmungsapparates und haben daher eine schlechtere Prognose. Solche Störungen muß man z.B. vermuten, wenn ein Kind verspätet sprechen lernte oder extreme Schwierigkeiten bei der Lautsynthese hat (obwohl es die einzelnen Phoneme durchaus sprechen kann). Manche Kinder sind auch nicht in der Lage, einzelne Phoneme aus einem Wort herauszuhören oder ihre Position im Wortganzen zu bestimmen (obwohl sie sie isoliert u.U. sehr wohl produzieren und unterscheiden können). Es gelingt ihnen nicht, fehlende Laute in einem gesprochenen Wort zu ergänzen (Tele.on, .reibtisch, .atten.ieler, .uft.a.on etc.). Sie haben große Schwierigkeiten beim Finden von Reimen und und beim Zählen von Silben (LANDERL 1996).

Kinder mit Sprachentwicklungsstörungen verfügen über ein eingeschränktes Sprachrepertoire und zeigen dysgrammatische Störungen sowie Wortfindeschwächen. Dies schlägt sich in einer verminderten Lesefähigkeit nieder und führt zu Problemen bei der Laut-Buchstaben-Zuordnung sowie zu einem allgemein reduzierten Sprachverständnis. Ihre Merkfähigkeit für Begriffe ist vermindert, was sich darin äußern kann, daß sie sich die Namen der Buchstaben ebensowenig einprägen können wie die der Zahlen und der Zeichen für Rechenoperationen. Daß sich all dies in einer Legasthenie und einer Dyskalkulie niederschlagen kann, liegt auf der Hand (AMOROSA 1998 mdl.).

Darüber hinaus müssen sich solche Störungen aber auch im Verhalten niederschlagen, denn ein sprachgestörtes Kind verhält sich notgedrungen wie jemand, der sich mit geringen Sprachkenntnissen im Ausland befindet (auch im folgenden nach AMOROSA 1998 mdl.). Aufgrund von Verständnisschwierigkeiten wird es bei schneller Sprechweise zuallererst kapitulieren, häufig nachfragen und auch syntaktisch sowie semantisch fehlerhafte Antworten produzieren. Typisch ist die pauschale Antwort „Ja" auf alle möglichen Formen der Ansprache, in der Hoffnung, damit schon richtig zu liegen. Das Einschalten anderer Sinne bei der Suche nach Verständnis ist eine weitere logische Konsequenz: Man schaut, wie es andere machen oder versucht, von den Lippen abzulesen und schaltete den Tastsinn ein, um zu be„greifen", was man verbal nicht versteht. Je nach Temperament können sich daraus nervös-hyperaktive oder ängstlich-vermeidende Verhaltensformen ergeben, denn Sprachstörungen führen natürlich zu Kommunikationsstörungen und haben damit notgedrungen ein psycho-soziales Korrelat (vgl. IV.3.8.3).

Exkurs: Das Erklärungsmodell von DAVIS

Der amerikanische Legasthenie-Therapeut DAVIS (1996[3]) geht aus eigener Erfahrung als Schwerstlegastheniker von einer Dichotomie sprachlichen und nicht-sprachlichen Denkens aus. Dabei beschreibt er – im Detail sicher angreifbar, von der großen Linie her aber durchaus überzeugend – sprachliches Denken als linear-logisches und zeitlich verlangsamtes Denken (weil höchstens 150 – 200 Wörter pro Minute zu verarbeiten sind). Das nichtverbale, bildhafte Denken ist demgegenüber simultan, kreativ, assoziativ und um mehrere Zehnerpotenzen schneller. Legastheniker versagen nach DAVIS im Bereich sprachlichen Denkens und geraten beim Lesen (und Schreiben) in Desorientiertheit, weil sie sich unter vielen Wortbildern („und", „weil", „denn", „der" usw.) nichts Bildhaftes vorstellen können. Ihrem Denkmuster entsprechend suchen sie nach bildlichen Inhalten und verlieren daher den Kontext des zu lesenden Wortes aus den Augen. Neben einem speziellen „Orientierungstraining", das an Zentrierübungen des Autogenen Trainings erinnert, empfiehlt DAVIS, Plastillinmodelle von Buchstaben und vor allem von bildarmen Funktionswörtern und Abstrakta herstellen zu lassen, um bildliches und sprachliches Denken zusammenzuführen.

Bei diesem recht holzschnittartigen und wegen seiner monokausalen Erklärungsansprüche a priori angreifbaren Modell bleibt eine Fülle von Fragen offen. Trotz allem liefert DAVIS Ansätze zum Verständnis einer ganzen Reihe von LRS-Kindern (vor allem solcher mit hyperaktiv-umtriebigen oder tagträumerisch-abwesenden, also tendenziell „rechtshirnigen" Verhaltensformen). Das Versagen beim sprachlichen Denken ist auch aus Überlegungen von AFFOLTER, AYRES, RADIGK und vielen anderen Autoren verständlich und erfährt durch DAVIS eine interessante Nuancierung.

Leider irrt DAVIS allerdings, wenn er das bildhaft-simultane im Gegensatz zum linearsprachlichen Denken pauschal und euphemistisch als „Talentsignal" bezeichnet und die Namen berühmter Legastheniker (Einstein, Rodin, Andersen, Edison, Kennedy, Darwin, Churchill etc.) als „Beleg" dafür anführt. Die Liste derer, denen aus einer Fehlfunktion der linear-sprachlichen Denkweise eine deutlich negative Biographiedeterminante erwuchs, dürfte erheblich länger sein.

DAVIS beschreitet in seinem therapeutischen Vorgehen im Grunde den Weg von der dritten (schriftsprachlichen) zurück zur ersten (sachlichen) Informationsebene, indem er leere Worthülsen durch die Modelle mit begrifflichem Inhalt zu füllen versucht. Dieses Therapiekonzept kann sicher nicht in seiner heilslehrenhaften Ausschließlichkeit übernommen werden, verdient aber eine Prüfung im Rahmen bestehender Fördermodelle (VI. 8.5.2).

Interessanterweise geht AFFOLTER den umgekehrten Weg: Hier wird zunächst versucht, auf der sachlichen Ebene Erfahrungen zu vermitteln und Begriffsbildungen anzuregen, damit sich darauf aufbauend sprachliche Lernprozesse nachholen lassen. Der Grundgedanke beider Ansätze scheint aber im Prinzip gar nicht so verschieden zu sein, zumal sich AFFOLTER an Kinder wendet, die tiefgreifendere Defizite in ihrem sensomotorischen Wahrnehmungssystem haben. Die sinnstiftende Intervention von DAVIS, Plastillinmodelle zu basteln, wäre jedoch durch vielfältige andere Maßnahmen zu erweitern.

1.6 Synopse medizinischer und biochemischer Risiken

Perinatale Risiken können zu frühen, irreversiblen Schäden führen, die sich auch in Lerndefiziten niederschlagen. Vor allem toxische Einflüsse während der Schwangerschaft (Alkohol, Nikotin, Medikamente), Frühgeburt und Sauerstoffmangel während der Geburt sind hier vor allem zu nennen.

BREITMEYER (1995) und viele andere Forscher weisen auf zwei verschiedene Wahrnehmungskanäle hin, die gemeinsam für die Reizverarbeitung verantwortlich sind: eine langsame, parvozelluläre und eine schnelle, makrozelluläre Form. Demnach ist die langsame (tonische) Variante für Detailinformation und Genauigkeit zuständig, während die schnelle (phasische) Variante die tonisch gewonnenen Eindrücke voneinander trennt und verhindert, daß sie sich vermischen und dadurch diffus werden. Dies wurde im Zusammenhang mit der Seh- und Hörverarbeitung bereits erwähnt und läßt sich vermutlich auch auf taktil-kinästhetische Wahrnehmungskanäle erweitern. In der bei Legasthenikern hirnphysiologisch nachgewiesenen Unterrepräsentanz magnozellulärer Strukturen liegt möglicherweise der Schlüssel zu einem Erklärungsansatz des Gesamtphänomens, wenn auch sicher nicht zur Beantwortung aller Fragen.

Eine weitere, nicht psychische Ursache für Verhaltensauffälligkeiten können gestörte Drüsenfunktionen sein (z.B. Schilddrüsen-Überfunktion). Auch dies ist im Zweifelsfall medizinisch genauestens abzuklären. Außerdem gibt es ohne Zweifel ein Korrelat zwischen Epilepsie und legasthenen Symptomen. Wie so manche andere physiologische Ursache bleibt auch dieses Phänomen oft viel zu lange unerkannt und unbehandelt, vor allem wenn leichtere Verlaufsformen vorliegen.

Ebenso ist bei einer Reihe von Kindern offensichtlich eine vererbte Form von Legasthenie zu beobachten. Dafür spricht im Einzelfall die Tatsache, daß andere (oft mehrere) Familienmitglieder mit den gleichen Symptomen behaftet sind (IV.2.2). Die Chromosomen 6 und 15 gelten als mögliche Träger von Informationen, die den Schreib-Leseerwerb beeinträchtigen. Man sollte dabei nicht übersehen, daß auch segmentierte Teilleistungen des Lesens und Rechtschreibens durch eine Erbkomponente negativ geprägt sein können. Eine ganze Reihe von Kindern dürfte nicht etwa eine globale Legasthenie „geerbt" haben, sondern „nur" ein defizitäres optisches oder akustisches Wahrnehmungssystem (s. z.B. ROBINSON 1998).

Problemkinder stehen von Natur aus unter Streß. Es ist bekannt, daß in Angst- oder Streßsituatonen Adrenalin ausgeschüttet wird, das ursprünglich eine Doppelfunktion als kortikaler Blocker (zur Angstüberwindung) sowie als motorisches Stimulans (Angriff oder Flucht) hatte. In unserer Gesellschaft kann die motorische Reaktion oft nicht erfolgen, weil man in Streß- und Prüfungssituationen nicht einfach davonrennen oder den Prüfer attackieren darf. Es bleibt aber die kortikale Blockade übrig: Man sieht vor lauter Bäumen den Wald nicht mehr, das Denken bricht zusammen. Der gleichzeitig entstehende Bewegungsdrang führt zu kaum unterdrückbarer Unruhe. Wichtig ist daher für alle Kinder und für LRS-Kinder im besonderen, in Streßsituationen (z.B. bei Diktaten) immer wieder Bewegungsangebote zu machen, um Angstgefühle abzubauen und das Denken wieder zu ermöglichen. Statt von den Kindern Konzentration zu fordern und sie mit entsprechenden Trainingsmaterialien zu konfrontieren, sollte die Vermittlung von Entspannungstechniken mindestens gleichwertig in den Vordergrund gerückt werden (V.4.6.1). Bei älteren LRS-Schülern sollte auch behutsam eruiert werden, ob nicht Rauschmittelkonsum in Verbindung mit Schulschwierigkeiten steht.

Wichtig ist weiterhin die Kontrolle der Hals- und Brustwirbel. Fehlstellungen können ein Persistieren frühkindlicher Reflexe bedingen und zu grob-

und feinmotorischen Auffälligkeiten führen. Eine Korrektur (z.B. bei einem Chiropraktiker) kann diese Ursachen für Wahrnehmungsstörungen beseitigen. Sind hingegen die Reflexe des Halsstellens und Armstreckens bei Stürzen zu gering ausgeprägt, so führt das zu zu Verletzungen. Hier wären neurologische und moto- oder ergotherapeutische Interventionen angezeigt.

In einem Referat über biochemische Befunde bei verschiedenen Lern- und Verhaltensauffälligkeiten berichtet ROBINSON (1998), daß die australischen Forscher STORDY und STEVENS Beziehungen fanden zwischen Lernstörungen, Legasthenie, Hyperaktivität bzw. chronischer Mattigkeit einerseits und einem abnorm niedrigen Niveau essentieller Fettsäuren andererseits, das möglicherweise auf einer genetisch oder viral bedingten Rezeptionsschwäche des Körpers beruht. Die Behandlung mit einem Nahrungssupplement, das die Fettsäure DHA (docosahaenic acid) enthielt, erbrachte bei dyslektischen Kindern eine generelle Lernverbesserung von 89% und eine Geschwindigkeitssteigerung beim Lesen um 74%. Das klingt erstaunlich genug, um es in mitteleuropäischen Breiten medizinisch zu überprüfen!

Weiterhin führt ROBINSON 1998 verschiedene amerikanische und australische Forscher an, die bei dyslektischen und/oder hyperaktiven Kindern diverse Defekte des Immunsystems fanden. Sei es, daß sich im mütterlichen Blutkreislauf Antigene gegen Krankheitserreger nachweisen ließen, von denen befürchtet wird, daß sie die Placenta-Barriere überspringen und beim Foetus die Entwicklung des Zentralnervensystems beschädigen können, sei es, daß bei Müttern mit speziellen Immunschwächen überdurchschnittlich viele lernbehinderte Kinder gefunden wurden, sei es, daß bei Lernbehinderten selber ein häufigeres Auftreten von Störungen des Immunsystems beobachtet wurde, bis hin zu der Tatsache, daß bei Kindern mit AIDS gehäuft Lernprobleme auftreten – die Bedeutung von Störungen des Immunsystems für kognitive Störungen bildet sich offenbar heraus.

Außerdem erwähnt ROBINSON das Fehlen eines bestimmten Neurotransmitters (5HT) oder bestimmter Aminosäuren (besonders aminohydroxy-n-methylpyrrolidine und ß-alamine) sowie Hinweise auf defekte Blutbahnen im Gehirn als mögliche Gründe für Lern- und Verhaltensauffälligkeiten.

In vielen der von ROBINSON mit großem Fleiß zusammengetragenen Forschungsergebnisse wird immer wieder darauf hingewiesen, daß die genannten Defekte offensichtlich Auslöser von verschiedenen sich überschneidenden Lern- und Verhaltensproblemen sein können. Genannt werden das IRLENsche SSS-Syndrom, eine als „Chronic Fatigue Syndrome" bezeichnete chronische Erschöpfung, Legasthenie („dyslexia"), Dyspraxie, Migräne und Hyperaktivität (attention deficit hyperactivity disorder, ADHD). Daß diese Störungen oft in sich überlagernden Formen vorkommen, ist aus der Schulpraxis bekannt. Die referierten Erklärungsansätze eröffnen aber möglicherweise ein neues Verständnis dafür. Auffälligkeiten des Immunsystems, das Fehlen von Neurotransmittern oder Aminosäuren bzw. Schwächen der zerebralen Blutversorgung oder des Fettsäurespiegels könnten, so ROBINSON bzw. die von ihm referierten Wissenschaftler, auch (einzeln oder in Gruppen) dazu beitragen, daß die magnozelluläre Reizverarbeitung behindert wird, durch die schnelle Signale weitergeleitet werden. In den USA und Australien findet diese Problematik offenbar großes Interesse und wird immer wieder in die Hypothesenbildung über Verursachungsmomente für Lern- und Verhaltensauffälligkeiten – einschließlich Legasthenie – einbezogen. Wenn dafür wieder, so wird überlegt, die genannten organischen Ursachen verantwortlich wären, könnte eine medikamentöse oder diätetische Therapie Erfolg haben.

An dieser Stelle sei auf Ritalin verwiesen, das bei manchen Formen der Hyperaktivität beruhigend wirkt (und zwar, indem es als Anregungsmittel das Gehirn in die Lage versetzt, mehr Reize zu verarbeiten, so daß sich das Kind diese nicht mehr laufend selbst zuführen muß und dadurch ruhiger werden kann). Damit ist es kein Therapeutikum für Hyperaktivität, es baut aber eine Art Brücke, über die das Kind gehen kann, um sich ohne Streßbelastung durch sein Verhalten mit kognitiven Inhalten auseinanderzusetzen und auch emotional zur Ruhe zu kommen. Es gibt immer noch Leute (auch ein mir bekannter Arzt gehört dazu), die die Gabe eines solchen Psychopharmakons grundsätzlich ablehnen. Dies ist eine nicht hinterfragbare Glaubensentscheidung. Rational scheint sie nicht begründbar, denn eine Suchtgefahr ist (nach Langzeitstudien aus den USA und nach eigener Schülerbeobachtung) mit dem Mittel nicht verbunden, sehr wohl aber ein verhaltensstabilisierender Effekt. Eine möglicherweise wachstumshemmende Nebenwirkung läßt sich dadurch umgehen, daß das Medikament bei Verdacht abgesetzt wird, was in den Schulferien sowieso erfolgt. Man sollte also in begründeten Fällen durchaus Ritalin verschreiben lassen, aber gemeinsam mit den Eltern darauf achten, daß die Dosis nicht zu hoch angesetzt wird, weil sonst aus dem bisher bekannten Irrwisch eine arge Transuse werden kann, zumindest solange die Wirkung der aktuellen Dosis anhält.

Wie aus berufener Quelle (THIELMANN 1998 mdl.) zu erfahren ist, soll der Symptomkreis der Legasthenie von Heilpraktikern mit homöopathischen Mitteln deutlich zu mildern sein. In einem anamnetischen Gespräch wird nach den jeweiligen Ursachen der Störung geforscht und daraufhin eine individuelle Wirkstoffkombination verabfolgt, die neben einer mentalen und gesundheitlichen Stabilisierung dem Vernehmen nach auch eine signifikante Reduktion der Fehlerzahlen zur Folge hat.

1.7 Abschließende Überlegungen

Die breite Darstellung der australo-amerikanischen Forschungen und das Plädoyer für Ritalin soll nicht zu der Fehlannahme verleiten, hier würde einseitig nach Pillen als Allheilmittel für Legasthenie gesucht. Allerdings sollten diese Wege auf keinen Fall unbeachtet bleiben!

Teilleistungsschwächen sind an legasthenen Symptomen beteiligt, und zwar **bei jedem Kind in einer individuellen Kombination.** Auch sind sie häufig Ursache für scheinbar psychisch bedingte Verhaltensauffälligkeiten und verdienen dann mindestens zum Teil eine Betreuung, die über rein psychologische Interventionen hinausgeht.

Wie bereits ausgeführt, sind im Verursachungsgeflecht der Legasthenie aber auch bei jedem Kind psycho-soziale Faktoren beteiligt, und sei es nur als Sekundärsymptom (II.1, IV.4). Die Umwelt agiert oder reagiert, und indem sie das tut, wirkt sie auf die Psyche der Kinder ein. Je länger dies in negativem Sinne geschieht, umso eher ist ein Kind bereit, negative Rückmeldungen als Teil seiner Persönlichkeit zu interpretieren und in sein Selbstkonzept zu übernehmen, so daß es sich schließlich als Versager definiert nach dem Motto: „Ihr habt mir tausendmal gesagt, daß ich ein Versager bin, also handle ich auch danach und tue eben nur noch Dinge, die ihr kritisieren könnt." Solche Mechanismen zu erkennen und zu verändern ist ein hoher Anspruch an die LRS-Förderung (vgl. auch SCHICK 1995).

In jedem Fall muß versucht werden, das emotionale Umfeld der LRS-Schüler zu stabilisieren, denn nur in einer möglichst spannungsfreien Atmosphäre wird es ihnen möglich sein, ihr gesamtes Leistungspotential zu mobilisieren und Teilleistungsschwächen zu überwinden, zumal sich aus dauernden Versagensängsten psychosomatische Störungen entwickeln können. Teilleistungsstörungen liegen fast immer Beziehungsstörungen zugrunde, wie das Beispiel von Dennis eindrucksvoll zeigt (s. „Dennis" II.1). Bei schwierigen Familien- und Schulverhältnissen sind natürlich auch rein psychisch bedingte Hintergründe für Legasthenie und/oder Verhaltensstörungen denkbar (GRÜTTNER 1987). In jedem Fall sollte verhindert werden, daß die psychischen Anteile der Störung sich verfestigen und überdauern, wenn die organische Ursache der Störung evtl. durch Nachreifung überwunden ist.

Allerdings können, wie bereits mehrfach betont, Fehlfunktionen in einem Bereich teilweise durch Stärken in anderen Bereichen ausgeglichen werden. Vor allem bei der Einschulung kann aufgrund von kleineren bis mittleren Auffälligkeiten noch keine sichere Prognose auf zu erwartende Lernprobleme gestellt werden. Manche Kinder mit deutlichen Schwierigkeiten in Motorik und/oder Verhalten werden trotzdem gute Leser, Rechtschreiber oder Rechner. Wahrnehmungsausfälle sollten trotzdem ein sofortiges präventives Hilfsprogramm und weitere kontinuierliche Beobachtungen nach sich ziehen! Wenn erst Lernausfälle festgestellt werden, ist eine Intervention immer schwieriger als vorher, wo spielerische Funktionsübungen ohne Leistungsdruck die Lernvoraussetzungen stabilisieren und schulischen Erfolg sichern können. Als Begleiterscheinungen von späteren Lernproblemen haben die beschriebenen Teilleistungsschwächen jedoch immer diagnostische (und im optimalen Fall auch therapeutische) Relevanz.

Schulische und schulfremde Förderung muß also immer medizinische und psychologische Aspekte haben. Schulpsychologen oder Erziehungsberatungsstellen können hier wichtige Hilfe leisten, vor allem, wenn sie über die möglichen organisch-zerebralen Ursachen von Verhaltensstörungen informiert sind und ihre Erkenntnisse sinnvoll mit allen Beteiligten austauschen.

2. Die Arbeit mit LRS-Schülern im Regelunterricht

Allgemeines: Besonders jüngeren Kindern und deren Eltern sollte erklärt werden, warum einige Mitschüler beim Lesen und Schreiben besondere Hilfe brauchen. Wie jemand mit gebrochenem Bein einen Gips trägt, so bekommen Klassenkameraden mit Lese- und Schreibproblemen auch bestimmte Erleichterungen. Die Eltern der betroffenen Kinder werden in einem separaten Gespräch damit vertraut gemacht (Darstellung teils nach RUPP 1995 und 1997[2]).

Hilfsangebote können allerdings den gegenteiligen Effekt haben, weil sie den betroffenen Kindern eine Sonderrolle zuweisen, die ihnen unangenehm ist und daher abgelehnt wird. Sie sollten also so dosiert sein, daß sie wirklich als Entlastung wirken. Außerdem wäre es ein Fehler, LRS-Kinder über das nötige Maß hinaus in Watte zu packen, weil dann der Leistungsansporn fehlt. Die Anerkennung als LRS-Schüler darf nicht zu dem Eindruck führen, jetzt nichts mehr tun zu müssen. Auch ein LRS-Kind braucht es durchaus, daß man es mit Leistungsansprüchen konfrontiert, solange diese erfüllbar und überschaubar sind. Daß ein Tadel bei Fehlern nur in den seltensten Fällen angebracht ist, bedarf kaum der Erwähnung. Als ungerechtfertigt empfundenes Lob kann jedoch ebenfalls eine negative Wirkung haben.

Ein möglichst „normaler" Umgang mit den Kindern sei auch den stark engagierten Kolleginnen und Kollegen empfohlen, die es erfreulicherweise besonders gut machen möchten und sich daher besonders tief in die Materie einarbeiten. Der für Probleme geschärfte Blick sollte die Sicht für die Normalität nicht verstellen, und das Wissen um die optimale Förderung sollte nicht zu einem Windmühlenkampf mit der vermeintlich oder tatsächlich uneinsichtigen Schulleitung und Elternschaft führen. Es gilt, die eigene Arbeit auch danach zu hinterfragen, ob man nicht Gefahr läuft, einem „Helfersyndrom" zu erliegen.

Oft zeigen LRS-Schüler eine Reihe von Verhaltensauffälligkeiten, wie Schlampigkeit, Unkonzentriertheit, Aggressivität oder Ängstlichkeit, ohne daß sie ihr Verhalten wirklich steuern könnten (denn wenn sie es könnten, täten sie es und wären vermutlich nicht legasthen). Dies ist Teil (wenn nicht sogar Grund) ihrer Gesamtproblematik. Daran Kritik zu üben, ist sicher richtig. Dauernd darüber zu nörgeln und sie dadurch noch zu exponieren, hat jedoch keinen Wert. Zudem erleichtert man sich und den Kindern die Lage, wenn man erkennbare Schwächen als gegeben hinnimmt und nicht von sich selber verlangt, sie in kürzester Frist beheben zu wollen. Die Angst, daß die anderen Kinder sich unerwünschtes Verhalten

275

abgucken und man es deshalb strikt unterbinden müßte, ist in Klassen mit intakter Sozialstruktur bestenfalls zum Teil begründet. Der negativ besetzte „Omega-Typ", den es in jeder Gruppe gibt, wird nur dann ein Übergewicht bekommen und andere mitreißen, wenn die positiv besetzten „Alpha-Typen" zu schwach sind. (HOFSTÄDTER 1971[2]). Als Lehrer kann man das ja ein ganzes Stück weit steuern, z.B. auch dadurch, daß man versucht, sich nicht dauernd in eskalierende Konflikte mit dem betreffenden Kind verwickeln zu lassen.

Diskreter Körperkontakt in der für das Kind richtigen Dosierung kann vor allem für hyposensible Kinder wichtige Stimuli setzen und emotionale Wärme transportieren. Auch bei taktil eher abwehrenden Kindern kann das versucht werden, allerdings so, daß sie einen kommen sehen (nie unvermutet von hinten). Ein reiner Hautreiz (Streicheln) wird eher abgelehnt als ein freundschaftlich fester Griff. Der wird oft auch als hilfreich empfunden und bewirkt mehr als Worte, wenn der dazu dient, eine bestimmte Körperhaltung einzunehmen.

Kinder mit sehr unstrukturierter Arbeitshaltung sind vor allem in der Grundschule oft nicht in der Lage, ihre motorischen Tätigkeiten zeitlich und räumlich zu planen und zu lenken. Die globale Anweisung „Räum' auf!" überfordert sie. Sie brauchen kleinschrittige Aufträge, oft auch ganz einfach Hilfen. Diese können mit Erklärungen verbunden sein (Schau, deine Hefte gehören in den Heftordner. Den stecken wir jetzt in den Ranzen... usw.). Es sollte angeleitet werden, sich solche Anweisungen selber vorzusprechen. Auch die Gestaltung von Heftseiten, Präsentationsplakaten usw. muß immer wieder genau erklärt werden.

Bei Kindern mit angeschlagenem Selbstbewußtsein oder sozialer Außenseiterrolle kann behutsam überlegt werden, ob die Übernahme bestimmter Ämter (Blumengießen, Klassenbuch o.ä.) geeignet ist, ihm Erfolge zu verschaffen und seine Stellung innerhalb der Klasse zu verbessern. Natürlich muß eine übertriebene Exposition auch hier vermieden werden, weil sie nur Nachteile brächte.

Abschreiben von der Tafel: Texte, die von der Tafel abgeschrieben werden sollen, werden für LRS-Schüler in optimaler Form kopiert und mögl. *über* das Heft gelegt. Die Augenbewegungen vom Heft an die Tafel und zurück entfallen dadurch ebenso wie ungünstigere seitliche Blicksprünge. Wenn das nicht möglich ist, schreibt das LRS-Kind so lange von der Tafel ab, wie einer der schnellsten Mitschüler. Dieser schreibt, wenn er fertig ist, den Rest des Textes auch für seinen LRS-Klassenkameraden ab. Varianten: Der Lehrer schreibt das fehlende Textstück selber; der Text eines Mitschülers wird kopiert und in das Heft des LRS-Schülers eingeklebt.

Wenn der Text nicht in voller Länge gebraucht wird, kann auf den fehlenden Teil evtl. auch ganz verzichtet werden. An die in der Waldorfschule praktizierte zeilenweise farbige Gestaltung von Tafeltexten sei erinnert (VI.4.2).

Diktate: Zur Vorübung erhalten LRS-Schüler eine Liste mit Trainingswörtern. Der Zusammenhang mit einem kommenden Diktat kann dabei verschwiegen werden, wenn solche Übungsformen für die LRS-Kinder auch den sonstigen Unterricht begleiten.

Das Kind erhält den Text des Diktates als Lückentext, in das es die trainierten Wörter einsetzt. Das ist seine spezielle Form des Diktats. Je nach Schweregrad der Störung wird die Wortzahl und die Schwierigkeit der Wörter variiert und evtl. von Diktat zu Diktat gesteigert. Ganz schwer gestörte Legastheniker brauchen am Anfang nur einfachste Häufigkeitswörter (der, ist, hat usw.) zu schreiben, um durch positive Bewertung wieder mehr Mut zu bekommen.

Das Kind erhält eine Kopie des Diktattextes. Es schreibt ihn (oder einen Teil davon) ab, und zwar indem es ein Wort genau anschaut, es dann mit dem Radiergummi abdeckt, hinschreibt und danach zur Kontrolle wieder aufdeckt. (Traditionelle Abschreibübungen ohne die Zwischenschritte des Abdeckens und der Kontrolle sind für die Rechtschreibsicherung sinnlos, vgl. VI. 7.3)

Bei weniger stark gestörten Kindern kann man einen Teil des Diktates mitschreiben lassen und ihnen zu gegebener Zeit signalisieren, daß sie jetzt aufhören dürfen.

Wenn Teile des Textes (oder der ganze Text) geschrieben werden sollen, kann man eine Liste mit besonders schweren Wörtern als Hilfe dazugeben.

Ein Schülerduden sollte immer griffbereit sein. Seine Benutzung ist nicht nur erlaubt, sondern ausdrücklich erwünscht und sollte entsprechend geübt werden. Am besten eignet sich dafür die Zeit der stillen Selbstkontrolle vor der Abgabe des Diktats. LRS-Schüler bekommen eine Zeitzugabe und hinterher ein besonderes Lob, wenn sie viele Fehler selber gefunden haben.

Ein im LRS-Kurs bereits geübter Text könnte zum ungeübten Diktat der Klasse werden. Die LRS- Kinder haben dann einen hoffentlich meßbaren Vorteil und stoßen vielleicht sogar in den „ausreichenden" Leistungsbereich vor.

Bewertung nach der Richtigkeitszahl, als Angabe: „10 von 12 Wörtern richtig" oder ähnlich.

Rückgabe in Form eines fotokopierten (richtigen) Textes, in dem Stellen mit falscher Schreibweise im richtigen Wortbild markiert sind. Das Kind hat dann für die Verbesserung nur richtige Wortbilder vor sich, in denen Problemstellen hervorgehoben sind, aber eben in der richtigen Form.

Korrektur nur eines Teils der Fehler, wenn die Fehlerzahl zu groß war, um eine sinnvolle, das Gedächtnis stützende Verbesserung zu ermöglichen. Dabei sollte man für das Kind besonders problematische Wörter auswählen.

In den seltenen Fällen vollkommen negativer Prognose läßt man schwer gestörte LRS-Kinder Diktate gar nicht erst mitschreiben.

Aufsätze: Die rein technischen Schwierigkeiten mit dem Schreiben behindern die Entstehung guter Aufsätze oft nachhaltig, obwohl die Kinder fast immer zu guten Formulierungen und originellen Ideen in der Lage sind.

Extrem auffällige Schüler erhalten daher z.B. das Privileg, dem Lehrer in einer stillen Ecke den Aufsatz diktieren zu dürfen. Dabei wird der bisher aufgeschriebene Text immer wieder vorgelesen, damit Kontrollen möglich sind. Es kann auch erwogen werden, Aufsätze auf Kassette sprechen zu lassen, wobei eine zu stark von mündlichen Gepflogenheiten bestimmte Diktion vermieden werden muß.

Wenn der Aufsatz vom Kind selber geschrieben wurde, wird nicht hineinkorrigiert, um das Bild nicht durch Fehlerkorrekturen zu belasten. Eine Verbesserung unterbleibt, evtl. mit Ausnahme einiger besonders wichtiger Lernwörter, die unter dem Text in richtiger Schreibweise notiert werden.

Aufsätze von LRS-Schülern haben oft eine schlechte äußere Form. Damit das nicht bei der Bewertung stört, werden sie vorher abgetippt. Die getippte Form wird auch zurückgegeben. Sie erleichtert das Vorlesen vor der Klasse. Sie kann (wie für die Diktatrückgabe schon empfohlen) farbige Markierungen in einigen Problemwörtern enthalten, die verbessert werden sollen. Die Rechtschreibung fließt nicht mit in die Notengebung ein.

Lesen: Lautes Vorlesen sollte bei ungeübten Texten vermieden werden. Wenn man möchte, daß das Kind vorliest, sollte man das wenigstens rechtzeitig ankündigen, etwa so: „Bitte mach dich bereit, ich möchte, daß du als übernächster vorliest." Dabei sollte generell vereinbart werden, daß niemand aus der Klasse hineinverbessert. Kleine Fehler kann man stehen lassen, an wirklich wichtigen Fällen verbessert der Lehrer. Wenn das Kind neben einem guten Leser sitzt, kann dieser allerdings ganz leise soufflieren.

Unbekannte Texte werden ohne Zeitdruck gelesen. Die Anweisung lautet: „Schau dir jedes Wort so lange an, bis du es richtig aussprechen kannst."

Nur bei bekannten und geübten Texten wird auf angemessenes Tempo und gute Betonung geachtet.

Laute Vorleseübungen dienen häufig der Erfolgskontrolle. Diese ist aber auch bei leisem Lesen möglich, wenn Sinnfragen zum Text gestellt werden, und zwar z.B. mündlich oder als Fragebogen zum Ankreuzen (womit sogar eine zusätzliche interessante Leseübung verbunden wäre!).

Lesehausaufgaben sollten für LRS-Kinder reduziert werden, wenn sie sie sonst nur unter großer Mühe bewältigen können. Man vereinbart mit dem Kind ein Teilstück, das es besonders intensiv vorbereitet. Man kann das Teilstück vom Kind selber auswählen lassen.

Wenn das Kind sein geübtes Stück laut vorlesen möchte, sollte es das natürlich dürfen. Mit der Klasse muß aber fest vereinbart sein, daß sie keine Zeichen von Ungeduld von sich gibt und auch nicht korrigiert. Der Lehrer hält sich ebenfalls möglichst weitgehend zurück und verbessert oder hilft nur, wenn es unbedingt nötig ist.

Lesestäbe, die die Buchstaben vergrößern, seien ebenso empfohlen wie optimal gedruckte Arbeitsvorlagen auf weißem Papier.

Wenn Ganzschriften gelesen werden, können leseschwache Kinder daran teilnehmen, indem man ihnen die wichtigsten Teile des Buches vergrößert kopiert. Nur diese müssen sie lesen. Den Rest hören sie auf Kassette gesprochen vom Walkman (MOLITOR/RUPP 1998 mdl.).

Arbeit an der Tafel: Das Kind sollte nur dann zum Schreiben an der Tafel aufgefordert werden, wenn es das selber will und wenn sichergestellt ist, daß es die Aufgabe bewältigen kann. Die öffentliche Präsentation macht diesen Teil der Schreibarbeit ebenso sensibel wie das laute Vorlesen. Ein öffentlicher Erfolg ist allerdings eine besonders feine Sache.

Sachkunde, Mathematik und andere Fächer: Schriftliches Material muß in gut lesbarer Form mit großer, klarer Schrift und übersichtlicher Gestaltung vorliegen. Der Schulalltag zeigt, daß das nicht immer so ist, worunter alle Kinder leiden, LRS-Kinder aber besonders.

Informationstexte, schriftliche Arbeitsaufträge oder Textaufgaben für die Stillarbeit versucht das LRS-Kind alleine zu erlesen. Wenn es das nicht schafft, gibt es ein Zeichen und bekommt Hilfe. Kinder, die sich das nicht trauen, werden gefragt, ob sie Hilfe brauchen. Das fehlende Wort oder Textstück wird vom Lehrer oder vom Banknachbarn vorgelesen.

Individuelle Lösungsstrategien (wenn z.B. im Erstrechnen beim Abzählen mit dem kleinen Finger begonnen wird) werden stillschweigend toleriert.

In allen Fächern sollten LRS-Kinder bei Lese- und Schreibarbeiten eine 20 – 30% erhöhte Zeitvorgabe erhalten, wenn sich das irgend organisieren läßt.

Weitere Hinweise: Kinder mit **visuellen Schwierigkeiten** sollten einen zentralen Sitzplatz im vorderen Drittel haben. Außerdem muß der Arbeitsplatz natürlich gut beleuchtet sein. Ein Platz nahe der Tafel, ein höhenverstellbarer Stuhl und eine schräg verstellbare Arbeitsplatte sind genauso wünschenswert wie optimal gedruckte Arbeitsmaterialien und ein Lesestab zum Vergrößern (APPELHANS/KREBS 1985, SCHÄFER 1995). Der Platz sollte auch möglichst wenig visuelle Ablenkungsmöglichkeiten (Fenster) bieten. Ungünstig dürfte vor allem für die visuellen Teilleistungen eine Sitzposition sein, wo das Kind gezwungen ist, für einen Tafelblick den Kopf zu drehen. Diese motorische Aktivität kann zusätzlich belasten und stören, Brillenträger geraten leicht in den Sehbereich der Randunschärfe. Eine Sichtblende zum Nachbarn, z.B. in Gestalt eines aufgestellten Buches, hilft visuell überempfindlichen Kindern, Reize auszublenden. Kinder, die von sich aus solche Barrieren aufbauen, sollten das vor allem in Situationen, die hohe Konzentration fordern, durchaus tun dürfen.

Für Kinder mit **Hörschwierigkeiten** empfiehlt sich dagegen ein Platz, von dem aus es nicht nur dem Lehrer, sondern auch möglichst vielen Mitschülern auf den Mund schauen kann. Es sollte mit dem Rücken zum Fenster sitzen, weil es dann selber nicht durch einfallendes Licht geblendet wird, die Gesichter der Mitschüler hingegen gut beleuchtet sind. Das gilt auch für das Gesicht des Lehrers, wenn er sich dem Kind zuwendet. Er sollte möglichst vermeiden, mit dem Rücken zum Kind zu sprechen. Eine Entfernung von 5 m sollte nicht überschritten werden. Ständiges Hin- und Herlaufen ist ungünstig, ein mittleres Sprechtempo und einfache Sprache hingegen förderlich. Das „Lehrerecho", das Schülerantworten wiederholt, bekommt unter diesem Aspekt eine positive Wertigkeit (A. LÖWE mdl.).

Die akustische Umgebung sollte möglichst so gestaltet sein, daß sich keine Hall-Effekte ergeben. Dies kann durch Schalldämmung mit Styropor- oder Teppichfliesen und durch schallschluckende Wandregale oder Raumteiler erreicht werden. Akustisch überempfindliche Kinder sollten versuchsweise Ohrenschützer oder Ohrstöpsel tragen dürfen.

Kindern mit **graphomotorischen Störungen,** die auf gestörter Gleichgewichts- oder Körperwahrnehmung beruhen, hilft es u.U., wenn sie beim Schreiben den Stuhl umdrehen dürfen, so daß die Lehne sie stützt.

Hinweise für Linkshänder finden sich in V.4.3 (S. 139ff.) und in VI. 3 (S. 183ff.).

Plädoyer für einen offenen Unterricht: Ein differenzierendes Unterrichtsangebot, das Elemente des Freien Schreibens, des Werkstatt- und des Stationenlernens enthält, entschärft die LRS-Problematik ungemein. Wenn die Kinder daran gewöhnt sind, sich zu einem bestimmten Zeitpunkt mit verschiedenen Dingen zu beschäftigen oder zwar am gleichen Gegenstand, aber auf unterschiedlichem Anspruchsniveau zu arbeiten, dann werden auch schwächere Schüler kaum in eine Versagerposition kommen. Im Gegenteil: Jeder wird nach seinen Fähigkeiten gefordert und gefördert und hat dann auch entsprechende Erfolgserlebnisse. Der psychische Druck, der viele LRS-Kinder in die Lernverweigerung, in Angst oder Aggressivität drängt, ist um Zehnerpotenzen gemildert. So bleibt die Aufnahmebereitschaft für ein Lerngebiet, das einem nicht so leicht von der Hand geht, viel eher erhalten und eröffnet deutlich bessere Erfolgsaussichten! Die Tatsache, daß der Lehrerin bei differenzierendem Arbeiten mehr Zeit für die Schwächeren bleibt, unterstreicht die Fruchtbarkeit dieses Ansatzes. Die fixeren Schüler bekommen Aufgaben, die sie selber lösen können, den schwächeren wird geholfen.

Es wäre allerdings ein Trugschluß zu glauben, man hätte mit einem Schreibbeginn nach REICHEN oder ähnlichen Konzepten (z. B. KONFETTI aus dem Diesterweg-Verlag) gleichzeitig das Problem „LRS" aus der Welt geschafft. Eher dürfte sogar das Gegenteil der Fall sein, denn in einem differenzierenden Erstlese- und Schreibunterricht werden die schnelleren Schüler auch schnellere Fortschritte machen, so daß die benachteiligten möglicherweise sogar rascher auffallen. Dies birgt aber gleichzeitig die Chance, früher gezielt fördern zu können.

Das nächste Kapitel geht auf diese vielversprechende Unterrichtsform näher ein.

Barbara von Ende
Reinhild Fincke-Samland

3. Kinder lernen Schreiben und Lesen im projektorientierten Anfangsunterricht

In jede erste Grundschulklasse kommen Kinder mit sehr unterschiedlichen Voraussetzungen im Hinblick auf intellektuelle Tüchtigkeit, Interessen und emotionale und soziale Erfahrungen. Hochbegabte Kinder lernen zusammen mit Kindern, die einen besonderen Förderbedarf haben.

Unsere Erfahrungen zeigen, daß Kinder gern in die Schule kommen und lernen wollen. Unsere Aufgabe als Lehrerin ist es, die positive Anfangsmotivation aufrechtzuerhalten und allen Kindern erfolgreiche Lernprozesse an jedem Tag zu ermöglichen.

Ausgehend von dem Wunsch, daß Kinder Spaß am Lesen und Schreiben entwickeln, ihren Fähigkeiten entsprechend fortschreiten und Lernhemmungen im Hinblick auf Lese-Rechtschreibschwächen möglichst nicht auftreten, haben wir vor Jahren begonnen, unseren Anfangsunterricht zum Erlernen der Schriftsprache zu verändern. Wir arbeiten nicht nach einem vorstrukturierten Leselehrgang, sondern verbinden drei methodische Ansätze: Schreiben mit der Anlauttabelle, Einführung der Laute und der Lesetechnik, Arbeiten in frei gewählten Projekten.

Schreiben mit der Anlauttabelle

Die Arbeit mit der Anlauttabelle von J. Reichen (1972) sehen wir als eine gelungene Möglichkeit, Kinder von Anfang an in ihren individuellen Voraussetzungen ernstzunehmen, ihnen selbstständiges Lernen zu ermöglichen und sie in ihrem Schreibentwicklungsprozeß zu begleiten und gezielt zu unterstützen. Kinder erfahren mit dieser Methode Schreiben als einen eigenen produktiven Prozeß, der etwas mit ihren Ideen, Gedanken, Absichten und Interessen zu tun hat.

Da wir als Lehrerinnen zunächst grundsätzlich akzeptieren, was und wie Kinder schreiben, vermitteln wir ihnen keine Mißerfolgserlebnisse und verhindern dadurch, daß Angst vor dem Schreiben entsteht.

Schreibanlässe ergeben sich aus einem Thema oder Projekt oder entstehen bei den Kindern selbst und geben den Anstoß dafür, Freude und Interesse an Schrift zu entwickeln und Kreativität zu fördern.

Wichtig dabei ist, daß Kinder eine Haltung zum Schreiben entwickeln, die beinhaltet:

- Schreiben macht Spaß.
- Schreiben ist wichtig.
- Schreiben ist nicht immer leicht.
- Ich muß viel und regelmäßig schreiben, damit ich eines Tages so schreiben kann, wie die Erwachsenen es tun.
- Ich muß viel fragen, damit meine Texte immer „besser" werden.
- Nur beim Schreiben kann ich immer mehr über unsere Schrift erfahren.
- Ich bin stolz auf das, was ich schreibe.

Da Schreibenlernen sowohl von uns als auch von den Kindern als Entwicklungsprozeß gesehen wird, gibt es keine Fehler im herkömmlichen Sinne, sondern immer nur Entwicklungsschritte und somit neue Erkenntnisse auf dem Weg zum richtigen Schreiben.

Deshalb kommt auch der Elternarbeit in diesem Unterricht eine besondere Bedeutung zu. Eltern haben durch ihre Schulerfahrung verinnerlicht, daß Fehler grundsätzlich zu vermeiden sind, weil man sich ja etwas Falsches einprägen könnte. Jetzt müssen Eltern lernen zu akzeptieren, daß Kinder nur über Fehler zum erfolgreichen Schriftspracherwerb kommen können. Ein zu frühes oder falsches Eingreifen in diesen Prozeß kann zu nachhaltigen Störungen – von der Entmutigung bis zur Lernverweigerung – führen. Die Eltern müssen wissen, daß die Kinder einer Klasse zu sehr unterschiedlichen Zeiten das Lesen und richtige Schreiben lernen und müssen es aushalten können, daß ihr Kind eventuell erst spät diesen Schritt vollzieht. Deshalb reicht eine einmalige Information auch nicht aus, sondern es ist notwendig, Eltern kontinuierlich in den Lernentwicklungsprozeß der Klasse mit einzubeziehen.

Erstes Ziel im Schreibprozeß ist es, daß Kinder eine sichere 1:1-Abbildung von Laut und Zeichen erreichen. Darauf aufbauend lernen sie orthographische Regeln. Unsere Problemkinder können im Schreiben keine orthographische Sicherheit erlangen und orthographische Regeln nicht in ihren Schreibprozeß integrieren, bevor sie das Lautprinzip nicht beherrschen (s. Chr. Mann, 1993, S.11).

Auf dem Weg zum lautgetreuen Schreiben gibt es Entwicklungsschritte, die bei jedem Kind anders ablaufen und über die jede Lehrerin informiert sein sollte. Einige Kinder nehmen zunächst nur prägnante Laute eines Wortes wahr und können noch keine Abfolge von Lauten hören oder aufschreiben.

In der zweiten Schulwoche sprechen wir z.B. über unser Lieblingsessen und malen und schreiben es auf, entweder schon im „Text" oder auch nur als „Wort".

„Spaghetti" lieben viele Kinder und das Wort erscheint in ganz unterschiedlichen Ausführungen. Peter schreibt von „Spaghetti" nur das „T", weil er alles andere noch nicht hört. Als Lehrerin weiß ich jetzt, daß ich mit diesem Kind auf der akustischen Ebene intensiv arbeiten muß, damit es immer mehr Laute eines Wortes wahrnimmt. Maren schreibt „Schpkti". Sie nimmt die Konsonanten wahr, hört aber die meisten Vokale noch nicht, was ein nächster Schritt auf dem Weg zum lautgetreuen Schreiben ist.

Maren muß mit Hilfe der Lehrerin das rhythmisch-dynamische Sprechschreiben (s. Chr. Mann,1993, S.11) erlernen. Damit ist das überdeutliche Artikulieren gemeint, was für die Kinder bedeutet: „Mein Mund spricht so langsam, wie parallel mein Stift dazu schreibt." Dieser Prozeß ist mühsam und kann bei einigen Kindern sehr lange dauern. Über weite Strecken sind diese Kinder nur in der Lage lautgetreu zu schreiben, wenn die Lehrerin für sie das sprachliche Vorbild ist und sie sich Zeit schafft, mit diesen Kindern im Unterricht allein zu arbeiten.

Johanna, die zum gleichen Zeitpunkt „SchBagÄTI" schreibt, hat die 1:1-Zuordnung von Lauten und Buchstaben vollzogen und damit entscheidende Ziele des 1. Schuljahres bereits erreicht. Sie kann jetzt auf den Anlaut Sp hingewiesen werden und auf die Tatsache, daß im Wort nur Kleinbuchstaben geschrieben werden.

Tobias, schreibt „Spageti" flüssig ohne die Anlauttabelle zu benutzen. Er hat, ebenso wie Johanna, wichtige Entwicklungsschritte für das Schreiben schon in der Vorschulzeit vollzogen. Er lernt von uns zu diesem Zeitpunkt das Segmentieren des Wortes in Silben (Spa-get-ti)und damit die Technik, Verdoppelung von Konsonanten zu erkennen.

Hier wird deutlich, daß sich die Kinder einer Klasse zu jedem Zeitpunkt auf ganz unterschiedlichen Entwicklungsstufen im Schriftspracherwerbsprozeß befinden und sich das auch in den folgenden Jahren so fortsetzen wird. Dabei kommt es natürlich auch immer wieder zu Verschiebungen in der Klasse. Kinder, die zu Beginn der gemeinsamen Schulzeit schon sehr viel können, können in ihrem Lernprozeß stagnieren, brauchen eventuell Lernplateaus, auf denen sie verweilen dürfen. Sie werden vielleicht von anderen Kindern, die zunächst wenig Schreiberfahrungen mitbrachten, „überholt". Die Schreibentwicklung jeder Klasse ist von daher kein linearer, sondern immer ein sehr dynamischer Prozeß.

Lese-Rechtschreibschwäche kann auf diesem Hintergrund bedeuten, daß von einigen Kinder zu früh etwas verlangt wird, was sie zu diesem Zeitpunkt noch nicht leisten können. Da sich unsere Orthographie über Jahrhunderte hinweg entwickelt hat, sollten wir akzeptieren, daß es Kinder gibt, die ihre gesamte Schulzeit brauchen, um sich dem Ziel des richtigen Schreibens so weit wie möglich zu nähern. Wir Lehrerinnen müssen dabei nur darauf achten, daß wir die Kindertexte wertschätzen und den Kindern immer wieder Fortschritte deutlich machen, damit sie den Mut nicht verlieren.

Wenn uns das in einer Klasse für einzelne Kinder nicht mehr gelingt, wir diesen Kindern trotz Differenzierung und Individualisierung keine Fortschritte, Erfolgserlebnisse und Ich-Stärke mehr vermitteln können, müssen wir geeignete pädagogische Fördermaßnahmen ergreifen, – das kann auch eine Klassenwiederholung sein – um erfolgreiches Lernen wieder zu ermöglichen.

Wenn sich die Kinder das lautgetreue Schreiben erarbeiten, kommt es ganz selbstverständlich vor, daß einige Kinder mehr Laute hören und abbilden, als tatsächlich in der Norm geschrieben werden. Sie schreiben zum Beispiel „maein", „waeiel", „Fatear" oder „Bauom". Durch viel Schreiberfahrung und Bewußtmachung von Regelhaftigkeiten lernen die Kinder, daß es in unserer Schreibweise nur ein „ei", ein „au" und die Endung „er" gibt. Sie erfahren auch, daß es manchmal für einen Laut mehrere Zeichen gibt, z.B.„f", „v", „pf" oder „r", „ch". Ebenso lernen sie, daß es für verschiedene Laute nur ein Zeichen gibt, z.B. „ch" in „ich" und „ch" in „Nacht" oder „E,e" in „Esel" und „E,e" in „Ente".

Durch die Anordnung der Laute auf der Anlauttabelle von J. Reichen (ähnlich klingende Laute liegen sich gegenüber) finden einige Kinder schon ganz früh heraus, daß es in unserer Sprache keine grundsätzliche 1:1-Zuordnung von Laut und Zeichen gibt und werden dazu angeregt, Fallen zu erkennen, Fragen zu stellen und Entscheidungen zu fällen. Mieke fragt zum Beispiel:„Schreibe ich Fahrrad wie Vogel, wie Fenster oder wie Pfanne?" Die Kinder versuchen es durch Sprechen und Hören herauszufinden. Sie hören keinen Unterschied und sind ratlos. Als Lehrerin weise ich sie darauf hin, daß es Normen und Regelungen gibt, die sie erfragen oder später in einem Buch nachschlagen können und jetzt oder später lernen werden.

Mieke und einigen anderen Kindern, die Miekes Frage zu diesem Zeitpunkt auch als Problem für ihr Schreiben erkannt haben, vermittele ich dazu die Strategie: Wenn du dir bei einem Wort mit einem f-Laut unsicher bist und nicht fragen kannst, schreibe wie „Fenster", denn das kommt am häufigsten vor. Es gibt nur wenige Wörter, die mit mit v oder pf anfangen, und die lernen wir gesondert (Grundwortschatzarbeit). Weitere Strategien, die wir im ersten Schuljahr anfangen zu vermitteln, die aber auch in späteren Schuljahren immer wieder Gegenstand der Reflektion sind, weil Kinder sie erst jetzt in ihre Schreibstrategien integrieren können, sind:

- Für den i-Laut gibt es i und ie. Wenn ich das i gut höre, schreibe ich ie. (Siehe dazu die Häufigkeitsuntersuchung bei Chr. Mann).
- In jedem Wort ist mindestens ein Vokal (Bogen der Tabelle).
- Innerhalb eines Wortes werden nur Kleinbuchstaben geschrieben.
- Die meisten Wörter werden klein geschrieben.
- Namen werden groß geschrieben.
- Wörter, die Dinge oder Sachen bezeichnen, die man sehen oder anfassen kann, werden groß geschrieben.
- Satzanfänge werden groß geschrieben.
- Es gibt Lernwörter – „und", „sind"......, die in der Klasse aushängen. Weil wir diese Wörter beim Schreiben so oft benutzen und sie nicht lautgetreu sind, kann ich immer hinschauen und sie mir mit der Zeit auswendig einprägen.

Die Entwicklung des Schreibens nach dem Lautprinzip und die akustische Differenzierungsfähigkeit müssen unterstützt werden durch häufiges rhythmisches Sprechen in Silben. Das Einteilen von Wörtern in Silben sollte mit Musik und Bewegung verbunden werden und in vielfältigen spielerischen Varianten erfolgen. Die Fähigkeit, Wörter in Silben zu zerlegen, hilft auch bei der späteren Anwendung und Sicherung von Rechtschreibstrategien, wie zum Beispiel dem Erkennen von Mitlautverdoppelungen.

Nur sehr wenige Kinder können, wenn sie beginnen, eigene Gedanken aufzuschreiben, Wortgrenzen wahrnehmen und beim Schreiben sichtbar machen. Durch unser mündliches Sprechen werden keine Wortgrenzen deutlich, da wir Pausen nach Sinneinheiten und nicht zwischen den Wörtern machen. Wortgrenzen können Kinder nur durch ständigen Umgang mit Schrift begreifen lernen. Unterstützen kann man diesen Prozeß durch gezielte Bewußtmachung. Lou, der schreiben will: „Ich mag am liebsten Spaghetti" muß mir sagen, wie viele Wörter sein Satz hat. Wortgrenzen macht er sichtbar, indem sein Daumen die Lehrstellen markiert.

Später geht es darum, Satzgrenzen nach der gleichen Methode zu erkennen. Satzgrenzen markieren zu können, bedeutet Sprachgefühl entwickelt zu haben, was bei vielen Kindern nicht von selbst kommt, sondern erst durch einen mühsamen, langwierigen Lernprozeß erreicht wird.

Einführung der einzelnen Laute

Da bei der Arbeit mit der Anlauttabelle das Erlernen der Schriftsprache hauptsächlich über den akustischen und schreibmotorischen Kanal abläuft, führen wir parallel dazu alle Laute nacheinander einzeln in der gesamten Lerngruppe ein. Dabei achten wir darauf, daß alle Sinne angesprochen werden, um damit den Stärken und Schwächen eines jeden Kindes gerecht zu werden.

In dieser Phase des Unterrichts durchbrechen wir bewußt das Prinzip von Differenzierung und Individualisierung in Hinblick auf den Stand der einzelnen Kinder im Prozeß des Schriftspracherwerbs. Uns ist dabei aber klar, daß einige Kinder viel mehr Zeit brauchen, um einen Buchstaben zu speichern als andere Kinder. Wir meinen aber, daß die Lauteinführung besonders integrative Lernprozesse in der Klasse fördert – die genauso wichtig sind wie Differenzierung und Individualisierung – und parallel zur Arbeit mit der Anlauttabelle für alle Kinder eine gute und für schwächere Kinder eine notwendige Unterstützung ist.

Die Reihenfolge der Laute wird durch verschiedene Faktoren bestimmt:

- Häufigkeit in der Sprache.
- Verschlußlaute vor Explosivlauten, also „l, m, n, r" vor „t, b, g" u.s.w.
- Vokale möglichst schnell, vor allem das „e".

Bei der Einführung eines jeden Lautes lernen wir mit den Kindern das dazugehörige Marburger Handzeichen (E. Heller 1985). Hiermit erfolgt eine Unterstützung des Lesen- und Schreibenlernens im senso-motorischen Bereich. Durch das Aufbauen von Wörtern und später Sätzen mit Handzeichen wird die Durchstrukturierung unterstützt, was sich positiv auf den Rechtschreibprozeß auswirkt.

Zu den einzelnen Lauten haben wir je zwei Arbeitsblätter entwickelt, die immer den gleichen Aufbau haben und deshalb nach kurzer Zeit von den Kindern völlig selbständig bearbeitet werden können. Durch Klassenraumgestaltung und methodische und didaktische Unterrichtsplanung müssen Kinder frühzeitig lernen, lehrerunabhängig zu arbeiten, damit wir die notwendigen Freiräume haben, um in der Binnendifferenzierung einzelne Kindern besonders zu fördern.

- Arbeitsblatt 1 bietet ein graphomotorisches, ein akustisches und ein optisches Training.
- Arbeitsblatt 2 trainiert noch einmal intensiv den akustischen Bereich und fordert von den Kindern, den behandelten Laut auch beim selbständigen Schreiben zu berücksichtigen, wenn sie die Wörter unter die Bilder schreiben. (s. Anlage 1 und 2)

Darüber hinaus haben wir in unserer Klasse ein freies Angebot von Möglichkeiten organisiert, durch die einzelne Laute über alle Sinne geübt werden:

- Buchstaben kneten
- Buchstaben in Sand schreiben
- Buchstaben mit Nägeln in Holzstücke hämmern
- Buchstaben sticken
- Buchstaben mit Kleber schreiben und Sand darüber schütten
- Buchstaben mit Kreide auf den Schulhof malen
- Buchstaben auf dem Schulhof ablaufen
- Buchstaben backen
- Etwas kochen und/oder essen, was mit dem Buchstaben beginnt
- Etwas erriechen, was mit dem Buchstaben beginnt
- Weitere Ideen siehe H. Grimm: „ABC mit allen Sinnen", AOL-Verlag.

Dieses Angebot kann man auf unterschiedliche Weise organisieren:

* Wenige Angebote heraussuchen und als Stationen aufbauen
* Angebote als Aufgabe in den Wochenplan geben
* Angebote nacheinander einführen und für „Freie Stunden" zur Verfügung stellen.

Einführung in die Technik des Lesens

Kinder nehmen schon in ihrer vorschulischen Zeit Wortbilder in ihrer Umgebung wahr und können sie teilweise mit Inhalten belegen, z. B. WC, ARAL, Nutella, u.s.w. Durch die intensive, tägliche Arbeit mit der Anlauttabelle bringen sich die Kinder das Lesen zum Teil selbst bei (Lesen durch Schreiben). Um den Prozeß des Lesens zu beschleunigen und zu intensivieren, zeigen wir den Kindern anhand einfacher Lautverbindungen den „Zusammenschleifprozeß" und somit die Technik des Lesens. Das hat den großen Vorteil, daß Kinder so früh wie möglich mit richtigen Wortbildern und Texten konfrontiert werden können und so zunehmend den Unterschied zwischen ihrer Schreibung und der Normschrift erfahren. Kinder, die lesen können und stärker visuell lernen, fangen zum Beispiel auch schnell an Wörter wie „und", „die", „sie", „sind".... richtig zu schreiben, weil sie sie oft gesehen haben. Sie teilen ihre Erkenntnis anderen Kindern mit. Diese Kinder fragen auch regelmäßig: „Ist das richtig, was ich geschrieben habe?" Sie sind die Motoren im Unterricht, die den Richtigschreibprozeß in Gang setzen und durch ihre Fragen ständig vorantreiben.

Bevor ein Kind das Zusammenschleifen nicht verstanden hat, sollte es bei der Anbahnung des Lesens nur mit den ersten Lauten konfrontiert werden,

d. h. diese Kinder können noch nicht Inhalte zum Projekt lesen, bei ihnen läuft der Leselernprozeß nebenher. Die Auswahl der ersten Wörter für das Erlernen der Lesetechnik erfolgt nach dem Prinzip der Minimierung der Schwierigkeiten (siehe hierzu auch Dummer-Smoch, L. und Hackethal, R., Kieler Leseaufbau):

– Wenige leicht hörbare Laute: lange Vokale, dehnbare Konsonanten
– Beschränkung auf Wörter mit 1:1-Zuordnung von Lauten und Buch-staben
– Einfach strukturierte Wörter

Unterstützt wird der Leseprozeß mit dem Einsatz der oben beschriebenen Handzeichen. Lesen die Kinder ein mit Handzeichen aufgebautes Wort, so verschleifen sich die Buchstaben automatisch. Im Gegensatz zum selbständigen Schreiben können in den ersten Wochen nur für lesende Kinder die Inhalte des Projektes auch Inhalt der Lesetexte sein. Jeder Lesetext, mit dem die Kinder arbeiten, muß die Lehrerin in unterschiedlichen Schwierigkeitsgraden (in Bezug auf Textlänge, Wortwahl, Satzlänge, Schriftgröße) anbieten. Es ist nicht zu verkennen, daß die Herstellung differenzierter Lesetexte Zeit und Übung erfordert. Diesen nicht unerheblichen Mehraufwand an Arbeit sind Lehrerinnen zunehmend bereit auf sich zu nehmen, wenn sie dafür im Unterricht erleben, um wieviel zufriedener, selbständiger und erfolgreicher Kinder arbeiten können. Durch Teamarbeit und gemeinsame Planung kann man sich diese Mehrarbeit teilen und erleichtern (s. ein Beispiel aus dem Hanno-Projekt, „Hanno malt sich einen Drachen", von I. Korschunow, Anlage 3-6).

Zusätzlich stehen vielfältige themenunabhängige Materialien zur Verfügung, mit denen Kinder das Lesen selbständig oder mit Unterstützung der Lehrerin üben können:

♦ Leseschieber
♦ Klappbücher
♦ Stöpselkarten
♦ differenzierte Übungshefte zum sinnerfassenden Lesen
♦ Computer

Die Arbeit mit diesen Materialien kann wiederum auf unterschiedliche Weise wie oben beschrieben (*) organisiert werden.

Lernen in Projekten

Nach den bisherigen Ausführungen könnten die Leser den Eindruck gewinnen, daß es beim Erwerb der Schriftsprache hauptsächlich um die

Vermittlung von instrumentellen Fertigkeiten geht. Entscheidend muß aber weiterhin die inhaltliche Funktion von Schreiben und Lesen sein. Ich lese und schreibe nicht um des Lesens und Schreibens willen, sondern um etwas zu erfahren oder mitzuteilen. Kinder werden den mühsamen Weg des Schriftspracherwerbs nur kontinuierlich und motiviert beschreiten, wenn immer wieder ihr Interesse erhalten bleibt, sich auch über die Schrift mit Inhalten zu beschäftigen. Deshalb arbeiten wir grundsätzlich im Rahmen eines Themas oder Projektes, das im Erfahrungs-, Erlebnis- oder Interessenbereich der Kinder liegt und von ihnen im Laufe der Jahre immer mehr selbst mit gestaltet wird. Solche Themen können zum Beispiel im ersten Schuljahr sein: „Ich und die anderen", „Ein Tier in unserer Klasse", „Ein Besuch im Zoo", „Ich wasche mich", „Hanno".

Das Thema bietet einerseits die Möglichkeit, in der Gruppe gemeinsam etwas zu entwickeln, andererseits bildet es den Rahmen, innerhalb dessen die Kinder nach ihren eigenen Interessen und Fähigkeiten arbeiten können. In Unterrichtsgesprächen äußern Kinder ihre Erfahrungen zum Thema, bringen ihre Ideen ein, stellen ihre Ergebnisse vor, reflektieren sie und üben sich durch alle diese Tätigkeiten in der mündlichen Kommunikation. Kinder bekommen durch das Thema Anregungen, sich schriftlich zu äußern und erleben, daß sie durch Lesen und Schreiben ihre Interessen zum Ausdruck bringen und diesen nachgehen können. Auf ihre schriftlichen Mitteilungen erfahren sie eine Resonanz, da diese wiederum Thema in der Gruppe sind. Die Kinder werden also über das Thema an Schriftsprache herangeführt, schreiben häufig und entwickeln immer mehr Schreibkompetenz.

Texte sollten, wenn irgend möglich, immer in der Schule geschrieben werden. Nur wenn sie den Schreibprozeß ihrer Kinder aktiv mitverfolgt und begleitet, ist die Lehrerin gut informiert über unterschiedliche Schreibkompetenzen und -strategien und kann unterstützend, beratend und ermutigend tätig werden. Sind Textproduktionen Hausaufgaben, werden sie von schwächeren Schülern zu oft „vergessen", weil ihre Anfertigung anstrengend und zeitaufwendig ist. Nicht angefertigte Hausaufgaben wiederum erzeugen Angst und Abwehr gegenüber der geforderten Leistung, in diesem Falle dem selbständigen Schreiben.

Ausblick auf die weiteren Schuljahre

Schwerpunkt des weiteren Schreibunterrichts ist es, daß Kinder im Rahmen von Projektthemen oder des Freien Schreibens mehrmals wöchentlich eigene Texte verfassen (Schreiben lernt man nur beim Schreiben). Besonders für schwächere Schüler ist dabei die mündliche Vorbereitung von großer Bedeutung. Von ihrer Qualität hängt die Qualität der schriftlichen Texte dieser Kinder ab. Viele Kinder brauchen die sprachliche Anregung durch das vorangegangene Gespräch über den Inhalt und auch die Form des zu schreibenden Textes. Für einige Kinder ist es auch wichtig, daß sie vorher noch einmal mündlich artikulieren, was sie schreiben wollen, damit sie ihre Gedanken klar und verständlich aufs Papier bringen.

Die so entstandenen Texte werden in individueller oder Kleingruppenarbeit (Schreibkonferenzen, s. G. Spitta) immer wieder als Grundlage für die weitere Verbesserung und Vervollkommnung der eigenen Schreibfähigkeit genommen. Dies ist verständlicherweise in einem Unterricht, in dem viele Texte geschrieben werden, nicht bei jedem Text für alle Kinder möglich. Ein großer Teil der Texte bleibt daher unkorrigiert. Das können wir gut akzeptieren, denn die vielen Projektbücher, Textsammlungen und Veröffentlichungen, die im Laufe von vier Schuljahren entstehen, dokumentieren für Lehrer, Schüler und Eltern die Schriftsprachentwicklung der Kinder in Hinblick auf inhaltliche Kompetenz, sprachliche Differenzierungsfähigkeit und grammatische und orthographische Sicherheit.

Über die individuelle Entwicklungsarbeit hinaus fertigen wir zu jedem Projekt eine Wortliste und eine dazugehörige Übungskartei an. Grundlage dieser Wortlisten ist der allgemeine Grundwortschatz (HRRL), ergänzt durch Wörter, die für das Projekt von Bedeutung sind. So erreichen wir es auch, daß wichtige, häufig vorkommende und schwierig zu schreibende Wörter in immer wieder neuen Zusammenhängen geübt werden, unter besonderer Beachtung von Übungsgesetzen (s. Odenbach).

Ab drittem Schuljahr lernen Kinder Wörter einzuteilen in:

- Mitsprechwörter (Wörter, die mit Hilfe der Pilotsprache lautgetreu geschrieben werden: „Schulhofgeschichte")

- Nachdenkwörter (Wörter, die nicht dem Lautprinzip unterliegen sondern nach dem Stammprinzip geschrieben werden, d. h. deren Schreibweise ich durch Ableitungen erkenne: „Schwimmbad")

- Lernwörter (Wörter, deren Schreibweise ich auswendig lernen muß: „mehr") (s. Chr. Mann)

Indem wir immer wieder die Wörter der themenbezogenen Wortlisten auf „Fallen" hin untersuchen und sie die Kinder entsprechend der oben beschriebenen Kategorien einteilen lassen – wobei es natürlich zu Überschneidungen kommen kann –, machen wir die Kinder sensibel für Fehlermöglichkeiten und trainieren ständig neu Regelbildung und Strategieentwicklung. Zu den gefundenen Regeln werden dann wiederum Wörter aus dem Grundwortschatz gesucht und geübt. Auch für das Üben von Wörtern sind bei Christine Mann vielfältige motivierende Möglichkeiten beschrieben. Jedes Kind baut so im Laufe der Zeit sein individuelles Übungsrepertoire auf. Gemeinsame, im Laufe der Woche immer wieder praktizierte Übungen sind:

— Abhüpfen der Wörter nach Silben

— Schreiben der Wörter mit Handzeichen

— Buchstabieren der Wörter, indem die Kinder nach oben an eine markierte Stelle einer Wand schauen. (Diese Übung erfordert viel Konzentration und kann nur kurz durchgeführt werden. Sie trainiert aber verstärkt den visuellen Kanal und damit die Wortbildvorstellung und das Einprägen von Wortbausteinen.)

Ab Ende des zweiten Schuljahres wird die Arbeit mit dem Wörterbuch begonnen. Für den kompetenten Umgang mit diesem Arbeitsmittel ist ein gesichertes grammatisches Grundwissen notwendig, das sukzessive ab dem ersten Schuljahr vermittelt werden sollte. In Hinblick auf das Lesen und das Textverständnis kann es für einzelne Kinder in der gesamten Grundschulzeit und eventuell auch darüber hinaus notwendig sein, differenzierte Lesetexte herzustellen. Das Verkürzen und Vereinfachen von Texten aller Art gehört zu der ständigen Vorbereitungsarbeit einer Deutschlehrerin, die, je häufiger man sie tut, umso schneller und einfacher geht.

An dieser Stelle muß unseres Erachtens noch einmal sehr deutlich gesagt werden, daß es Prioritäten in einem Unterricht geben muß, der sich mit dem Schriftspracherwerb befaßt. Ein Kind kann unser Schulsystem nur erfolgreich durchlaufen, wenn es gelernt hat, Texte zu verstehen und zu bearbeiten und seine Gedanken mündlich und schriftlich verständlich zu äußern. Im Gesamtkonzept des Deutschunterrichts muß daher das Ziel: „Alle Kinder sollen möglichst orthographisch richtig schreiben" für einige Kinder differenziert gesehen werden und Abstriche zu Gunsten der o.a. Lernziele gemacht werden.

Im differenzierenden, projektorientierten und daher teilweise lehrerunabhängigen Unterricht, wie er hier beschrieben wird, bleibt jedoch – verglichen mit lernzielgleichen Arbeitsformen – für die Lehrerin erheblich mehr Raum, sich mit den schwächeren Kindern zu befassen und ihnen individuelle Hilfen zu geben.

Literatur

Dummer-Schmoch, L. / Hackethal, R.: Handbuch zum Kieler Leseaufbau. 1984

Grimm, H.: ABC mit allen Sinnen. AOL-Verlag

Heller,E: Das ABC mit Marburger Handzeichen. Eigenverlag Stadtallendorf 1985

Mann, Ch.: Selbstbestimmtes Rechtschreiblernen – Rechtschreibunterricht als Strategievermittlung, Weinheim 1993

Odenbach, K.: Die Übung im Unterricht. Braunschweig 1969

Reichen, J.: Lesen durch Schreiben, Zürich 1982

Spitta, G.: Schreibkonferenzen in Klasse 3 und 4. Ein Weg vom spontanen Schreiben zum bewußten Verfassen von Texten. Frankfurt am Main: Cornelsen / Scriptor 1992

A a

 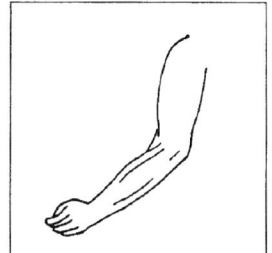

A_____

a_____

 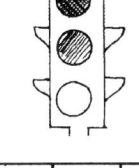 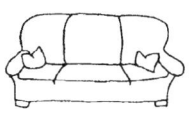

Ina   Ali   Sofa   Nase

Lama   Hase   Arm   Rad

Mama   Ampel   Ball   Affe

Salat   am   Ananas   an

A a

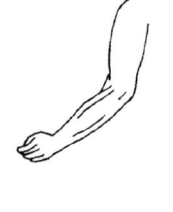

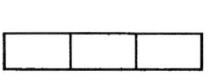

___

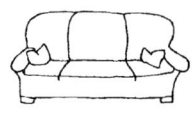

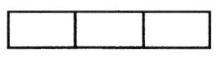

___

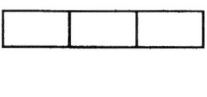

___

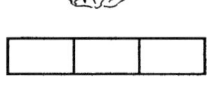

___

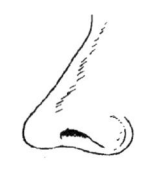

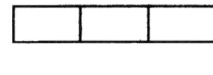

___

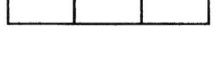

___

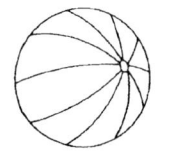

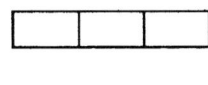

___

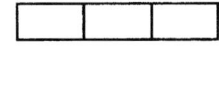

___

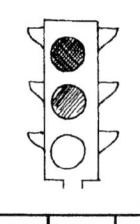

___

Hanno will nicht in die Schule.

Hanno ist dick.

Hanno ist allein.

Hanno will nicht in die Schule.

Hanno ist dick.

Alle lachen Hanno aus.

Hanno ist oft allein.

Hanno ist traurig.

Hanno will nicht in die Schule.
Alle Kinder lachen ihn aus, weil er
so dick ist.
Ludwig Hall ruft "Bratwurstfriedhof"
und "Fußballbauch".
Hanno ist oft allein.
Er ist daher sehr traurig.
So kann er auch nicht gut lernen.

Hanno will nicht mehr in die Schule gehen.
Die Kinder lachen ihn oft aus, weil er so
dick ist.
Und Ludwig Hall nennt ihn immer
"Bratwurstfriedhof" und "Fußballbauch".
Hanno hat keinen Freund in der Schule.
Daher kann er auch nicht gut lernen.
Turnen kann er auch nicht gut.
Alle Kinder laufen schneller als Hanno.
Nie bekommt er den Ball.
Hanno hat es satt.
Er mag nicht mehr in die Schule gehen.

Hanno hat sich so gefreut, als er im Herbst mit dem neuen Ranzen in die Schule gekommen ist. Aber jetzt will Hanno nicht mehr in die Schule gehen. Am liebsten würde er im Bett bleiben.
Die Kinder lachen ihn oft aus, weil er so dick ist. Und Ludwig Hall nennt ihn immer "Bratwurstfriedhof" und "Fußballbauch".
Seitdem hat Hanno Angst vor der Schule. Er ist immer allein. Keiner spielt mit ihm. Daher kann er auch nicht gut lernen. Beim Lesen stottert er und im Rechnen geht es auch nicht besser. Hanno sitzt auf seinem Platz, ärgert sich und ist traurig.
Am schlimmsten ist es beim Turnen. Alle anderen Kinder sind schneller als er und den Ball bekommt er nie. Hanno hat es satt. Ohne einen Freund mag er nicht mehr in der Schule sein.

4. Die Einbeziehung der Eltern in die LRS-Förderung

Intensiver und kontinuierlicher Kontakt mit den Eltern ist für eine erfolgreiche Förderung von LRS-Kindern unerläßlich. Dabei müssen die Eltern informiert werden über die konkret bei ihrem Kind vorliegenden Stärken und Schwächen, über Methoden der Förderung und über weitere, außerschulische Therapiemöglichkeiten. Je besser die Eltern das alles wissen, desto sinnvoller können sie die Förderarbeit begleiten und unterstützen. Besonders bei stark gestörten Kindern wird ohne diese Mitarbeit kaum eine erfolgreiche Betreuung möglich sein. Genaue Kenntnisse entlasten die Eltern aber meist auch insofern, als sie nicht mehr unterschwellig denken müssen, sie seien an der Problematik ihrer Kinder „schuld".

Wie intensiv die Eltern in die tägliche Trainingsarbeit zu Hause einbezogen werden können, hängt natürlich zu allererst einmal von deren Bereitschaft und deren Möglichkeiten ab. Jedoch ist dies allein noch keine Garantie für Erfolg, denn blinder Eifer schadet bekanntlich nur. Es wäre fatal, wenn ein LRS-Kind von den Eltern mit Übungen und Verhaltensmaßregeln bombardiert würde. Eltern, die eine Neigung hierzu erkennen lassen, sollte man eher dazu raten, zusätzliche Übungen einzustellen (und statt dessen sinnvoll mit den Kindern zu spielen)! Die Erfahrung zeigt, daß häusliche Zusatzübungen sehr häufig unter emotionalen Spannungen stattfinden und gelegentlich sogar nach einer Art festgelegter Choreographie wechselseitiger Frustration und Aggression verlaufen. In vielen Fällen wird also der Versuch, die häusliche Situation zu entspannen, ein ganz zentraler Bestandteil der Elternberatung sein müssen. Genauso wichtig sind aber die anamnetischen Hinweise der Eltern für den Lehrer (IV.2.2).

Alle Eltern neu anerkannter LRS-Schüler werden auf einem Elternabend über allgemeine Hintergründe von LRS und über Grundsätze der Förderarbeit informiert. Der Hinweis auf §§ 39 und 40 des Bundessozialhilfegesetzes bzw. 35a des Kinder- und Jugendhilfegesetzes sollte nicht fehlen, nach dem die Therapiekosten für Schwerstlegastheniker zumindest zum Teil erstattungsfähig sind. Sozialamt oder Jugendamt können weiterhelfen.

Ein halbjährlicher Elternabend für jede LRS-Gruppe vertieft die Zusammenarbeit und unterstreicht die Bedeutung des Kurses. Regelmäßige informelle Gespräche mit den Eltern (in der Schule oder per Telefon) begleiten die Förderarbeit. Die Eltern sollen das Gefühl haben können, daß der Lehrer jederzeit ansprechbar ist, wenn es Probleme gibt.

Er sollte sich aber auch ohne Scheu bei den Eltern Gehör verschaffen, wenn *er* Probleme sieht. Manchen Eltern gegenüber ist man aufgrund deren Passivität auf ein solches Vorgehen angewiesen, um überhaupt Kontakt herzustellen oder aufrecht zu erhalten. Gerade diese Eltern sind häufig der Beratung besonders bedürftig. Dazu gehört zunächst natürlich auch der Hinweis, daß es ein Verstoß gegen die elterliche Pflicht wäre, das Kind seiner eigenen Ratlosigkeit zu überlassen. Auch Wiederholungen solcher Botschaften sind u.U. durchaus angebracht. Alle Beteiligten müssen den Eindruck bekommen, der LRS-Kurs sei ein Hauptfach. Man sollte daher nicht zögern, die Eltern zu verständigen, wenn der Elan ihrer Sprößlinge bei der Förderarbeit nachläßt. In manchen schulischen Kursen ist leider nur so die gewünschte Arbeitsatmosphäre zu schaffen. (Im folgenden z.T. nach KOWARIK 1991, BRENSING 1995, BUSCHMANN 1995, und MILZ 1998[2]; v. a. FIRNHABER 1996[2]).

Akzeptanz: Die Eltern sollten darin bestärkt werden, ihre Kinder auch mit ihren schulischen Schwächen zu akzeptieren. Statt die Schwächen in den Vordergrund zu stellen, sollen die Eltern möglichst davon absehen und die Stärken der Kinder beachten und loben, zumal schulischer Mißerfolg, noch dazu auf dem eher schmalen Gebiet der Rechtschreibung, noch keineswegs als Indikator für ein Scheitern im späteren Leben anzusehen ist. Je stärker der Ehrgeiz der Eltern ist, desto deutlicher müssen sie auf diesen Mechanismus hingewiesen werden.

Je geringer allerdings der häusliche Ehrgeiz ausgeprägt ist, desto eher müssen die Eltern akzeptieren lernen, daß sie ein „Kind mit besonderen Bedürfnissen" haben, das ihr besonderes Engagement und ihre Hilfe braucht. Die möglicherweise negativen Folgen einer ungesteuerten Entwicklung müssen manchen Eltern behutsam erklärt werden. In begründeten Fällen kann es sinnvoll sein, mit den Eltern einen Fördervertrag abzuschließen, der sie zu regelmäßigen häuslichen Übungen, in festem Abstand stattfindenden Gesprächen o. ä. verpflichtet.

Eltern mit großem Leidensdruck kann man mit dem Hinweis Mut machen, daß manche berühmten Leute, z.B. Rodin und Edison, Einstein und Andersen hochgradige Legastheniker waren (DAVIS 1996[3]). Bei richtiger Führung lernen LRS-Kinder nämlich, mit Schwierigkeiten umzugehen und vor Problemen nicht zu kapitulieren. Das macht sie oft besonders fit für „das Leben", zumal viele Berufe fast ohne Schreiben auskommen. In leitender Position hat man dafür eine Sekretärin. Schreibcomputer tun ein übriges.

Emotionaler Ausgleich: Besonders in Familien, die zu Überengagement neigen, muß es möglichst viele „LRS-freie Räume" geben, in denen die Kinder Gelegenheit bekommen, Dinge zu tun, die ihnen Spaß bereiten und

Erfolge bringen. Sportliche oder musikalisch-künstlerische Hobbys, z.B. in einem Verein sind enorm wichtig und müssen gefördert und gepflegt werden. Dies ist umso bedeutsamer, als viele LRS-Kinder ein gesteigertes Bedürfnis nach sportlicher Betätigung haben; andere zeichnen sich durch eine besondere musikalisch-künstlerische Begabung aus. Betont leistungsorientierte Freizeitbeschäftigungen und Freizeitstreß sind allerdings eher abzulehnen.

Durch viele negative Erlebnisse ist der Bereich der Schriftsprache bei LRS-Kindern meist mit einem deutlich negativen Vorzeichen versehen. Sie lesen und schreiben nur unter dem Druck des „Üben-müssens" und vermeiden diese Bereiche sonst so weit wie möglich. Eltern können aber sehr viel tun, um das Interesse an Geschriebenem aufrechtzuerhalten oder neu zu wecken. Ein enorm wichtiger Schritt kann dabei das Vorlesen sein. Spannende oder inhaltlich interessante Texte, in kuscheliger Atmosphäre vorgetragen, bewirken weit mehr als eine zwanghafte Vorleseübung durch das Kind. Spontane Sprachspiele kann man z.B. auch beim Autofahren durchführen.

Ruhe und Entspannung: Weder Lehrer noch Eltern dürfen immer mehr Konzentration verlangen, weil die Kinder aufgrund ihrer Schwäche oft schon von alleine auf erhöhtem Konzentrationsniveau arbeiten, um Fehler zu vermeiden. Entspannungsübungen und Ruhephasen sind daher auch zu Hause besonders wichtig.

Hausaufgaben sollten *ohne* jede Ablenkung gemacht werden können, d. h. ohne im Hintergrund laufendes Radio, ohne Telefon und vor dem Haus wartende Freunde.

Beim Arbeiten werden die Kinder angeregt, immer wieder Pausen einzulegen. Diese können auch ganz kurz sein. Der Kopf muß aber wieder frei werden, um Denkblockaden zu vermeiden. Ein motorisches Angebot (z.B. aus dem Bereich „Brain Gym") kann helfen.

Viele Eltern berichten allerdings, daß ihre Kinder trainierte Wörter oder Texte zu Hause fast fehlerlos schreiben, in der Schule aber dennoch versagen, wenn Diktate anstehen. Solche Berichte sollte man nicht pauschal als elterliche Schutzbehauptung abtun, denn diese Kinder finden zu Hause wohl eine optimale Situation vor: Es ist ruhig, die Mutter spricht nur zu dem einen Kind und paßt ihr Diktiertempo seinen Bedürfnissen an. Außerdem entfällt der direkte Leistungsdruck. Das Versagen in der Schule könnte daraus resultieren, daß unter den dort herrschenden Bedingungen (Geräuschpegel, Zeitdruck, Versagensangst usw.) die Konzentrationsfähigkeit nicht mehr ausreicht.

In diesem Fall sollte man den Eltern zunächst klarmachen, daß die Störung des Kindes dann nicht so gravierend sein kann, denn wenn es unter optimalen Gegebenheiten weitgehend fehlerfrei schreibt, zeigt es ja, daß es die Dinge im Prinzip beherrscht. Schwerwiegende Wahrnehmungsstörungen dürften also kaum vorliegen.

Die Eltern können mit den Kindern dann vereinbaren, daß ein Teil der häuslichen Übungen wie bisher stattfindet, in einem anderen Teil jedoch Schulsituationen simuliert werden. Ein Radio könnte im Hintergrund ganz bewußt für Störgeräusche sorgen, die Mutter das Diktiertempo gezielt steigern, im Raum hin und herlaufen, absichtlich leise oder vom Kind weggewandt sprechen usw. Dies alles sollte natürlich in dosierter und sukzessive gesteigerter Form praktiziert werden, so daß das Kind von Anfang an in der Lage ist, auch unter den verschlechterten Bedingungen richtig zu schreiben.

Vor allem in den Ferien müssen sich die Kinder erholen dürfen. Es nützt ihnen dabei wenig, wenn sie auch in dieser Zeit mit Schreib- und Leseübungen konfrontiert werden, die sie den Schulfrust nicht vergessen lassen. Erholte Kinder erreichen nach den Ferien sicher bald wieder ihren alten Leistungsstand. Es ist sicher auch wenig hilfreich, wenn die Kinder „aufregende" Ferien verbringen. Die Rückkehr an einen schon bekannten Ferienort erleichtert die Orientierung und läßt die Kinder schneller zur eigentlichen Erholung kommen.

Organisatorische Entlastung: Viele LRS-Kinder neigen zu Arbeitsweisen, die man als „schlampig" oder gar „chaotisch" zu klassifizieren bereit ist. Manchen Eltern muß klargemacht werden, daß ihr Kind dies nicht „mit Absicht" tut (wenn doch, gälte es herauszufinden, warum). Vielmehr ist die unorganisierte Arbeitsweise meist Ausdruck zugrundeliegender Wahrnehmungsschwächen und damit wichtiges Element der Gesamtproblematik: Wenn die Kinder zu effizienteren Arbeitsstrategien fähig wären, wären sie vermutlich auch nicht legasthen.

Eine ganz vordringliche Aufgabe der Eltern solcher Kinder ist es, sie von organisatorischer Verantwortung zu entlasten, so viel und so lange das nötig erscheint. Es wäre hingegen verkehrt, von ihnen völlig selbständiges Arbeiten zu verlangen, denn dazu sind sie oft erkennbar nicht in der Lage. Umso wichtiger ist, ihnen auf behutsame Art „Hilfe zur Selbsthilfe" zu geben, aber das gelingt zunächst nur bei ganz einfach strukturierten, eng umgrenzten Aufgabenstellungen mit eindeutigen Regeln und unmittelbarer Möglichkeit zur Selbstkontrolle. Die globale Anweisung: „Mach deine Hausaufgaben" ist sicher oft viel zu komplex.

306

Mit zunehmender Stabilisierung wird den Kindern Schritt für Schritt mehr Eigenverantwortung übertragen. Solange die Hilfe nötig ist, sollten Eltern sie als integralen Bestandteil ihrer Fürsorge betrachten und nicht darüber jammern, daß sie zu „Hilfskindergärtnerinnen" degradiert werden. Eltern sollten sich daher im Zweifelsfalle telefonisch bei einem Mitschüler erkundigen, welche Hausaufgaben zu erledigen sind, denn oft kann ein LRS-Kind das selbst gar nicht aufschreiben, weil ihm dazu die Zeit fehlt. Um das Kind nicht bloßzustellen, sollten derartige Maßnahmen aber mit allen Beteiligten abgesprochen sein. Bei dem um Auskunft gebetenen Klassenkameraden sollte es sich möglichst immer um die gleiche Person handeln.

Häufig hilft es schon, wenn mit dem Kind vereinbart wird, daß es sich jeden Tag den Eintrag ins Hausaufgabenheft vom Lehrer abzeichnen läßt. Daran sollte es der Lehrer im Zweifelsfall erinnern. Zu Hause haben die Eltern dann die Gewähr, daß der Eintrag korrekt ist (auch wenn es heißt „Nichts auf"). Das kann natürlich nur dann funktionieren, wenn zu Hause wirklich jeden Tag danach geschaut wird. Die Arbeitsatmosphäre in manchen Elternhäusern ist leider so unstrukturiert, daß man zunächst die Eltern zu dieser Regelmäßigkeit hinführen muß. Nicht immer wird das gelingen. Man sollte dann aber versuchen, in geeigneter Form klarzumachen, daß eine solche Form der Betreuung auch zu den elterlichen Pflichten gehört.

Die Aufgaben werden – wenn sie nicht schon mit dem Kind gemeinsam erledigt wurden – jeden Tag auf Vollständigkeit und Korrektheit überprüft. Auch der Inhalt des Schulranzens wird jeden Abend mit dem Stundenplan in der Hand kontrolliert.

Kinder, die zum Trödeln oder zu übertriebener Hast neigen, sollten eine (lautlos gehende) Uhr im Blickfeld haben. Trödlern kann sie beim Zeitsparen helfen. Mit überhasteten Arbeitern kann vereinbart werden, daß die jeweilige Tätigkeit auf jeden Fall bis dann und dann zu dauern hat (V.4.7.3).

Arbeitsentlastung: Beim Lesen unterstützen, auch in Mathematik (Textaufgaben), Erdkunde etc. Aufgaben evtl. vorlesen. Lesetexte evtl. nur partiell üben lassen; zwischen Eltern und Lehrer absprechen, daß das Kind nur mit dem geübten Teil drankommt. Aufgaben evtl. mit Schreibmaschine oder am PC erledigen lassen. Aufsätze diktieren lassen und selbst aufschreiben, um die Formulierfähigkeit nicht durch die mangelnde Schreibsicherheit zu beeinträchtigen. Aufsätze evtl. auf Kassette sprechen lassen und auf die Verschriftlichung ganz verzichten. Das Auswendiglernen von Gedichten kann bei schlechten Lesern durch wiederholtes Vorsprechen erfolgen.

Eigenverantwortlichkeit und Selbständigkeit wecken; Absprachen und Regeln: So wichtig die beschriebenen Formen der Entlastung sind – ihr Ziel muß immer sein, die Kinder zu Selbständigkeit und Eigenverantwortung zu führen. Ohne den festen Willen des Kindes, seine Schwierigkeiten zu überwinden, wird nämlich jede LRS-Therapie zum Mißerfolg verurteilt sein. Damit das Kind aber durch eigene Arbeit Erfolge erreichen kann, muß es von Dingen entlastet werden, die es überfordern würden. Nur Erfolge – und besonders mit eigener Kraft erzielte – stärken das Selbstbewußtsein und den Durchhaltewillen.

Der geforderte zusätzliche Arbeitsumfang und seine Schwierigkeit muß also dem momentanen Stand des Kindes entsprechen (und es am Anfang eher unterfordern!). Aber auch die Art der Übung muß klar und überschaubar sein. Anstatt alle paar Tage mit Erklärungsaufwand ein neues „Spiel" einzuführen (das vor allem ältere Kinder doch recht bald als Mogelpackung mit Lerninhalt durchschauen), reichen oft einige vertraute Übungsformen, die das Kind sicher beherrscht und die vor allem eine Selbstkontrolle ermöglichen.

Absprachen und Regeln sollten aber – vor allem bei Kindern mit Verhaltensproblemen – stringent und klar sein. Das Kind muß genau wissen, wie ein Auftrag gemeint ist, und daß er ernst genommen wird. Formulierungen wie „Du könntest ja vielleicht mal bei Gelegenheit..." sind dafür nicht geeignet. Auch die Übernahme von regelmäßigen Aufgaben (Blumenpflege, Einkaufen, im eigenen Zimmer Ordnung halten u. ä.) sollten durchaus verlangt werden, zumal damit ganz nebenbei Material- und Handlungserfahrungen verbunden sind. Dabei müssen die Anforderungen natürlich leicht erfüllbar und eindeutig sein. Auch sollten nicht mehrere Aufträge gleichzeitig gestellt werden!

Zur Einführung eines Belohnungssystems und weiterer erzieherischer Maßnahmen s. V.4.7.3 (S. 159f.) sowie das Buch von JANSEN/STREIT 1992.

Positivbewertung sollte nach aller Möglichkeit im Vordergrund elterlichen Feedbacks stehen. Dazu gehört auch die Verstärkung kleinster Fortschritte, zu der Eltern lernen müssen, leichte von schweren Fehlern (Regelfehler vs. Verstoß gegen die Lauttreue) unterscheiden zu lernen. Lob wird auch ausgesprochen, wenn nur leichte Fehler gemacht wurden, z.B. solche in der Groß- und Kleinschreibung. Kritik kann berechtigt sein, wenn sich das Kind erkennbar keine Mühe gegeben hat, aber es wird nicht immer leicht sein, das eindeutig festzustellen. Ein vom Kind als ungerechtfertigt empfundenes Lob wird ebenso seine Wirkung verfehlen wie als unberechtigt empfundene Kritik.

Versuchen Sie den Eltern darüber Klarheit zu geben, daß Fortschritte nur langsam zu erzielen sind und daß übertriebene Erwartungen und Forderungen genauso schaden wie übertriebene Unachtsamkeit. Die meisten Eltern werden lernen müssen, ihre Enttäuschungen über sehr langsame Lernerfolge oder gar Rückfälle in Krisensituationen möglichst weitgehend zu verbergen.

Zusätzliche Übungen: Häusliches Training muß gleichen Methoden folgen wie das in der Schule. Dazu sind genaue Absprachen nötig. Wortmaterial wird möglichst dem klassen- oder kursinternen Training entnommen. Den Eltern sollten sinnvolle spielerische Übungsformen vermittelt werden, damit das Training zu Hause spaßig und lustbetont vonstatten geht. Ein für Eltern bestimmtes Informationsblatt, das Hinweise aus den Kapiteln V und VI aufgreift, finden Sie am Ende dieses Abschitts. Um Eltern mit solchen Vorschlägen nicht von vorneherein zu überfordern, ist es wichtig, mit ihnen abzuklären, wieviel Zeit ihnen täglich für die Erziehung ihrer Kindern zur Verfügung steht. Denkanstöße für schulbezogene Interventionen müssen in diesen Zeitrahmen passen, denn es muß darüber hinaus auch die Möglichkeit zu Spaß und Spiel vorhanden sein. Wenn die Übungen trotzdem zum Streß für alle Beteiligten geraten, sollte überlegt werden, ob sie nicht durch ein rein motorisch-spielerisches Training ersetzt oder einer außerfamiliären Person übertragen werden.

Die Eltern sollten auch darüber informiert werden, welche außerschulischen Fachleute ihren Kindern helfen können (vgl. III.6 „Hilfsstellen und -adressen").

Schonung bei Krankheit: Manche LRS-Kinder sind besonders krankheitsanfällig. Bei Krankheiten sollten die Eltern das Kind lieber länger zu Hause lassen und während der Rekonvaleszenz nicht mit ihm arbeiten. Wenn es dann ganz gesund ist, bleibt es noch zwei oder drei Tage daheim, um jetzt den versäumten Stoff nachzuholen (Informationen darüber bei Klassenkameraden oder Lehrer einholen).

Sprachenwahl in weiterführenden Schulen: Hier ist wohl Englisch der Vorzug zu geben, obwohl die Orthographie sicher problematisch ist. Am Anfang wird jedoch sowieso mehr mündlich gearbeitet. Das Sprachsystem ist außerdem relativ leicht und entspricht am ehesten deutschen Denkgewohnheiten. Außerdem haben viele Kinder schon Kontakt mit dieser Sprache gehabt, sei es durch Frühenglisch in der Grundschule, durch Popsongs oder durch Computer.

Gelegentlich wird vorgeschlagen, der Lauttreue wegen Latein zu wählen, was jedoch wegen der komplizierteren Grammatik und dem häufig stark lernorientierten Unterricht den LRS-Kindern mit Sprachverarbeitungsproblemen nicht entgegenkommt. Außerdem wiegt hier der Nachteil einer – im Gegensatz zu Englisch – weitgehend auf das Schriftliche fixierten Arbeit den Vorteil der Lauttreue wieder auf. Es entstehen immense Probleme, wenn ein Kind mit der Erstsprache Latein aus irgendwelchen Gründen die Schule verlassen und anderswo mehrere Jahre Englisch nachholen muß. Auch Französisch kann der Kompliziertheit wegen als erste Fremdsprache für LRS- Kinder nicht empfohlen werden.

Aktiv werden, statt jammern: Viele Eltern neigen in Versammlungen von LRS-Selbsthilfegruppen und bei anderen Gelegenheiten dazu, endlose Beschwerden über unzureichende oder inkompetente Behandlung durch Lehrpersonal zu äußern. Es gebe keine Stunden für LRS-Förderung, LRS sei nicht oder viel zu spät erkannt worden, die Kinder seien gedemütigt statt aufgebaut, die Eltern für schuldig erklärt statt gestützt worden – so ist da immer wieder zu hören.

Das Erschreckende an diesen Berichten ist, daß sie stimmen. Und doch hat es keinen allzu großen Wert, unablässig in dieses Horn zu stoßen. Ausgesprochen unprofessionell verhalten sich Kollegen, die unreflektiert in diese Klagen einstimmen und auf Schule allgemein und ihre eigene Schule im besonderen schimpfen. Vielmehr seien alle zu Eigeninitiative und zukunftsgewandtem Optimismus aufgefordert. Was in der Vergangenheit versäumt wurde, kann man, so bedauerlich das sein mag, nicht mehr hereinholen. Aber man kann alles Mögliche tun, damit es in Zukunft (und das heißt: von *jetzt* an!) besser wird. Wenn die Schule leider oft und flächendeckend versagt, so müssen sich die Eltern darüber bewußt werden, daß sie nicht nur erziehungsberechtigt, sondern auch erziehungsverpflichtet sind und daher nicht zögern sollten, den besonderen Bedürfnissen ihrer Kinder so gut es irgend geht selber nachzukommen.

Dazu gehören zunächst möglichst detaillierte Informationen, die auch für die Beobachtung des Kindes in der häuslichen Umgebung genutzt werden sollten, um Lehrern gezielte Hinweise zu geben, vor allem aber, um an den richtigen Stellen (Augenarzt, Ohrenarzt usw.) genaue Untersuchungen durchführen zu lassen. Oft bekommt man dort auch Hinweise für eine außerschulische Therapie.

Viele Eltern wissen aber mittlerweile schon mehr über LRS als manche Lehrer. Förderung, die die Schule nicht leisten kann, muß eben von den Eltern selber in die Hand genommen werden, und das braucht gar nicht einmal horrendes Geld zu kosten: Eltern von LRS-Kindern, die sich entsprechend organisieren, bekommen das sicher auch in eigener Regie in den Griff. Optimal wäre es, wenn sie an ihrer Schule eine Initiative bilden könnten, die mit Schulleitung und Lehrern zusammen zur Gründung einer

Art „Arbeitsgemeinschaft LRS-Förderung" führt. Entsprechende Anstöße könnten vom Schulelternbeirat ausgehen – oder aus dem Kollegium kommen, das beim Schulelternbeirat vorstellig wird. So könnte man wahrscheinlich den betroffenen Kindern helfen – und darüber hinaus sogar noch die Corporate Identity der Schule stärken.

Hinweise und Anregungen für das LRS-Training zu Hause

Zusätzliche häusliche Übungen sollten auf ein zeitliches Mindestmaß reduziert werden. Mehr als 10 höchstens 15 Minuten täglich sollten nicht verlangt werden. Das reicht auch, wenn es wirklich regelmäßig durchgeführt wird. LRS-Kinder sollen dabei grundsätzlich nur richtige Wortbilder sehen. Es wird möglichst nur mit Bleistift geschrieben und bei Fehlern das ganze Wort ausradiert und neu geschrieben. Es wäre methodisch falsch, den Kindern falsch geschriebene Versionen von Wörtern zu zeigen und sie den Fehler finden lassen. Die Übungen sollten partnerschaftlich gestaltet sein, so daß auch das Kind dem Elternteil Aufgaben stellen darf.

Sinnvolle spielerische Übungsformen können helfen, das Training möglichst spaßig und lustbetont zu gestalten. Einfach durchzuführen sind z.B.:

Wörter nach Silben klatschen, aber auch nach Silben laufen (zu jeder Silbe einen Schritt).

Wörter (mit dem Rücken zur Gruppe) in die Luft schreiben, der Partner versucht zu lesen.

Laufdiktat: Die ausgedruckte Wortliste oder der Diktattext liegt an einer vom Schreibplatz entfernten Stelle im Raum. Das Kind geht hin, merkt sich ein Wort oder einen Sinnschritt (diese sollten im Text markiert sein), geht zurück und schreibt ihn auf. Dann geht es wieder zur Vorlage, vergleicht im Geist mit seiner Version und merkt sich ein neues Teil usw.

Dem Partner Buchstaben oder Wörter mit dem Finger auf den Rücken schreiben. Buchstaben oder Wörter aus Knetröllchen legen lassen.

Kopfdiktat: Ein Trainingswort wird genannt, der jeweilige Partner nennt kritische Stellen, das Rechtschreibproblem o. ä.

Robotersprache: Trainingswörter werden tonlos nach Silben gegliedert gesprochen.

Dehnsprechen: Die Wörter der Liste werden so gelesen, daß alle Laute extrem in die Länge gezogen werden, damit jeder einzeln deutlich hörbar ist.

Trainierte Wortlisten ganz laut (oder ganz leise) lesen lassen.

Flüstern: Ein Partner geht in eine entfernte Ecke des Raumes und flüstert ein Trainingswort mit abgewandtem Gesicht. Der andere versucht es zu hören.

Wörter schriftlich od. mündlich auf- und abbauen: H – Ha – Has – Hase (oder umgekehrt).

Galgen- oder Blümchenspiel zu Trainingswörtern.

„Einbrecherspiel": Ein Buchstabe, z.B. das „e", wird als Einbrecher bezeichnet. Die Wörter der Trainingsliste werden mündlich durchgegangen. Es wird z.B. gefragt: Wie viele Einbrecher gibt es? Wo ist der erste Einbrecher in „Leberwurst"? Antwort: Nach dem „L", oder: an zweiter Stelle.

Wortkärtchen: Mit relativ wenig Aufwand lassen sich die Wörter einer Trainingsliste auf Pappstreifen schreiben. Damit kann man z.B. ein Kimspiel veranstalten: Die Wörter werden in eine bestimmte Reihenfolge gelegt, die sich die Übungspartner einprägen. Einer vertauscht dann die Reihenfolge der Kärtchen, während der andere wegschaut. Der versucht anschließend die alte Reihenfolge wiederherzustellen. Oder man spielt das „Röntgenspiel" (eine Buchstabierübung mit Pfiff): Ein Partner hält sich ein Wortkärtchen vor die Stirn und sagt: „Ich habe einen Röntgenblick und kann durch die Karte schauen. Mein Wort heißt 'Lokomotive' und buchstabiert sich L, o, k, ..." Wenn die Karten nicht mehr benötigt werden, markiert man darauf die Silben, schneidet sie silbenweise durch und vermischt alle Schnipsel der Trainingsliste. Als Silbenpuzzle werden sie wieder zusammengesetzt.

Wörter intensiv visualisieren lassen, dann rückwärts buchstabieren. (Bei richtungsunsicheren Kindern sollte man diese Übungsform vermeiden. Einzelne Kinder leisten dabei aber Beachtliches und haben viel Spaß dabei.)

Diktat mit Stop: Nach dem Diktieren nicht gleich schreiben lassen; vor dem Schreiben soll das Kind eine Nachdenkphase über das zu schreibende Wort einlegen. Das Wort wird angesagt, dann heißt es „Stop". Das Kind überlegt; geschrieben wird erst auf ein Klopfzeichen hin.

Neu geübte Wörter werden in einer Kartei oder einem Merkheft festgehalten und systematisch wiederholt.

Reine Abschreibübungen sind sinnlos, wenn nicht sogar schädlich!

Angebote für ein motorisch-spielerisches Training zu Hause: Bei hyperaktiven Verhaltensweisen empfehlen sich Schaukel, Trampolin, Hüpfball, häufig Schwimmen gehen, Rutschen und Karussell fahren (auf dem Spielplatz, auf dem Rummel), Stelzen, Pedalos; wenn die Situation es erlaubt: Arbeiten auf dem Sitzball; Reiten. Die Eltern wissen selbst am besten, ob ihre Kinder Bewegungsangebote annehmen. Wenn das so ist, sollten die Kinder möglichst viele davon bekommen.

Bei gestörter Auge-Hand-Koordination empfehlen sich Ballspiele aller Art: Fangen, Werfen, Tischtennis usw. Bastel-, Falt-, Schneide- und Klebarbeiten vermitteln ebenso wie Kochen, Backen oder andere häusliche Tätigkeiten eine Fülle von Material- und Sacherfahrungen, die vielen Kindern fehlen. Unter anderem wird die taktile Wahrnehmung und die Feinmotorik angeregt, das Gefühl für Mengen und verantwortliches, vorausschauendes Handeln stimuliert.

Bei Seitigkeitsproblemen sind Sportarten hilfreich, die eine Körperseite einseitig beanspruchen, um eine dominante Seite herauszuarbeiten: Tischtennis, Tennis, Badminton, Bogenschießen. Musik ist immer sinnvoll, zumal Musikinstrumente ja meist beide Hände differenziert einsetzen (Gitarre, Geige, Klavier...) und das Rhythmusgefühl stärken. Spiele, die die Seitigkeit unterstützen können, sind z.B.: Tangram, Das verrückte Labyrinth. Linkshändigkeit muß von den Eltern akzeptiert werden. Sie müssen wissen, daß es eine Reihe spezieller Linkshändermaterialen gibt.

5. Die hessische LRS-Verordnung vom 22.10.1985 als Beispiel für eine sinnvolle schulrechtliche Regelung

Die schulrechtlichen Vorgaben zur Lese-Rechtschreibschwäche weichen in den verschiedenen Bundesländern recht deutlich voneinaner ab. Die hessische LRS-Verordnung sei hier als Beispiel für eine gelungene Regelung auf der Basis der KMK-Beschlüsse vom 20. 4. 1978 („Grundsätze zur Förderung von Schülern mit besonderen Schwierigkeiten beim Erlernen des Lesens und Rechtschreibens") vorgestellt.

Alle anerkannten LRS-Schüler erhalten in Hessen Schutz vor negativen Noten in der Rechtschreibung. Dies gilt bis einschließlich der Abschluß-zeugnisse in Klasse 9 und 10 und bei allen Arbeiten, also auch solchen, die sich nicht schwerpunktmäßig mit der Rechtschreibung befassen. Die Rechtschreibung darf sich dann nicht negativ auf die Note auswirken. Der Schutz bezieht sich bei Bedarf auch auf die Fremdsprachen.

Nicht alle Schüler, die in Deutsch von einer LRS betroffen sind, weisen aber gleichzeitig auch in Englisch schlechte Rechtschreibleistungen auf. Der völlig neue, von Belastungen aus früherer Zeit freie Lehrgang in der Fremdsprache gelingt manchen LRS-Schülern ohne besondere Schwierig-keiten. Wenn das der Fall ist, kann man vermuten, daß die in Deutsch beobachtete Störung keine tiefliegenden Ursachen im Wahrnehmungsap-parat der Kinder hat, sondern durch periphere Einflüsse während der Grundschulzeit (z.B. Umzug oder Krankenhausaufenthalt in einer sensi-blen Lernphase) hervorgerufen wurde. Die Prognosen für einen Förderer-folg sind dann recht günstig. In Deutsch auffällige und von der Klassen-konferenz anerkannte LRS-Kinder, die in der Rechtschreibung der Fremd-sprache ebenfalls versagen, haben jedoch auch hier einen verbindlichen Anspruch auf Notenschutz in Sinne der Verordnung!

Die Note für Diktate und alle anderen Rechtschreibleistungen entfällt da-mit, wenn sie „mangelhaft" oder „ungenügend" geworden wäre. Sie wird durch eine Bemerkung ersetzt (z.B.: „Ohne Note wegen LRS"). Aufsätze werden ohne Berücksichtigung der Rechtschreibung (nur nach Stil, Inhalt etc.) bewertet. Wenn wegen LRS Noten ausgesetzt oder abgemildert wur-den, erscheint im Zeugnis eine Bemerkung wie: „Die Note in Deutsch und in ... bezieht sich nicht auf die Leistungen im Lesen und Rechtschreiben. Er/sie hat an der LRS-Förderung teilgenommen." Gerade im Unterricht der Fremdsprachen wird nicht immer leicht zu entscheiden sein, ob ein Fehler ein Rechtschreibfehler ist (und damit nicht gewertet wird), oder ob es sich um einen zu bewertenden Grammatikfehler o. ä. handelt. Es kann aber von jedem Lehrer erwartet werden, daß er seine Entscheidungen explizit begründet (Hinweise z.B. bei FIRNHABER 1996[2]). Pauschalurteile wie „LRS zählt in Englisch nicht" sind nicht akzeptabel.

Bei der Benotung von Arbeiten jeder Art soll auch berücksichtigt werden, daß die verminderte Beherrschung der Schriftsprache negative Auswirkungen auf die Auseinandersetzung mit den übrigen Lerninhalten haben kann. Eine Zeitzugabe ist gewiß sinnvoll. Im Zweifel sollte milder bewertet werden. Dies gilt auch für Kinder, die dabei sind, ihren LRS-Status zu überwinden und beginnen, in Diktaten benotbare Arbeiten zu schreiben. Es wird sich hier zunächst im allgemeinen um die Note „ausreichend" handeln, die nicht dazu führen darf, daß z.B. eine unter LRS-Bedingungen erreichte Zeugnisnote „gut" in Deutsch jetzt auf „befriedigend" absinkt, nur weil sich das Kind in der Rechtschreibung gebessert hat und seine Vierer jetzt mitbewertet werden. Für ein weiteres Schulhalbjahr kann die Rechtschreibnote im Zeugnis dann immer noch ausgesetzt werden.

Voraussetzung für diese Formen des Schutzes ist, daß angebotene Fördermaßnahmen von dem betroffenen Schüler angenommen werden. Notenschutz kann auch gewährt werden, wenn das Kind eine außerschulische Fördermaßnahme (z.B. in einem LRS-Institut) besucht.

Für die Feststellung der LRS ist allein die Klassenkonferenz zuständig. Sie entscheidet gemessen am Klassendurchschnitt, am Schweregrad und der zeitlichen Ausdehnung der Störung. Tests sind von der Verordnung nicht bindend vorgesehen, können aber zur genaueren Beobachtung herangezogen werden. Wichtigstes Kriterium ist in der Rechtschreibung die Fehlerzahl, weil es keine allgemein legastenietypischen Fehler gibt (VII.1.2). Die Fehlerart spielt erst in zweiter Linie eine Rolle, nämlich um zwischen den Schweregraden der Störungen zu differenzieren. Ein Kind, das vorwiegend Wortruinen mit schweren Verstößen gegen die Lauttreue produziert, muß natürlich als schwerer gestört gelten als ein anderes, das sich fast nur noch bei der Groß- und Kleinschreibung vertut, auch wenn beide hinsichtlich der absoluten Fehlerzahl in etwa gleich liegen sollten. In solchen seltenen Grenzfällen kann die Klassenkonferenz den LRS-Status natürlich trotz hoher Fehlerzahlen verweigern.

Die Feststellung kann schon im ersten Schuljahr getroffen werden. Sie ist aber nicht an einen bestimmten Zeitpunkt gebunden. Sie kann nach einer Besserung von der Klassenkonferenz wieder aufgehoben werden, wenn dies sinnvoll erscheint. Die Klassenkonferenz erkennt den LRS-Status auch ab, wenn das Kind angebotene Fördermaßnahmen nicht annimmt. Dazu werden vorher die Eltern benachrichtigt und darüber informiert, daß bei weiterem Fernbleiben vom LRS-Kurs die Entscheidung in diesem Sinne getroffen werden wird. Die Konsequenzen für die Notenfindung werden aufgezeigt. Sinnvollerweise wird der LRS-Status bei jeder Notenkonferenz überprüft, zumal die Klassenkonferenz dann ohnehin zusammentritt. Eine neue Anerkennung kann dabei von der Klassenkonferenz auch rückwirkend für das letzte Schulhalbjahr getroffen werden. Jede Entscheidung über den LRS-Status eines Kindes (Anerkennung oder Aberkennung) wird den Eltern schriftlich mitgeteilt und im Protokollbuch sowie in der Schülerakte festgehalten.

Die Förderung beginnt bei Bedarf in der zweiten Hälfte des ersten Schuljahres. Sie umfaßt zwei Wochenstunden und sollte in der Regel bis zur 6. Klasse abgeschlossen sein. Sie kann in begründeten Ausnahmefällen aber auch bis ins 10. Schuljahr fortgesetzt werden. In der Grundschule sollten nach Möglichkeit sogar drei Wochenstunden zur Verfügung stehen.

Wenn das leider auch nirgends explizit erwähnt wird, so läßt die Verordnung doch keinen Zweifel daran, daß unter „Fördermaßnahmen" ein zusätzlicher Lese- und Rechtschreibkurs zu verstehen ist, der vier bis sechs Gruppenmitglieder haben sollte. Damit ist jede Schule verpflichtet

- LRS-Kinder bei Bedarf durch die Klassenkonferenz als solche anzuerkennen und

- eine mindestens zweistündige Kleingruppenförderung für jedes Kind zu ermöglichen

Manche Schulen sehen sich aufgrund mangelnder Lehrerzuweisung objektiv nicht in der Lage, ausreichend Förderkurse anzubieten. In solchen Ausnahmefällen ist es im weitesten Sinne noch rechtskonform, wenn den betroffenen LRS-Kindern Übungsmaterial gegeben wird, das sie zu Hause durcharbeiten und das der Deutschlehrer in regelmäßigen Abständen kontrolliert. Es widerspricht der Verordnung jedoch, auf die Anerkennung von LRS-Schülern generell zu verzichten, weil keine Förderkurse angeboten werden können!

Bei genauerem Hinsehen zeigt sich jedoch oft, daß die Schulen durchaus Möglichkeiten hätten, LRS-Kurse einzurichten, wenn sie dafür auf andere Aktivitäten wie Flötengruppen, Orff-Orchester, Theater-AG's etc. teilweise verzichteten. Es tut weh, einen solchen Gedanken äußern zu müssen, denn für viele Kinder sind schulische Angebote die einzige Möglichkeit des Zugangs zum musischen Bereich. Bei der Güterabwägung muß allerdings festgestellt werden, daß ein möglichst ungestörter Erwerb des Lesens und Schreibens eine höhere Wertigkeit hat, zumal die hessische LRS-Verordnung dies bindend vorschreibt, während es für andere Angebote keine zwingende Erlaßvorgabe gibt. Auch Kürzungen des Regelunterrichts zugunsten der LRS-Förderung können erwogen werden. Die Arbeit mit LRS-Kindern sollte einen festen Platz im Schulprogramm bekommen.

Eltern haben das Recht, eine Klassenkonferenz über ihr Kind zu verlangen. Auf die Art der Entscheidung haben sie keinen Einfluß, können aber Gutachten außerschulischer Stellen, z.B. von Schul- oder Privatpsychologen, zur Information einreichen. Da derartige Instanzen aber den durchschnittlichen Leistungsstand der Klasse nicht kennen, auf den sich die Entscheidung der Klassenkonferenz in erster Linie zu beziehen hat, kann ihre Aussage nur informellen Charakter haben. Die Eltern haben weiterhin das Recht, über die Fördererfolge ihres Kindes Auskunft zu erhalten. Dazu ist ein Bericht anzulegen und kontinuierlich fortzuschreiben. Weiterhin können sie gegen Notenentscheidungen klagen, die gegen die oben beschriebenen Schutzbestimmungen verstoßen.

Von der Verordnung ausgeschlossen sind Kinder, die aufgrund mangelnder Deutschkenntnisse nicht zu durchschnittlichen Rechtschreibleistungen in der Lage sind. Als Zeitmaß wird ein zweijähriger Aufenthalt in Deutschland angesetzt, d.h., Kinder, die zwei Jahre oder länger in der Bundesrepublik sind, können unter den Schutz des Erlasses fallen. In der Praxis dürfte es dann aber immer noch sinnvoll sein, sie in einem Seiteneinsteigerkurs weiter an die deutsche Sprache heranzuführen.

Die Verordnung kann außerdem nicht angewendet werden, wenn bei einem Kind eine umfassende Lernbehinderung oder geistige Behinderung vorliegt. In sehr weiter und juristisch nicht endgültig gesicherter Auslegung kann der Schutz der Verordnung aufgrund dieser Passage auch verweigert werden, wenn ein Kind in einer weiterführenden Schulform (Realschule oder Gymnasium) erkennbar falsch eingestuft ist und über die gesamte Fächerbandbreite hinweg schwach oder gar mangelhaft steht. LRS ist jedoch alleine kein Grund für eine Nichtversetzung oder eine niedrigere Einstufung im gegliederten Schulsystem der SEK I.

6. Erkennen von LRS-Schülern in der Orientierungstufe

Vorbemerkung

Das Anerkennungsverfahren für LRS-Schülern auf der Orientierungsstufe ist ungleich komplizierter als in der Grundschule, weil ab der 5. Klasse bekanntlich durch das Fachlehrersystem **viel mehr Lehrer mit einem Kind** zu tun haben. Die Entscheidung der Klassenkonferenz über den LRS-Status einzelner Schüler muß also sehr gut vorbereitet sein, und je größer die jeweilige Schule ist, desto straffer muß diese Vorbereitung organisiert sein. Das führt nur scheinbar zu einer größeren Arbeitsbelastung aller Beteiligten, denn im Endeffekt sichert eine solche Organisation fundierte Erkenntnisse, strafft den zeitlichen Ablauf und entlastet nicht zuletzt das Sekretariat von verwaltungstechnischem Leerlauf.

Organisation der Anerkennung von LRS-Schülern an der Kopernikusschule Freigericht

Schulrechtliche Rahmenbedingungen

Die Ausführungsbestimmungen zur Hess. Verordnung vom 22. 10. 1985 legen die Entscheidung über den Status als LRS-Schüler in die Hand der jeweiligen Klassenkonferenz. Das bedeutet, daß die Meßgröße dafür, was als „erhebliche und langandauernde Auffälligkeit..." im Lesen und Schreiben zu gelten hat, der jeweilige *Klassendurchschnitt* bzw. ein deutliches Abweichen davon ist. Das ist gerade für uns als kooperative Gesamtschule sinnvoll, denn in der Hauptschule wird man einem anderen Klassendurchschnitt begegnen als im Gymnasium. Eine pauschal an standardisierten Testnormen orientierte Einstufung würde den Schülern beider Schulstufen nicht gerecht.

Als Beobachtungszeitraum für den „langandauernden" Charakter der Störung gelten drei Monate als angemessen. Wir verkürzen diese Beobachtungsphase mit gutem Erfolg auf die Zeit zwischen Sommer- und Herbstferien.

Notwendigkeit der Neubewertung in der 5. Klasse

Die meisten Grundschulen sind mit der Verordnung vom 22. 10. 85 vertraut. Eine Reihe von Schülern kommt daher bereits als anerkannte LRS-Kinder in unsere 5. Klassen. Für unsere Praxis hat das jedoch erfahrungsgemäß nur Hinweischarakter.

Ein Kind, das in der Grundschule unauffällig, d. h. ein knapp durchschnittlicher Rechtschreiber war, kann in einer 5. Klasse des Gymnasiums des höheren Leistungsanspruchs wegen durchaus manifeste Probleme bekommen. Das kann auch dadurch geschehen, daß die insgesamt höheren Anforderungen durch insgesamt mehr Stunden und die neu hinzukommende Fremdsprache zu einem Einbrechen der Schreib- und Leseleistungen führt, wenn diese tendenziell schon der schwächste Teil seines Leistungsgebäudes waren. Ein anderes Kind, das in der Grundschule als rechtschreibschwach auffiel, kann seine Störung allmählich überwunden haben oder durch Einstufung in die Hauptschule bei gleichbleibenden Leistungen im eben noch durchschnittlichen Rahmen mitschwimmen. *Daher gehen wir davon aus, daß in unseren 5. Klassen eine generelle Neubewertung des LRS-Status vorgenommen* werden muß.

Dieses Prinzip sollte für alle 5. Klassen gelten, da sich beim Eintritt in die Orientierungsstufe durch eine veränderte Klassengemeinschaft immer ein veränderter Leistungsdurchschnitt ergibt.

Die Leseleistung der Kinder differiert zu Beginn des 5. Schuljahres zwar immer noch stark, jedoch beherrschen die Schüler bis auf wenige Ausnahmen die Lesetechnik und die Sinnentnahme wenigstens im Prinzip. Hauptkriterium für die Anerkennung des LRS-Staus ist also die Rechtschreibleistung. Bei Kindern, die hierin auffallen, wird die Leseleistung als zusätzliches Kriterium herangezogen. Dies gilt ebenfalls für Sozialverhalten und Arbeitshaltung, Motorik und Handschrift und für den Umgang mit Material (s. Beobachtungsbogen in Material M 1, S. 332).

Daß die Leistungen der einzelnen Schüler auf dieser Altersstufe in den Diktaten noch sehr stark schwanken, ist bekannt. Durch den Schulwechsel und die damit verbundenen Umstellungen wird dies noch verstärkt. Wir halten daher eine Serie von drei Überprüfungsdiktaten auf ca. sechs Wochen verteilt für das Mindestmaß des Erforderlichen.

Prinzip der Kooperation

Herausragende Bedeutung in der entscheidenden Klassenkonferenz hat naturgemäß das Urteil des Deutschlehrers. Jedoch haben auch die Fremdsprachenlehrer ein zentrales Wort mitzureden, zumal sich der LRS-Status ja auch auf die Fremdsprachen beziehen kann (was leider, vor allem von den Fremdsprachenlehrern selber, allzu häufig „vergessen" wird). Die Sportlehrer halten im Formular „Beobachtung LRS-verdächtiger Schüler in der Klasse" motorisch auffälige Kinder fest (s. Material M 2, S. 336, identisch mit III.2.1).

Auch der Klassenlehrer bearbeitet dieses Formular, denn er kennt Sozial-verhalten und Umfeld des Kindes in der Regel am besten und kann bei der Entscheidungsfindung wichtige Informationen liefern.

Die Kollegen mit diesen Funktionen müssen also bereits in der Beobach-tungsphase intensiv zusammenarbeiten, um später ein gut fundiertes Ur-teil treffen zu können. Diese Zusammenarbeit *muß* an großen Schulen (leider) organisiert und formalisiert sein, weil sonst im entscheidenden Mo-ment keiner weiß, wer nun was nach welchen Kriterien beobachtet hat. Als Organisator bietet sich ein „Koordinator für LRS" oder der Pädagogische Leiter an. An kleineren Schulen kann manche hier vorgeschlagene schriftli-che Mitteilung natürlich durch einen mündlichen Hinweis ersetzt werden.

Das Verfahren

Gleich *zu Beginn* des neuen Schuljahres erhält jeder Deutschlehrer einer 5. Klasse die hier mit „M 1" bezeichneten Informationen (s.S. 327ff.). Er verfährt damit nach Zeitplan und gibt seine Erkenntnisse an Fremdspra-chen- und Klassenlehrer weiter.

Nach dem ersten Überprüfungsdiktat erhalten auch alle Fremdsprachen-und Klassenlehrer (soweit nicht Personalunion vorliegt) eine Information, in der sie gebeten werden, sich ihrerseits mit dem Deutschlehrer in Verbin-dung zu setzen, um die Ergebnisse des Diktats einzufordern, falls der darauf sitzengeblieben sein sollte (s. Material M 2, S. 333ff.). Sie erhalten außerdem den Beobachtungsbogen, den sie sinngemäß für ihre Fächer führen (was eine formale Abwandlung in den Spalten für die Rechtschreib-leistung erforderlich macht).

Die Ergebnisse weiterer Prüfdiktate werden ebenfalls ausgetauscht, das gleiche geschieht mit anderen wichtigen Informationen über auffällig ge-wordene Kinder.

Dabei erübrigt sich der Hinweis fast, daß die beigefügten Diktate lediglich Vorschlagscharakter haben. Von jedem beliebigen altersgemäßen Diktat kann natürlich ein Klassendurchschnitt und im Einzelfall auch die Abwei-chung davon ermittelt werden.

Nach unseren Erfahrungen können Kinder als auffällig angesehen werden, wenn sie in Diktaten mit ca. 100 Wörtern mehrmals hintereinander mehr als *12 Fehler über dem Klassendurchschnitt* liegen. Selbstverständlich kann dies nur eine ganz grobe Faustregel sein, um die herum die Ent-scheidung evtl. variiert. Als ungefähre Orientierung in der ersten Beobach-tungsphase ist das jedoch für die Kollegen unserer Erfahrung nach eine praktikable Größe.

Klassenkonferenz und Kursbeginn

Nach einem dergestalt gestrafften Verfahren kann die Klassenkonferenz, die über die Zuerkennung des LRS-Status entscheidet, unmittelbar vor den Herbstferien zusammentreten.

Neben einer Reihe von eindeutigen Entscheidungen wird man dabei immer auch mit Zweifelsfällen konfrontiert sein. Manche Kolleginnen und Kollegen neigen erfahrungsgemäß dazu, auch solche Kinder für die Anerkennung vorzuschlagen, die sich zwar unterhalb des Fehlerdurchschnitts ihrer Klasse, jedoch noch relativ nahe bei demselben befinden, nach dem Motto: „Dem könnte ein bißchen Nachhilfe auch nicht schaden". Wollte man alle diese vorgeschlagenen Schüler anerkennen, so produzierte man – es sei gestattet zu sagen: künstlich – eine Unzahl von „Legasthenikern", deren schiere Menge mühelos jede Schulorganisation aushebeln und eine sinnvolle Betreuung in Kleingruppen unmöglich machen würde.

Es klingt zwar hart, ist aber pädagogisch für alle Beteiligten ausgesprochen sinnvoll, wenn man sich in der Orientierungsstufe auf die Formel „Im Zweifel dagegen" einigt. Zweifelsfall-Kinder werden weiter beobachtet. Sollte sich später herausstellen, daß ein Kind zu Unrecht abgelehnt wurde, kann die Anerkennung jederzeit in einer neuen kurzen Klassenkonferenz nachgeholt werden. Genauso kann der LRS-Status auch jederzeit wieder aberkannt werden, wenn er erkennbar obsolet geworden ist oder ein Kind die Förderung nicht annimmt. Trotz der Einstufung nach dem Prinzip „Im Zweifel dagegen" erwischt man erfahrungsgemäß noch eine ganze Reihe von „Grauzonenfällen", die zu fördern jedoch sinnvoll ist, um einem eventuellen späteren Ausufern der Problematik vorzubeugen.

Eine andere Situation bietet sich in der Grundschule. Kinder, die nicht allzu stark unter dem Klassendurchschnitt in der Rechtschreibung rangieren, von der Intelligenz und dem erkennbaren Elternwillen her aber aller Voraussicht nach später z.B. ins Gymnasium eingestuft werden sollen, wird man hier im Zweifelsfall eher fördern. Werden sie nämlich in einer weiterführenden Schulform mit gehobenen Ansprüchen an die Rechtschreibsicherheit konfrontiert, können sie sonst leicht in „gravierendem" Maße unter den Klassendurchschnitt absinken (was im weniger anspruchsvollen Rahmen der Grundschulklasse bei gleichen Leistungen eben nicht der Fall war). So kämen mißverständliche Fragen auf („Warum hat die Grundschule da nichts getan?"), und ein Fördererfolg wäre des späten Beginns wegen u. U. fraglich.

Es sollte selbstverständlich sein, daß alle diese Konferenzentscheidungen im Protokollbuch vermerkt werden. Vor allem bei der Ablehnung von Kindern, deren Eltern schon im Vorfelde auf die LRS-Anerkennung hingearbeitet haben, muß die Ablehnungsentscheidung (mit Begründung!) vermerkt werden, um bei evtl. Auseinandersetzungen justitiable Fakten vorweisen zu können. Alle Entscheidungen werden den Eltern schriftlich mitgeteilt, ein Rückschein mit der Kenntnisnahme per Unterschrift wird der Schülerakte beigeheftet.

Bei optimalem Timing können die Kurse dann gleich nach den Herbstferien anlaufen.

Wenn die Schulleitung hinter der Sache steht, ziehen erfahrungsgemäß auch die Kollegen mit; die nötige Überzeugungsarbeit – in die das Sekretariat unbedingt mit einbezogen werden muß – ist zumindest nicht allzu schwer zu leisten. Ab dem zweiten Jahr geht das Verfahren in Gewohnheit über, *muß* aber jedes Jahr neu minutiös vorbereitet und erklärt werden.

Zahl der LRS-Schüler und Kursangebot

Etwa 7 – 10 % der Fünftklässler fallen bei uns als LRS-Schüler auf (mit starkem Übergewicht der Hauptschule). Bei einer Jahrgangsbreite von 10 Klassen mit ca. 290 Schülern sind daher drei Kurse das absolute (und schon nicht mehr immer befriedigende) Minimum. Dabei ist ein kompletter Kurs für die Hauptschule vorzusehen, ein reiner Realschulkurs und ein gemischter Kurs für Realschüler und Gymnasiasten. Ein zweistündiges Kursangebot zu unterschreiten kommt fast einer Bankrotterklärung a priori gleich.

Trotz abnehmender Schülerzahlen wird für den Jahrgang 6 ein analoges Kursangebot benötigt. Jede Kürzung mangels Lehrerstunden verschlechtert die pädagogische Situation erheblich!

Die Kurse liegen am besten in der 7. und 8. Stunde en bloc.

Verteilung der Schüler auf Kurse; Feindiagnose

Mit allen neu anerkannten LRS-Schülern wird vor der Einteilung in einzelne Kurse ein standardisierter Rechtschreibtest durchgeführt. Der Prozentrang und vor allem auch die Fehlerart (Wahrnehmungsfehler vs. Regelfehler) sowie evtl. weitere Hinweise der unterrichtenden Lehrer entscheiden über die Einweisung in einzelne Kurse, die möglichst leistungshomogen sein sollten. Auch bei LRS-Schülern gibt es bekanntlich ganz erhebliche Leistungsunterschiede. So brauchen die Kinder aus dem Gymnasium oft „nur" ein regelorientiertes Training, während andere z.T. erst an das Prinzip der Lauttreue herangeführt werden müssen.

Elterngespräche und feindiagnostische Überprüfungen mit dem Beobachtungsbogen ergänzen die individuelle Beratung und Betreuung. Aus diesen

Erkenntnissen läßt sich schließlich ein Förderplan zusammenstellen. Diese Arbeit ist aber kaum vor Weihnachten abgeschlossen. Dann muß überlegt werden, ob nicht einzelne Schüler noch den Kurs wechseln sollten, um die Homogenität der Gruppen zu verbessern.

Kontinuierliche Beobachtung

Die Leistungen aller Schüler müssen kontinuierlich überwacht werden. Dann kann man gegebenenfalls anerkannten LRS-Schülern das Prädikat bei Besserung wieder entziehen; noch nicht anerkannte Schüler können bei Verschlechterung in die Förderung aufgenommen werden. Dies kann prinzipiell zu jedem gewünschten Zeitpunkt geschehen.

Der standardisierte Rechtschreibtest sollte bei allen LRS-Schülern mindestens im Jahresrhythmus wiederholt werden.

Turnusmäßige Überprüfungen des LRS-Status finden am besten in den Zeugniskonferenzen statt. Das ist erfahrungsgemäß ein sinnvoller Zeitraum. Außerdem tritt die Klassenkonferenz dann sowieso zusammen. LRS-Entscheidungen (Kind X ist noch, Kind Y ist nicht mehr und Kind Z ist ab jetzt zu fördern) sind bei entsprechender Vorbereitung oft eine Sache weniger Minuten.

Organisatorische Maßnahmen am Schuljahresende; prinzipielle Erwägungen

Besonders bei Versetzungskonferenzen ist eine gültige Liste von LRS-Schülern wichtig, damit bei einem Lehrerwechsel im nächsten Schuljahr dem neuen Kollegen gleich zu Beginn mitgeteilt werden kann, welche LRS-Schüler in der Klasse sind.

Am Schuljahresende muß das Kursangebot für das neue Schuljahr schon von vorneherein in den neuen Stundenplan eingearbeitet werden. Sonst kann es leicht geschehen, daß die Lehrerstunden anderweitig vergeben sind.

Die Kurse sollten für die Jahrgänge jeweils zum gleichen Zeitpunkt stattfinden, damit leistungshomogene Gruppen Klassen- und Schulzweiggrenzen hinweg eingerichtet werden können.

Es sollte selbstverständlich sein, daß ein fester Stamm erfahrener Kollegen die Gruppenleitung übernimmt. Eine von Jahr zu Jahr wechselnde Zuteilung nach dem Kriterium, wer „eben noch 'ne Stunde minus" hat, führt sicher nicht zu befriedigenden Ergebnissen. Jede Schule sollte diskutieren und in Konferenzbeschlüssen sowie im Schulprogramm festschreiben, welchen Stellenwert die LRS-Förderung für sie hat. Dann wird es kaum zu

Fördermodellen nach Art der Echternacher Springprozession kommen, wo jedes Jahr neu nach jeweiliger Ressourcenlage über die Einrichtung oder Abschaffung von LRS- Kursen entschieden wird.

Aufgaben eines LRS-Koordinators

Die Organisation des Beobachtungsverfahrens, die korrekte Führung entsprechender Listen und die termingerechte Abwicklung von Schriftverkehr mit den Eltern gerät nach kürzester Zeit heillos und unentwirrbar aus den Fugen, wenn sie nicht in einer Hand zusammenlaufen. Da das Sekretariat mit diesen Dingen nicht zusätzlich belastet werden kann, sollte der Pädagogische Leiter oder ein anderer Kollege das federführend übernehmen. Der jeweilige Konferenzleiter muß mit eiserner Disziplin darüber wachen, daß jede qualitativ neue Entscheidung (Ab- oder neue Anerkennung) direkt an die zuständige Person geht.

Da von ihr nicht verlangt werden kann, daß sie sich die nötigen Informationen selbst aus den Konferenzbüchern heraussucht (bei außerordentlichen Konferenzen weiß sie ja ohnehin nicht, daß eine solche stattfand), muß neben dem Eintrag ins Protokollbuch eine separate Liste geführt und an den zuständigen Kollegen weitergereicht werden (s. „Rückmeldungsbogen" in M 2, S. 341f.). Besonders wichtig ist diese Liste zur Versetzungskonferenz, da hier eine Art Summe der Veränderungen des gesamten Schuljahres gezogen wird, die anders schlechterdings nicht nachvollziehbar sind, weil die Daten an ganz unterschiedlichen Stellen gesammelt werden.

Vor allem gerät aber auch die Schulleitung oder der einzelne Kollege bei Formfehlern leicht in eine unangenehme Schräglage, weil bei Nichteinhaltung der schulrechtlichen Vorgaben ja letztlich auch Noten- oder gar Versetzungsentscheidungen tangiert sind, die von streitbaren Eltern durchaus eingeklagt werden können (vom Imageverlust der Schule ganz zu schweigen).

Formaler Schriftverkehr mit den Eltern

Es ist sehr hilfreich, wenn die immer wieder benötigten Formschreiben auf Abruf im Computer gespeichert bleiben (s. M 3, S. 343ff.).

Eltern neu anerkannter LRS-Schüler im 5. Schuljahr erhalten zu den Herbstferien (d. h. nach der entsprechenden Klassenkonferenz) die ersten drei Schreiben bereits mit gleicher Post. Bei späteren Neuanerkennungen fehlt dann natürlich die Einladung zum Informationsabend. Die übrigen Formblätter werden bei Bedarf verschickt. Natürlich sind in besonderen Fällen auch individuelle Schreiben zu versenden.

Material M 1

Vorbereitung der Klassenkonferenz:
Anschreiben an die Kollegen, Probediktate

An alle
Deutsch-Fachkolleginnen und -kollegen
des 5. Jahrgangs

Vordiagnose zur Feststellung von LRS-Kindern des neuen Jahrgangs 5

Liebe Kolleginnen und Kollegen,

Sie wissen, daß bald wieder die Entscheidung darüber ansteht, welche der neu bei uns eingeschulten Kinder als lese-rechtschreibschwach eingestuft und in Förderkursen betreut werden müssen.

Dieser Entscheidung sollen möglichst gut abgesicherte Erkenntnisse zugrunde liegen. Die Erfahrung zeigt, daß ein einzelnes Probediktat hierfür nicht ausreicht, denn die Leistungen der Kinder schwanken zu stark. Führen Sie dazu bitte möglichst drei Testdiktate während des angegebenen Zeitraumes durch, von denen eines ein Kurzdiktat sein kann. Beobachten Sie auch die Leseleistung der Kinder.

Textvorschläge erhalten Sie in der Anlage. Sie können aber auch andere alters- und stufengemäße Texte verwenden. **Wichtig für die Einschätzung ist lediglich die relative Stellung des einzelnen Schülers im Leistungsbild seiner Klasse.** Kinder, die 12 und mehr Fehler <u>über dem Fehlerdurchschnitt</u> der Klasse liegen (Kurzdiktat ca. 8 Fehler) sollten beobachtet werden.

Tragen Sie die Ergebnisse bitte in den Beobachtungsbogen ein. Er sollte bei der Klassenkonferenz zur LRS-Feststellung vorliegen.

Sie können die Diktate ohne Vorübung und ohne Benotung einsetzen, aber natürlich auch vorbereitet (z.B. durch die Übung entsprechender Wortlisten oder Rechtschreibregeln) und als Klassenarbeit.

Geben Sie unbedingt die Namen der auffälligen Schüler an Klassen- und Englischlehrer weiter, sofern Sie diese Funktion nicht selbst haben. Deren Urteil wird in der Klassenkonferenz, die über die Förderungsbedürftigkeit entscheidet, bekanntlich ebenfalls von großer Bedeutung sein. Beachten Sie bitte auch, daß die Zeit bis zu den Herbstferien in diesem Jahr wieder recht knapp ist.

Haben Sie vielen Dank für Ihre Mühe!

Mit freundlichen Grüßen

Terminvorschläge für die Probediktate:

vom 15. 9. – 19. 9. 97   1. Probediktat
vom 29. 9. – 2. 10. 97   2. Probediktat
vom 13.10. – 15. 10. 97   3. Probediktat

Die Klassenkonferenzen zur Feststellung von LRS finden voraussichtlich am Do., 16. 10. 1997, in der 6. Stunde statt. Bitte merken Sie den Termin vor.

1. Probediktat zur LRS-Vordiagnose

1. Fassung (H-Klassen)

Wohnungsbau

In früheren Zeiten bauten die Menschen ihre Häuser aus Holz, <u>Lehmziegeln</u> und Steinen. Die Häuser waren klein, die Dächer oft mit Schilf, Stroh oder Schindeln gedeckt. Die Räume innen waren <u>niedrig</u>. Tische, Stühle, Bänke und Truhen waren oft <u>verziert</u>. Meist gab es neben dem Haus noch eine Scheune und einen Stall für die Tiere. Heute baut man Häuser aus <u>Beton</u>, Ziegelsteinen, Stahl und Glas. Fahrstühle fahren schnell nach oben. Die Wohnungen sind hell. <u>Elektrischer</u> Strom versorgt viele Geräte. Die Menschen versuchen, ihre Wohnungen immer besser einzurichten. Viele große und kleine Erfindungen erleichtern die Arbeit im Haushalt und machen das Wohnen <u>angenehm</u>.

ca. 100 Wörter

2. Fassung

Wohnungsbau

In früheren Zeiten bauten die Menschen ihre Häuser aus Holz, Lehmziegeln und Steinen. Die Gebäude waren klein, die Dächer oft mit Schilf, Stroh oder Schindeln gedeckt. Im Inneren befanden sich niedrige Räume. Die Einrichtungsgegenstände, z.B. Tische, Stühle, Bänke und Truhen, waren oft mit Schnitzereien und Malereien verziert. Meist gab es neben dem Haus noch eine Scheune und einen Stall für die Haustiere. Moderne Häuser baut man aus Beton, Ziegelsteinen, Stahl und Glas. Bequeme Fahrstühle fahren schnell in die oberen Stockwerke. Wärme wird von der Zentralheizung ausgestrahlt. Die Wohnungen sind hell. Elektrischer Strom versorgt viele Geräte. Die Menschen versuchen, ihre Wohnungen immer zweckmäßiger einzurichten. Viele Erfindungen erleichtern die Arbeit im Haushalt und machen das Leben angenehmer.
(Quelle nicht mehr eruierbar)

ca. 120 Wörter

2. Probediktat (Kurztext)

1. Vorschlag:

Getrocknete Blumen
Im Frühling hatte Beate viele bunte Blumen <u>gepflückt</u> und sie zwischen die Seiten eines alten Buches gelegt. Im Sommer, kurz vor der Ernte, hat sie goldene <u>Ähren</u> gesammelt. Im Herbst will sie im Wald die schönsten farbigen Blätter auflesen und sie auch wie die Blumen <u>pressen</u>. Im Winter, wenn der kalte Wind heult und der Schnee fällt, will Beate sie auf Zeichenblätter kleben. So wird sie diese bunte <u>Farbenpracht</u> immer wieder bewundern können.
(nach LUTHARDT 1985) (ca. 75 Wörter)

2. Vorschlag

Warum singen die Vögel?
Vögel singen, <u>zwitschern</u> oder stoßen Rufe aus, um sich mit anderen Vögeln zu verständigen. So singt ein Männchen, um das Weibchen anzulocken. Es singt aber auch, um andere Männchen zu warnen: Das hier ist mein Reich, daß sich da niemand hineinwagt! Vögel haben auch <u>spezielle</u> Laute, mit denen sie ihren Artgenossen anzeigen, daß sie eine reiche Futterstelle gefunden haben. Eine Krähe zum Beispiel, die über einen Acker <u>stolziert</u> und reichlich Würmer und Saatkörner findet, lockt mit ganz <u>bestimmten</u> Rufen andere Krähen herbei.
(nach LUTHARDT 1985) (ca. 85 Wörter)

3. Vorschlag

Die erste Autofahrt
Heute darf der kleine Peter zum ersten Mal im Auto mitfahren. Es <u>herrscht</u> starker <u>Verkehr</u>, und Vater ist sehr <u>nervös</u>. Am Abend fragt ihn seine Schwester, wie es ihm gefallen habe. Peter war mit der Fahrt sehr zufrieden. Seine Augen leuchten, und er erzählt, daß sie mit dem Auto vier <u>Ochsen</u> und drei Kamele überholt haben.
(nach MENZEL, Quelle nicht mehr eruierbar) (ca. 60 Wörter)

3. Probediktat

Bestrafter Geiz

Ein geiziger Bauer besaß einen schönen Birnbaum. Der hing seine Äste weit über den Gartenzaun und trug jedes Jahr die besten Früchte. Manchmal fielen ein paar davon auf die Straße. Die Leute hoben sie auf und aßen sie. Das hätte ihnen sicher jeder gegönnt; aber unseren Geizhals ärgerte es sehr. Darum hängte er eines Tages eine Tafel an den Zaun, auf welcher stand: „Eine Birne am Baum ist vergiftet. Ich warne daher vor dem Genuß!" Am nächsten Tage erschrak der Bauer, als er die Aufschrift verändert fand. Sie lautete jetzt: „Zwei Birnen am Baum sind vergiftet! Ich warne daher vor dem Genuß."
(nach POLLERT/SENNLAUB 1990) (ca. 100 Wörter)

Marsch durch die Antarktis

Im Süden der Weltkugel liegt die Antarktis. Im Winter 1990 wanderten zwei Abenteurer durch diese Eiswüste, die so groß ist wie Europa und Australien zusammen. Reinhold Messner und Arved Fuchs brachen an der Nordküste der Antarktis auf und marschierten rund 2.800 Kilometer zu Fuß. Oft behinderten hohe Schneedünen und scharfe Kanten in den Eisfeldern den Marsch. Mit Gleitschuhen und Windsegeln halfen sie sich und legten oft ein Tagespensum von 30 Kilometern zurück. In der Antarktis leben außer einigen Forschern keine Menschen. Unter dem Eis lagern jedoch Rohstoffe für die Industrie. Viele Länder sind an deren Abbau interessiert. Das würde aber die einzigartige Natur zerstören. Messner und Fuchs wollten mit ihrem Marsch auch für die Erhaltung der Antarktis als ökologischem Weltpark demonstrieren.
(nach FINDEISEN/MELENK 1991) (ca. 110 Wörter)

(evtl. vorgeben: Namen; Antarktis, ökologisch)

Zumindest in Hauptschulklassen sollten die unterstrichenen (und evtl. noch weitere) Wörter vorgeübt werden.

Beobachtungsbogen

für LRS-verdächtige Schüler aus Klasse _____

Name	Fehler **über Klassendurchschnitt**			Leseleistung: Note, Kommentar	Sozialverhalten, Arbeitshaltung	Schrift, Motorik	Umgang mit Material
	1. Diktat	2. Diktat	3. Diktat				

© 1999 borgmann publishing GmbH, Dortmund • aus: Kleinmann, Bestell-Nr. 8015

Material M 2

**Anschreiben an die Klassen-,
Fremdsprachen- und Sportlehrer**

An die Klassenlehrer/innen
sowie die Latein- und
Englischlehrer/innen der
5. Klassen

Vordiagnose zur Feststellung von LRS-Kindern des neuen Jahrgangs 5

Liebe Kolleginnen und Kollegen,

Sie wissen, daß bald wieder die Entscheidung darüber ansteht, welche der
neu bei uns eingeschulten Kinder als lese-rechtschreibschwach eingestuft
und in Förderkursen betreut werden sollen.

Damit die Klassenkonferenzen über möglichst gut abgesicherte Erkenntnisse verfügen, ergeht an Sie die herzliche Bitte, in Frage kommende
Kinder genau zu beobachten.

Die Deutschlehrer der 5. Klassen haben bereits ein Probediktat geschrieben und werden Ihnen – falls das nicht schon geschehen ist – in Kürze
eine Liste mit den Namen auffälliger Kinder zukommen lassen. Sollte das
nicht geschehen, nehmen Sie bitte selber Kontakt auf. Bitte halten Sie Ihre
eigenen Beobachtungen fest, z.B. auf dem umseitigen Formblatt.

Halten Sie bitte weiterhin Kontakt zum Deutschlehrer Ihrer Klasse, um evtl.
neu auffallende Kinder auch in Ihre Liste aufnehmen zu können.

**Die Klassenkonferenzen zur LRS-Feststellung werden am 15.10.97 in
der 6. Stunde stattfinden.**

Haben Sie besten Dank für Ihre Mühe!

Mit freundlichen Grüßen

Namensliste LRS-verdächtiger Schüler aus Klasse _____

Name: Beobachtung:

_____|_____

_____|_____

_____|_____

_____|_____

_____|_____

_____|_____

_____|_____

_____|_____

© 1999 borgmann publishing GmbH, Dortmund • aus: Kleinmann, Bestell-Nr. 8015

Informelle Verhaltensbeobachtung

Name: _____ Klasse: _____ Datum: _____

Kreuzen Sie bitte „**nein**" an, wenn der fragliche Bereich unauffällig ist. Bei gelegentlicher Auffälligkeit markieren Sie bitte „±", **bei deutlicher Auffälligkeit „ja".** Die Formulierungen in der Mitte sind als Beobachtungshilfen gedacht. Markieren Sie auch dann „ja", wenn nur einzelne Teilbereiche stark auffällig sind. Kennzeichnen sie diese in der Klammer. Ergänzen Sie fehlende Teilbereiche, wenn nötig.

1. **Verbale Unruhe** (Schwätzen, Zwischenrufe)   nein ± ja

2. **Bewegungsunruhe** (überaktiv, umtriebig)   nein ± ja

3. **Bewegungsverarmung** (ausdrucksarm, schwächlich)   nein ± ja

4. **Schwerfälligkeit** (tapsig, plump, schlaff)   nein ± ja

5. **Verkrampfung** (steif, starr, verspannt)   nein ± ja

6. **Mängel in der Körperkoordination**   nein ± ja

7. **Selbststimulation** (kratzt od. leckt sich, spielt, lutscht, kaut)   nein ± ja

8. **Raumlagestörung** (verw. re, li, o, u, am Körper, im Raum; beim Schreiben: Fehler in der Buchstabenfolge)   nein ± ja

9. **Handmotorikstörung** (auffällige Handhaltung, Verkrampfung, ausfahrende, zittrige Schrift, manuell ungeschickt)   nein ± ja

10. **Unzuverlässigkeit** (schlampig, vergeßlich, mangelnde Sorgfalt mit Material)   nein ± ja

11. **Visuelle Auffälligkeiten** (Blinzeln, Kopfschmerzen, Augenermüdung, Reiben, auffälliger Leseabstand, will vorne sitzen, äußert Sehprobleme)   nein ± ja

12. **Hörschwäche** (versteht schlecht, sprachlich passiv, unmusikalisch, akust. ablenkbar, kann Geräusche schlecht orten, reagiert verlangsamt)   nein ± ja

13. **Artikulationsmängel, sprachl. Mängel** (verwaschene Aussprache, Sprachfehler, stereotype Wortwahl, grammat. Schwächen, Dialekt, zweisprachiger Hintergrund)   nein ± ja

14. **Ablenkbarkeit** (geringe Konzentrationsspanne)   nein ± ja

15. **Geringe Gedächtnisspanne** (vergißt schnell)   nein ± ja

16. **Selbstwertstörung, Kontaktarmut, Angst** (fühlt sich minderwertig, entmutigt, kapselt sich ab, zeigt Angstsymptome)   nein ± ja

17. **Aggressivität** (unverträglich, greift andere an, vulgäre Sprache)   nein ± ja

18. **Impulsivität** (überhastet, planlos, unkontrolliert)   nein ± ja

19. **Verlangsamung** (trödelt, wird nicht fertig)   nein ± ja

20. **Leistungsflucht** (weicht Anforderungen aus, kein Willenseinsatz, ihm ist alles egal, Verweigerung)   nein ± ja

© 1999 borgmann publishing GmbH, Dortmund • aus: Kleinmann, Bestell-Nr. 8015

Rückseite der „Informellen Verhaltensbeobachtung":

Weitere Beobachtungen und Anmerkungen:

_____

_____

_____

_____

_____

_____

_____

_____

_____

_____

_____

An die
Deutschlehrer/innen der
5. Klassen

Kontaktaufnahme mit dem Klassen- und Fremdsprachenlehrer zur Weitergabe der Namen LRS-verdächtiger Schüler

Liebe Kolleginnen und Kollegen,

sicher haben Sie schon erste Erkenntnisse über LRS-verdächtige Kinder in Ihrer neuen 5. Klasse gewonnen.

Falls dies nicht schon geschehen ist, sollten Sie die Namen dieser Kinder an die Fremdsprachen- und Klassenlehrer weitergeben, sofern Sie diese Ämter nicht selbst bekleiden.

Sie können dazu das untere Formblatt benutzen.

Bitte merken Sie den 15.10.97, als Termin für die LRS-Klassenkonferenzen des Jahrganges 5 vor (6. Stunde).

Haben Sie vielen Dank für Ihre Mühe.

Mit freundlichen Grüßen

Information

für den Klassenlehrer/Fremdsprachenlehrer der Klasse _____

Folgende Schüler haben in den Probediktaten zur Erkennung von LRS-Schülern erheblich mehr Fehler als der Klassendurchschnitt gemacht und sollten daher genauer beobachtet werden:

_____

_____

_____

_____

_____

An die
Sportlehrer/innen des Jahrgangs 5

Erfassung lese-rechtschreibschwacher Schüler/innen Beobachtung motorischer Verhaltensformen

Liebe Kolleginnen und Kollegen,

Sie wissen, daß auch in diesem Jahr wieder die Entscheidung darüber ansteht, welche der neuen Fünftklässer/innen als lese-rechtschreibschwach eingestuft und in einem Förderkurs betreut werden sollen. Hierzu werden am 15.10. in der 6. Stunde die Klassenkonferenzen zusammenkommen, denen Sie durch Ihre Beobachtungen wichtige Entscheidungshilfen liefern können.

Natürlich ist Ihnen bekannt, daß eine gesunde Motorik die Grundlage für geistige Leistungen und emotionale Stabilität bildet. Dies gilt in gleicher Weise auch für das Lesen und Schreiben, denn ein Kind, das z.B. mit seiner Gleichgewichts- oder Selbstwahrnehmung Probleme hat, kann sich oft nicht genügend auf Sprache und Schrift konzentrieren.

Achten Sie also bitte im Sport auf motorisch auffällige Kinder, und halten Sie Ihre Erkenntnisse im beigelegten Formular „Beobachtung LRS-verdächtiger Schüler in der Klasse" fest, soweit die dort erwähnten Teilbereiche in Ihrem Unterricht relevant werden. Ihre Beobachtungen sind auf der o.g. Klassenkonferenz sicher sehr wertvoll. Darüber hinaus sind diese Informationen auch wichtig, um Kinder zu erfassen, denen im Sport-Förderkurs geholfen werden könnte.

Füllen Sie bitte pro Kind einen Bogen aus. Wenn die beigelegten Exemplare nicht reichen sollten, können Sie weitere bekommen.

Haben Sie vielen Dank für Ihre Mühe.

Mit freundlichen Grüßen

Beobachtungsbogen

für LRS-verdächtige Schüler aus Klasse _____ im Fremdsprachenunterricht

Name	Rechtschreib-leistung	Leseleistung: Note, Kommentar	Sozialverhalten Arbeitshaltung	Schrift, Motorik	Umgang mit Material

© 1999 borgmann publishing GmbH, Dortmund • aus: Kleinmann, Bestell-Nr. 8015

LRS-Rückmeldebogen

Laufendes Schuljahr: _____

Klasse: _____

Klassenkonferenz vom: _____

Thema: Feststellung von LRS

Name	Neue Anerkennung	Weiterhin Förderung	Keine Förderung mehr	Klassenwechsel; jetzt in …	Hat unsere Schule verlassen am …	Repetent aus Klasse …	Künftig in Klasse …

Beachten Sie bitte die Hinweise auf der Rückseite!

© 1999 borgmann publishing GmbH, Dortmund • aus: Kleinmann, Bestell-Nr. 8015

Rückseite zum LRS-Rückmeldebogen

Bitte ...

... tragen Sie (am besten vor der Konferenz) die Namen aller Schüler ein, die im laufenden Schuljahr als „LRS" gemeldet waren, auch wenn sie inzwischen den Status nicht mehr haben oder nicht mehr in Ihrer Klasse oder an unserer Schule sind;

... geben Sie auch dann den Rückmeldebogen ab, wenn zu keinem Zeitpunkt im Schuljahr LRS-Schüler in Ihrer Klasse waren. Vermerken Sie dann „Keine LRS-Schüler" o.ä.;

... füllen Sie unbedingt auch den Kopf des Formulars aus;

... geben Sie den Bogen gleich nach der Konferenz an den Zweigleiter zurück;

... halten Sie die LRS-Entscheidungen im Protokollbuch fest;

... verständigen Sie die Eltern schriftlich, wenn ein Kind neu als „LRS" eingestuft wurde;

... verständigen Sie unbedingt auch dann die Eltern schriftlich, wenn einem Kind der LRS-Status aberkannt wurde. Formblätter im Sekretariat. Fügen Sie eine Begründung für die Aberkennung an (z.B.: Kein Förderbedarf mehr, nimmt Förderangebote nicht wahr o.ä.)

... vergessen Sie den LRS-Stempel im Zeugnis nicht.

Vielen Dank!

© 1999 borgmann publishing GmbH, Dortmund • aus: Kleinmann, Bestell-Nr. 8015

Material M 3

Formschreiben an die Eltern

Entwürfe für Formschreiben an die Eltern

1. Mitteilung über vorliegende besondere Schwierigkeiten beim Lesen, Schreiben und Rechtschreiben

Sehr geehrte_____,

gemäß der Verordnung vom 22. 10. 1985 über die „Förderung von Schülern mit besonderen Schwierigkeiten beim Lesen, Schreiben und Rechtschreiben" hat die Klassenkonferenz der Klasse _____ am _____ beraten und dabei befunden, daß bei Ihrem Sohn/ Ihrer Tochter _____besondere Schwierigkeiten beim Lesen, Schreiben und Rechtschreiben (LRS) vorliegen.

Diese Anerkennung gilt bis zu einer weiteren Überprüfung und ist nur gültig, wenn Ihr Sohn/Ihre Tochter an dem eingerichteten Förderkurs regelmäßig teilnimmt. Sie bewirkt, daß negative Lese- und Rechtschreibleistungen nicht bewertet werden.

Wir bitten Sie daher, das beigefügte Blatt auszufüllen und über Ihr Kind bis zum _____ im Sekretariat unserer Schule abzugeben.

Mit freundlichen Grüßen

2. Bestätigung durch die Eltern (für die Schülerakte)

Ich/Wir habe/n von der Anerkennung unseres Kindes _____, Klasse _____ als Schüler/in mit besonderen Schwierigkeiten beim Lesen, Schreiben und Rechtschreiben (LRS) zur Kenntnis genommen und nehme/n dazu folgendermaßen Stellung:

( ) Um die Anerkennung wirksam werden zu lassen, wird unser Kind den vorgesehenen Förderkurs regelmäßig besuchen.

( ) Unser Kind soll an der Fördermaßnahme nicht teilnehmen. Wir verzichten damit auf einen Rechtsanspruch bei der Notenfindung.

_____   _____
Ort und Datum   Unterschrift

© 1999 borgmann publishing GmbH, Dortmund • aus: Kleinmann, Bestell-Nr. 8015

3. Einladung zum Informationsabend über Lese- Rechtschreibschwäche am _____

Liebe Eltern,

aufgrund der an unserer Schule durchgeführten Überprüfung wurde bei Ihrem Kind eine Lese-Rechtschreibschwäche erkannt.

Lese- und Rechtschreibschwächen sind nicht in Kürze zu beseitigen. Verbesserungen treten erst bei einer über längere Zeit andauernden Betreuung ein. Dies kann nur durch die aktive Beteiligung der Eltern geschehen. Für eine erfolgversprechende Arbeit mit Ihrem Kind sollten einige Grundregeln unbedingt beachtet und bestimmte Übungsformen eingehalten werden.

Wir laden Sie daher sehr herzlich zu einem

Informationsabend über Lese- und Rechtschreibschwäche am _____ um _____ Uhr in die Kopernikusschule Freigericht ein.

Unsere speziell ausgebildeten Kolleginnen und Kollegen werden Sie eingehend über mögliche Ursachen und Hintergründe von LRS und über geeignete Fördermaßnahmen informieren.

Mit freundlichen Grüßen

© 1999 borgmann publishing GmbH, Dortmund • aus: Kleinmann, Bestell-Nr. 8015

4. Unentschuldigtes Fehlen im LRS-Förderkurs

Sehr geehrte _____,

Ihr Sohn/ Ihre Tochter _____hat bisher den LRS-Kurs _____ mal unentschuldigt versäumt.

Wie Ihnen in einem ersten Anschreiben mitgeteilt wurde, kann die Rechtschreib- bzw. Leseleistung Ihres Kindes gemäß der Rechtslage nur dann bei der Benotung in den Fächern Deutsch und/oder Englisch unberücksichtigt bleiben, wenn der Förderkurs regelmäßig besucht wird.

Wir bitten Sie daher, für einen regelmäßigen Besuch des LRS-Förderkurses Sorge zu tragen, weil Ihrem Kind sonst der LRS-Status aberkannt werden muß.

Bitte bestätigen Sie Ihre Kenntnisnahme von diesem Schreiben auf dem unteren Abschnitt und reichen Sie ihn durch Ihr Kind an den Klassenleiter zurück.

Mit freundlichen Grüßen

_____

Kenntnisnahme

Ich habe von dem _____maligen unentschuldigten Fehlen meines Sohnes/ meiner Tochter _____und den möglicherweise daraus resultierenden rechtlichen Konsequenzen Kenntnis genommen.

_____   _____
Ort und Datum   Unterschrift

© 1999 borgmann publishing GmbH, Dortmund • aus: Kleinmann, Bestell-Nr. 8015

5. Aberkennung des LRS-Status

Sehr geehrte _____ ,

entsprechend der Verordnung vom 22. 10. 1985 teilen wir Ihnen hierdurch mit, daß Ihr Kind _____ , Klasse _____ gemäß Klassenkonferenzbeschluß vom _____ nicht mehr als Schüler(in) mit besonderen Schwierigkeiten beim Lesen, Schreiben und Rechtschreiben (LRS) eingestuft wird. Die Gründe:

_____

_____

_____

© 1999 borgmann publishing GmbH, Dortmund • aus: Kleinmann, Bestell-Nr. 8015

Bei der Notenfindung wird damit die Rechtschreibung wieder in vollem Umfang mitbewertet.

Zu einem beratenden Gespräch stehen Ihnen der Klassen- und der Deutschlehrer, Herr/Frau _____ gerne zur Verfügung.

Mit freundlichen Grüßen

Kenntnisnahme

Von der Entscheidung der Klassenkonferenz, mit der unserer Tochter/unserem Sohn _____ der LRS-Status aberkannt wird, haben wir Kenntnis genommen. Es ist uns bekannt, daß damit die Rechtschreibung bei der Notenfindung wieder voll berücksichtigt wird.

_____   _____
Ort und Datum   Unterschrift

347

Literatur

ANGERMAIER, Michael: Psycholinguistischer Entwicklungstest (PET). Weinheim 1974

APPELHANS, Peter u. KREBS, Eva: Kinder und Jugendliche mit Sehschwierigkeiten in der Schule. Heidelberg 1985

ATZESBERGER, Michael: Lernhilfe bei Schreibschwierigkeiten von Legasthenikern, in: BUNDESVERBAND LEGASTHENIE 1985.

AOL: Tel. 07227/95880, Fax-95

AUDIVA, Tel. 07621/949172

AUGÉ, Heinz: Spiele ohne Grenzen, in: Magazin der SÜDDEUTSCHEN ZEITUNG Nr. 14/1995

AYRES, Jean: Bausteine der kindlichen Entwicklung. Berlin etc. 1990[2]

BALHORN, Heiko: Grundwortschatz – Das Wörterbuch für die Grundschule. Hamburg 1993 (vpm)

BALHORN, H. u. HARRIES, B: Wortlisten-Trainingsprogramm (wlt). (Hefte jeweils für Klasse 1 – 6). Hamburg 1996 (vpm)

BECKER, Ruth: Untersuchungsergebnisse zu sprachlichen Auffälligkeiten bei legasthenen Kindern; in: BUNDESVERBAND LEGASTHENIE 1994

BEIER, Harriet et al.: Limburger Leseprobe (LLP). Fuldatal 1994[3] (=HILF-Bericht, Best. Nr. 2428/0391 B; telef. Bestellung: 0561/81010

BEYER, Günther: Gedächtnis- und Konzentrationstraining. München 1977

BISCALDI, Monika u. OTTO, Petra: Legasthenie und Augenmotorik; in: BUNDES-VERBAND LEGASTHENIE 1994

BLUMENSTOCK, Leonhard: Handbuch der Leseübungen. Weinheim und Basel 1983

BLUMENSTOCK, Leonhard: Halboffener Ansatz zum Lesen- und Schreibenlernen, in: Praxis Grundschule 3/1992

BRAND, Ingelid et al.: Erziehung und Förderung in den schulvorbereitenden Einrichtungen für behinderte Kinder. Würzburg 1986

BRAND, Ingelid et al.: Integrationsstörungen. Würzburg 1988[4]

BREITENBACH, Erwin: Material zur Diagnose und Therapie auditiver Wahrnehmungsstörungen. Würzburg 1989

BREITMEYER; Bruno: Forschungsergebnisse zur Rolle zweier Verarbeitungskanäle im Seh- und Hörsystem beim Lesen und bei Lesestörungen, in: BUNDES-VERBAND LEGASTHENIE 1995

BRENSING, Turid: Erfolgreiche Verhinderung von Analphabetismus durch LRS-Klassen aus der Sicht langjähriger Erfahrungen; in: BUNDESVERBAND LEGASTHENIE 1995

BREUER, Helmut: Ergebnisse aus Längsschnittuntersuchungen zur Früherfassung verbosensorischer Voraussetzungen für den Laut- und Schriftspracherwerb; in: BUNDESVERBAND LEGASTHENIE 1989

BREUER, Helmut u. WEUFFEN, Maria: Lernschwierigkeiten am Schulanfang. Weinheim und Basel 1997[4]

BRÖHM-OFFERMANN, Birgit: Suggestopädie. Lichtenau/Baden 1994

BRÜGELMANN, Hans: Kinder auf dem Weg zur Schrift. Konstanz 1986[2]

BRÜGELMANN, Hans und BALHORN, Heiko (Hrsg.): Das Gehirn, sein Alfabet und andere Geschichten. Konstanz 1990

BROWNELL, M. u. BROWNELL, T.: Die lerntherapeutische Anwendung der NLP-Rechtschreibtherapie; in: SCHICK 1995

BOHNY-REITER, August: Die verbale auditive Dysgnosie; in: BUNDESVERBAND LEGASTHENIE 1985

BUCHNER, Christa: Neues Lesen, neues Lernen. Südergellersen 1991

BÜCKEN, Hajo: Kimspiele. München 1991

BUNDESVERBAND LEGASTHENIE (Hrsg.): Bericht über den Fachkongreß 1984. Hannover 1985

BUNDESVERBAND LEGASTHENIE (Hrsg.): Bericht über den Fachkongreß 1988. Hannover 1989

BUNDESVERBAND LEGASTHENIE (Hrsg.): Bericht über den Fachkongreß 1990. Hannover 1991

BUNDESVERBAND LEGASTHENIE (Hrsg.): Bericht über den Fachkongreß 1993. Hannover 1994

BUNDESVERBAND LEGASTHENIE (Hrsg.): Bericht über den Fachkongreß 1995. Hannover 1995

Hinweis: bei der Zitierung von Artikeln aus den Berichten des BUNDESVERBANDES LEGASTHENIE wurde als Jahr immer das Jahr des Erscheinens des jeweiligen Berichtbandes angegeben, das meist nicht identisch ist mit dem Jahr, in dem der betreffende Kongreß stattfand. So wird beispielsweise ein Beitrag zum Kongreß 1990 zitiert als erschienen in: BUNDESVERBAND LEGASTHENIE 1991

BUSCHMANN, Renate: Das Modell der Förderung legasthener Schülerinnen und Schüler in einer integrierten Gesamtschule am Beispiel der IGS Flensburg; in: BUNDESVERBAND LEGASTHENIE 1995

CALIFORNIA MEDICAL ASSOCIATION: Lazy eye – it must be treated early. o.O. 1988

CÁRDENAS, Barbara: Diagnostik mit Pfiffigunde. Dortmund 1998[6]

DAMASIO, Antonio u. DAMASIO, Hanna: Sprache und Gehirn, in: Spektrum der Wissenschaft Spezial 1: Gehirn und Geist. Heidelberg o.J.

DAVIS, Ronald D.: Legasthenie als Talentsignal. Kreuzlingen 1996[3]

DEEGENER et al.: Neuropsychologische Diagnostik bei Kindern und Jugendlichen. Handbuch zur TÜKI. Weinheim und Basel 1989

DELACATO, Carl H.: Diagnose und Behandlung der Sprach- und Lesestörungen. Freiburg i. Brsg. 1970

DELACATO, Carl H.: Ein neuer Start für Kinder mit Lesestörungen. Freiburg i. Brsg. 1973

DENNISON, Paul E. und DENNISON, Gail: Brain-Gym. Freiburg i. Br. 1993

DER SPIEGEL (N.N.): Hirnforschung: Ausfall bei p, k und t. Nr. 34/1994, S. 225

DIECK, Elke: Buchhandlung Elke Dieck, Postfach 1240, 52516 Heinsberg

DUMMER, Lisa: Diagnostische Möglichkeiten bei Lese- und Rechtschreibschwächen – aktuelle Bedingungen im Schulsystem, in: INGENKAMP, Karlheinz et al. (Hrsg.): Tests und Trends 5 – Jahrbuch der Pädagogischen Diagnostik. Weinheim 1986

DUMMER-SMOCH, Lisa u. HACKETHAL, Renate: Kieler Leseaufbau, und: Handbuch zum Kieler Leseaufbau. Kiel 1984

DUMMER-SMOCH, Lisa u. HACKETHAL, Renate: Kieler Rechtschreibaufbau. Kiel 1987

DUMMER-SMOCH, Lisa: Mit Phantasie und Fehlerpflaster. München 1989

DUMMER-SMOCH, Lisa: Die diagnostischen Bilderlisten. Kiel 1993.

EGGERT, Dietrich: LOS KF 18. Weinheim 1971

EGGERT, Dietrich: Psychomotorisches Training. Weinheim 1995[5]

EGGERT, Dietrich: DMB. Diagnostisches Inventar motorischer Basiskompetenzen. Dortmund 1996[2]

EGGERT, Dietrich: Von den Stärken ausgehen... Dortmund 1998[3]

EHRLICH, Paul u. HEIMANN, Klaus: Bewegungsspiele mit dem Pedalo. Dortmund 1992[2]

ESSER, G.: Fehlhörigkeit, Sprachwahrnehmungsstörungen und LRS-Zusammenhänge? in: BUNDESVERBAND LEGASTHENIE 1994

FARBENFIBEL von ALLIGER/HAASE und dazugehöriges Computerprogramm zu beziehen beim Dt. Institut für neuropsychologisch orientierte Anfangsdidaktik der Kulturtechniken, Breslauer Str. 10, 34212 Melsungen (in Vorbereitung)

FAUST-SIEHL, Gabriele u. PORTMANN, Rosemarie (Hrsg.): Die ersten Wochen in der Schule. Frankfurt 1992

FINDEISEN, Uwe et al.: Lauttreue Leseübungen. Bochum 1988

FINDEISEN, Uwe et al.: Lesenlernen durch lauttreue Leseübungen. Bochum 1995[3]

FINDEISEN, Uwe und MELENK, Gisela: Lauttreue Diktate für die 1. bis 5. Klasse. Bochum 1991

FISCHER, Wolfgang: Ein Junge erobert sich die Schriftsprache, in: GRUNDSCHULE 4/1998

FIRNHABER, Mechthild: Legasthenie und andere Wahrnehmungsstörungen. Wie Eltern und Lehrer helfen können. Frankfurt 1996[2]

FIRNHABER, Mechthild: Die Lage legasthener Kinder in der Schule; in: HESSISCHES ÄRZTEBLATT Heft 6/Juni 1998, 59. Jg.

FRANKFURTER ALLGEMEINE SONNTAGSZEITUNG v. 18. 6. 1995: „Jedes vierte Vorschulkind ist inzwischen sprachgestört" und Leserbrief dazu in ebd., 25. 6. 1995

FROSTIG, Marianne: BWL – Bewegen – Wachsen – Lernen. Dortmund 1974

FROSTIG, Marianne: Frostigs Entwicklungstest der visuellen Wahrnehmung (FEW). Zu beziehen bei der TESTZENTRALE GÖTTINGEN.

FÜHRING, Maximilian et al.: Die Sprachfehler des Kindes und ihre Beseitigung. Wien 1973

GEBERT, Astrid et al.: KONFETTI. Das neue Unterrichtswerk zum Lesen- und Schreibenlernen. Frankfurt 1996 (Diesterweg)

GERLING; J. und KOMMERELL, G.: Irlen-Farblilter: Spezifische Wirksamkeit bei Legasthenie nicht erwiesen; in: Z. prakt. Augenheilkd. 18/299[7]

GLEITZEILE: Bezug beim Forschungszentrum Jülich, IBI/AKL, Dr. Krischer, 52425 Jülich, Tel. 02461/614753.

GRAMSAMER, Günter u. HOLZNER, Franz: Sicher zum Grundwortschatz. Stuttgart 1985 (Klett)

GRIMM, Helga: ABC mit allen Sinnen. Lichtenau/Baden 1993

GRISSEMANN, Hans: Mehrdimensionale Legastenietherapie auf der Sekundarstufe; in: BUNDESVERBAND LEGASTHENIE 1985 de GROOT, Raoul: Die Beziehungen zwischen sakkadischen Augenbewegungen und Leserechtschreibproblemen in der Schule, in: BUNDESVERBAND LEGASTHENIE 1989

GRUND, Martin, HAUG, Gerhard u. NAUMANN, Carl Ludwig: DRT 4 – Diagnostischer Rechtschreibtest für 4. Klassen. Testmappe mit Handbuch. Weinheim und Basel 1990

GRÜNEWALD, Heinrich: Ergänzungen zum Bericht über den Schulversuch Vereinfachte Ausgangsschrift; Staufenberg 1996 (unveröff. Manuskr.)

GRÜNEWALD, Heinrich: Schriftbewertung am Ende des 5. Schuljahres; Staufenberg 1996 (unveröff. Manuskr.)

GRÜTTNER, Tilo: Helfen bei Legasthenie. Reinbek bei Hamburg 1987

HACKETHAL, Renate: Geübte Diktate gut, ungeübte Rechtschreibung chaotisch – Hilfen zur Früherkennung und spezifischen Förderung; in: BUNDESVERBAND LEGASTHENIE 1995.

HAASE, J.: Gestörtes Binokularsehen (Schielen und Winkelfehlsichtigkeit) und Schulversagen. Berlin 1996 (= HAASE 1996 a)

HAASE, Peter: Illeben 3km; in: BALHORN, H. u. BRÜGELMANN, H. (Hrsgg.): Bedeutungen erfinden – mit Kopf, mit Schrift und miteinander. Konstanz 1993

HAASE, Peter: Zur Umsetzung von Forschungsergebnissen der Neuropsychologie in Schreib-Lese-Anfangsunterricht und Legasthenieprävention; in: BUNDESVERBAND LEGASTHENIE 1994

HAASE, Peter: Sollen Germanisten die Didaktik des Schreib-Lese-Anfangsunterrichts bestimmen? in: BUNDESVERBAND LEGASTHENIE 1995

HASSE, Peter: Warum Handzeichen, Farbsilbenschreiben und Farbcodierung der Rechtschreibung? in: Berichte über das Europäische Pädagogische Symposium (EPSO) 1996 (= HAASE 1996b)

HABERLAND, Gerhard: Leserechtschreibschwäche? Rechenschwäche? Schwerin 1994

HELLER, E.: Das ABC mit Marburger Handzeichen. Eigenverlag Stadtallendorf 1985

HENKEL, Barbara: „Das Hörtraining" im Zusammenhang mit der Legasthenie und deren Behandlung nach Ch. A. Volf, in: BUNDESVERBAND LEGASTHENIE 1994

HERMSDÖRFER, Joachim et al.: Untersuchung zerebraler Handfunktionsstörungen. Dortmund 1994

HIPPENSTIEL, Christa-Maria u. KRAUTZ, Herbert: Konzentrations-Trainingspro-gramm I und II. Dortmund 1995[2] und 1996[2]

HOFELE, Uwe: Der Dunkelraum als Abenteuerspielplatz der Sinne. Dortmund 1995[2]

HOFSTÄDTER, Peter R.: Gruppendynamik. Reinbek b. Hamburg 1971[2]

HOPF, H. u. WHITE, M.: Entspannung mit Musik. Progressive Muskelentspannung nach Jacobson. Textheft und MC-Cassette. Wiesbaden 1993[3] (text-o-phon Verlag, Tel. 0611/841513, Fax 0611/810774)

HYND, George et al.: Dyslexia and Corpus Callosum Morphology. Arch. Neurol. 52/ 1995, S. 323 – 38

IFFLAND, Barbara u. KLEINMANN, Klaus: Leitfaden zur Betreuung lese-recht-schreibschwacher Schüler. Manuskriptdruck der regionalen Hess. Lehrerfort-bildung, Bruchköbel 1991

JACOBS, August-Bernhard: Abschreiben erwünscht. Berlin 1996 (Cornelsen)

JAENICKE, Hans Friedbert: Kinder mit Entwicklungsstörungen. Möglichkeiten der Integration in der Waldorfschule. Stuttgart 1996

JANSEN, F. und STREIT, U.: Eltern als Therapeuten. Heidelberg 1992

JANSEN, Heiner et al.: Eignen sich vorschulische oder schulische Erhebungszeit-punkte besser zur Vorhersage von Lese-Rechtschreibschwierigkeiten? Ein Vergleich von drei Prädikatormeßzeitpunkten der Bielefelder Längsschnittstu-die; in: BUNDESVERBAND LEGASTHENIE 1994

JOHANNES, S., MANGUN, G. R. und MUNTE, T. F.: Zerebrale Lateralisation bei konstitutioneller Dylexie; in: Nervenarzt 65/1994, S. 859 – 964

JOST, Jiri: Augenbewegungen und Lesestörungen, in: BALHORN, H. u. BRÜGEL-MANN, H. (Hrsg.): Bedeutungen erfinden – mit Kopf, mit Schrift und mitein-ander. Konstanz 1993

KAPPERS, Jan: Initielle Dyslexie und Hemisphärenspezialisierung; in: BUNDES-VERBAND LEGASTHENIE 1989

KASSEL, Hildegard: Neuropsychologische Diagnose und Therapie von Lese-Rechtschreibschwächen mit Untersuchungsergebnissen aus der TÜKI, in: BUNDESVERBAND LEGASTHENIE 1991

KETTENISS, Ute u. NAUMANN, Carl Ludwig: Rechtschreibfehler verstehen. Teil 1 in: GRUNDSCHULE 11 /1987; Teil 2 in: GRUNDSCHULE 11/1989

KIPHARD, Ernst J.: Motopädagogik. Dortmund 1990[4]

KIPHARD, Ernst J.: Mototherapie I. Dortmund 1990[3] (zit. als KIPHARD 1990[3] a)

KIPHARD, Ernst J.: Mototherapie II. Dortmund 1990[3] (zit. als KIPHARD 1990[3] b)

KIPHARD, Ernst J. u. SCHILLING, Friedhelm: Körperkoordinationstest für Kinder (KTK). Weinheim 1974

KERN, Artur: Bilderheft Lesetechnik. Offenburg 1986 (Mildenberger Verlag)

KLEINERT, Alf.: Göppinger sprachfreier Schuleignungstest. Weinheim o. J.[30]

KLEINMANN, Klaus: Förderung lese-rechtschreibschwacher Kinder; in: GRUND-SCHULE 9/96

KLEINMANN, Klaus: Lauttreue Basisförderung. Unveröff. Manuskr. Frankfurt 1995

KLEINMANN, Klaus: Morphem- und Klanggruppentraining mit der Wortbaustelle. Gemeinsames Training für Regelklasse und LRS-Gruppe. Unveröff. Manuskript. Frankfurt 1997

KLETT, Martin u. KRAUS-MACKIW, Ellen (Hrsg.): Visuelle Orientierung. Stuttgart 1989

KLICPERA, Christian und GASTEIGER-KLICPERA, Barbara: Auswirkungen einer Schulung des zentralen Hörvermögens nach edu-kinesiologischen Konzepten auf Kinder mit Lese- und Rechtschreibschwierigkeiten; in: Heilpädagogische Forschung Band XXII, Heft 2, 1996

KÖCKENBERGER, Helmut: Bewegtes Lernen. Dortmund 1997

KONFETTI s. GEBERT, Astrid

KOPPITZ, Elisabeth: Die Menschdarstellung in Kinderzeichnungen und ihre psychologische Auswertung. Stuttgart 1972

KOSSOW, Hans-Joachim: Zur Therapie der Lese- Rechtschreibschwäche. Berlin 1976

KOSSOW, Hans-Joachim: Leitfaden zur Bekämpfung der Lese-Rechtschreibschwäche. 2 Bde. Berlin 1991[2]

KOWARIK, Othmar u. KRAFT, Johann: Funktionstraining für lese- und rechtschreibschwache Schüler, Bd. 1 – 3. Wien und München 1974

KOWARIK, Othmar: Wie kann Legasthenikern beim häuslichen Üben geholfen werden? in: BUNDESVERBAND LEGASTHENIE 1991

KRETSCHMANN, Marlies: So lernst du lesen und schreiben. Hilfen für Legastheniker. München 1993

KRISCHER, C. und MEISSEN, R.: Analyse des Leselernvorgangs über Augenbewegungsmessungen und Erfolge mit der GLEITZEILE als maßgeschneiderter Lernhilfe, in: BUNDESVERBAND LEGASTHENIE 1991

KRISCHER, C. und MEISSEN, R.: Die Gleitzeile und Computertexte als Hilfen für rationale Erstleseübungen, in: BUNDEVERBAND LEGASTHENIE 1994

KROWATSCHEK, Dieter: Entspannung in der Schule. Dortmund 1997[3](a)

KROWATSCHEK, Dieter: Marburger Konzentrationstraining (MKT). Dortmund 1997³(b)

KUNZ, Torsten: Förderung motorischer und sensorischer Fähigkeiten – ein erfolgreicher Weg der Prävention von Unfällen im Kindesalter; in: HESS. ÄRZTE-BLATT 59. Jg., 6/98

LAAS, Peter: Am eigenen Leibe erfahren. Mit dem Turnalphabet die Buchstaben lernen, in: PRAXIS GRUNDSCHULE 3/1992

LANDERL, Karin: Legasthenie in Deutsch und Englisch. Frankfurt/M 1996

LANDWEHRMEYER, B. et al.: Patterns of Task-Related Slow Brain Potentials in Dyslexia. Archives of Neurology 47/1990, S. 791 – 797

LANDWEHRMEYER, B.: Hirnpotentiale während der Sprachverarbeitung bei dyslektischen Kindern; in: BUNDESVERBAND LEGASTHENIE 1991

LAUSTER, Ursula: Konzentrationsspiele. 3 Bände 1. Reutlingen 1975.

LAUSTER, Ursula: Logikspiele. 3 Bände. Reutlingen 1976

LERNSCHEIBE s. AOL

LEHRERFORTBiLDUNG IN NORDRHEIN-WESTFALEN: Lehse-Rächtschreip-Schwirrichkeitn. Soest 1991 (zu bestellen unter Tel. 02921/683-1)

LEUPOLD, Regina: Zentrale Hörwahrnehmungsstörungen. Dortmund 1998²

LINDER, Maria und GRISSEMANN, Hans: Zürcher Lesetest (ZLT). Bern 1996²

LOHMANN, Beate: Erkennen der visuellen und auditiven Wahrnehmungs und Richtungsstörungen bei Legasthenikern; in: BUNDESVERBAND LEGASTHENIE 1985

LÖFFLER, Ilona und MEYER-SCHEPERS, Ursula: Richtig Lesen und Schreiben mit Lautanalyse: Das LautAnalytische RechtschreibSystem LARS. Dortmund 1989²

LÖSCHER, Wolfgang: Hör-Spiele. Sinn-volle Frühpädagogik. München o. J.

LOS/KF s. EGGERT 1971

LURIJA, Alexander u. CVETKOVA, Ljubov: Neuropsychologie und Probleme des Schriftspracherwerbs in der Schule, in: BRÜGELMANN/BALHORN 1990

LURIJA, Alexander R.: Das Gehirn in Aktion. Reinbek bei Hamburg 1992

LUTHART, Emil: Durch Üben zum richtigen Schreiben. Basel und Weinheim 1985

MAIER, Wolfgang: Neue Wege der Sprachförderung. 4 Bände. München 1992

MANN, Christine: Legasthenie verhindern. Bochum 1994³

MANTEUFEL, Eva u. SEEGER, Norbert: Selbsterfahrung mit Kindern und Jugendlichen. München 1992

MARTINIUS, Joest: Legasthenie und Auffälligkeiten des Verhaltens; in: BUNDES-VERBAND LEGASTHENIE 1994

MARX, Ulrike und STEFFEN, Gabriele: Lesenlernen mit Hand und Fuß. Horneburg/Niederelbe 1991

MAY, Peter: Hamburger Schreibprobe zur Erfassung der grundlegenden Rechtschreibstrategien, in: NAEGELE/VALTIN 1994

MAY, Peter: Hamburger Schreibprobe (HSP) zur Erfassung der grundlegenden Rechtschreibstrategien. Hamburg 1998[2]

MEDITECH GmbH, Tel. 05130/79770

MENZEL, Wolfgang: Zur Didaktik der Orthographie, in: PRAXIS DEUTSCH 3/1978

MINNICH s. AUDIVA.

MILLER, Pascal: Rechtschreibspiele mit dem Grundwortschatz. Horneburg/Niederelbe 1995 (Bergedorfer Lernsoftware, Verlag Sigrid Persen)

MILZ, Ingeborg: Emotionale Störungen in ihren Beziehungen zu Teilleistungsschwächen. Berlin 1980

MILZ, Ingeborg: Sprechen, Lesen, Schreiben. Heidelberg 1991[2]

MILZ, Ingeborg: Neuropsychologie für Pädagogen. Dortmund 1998[2]

MOT 4-6 s. ZIMMER/VOLKAMER

MÜLLER, Else: Du spürst unter deinen Füßen das Gras. Frankfurt/M 1983 (= Fischer Ratgeber TB 3325)

MÜLLER, Else.: Auf der Silberlichtstraße des Mondes. Frankfurt/M 1985 (= Fischer TB 3368)

MÜLLER, Else: Träumen auf der Mondschaukel. München 1993[4]

MÜLLER, Rudolf: Material für gezieltes Rechtschreibtraining. Weinheim und Basel 1969

MÜLLER, Rudolf: DLF 1-2 – Diagnostischer Lesetest zur Frühdiagnose von Lesestörungen. Testmappe mit Handbuch. Weinheim 1984

MÜLLER, Rudolf: DRT 1 – Diagnostischer Rechtschreibtest für 1. Klassen. Testmappe mit Handbuch. Weinheim und Basel 1990

MÜLLER, Rudolf: DRT 2 – Diagnostischer Rechtschreibtest für 2. Klassen. Testmappe mit Handbuch. Weinheim und Basel 1990[3]

MÜLLER, Rudolf: Frühbehandlung der Leseschwäche. Weinheim u. Basel 1993[4]

N. N.: Heilen durch Hören, in: FÜR SIE 21/1993

NAEGELE, Ingrid: Viel gepaukt und nichts behalten, in: NAEGELE/ VALTIN 1993[3]

NAEGELE, Ingrid u. VALTIN, Renate (Hrsg.): LRS in den Klassen 1 – 10. Weinheim und Basel 1993[3]

NAEGELE, Ingrid u. VALTIN, Renate (Hrsg.): LRS in den Klassen 1 – 6. Frankfurt 1994

NAEGELE, Ingrid: Lehrerinnen helfen Eltern – Zur Arbeit mit der Lernkartei, in: NAEGELE/VALTIN: 1994

NAEGELE, Ingrid: Eltern fördern die Rechtschreibung ihres Kindes, in: GRUNDSCHULE 4/1995

NAEGELE, Ingrid: Lese-Rechtschreibschwierigkeiten. Weinheim und Basel 1995

NATURE s. SÜDDEUTSCHE ZEITUNG

NAUMANN, Carl Ludwig: Ordnung und Willkür in der Rechtschreibung, in: GRUNDSCHULE 11/1987

NAUMANN, C. L. u. WILLEE, G.: Überprüfung der Lauttreue in der deutschen Orthographie, in: LDV-Forum Bd. 8, Nr. 1 & 2, Jg. 1991

NATURE Bd. 373, S. 607, zit n. SÜDDEUTSCHE ZEITUNG vom 23. 2. 95: Männer sind einseitig...

NAVILLE, Suzanne u. MARBACHER, Pia: Vom Strich zur Schrift. Dortmund 1991[3].

NIEMANN, Heide: Paired Reading – Lesen zu zweit, in: BRÜGELMANN/BALHORN 1990

NOUVEL OBSERVATEUR (N.N.): Dyslexie. Une cause cérébrale. Nr. 1558/1994

OBER, Jan: Zur Bedeutung der Untersuchung von Augenbewegungen in der Diagnostik von Störungen der Entwicklung der Lesefähigkeit von Kindern; in: BUNDESVERBAND LEGASTHENIE 1995

OBERLÄNDER, Heike: Der okuläre Belastungstest; in: BUNDESVERBAND LEGASTHENIE 1989

OCKEL, Eberhard: Leseförderung oder: Wie die Zeilenanordnung das Lesen erleichtert, in: BRÜGELMANN/BALHORN 1990

OPTIC SERVICE WOLFENWEILER, Tel. 06861/780878, Fax 780877

PESTALOZZI, David: Prismenbrillen – eine Hilfe für Legastheniker? in: BUNDESVERBAND LEGASTHNENIE 1985

PET s. ANGERMAIER

PIELER, Mechthild: Buchstabenkarten für die Schulausgangsschrift. Berlin 1993. Gegen Portoerstattung zu beziehen über: Pädagogisches Zentrum, Uhlandstr. 97, 10715 Berlin.

PISCHNER, Evelyn: Koblenzer Ergebnisse mit der Differenzierungsprobe von Breuer und Weuffen; in: BUNDESVERBAND LEGASTHENIE 1989

PILZ, Dieter und SCHUBENZ, Siegfried (Hrsgg): Schulversagen und Kindergruppentherapie (= Studien zur Kritischen Psychologie 13). Köln 1979

PLEGER, Jürgen: Besser mit verhaltensauffälligen Legasthenikern umgehen, in: BUNDESVERBAND LEGASTHENIE 1991

PLICKAT, Hans-Heinrich: Deutscher Grundwortschatz. Weinheim und Basel 1983[3]

POLLERT/SENNLAUB: Rechtschreiblehrgang für das 5. Schuljahr. Berlin 1990 (Cornelsen)

PROBST, Holger: Inventar impliziter Rechtschreibregeln. Marburg 1993 (als Manuskriptdruck des Instituts für Heil- und Sonderpädagogik der Universität Marburg)

PROFAX-Material: Aktuelles Lernen GmbH, Tel. 08024/8002, Fax 8003

RADIGK, Werner: Stütz- und Förderkurs Rechtschreiben. Arbeitsheft und Lehrerkommentar. Stuttgart 1980

RADIGK, Werner: Kognitive Entwicklung und zerebrale Dysfunktion. Dortmund 1991[3]

RAMACHER-FAASEN, Nicole: Lese-Rechtschreibschwierigkeiten frühzeitig erkennen – gezielt helfen. Heinsberg (Dieck) 1997

RATHENOW, Peter et al.: Westermann Rechtschreibtest 6 +. Braunschweig 1981[2] (zu beziehen über die Testzentrale Göttingen).

RATHENOW, Peter u. VÖGE, Jochen: Erkennen und Fördern von Schülern mit Lese-Rechtschreibschwierigkeiten. Braunschweig 1982

RAULS, Heide-Rita: Elemente der Montessori-Pädagogik in der Legastheniker-Förderung; in: BUNDESVERBAND LEGASTHENIE 1995

REICHEN, Jürgen u. Mitarbeiter: Lesen durch Schreiben. Zürich 1983 (und später). Mehrere Hefte mit Lehrer- und Schülermaterialien, erhältlich auch im Heinevetter-Verlag, Hamburg.

REUTER-LIEHR, Carola: Erfahrungen mit einer förderungsbezogenen Fehleranalye, in: BUNDESVERBAND LEGASTHENIE 1991

REUTER-LIEHR, Carola: Lautgetreue Rechtschreibförderung. Bochum 1992

ROBINSON, Greg und FOREMAN, J.: Scotopic Sensivity/Irlen Syndrome and the Use of Coloured Filters: A long-term placebo controlled and masked study of reading achievement and perception of ability. Script beim Verfasser erhältlich unter: Special Education Centre, University Drive, Callaghan NSW, 2308 Australia; Fax 0061 2 4921 6922, E-Mail scglwr@cc.newcastle.edu.au

ROBINSON, Greg: Another possible casual variable for symptoms of SSIS? Preliminary results for a pilot study of biochemical anomalies; FIFTH INTERNATIONAL CONFERENCE FOR PERCEPTUAL AND LEARNING DEVELOPMENT; Cambridge (UK) 1998. Bezug des Textes s.o.

ROSENKÖTTER, Henning: Neuropsychologische Behandlung der Legasthenie. Weinheim 1997

ROSENKÖTTER, Henning und MINNICH, Sabine (Hrsgg.): Hörtraining und Klangtherapie. Lörrach 1997 (erhältlich bei AUDIVA)

RÖTTGEN, Gisela und MÜLLENBRUCH, Margit: Ort und Richtung. Wahrnehmungstraining zur Orientierungsverbesserung für Sechs- bis Achtjährige. Dortmund 1997

RUPP, Heidemarie: Arbeitsgruppe Schule und Elternhaus: Hilfen im Unterricht, Hilfen für die Arbeit zu Hause, Konsequenzen für den Unterricht in der Grundschule; in: BUNDESVERBAND LEGASTHENIE 1995

RUPP, Heidi: Erfahrungsbericht einer Lehrerin; in: FIRNHABER 1996[2]

SCHÄFER, W. D. und LIEB, B.: Zweischritt-Therapie von Augenfehlern bei Lernstörungen; in: BUNDESVERBAND LEGASTHENIE 1989

SCHÄFER, W. D.: Augenärztliche Hilfe bei Legasthenie; in: BUNDESVERBAND LEGASTHENIE 1995

SCHÄFER, W. D.: Visuelle Wahrnehmung bei Legasthenie; in: LRS-Zeitschrift d. Bundesverbandes Legasthenie e.V. 4/1998

SCHEERER-NEUMANN, Gerheid: Intervention bei Lese-Rechtschreibschwäche. Bochum 1979

SCHEERER-NEUMANN, Gerheid: Legasthenie – Endlich Erfolg durch gezieltes Lernen; in: Bild der Wissenschaft 4/1979

SCHEERER-NEUMANN; Gerheid: Zur Klassifikation von Lösungmethoden im Rechtschreibunterricht, oder: Wider die Wortbildtheorie im Rechtschreibunterricht – 75 Jahre später; in: BUNDESVERBAND LEGASTHENIE 1985

SCHEERER-NEUMANN, Gerheid: Rechtschreibschwächen im Kontext der Entwicklung, in: NAEGELE/VALTIN 1993[3]

SCHEERER-NEUMANN, Gerheid: Texte für langsam lesenlernende Kinder, in: GRUNDSCHULUNTERRICHT 41/1994

SCHEERER-NEUMANN, Gerheid: Leseanalyse und Leseförderung: ein Tandem, in: GRUNDSCHULE 4/1995

SCHICK, Klaus: NLP und Rechtschreibtherapie. Paderborn 1995

SCHILLING, F: Spielen – Malen – Schreiben. Marburger graphomotorische Übungen. Dortmund 1994[10]

SCHLUND, Gabriele: Die Bedeutung der augenärztlichen Versorgung im Gesamtkonzept einer ganzheitlichen Therapie von Lernstörungen; in: BUNDESVERBAND LEGASTHNENIE 1989

SCHMIDT, Hans-Dieter et al.: Frühdiagnostik und Frühförderung von Lese- und Rechtschreibleistungen. Berlin 1990

SCHOLL, Lisette: Das Augen-Übungsbuch. Reinbek 1992

SCHROTH, Volkhard: Farbige Lesefolien I; in: Der Augenoptiker 2/1997 (= 1997 a)

SCHROTH, Volkhard: Farbige Lesefolien II; in: Der Augenoptiker 4/1997 (= 1997 b)

SCHROTH, Volkhard: Visuelle Besonderheiten bei LRS; in: Neues Optikerjournal 6/1997 (= 1997 c)

SCHROTH; Volkhard: Grundlagenwissen und visuelle Besonderheiten; in: DOZ 1996

SCHUBI-Lehrmittel GmbH: Zeppelinstr. 8, 78244 Gottmadingen; Tel.: 07731/7018, Fax 07731/71629

SCHUHMACHER, Heike: Visuelle Anforderungen im Schulalter; in: KLETT/ KRAUS-MACKIW 1989

SCHUHMACHER, Heike: Visuelle Störfaktoren bei Legasthenie; in: Internationale Vereinigung für binokulare Vollkorrektur (IVBV) (Hrsg.): Schwerpunktthema Legasthenie (= Schriftenreihe der IVBV, Heft 1). Olten 1991

SCHULD,H. et al.: Limburger Grundwortschatztest 1 – 4 (LGT 1 – 4). Fuldatal und Limburg 1995. (= HILF-Bericht, Best. Nr. 2877/0195, Tel. 0561/81010)

SCHWEIHER, Gerhard: Komm, spiel mit (1). Mainz und Stuttgart 1977

SCHYDLO, Reinhard: Welche Beziehungen bestehen zwischen Legasthenie, anderen Teilleistungsschwächen und Hyperaktivität? in: BUNDESVERBAND LEGASTHENIE 1994

SEITZ, Rudolf (Hrsg.): Seh-Spiele. Sinn-volle Frühpädagogik. München o. J.

SEITZ, Rudolf (Hrsg.): Spiele mit Licht und Schatten. München o. J.

SEITZ, Rudolf (Hrsg.): Tast-Spiele. Sinn-volle Frühpädagogik. München o. J.

SIERLER, Ruth: Mit Geräuschinstrumenten Musik machen. Frankfurt/M 1971

SIGNER, Myrtha: Hörtraining bei auditiv differenzierungsschwachen Kindern. Bern und Stuttgart 1979

SIMON, Wolfgang: Befund Legasthenie. Düsseldorf 1981

SIRCH/HEINZ/STÖCKINGER: Mein Grundwortschatz in Wochennachschriften. Donauwörth 1985 (Auer)

SOMMER-STUMPENHORST, Norbert: Lese-Rechtschreibschwierigkeiten: vorbeugen und überwinden. Frankfurt/M 1993[3]

SPRINGER, Sally P. u. DEUTSCH, Georg: Linkes – rechtes Gehirn: funktionale Asymmetrien. Heidelberg usw. 1993[2]

STAATSINSTITUT für Schulpädagogik und Bildungsforschung München: Erstlesen. Handreichung für sonderpädagogische Diagnose- und Förderklassen. Würzburg 1991

STEHN, Hauke: Hilfe für das schreibauffällige Kind. Raisdorf 1993

STRACKERJAN, Werner: Die Überwindung des legasthenen Fehlhandelns im 1. und 2. Schuljahr. Kiel 1988

STREHLOW, Ulrich: Erkenntnismöglichkeiten durch die neuen bildgebenden Untersuchungsverfahren für das Verständnis der neurobiologischen Grundlagen der Legasthenie, in: BUNDESVERBAND LEGASTHENIE (Hrsg.): Bericht über den Fachkongreß 1995. Hannover 1995

STÜMPEL, Brigitte: Deutschunterricht anders. Oldenburg 1991

SZ = SÜDDEUTSCHE ZEITUNG: Männer sind einseitig. Bericht nach NATURE Bd. 373 in SZ vom 23. 2. 1995

THIEL, Erhard u. BEHREND, Wolfgang: Hand-Yoga: Einfache Übungen gegen Streß und Erschöfpung, in: FürSie o. J.

THYSSEN, Ruth: Das andere Yoga – fit mit Fingerübungen, in: Journal für die Frau 5/93

TITZE, Ingeborg und TEWES, Uwe: Messung der Intelligenz bei Kindern mit dem HAWIK-R. Bern 1987[2]

TOMATIS, Alfred A.: Der Klang des Lebens. Reinbek 1990

TOUWEN, Bert: Die Untersuchung von Kindern mit geringen neurologischen Funktionsstörungen. Stuttgart 1982

TRAEGER, Eugen: Computersoftware LRS. Anschrift: Hoher Esch 52, 49504 Lotte. Tel. und Fax: 05404/71858

WACKER, Gerhard: Seminarpaper ohne Titel (Screeningverfahren zu basalen Lesestrategien). Unveröff. Manuskript, Marburg ca. 1993

WALTER, Jürgen: Förderung bei Lese-Rechtschreibschwäche. Göttingen etc. 1996

WANDTNER, Reinhard: Auf den Spuren der Legasthenie; in: FAZ vom 3. 5. 1995

WARNKE, Fred u. BLECKER, Martin: Abweichende Lateralität im Hörvorgang bei dyslektischen Kindern. Leer o. J.

WARNKE, Fred: Audio-Video-Trainer – ein motivierender Weg für lese-rechtschreibschwache Kinder. Seminarpaper o. O. u. J.

WARNKE, Fred: Wir hören nicht nur mit den Ohren. Wedemark 1997 (s. auch Meditech GmbH)

WARWEL, Kurt: Über „Signalgruppen" und ihre Bedeutung für den Lesevorgang, in: WPB 1965, S. 322 ff.

WARWEL, Kurt et. al.: Westermann-Fibel 74. Braunschweig 1974

WARWEL, Kurt et al.: Die Eule. Lesen und Schreiben lernen. Frankfurt 1986

WÄNGLER, H. H.: Atlas deutscher Sprachlaute. Berlin 1967

WEIGT, Ralph: Lesen- und Schreibenlernen kann jeder!? Neuwied etc. 1994

WESPEL, Manfred: Alle Kinder mit Rechtschreibschwierigkeiten fördern, in: GRUNDSCHULE 12/1992 (1. Teil) und 1/1993 (2. Teil).

WIEDENMANN, Marianne (Hrsg.): Handbuch Sprachförderung mit allen Sinnen. Weinheim/Basel 1997

WHORF, Benjamin Lee: Sprache – Denken – Wirklichkeit. Reinbek bei Hamburg 1993

WINKELMANN, Walfried und WINKELMANN, Ursula: Die Häufigkeit unterschiedlicher Störungsmuster bei Legasthenien unter besonderer Berücksichtigung von Defiziten im Bereich der Seh- und Hörverarbeitung; in: BUNDESVERBAND LEGASTHENIE 1994

WOLL, Johanna: Alte Kinderspiele. Stuttgart 1988

WURM-DINSE, Ulrich: Therapie mit Sprach-Farbbild-Transformation bei Kindern mit auditiven Wahrnehmungsschwächen und Fehlhörigkeit, Sprachentwicklungsstörungen und Legasthenie; in: BUNDESVERBAND LEGASTHENIE 1995. Kontaktanschrift betr. Sprach-Farbbild-Transformation: Audiologisches Zentrum der Kliniken der Stadt Düsseldorf, Gräulinger Str. 120, 40625 Düsseldorf.

ZAPKE, Elisabeth: Therapieeinheit zur Richtungsorientierung, in: MILZ 1991[2]

ZILLER, H.: Der Mann-Zeichen-Test.

ZIMMER, Renate und VOLKAMER, Meinhart: Motoriktest für vier- bis sechsjährige Kinder (MOT 4-6)

ZÜRCHER LESETEST (ZLT) s. LINDER, Maria und GRISSEMANN, Hans

Raum für Notizen:

Raum für Notizen:

Raum für Notizen:

Erfolgreiche Bücher zum Thema Psychomotorik

Silke Schönrade / Günter Pütz

Die Abenteuer der kleinen Hexe

Bewegung und Wahrnehmung beobachten, verstehen, beurteilen, fördern

◆ Sept. 1999, ca. 220 S.,
Format 16x23cm, br
ISBN 3-86145-154-9
Bestell-Nr. 8391,
DM 36,00 bis zum Erscheinen,
danach DM 39,80

Günter Pütz / Rudolf Lensing-Conrady / Silke Schönrade / Hans Jürgen Beins / Wolfgang Beudels (Hrsg.)

An Wunder glauben ...

Die Kunst der Psychomotorik, „das Unbegreifliche" erfahrbar zu machen

◆ 1998, 424 S., viele Fotos, Format 16x23cm, br,
ISBN 3-86145-134-4   **Bestell-Nr. 8548, DM 42,00**

Hans Jürgen Beins / Rudolf Lensing-Conrady / Günter Pütz / Silke Schönrade (Hrsg.)

Wenn Kinder durchdrehen ...

Vom Wert des „Fehlers" in der Psychomotorik
Wie kommt es, daß Kinder „durchdrehen", sich aggressiv gegen sich und andere verhalten, ihre Aktivität nicht mehr regulieren können, keine Ruhe finden ...? Die Gründe, warum Kinder auffällig werden, benennen Fachleute unterschiedlicher Disziplinen. Aber dabei darf es nicht bleiben. Die Menschen „an der Praxisfront", Lehrer, Erzieherinnen oder Therapeuten brauchen Argumente, die Kinder vor unberechtigter – weil falsch adressierter – Kritik zu schützen. Sie suchen praktisch umsetzbare Wege, die Kinder zu fördern, in vermeindlichen „Fehlern" einen Sinn zu sehen und dem Durchdrehen vorzubeugen.

◆ 2. Aufl. 1997, 304 S., Format 16x23cm, br
ISBN 3-86145-108-5   **Bestell-Nr. 8540, DM 38,00**

Wolfgang Beudels / Rudolf Lensing-Conrady / Hans Jürgen Beins

... das ist für mich ein Kinderspiel

Handbuch zur psychomotorischen Praxis

Dies ist eine nach Förderschwerpunkten geordnete Sammlung psychomotorischer Spiel- und Bewegungssituationen, die in 10jähriger praktischer Erfahrung im Förderverein Psychomotorik Bonn gewachsen ist. Die aus dem Förderalltag abgeleiteten Praxisbeispiele dokumentieren lebendig, wie Psychomotorik „sinn-voll" und mit viel Spaß in die pädagogische wie therapeutische Arbeit einbezogen werden kann.

◆ 6. Aufl. (18.-21. Tsd.) 1999, 320 S., über 200 Fotos,
Format 16x23cm, br
ISBN 3-86145-026-7   **Bestell-Nr. 8523, DM 44,00**

Wolfgang Beudels / Nicola Kleinz / Kerstin Delker (Hrsg.)

Außer Rand und Band

WenigKostenvielSpaß Geschichten mit Alltagsmaterialien

Bewegungsspiele und Bewegungsgeschichten sind wesentliche Medien kindlicher Persönlichkeitsentwicklung. Gerade für Kinder im Vorschul- und Grundschulalter bieten sich hier unendlich viele Möglichkeiten, mit allen Sinnen und mit viel Spaß Erfahrungen zu sammeln. Sie gehen im Spiel auf eine große Entdeckungs- oder Abenteuerreise und „lernen" nebenher, wie wichtig es ist, sich mit anderen abzusprechen sowie die eigenen Vorstellungen einzubringen.

◆ 2. Aufl. 1998, 200 S., Format DIN A4, br,
ISBN 3-86145-109-3   **Bestell-Nr. 8541, DM 49,80**

Portofreie Lieferung mit Rechnung durch unsere Versandbuchabteilung!

borgmann publishing   Hohe Str. 39 • D-44139 Dortmund
Tel.: (0180) 534 01 30 • FAX: (0180) 534 01 20

Ihre Praxis ist unser Programm !

Neuropsychologie für Pädagogen

Neuropsychologische Voraussetzungen
für Lernen und Verhalten

von Ingeborg Milz

2., verb. Aufl. 1998, 312 S., 16x23cm, br,
ISBN 3-86145-152-2, Bestell-Nr. 8112, DM 48,00

Montessori-Pädagogik

– neuropsychologisch verstanden
und heilpädagogisch praktiziert

von Ingeborg Milz

1999, 264 S., 16x23cm, br,
ISBN 3-86145-085-2, Bestell-Nr. 8012, DM 44,00

Bewegtes Lernen

Lesen, schreiben, rechnen lernen mit dem
ganzen Körper – Die „Chefstunde"

(ohne Titelabbildung)

von Helmut Köckenberger

3. Aufl. 1999, 296 S., 16x23cm, br,
ISBN 3-86145-126-3, Bestell-Nr. 8373, DM 44,00

Rechenschwächen erkennen und behandeln

Teilleistungsstörungen im
mathematischen Denken

von Ingeborg Milz

4. Aufl. 1997, 244 S., 16x23cm, viele Abb., br,
ISBN 3-86145-031-3, Bestell-Nr. 8005, DM 42,00

Lieferung auch durch die Versandbuchabteilung des:

 verlag modernes lernen *borgmann publishing*

Hohe Straße 39 • D - 44139 Dortmund
☎ (0180) 534 01 30 • FAX (0180) 534 01 20